성철스님의 『백일법문』과 유식

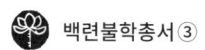
백련불학총서 ③

성철스님의 『백일법문』과 유식

『팔식규구통설』·『백법논의』와의 비교를 중심으로

저자 … 허암 김명우

"오직 마음뿐이며
마음을 떠나서
일체의 대상은 존재하지 않는다."

장경각

들어가는 말

얼마 전, '유식무경'을 몸소 체험한 적이 있다. 아침밥을 먹다가 밥 속에 있던 딱딱하게 굳은 밥 톨을 씹어 이빨이 깨져 버린 것이다. 주걱에 붙어 있던 딱딱한 밥 톨을 모르고 그대로 밥을 퍼서 생긴 일이었다. 서둘러 평소 다니는 치과로 향했다. 치과로 가는 길에는 사람의 왕래가 빈번한 지하철역이 있는데, 역 주변에는 상점이나 병원이 즐비하게 늘어서 있다. 평소 출근길에 자주 이용하는 곳이기에 역 주변에 무엇이 있는지는 대충은 알고 있었다.

그런데 이빨이 깨져 단골 치과로 가면서 역 주변을 살펴보니 치과가 무려 일곱 곳이나 있었다. 평소에 자주 다니는 길임에도 불구하고 치과가 그렇게 많은 줄은 전혀 몰랐다. 실제로는 일곱 곳이나 되는 치과가 존재하고 있었지만, 나에게는 전혀 존재하지 않았던 것이다. 즉 나의 인식認識에는 없었기 때문에 그 치과들은 존재하지 않았던 것이다. 이것을 유식에서는 유식무경唯識無境 또는 일체불리식一切不離識이라고 한다. "오직 마음뿐이며, 마음을 떠나서 일체의 대상은 존재하지 않는다."라는 말이다.

유식사상은 그 창시자인 미륵보살, 대성자인 무착보살을 거쳐 세친보살에 의해 완성되었는데, 이것은 크게 인식론(심식론)·존재론·수행론으로 나눌 수 있다. 여기서 인식론은 유식학적으로 말하면 앎(識)에 대해 논하는 팔식설(전오식·제6 의식·제7 말나식·제8 아뢰야식), 존재론은 마음(識)의 존재 양태를 논하는 삼성설(의타기성·변계소집성·원성실성), 수행론은 수행단계를 논하는 자량위·가행위·통달위·수습위·구경위의 5가지(5위)를 말한다.

유식에서는 우리의 마음을 크게 표층심(전오식·제6 의식)과 심층심(제7 말나식·제8 아뢰야식)으로 구분한다. 먼저 표층의 마음인 전오식은 안식眼識·이식耳識·비식鼻識·설식舌識·신식身識을 말하는데, 안근眼根 등의 다섯 가지 감각기관을 대상으로 삼아 각각 생긴다. 제6 의식은 전오식을 바탕으로 종합하여 판단하고 사유하는 마음으로서, 이때 언어가 개입하여 대상을 개념적으로 사고한다. 제7 말나식은 심층의 마음으로 언제나 집요하게 자기중심적으로 생각(思量)하는 마음인데, 불선不善한 마음은 아니지만 이기적이고 더러운 마음이다. 이런 이유로 염오의染汚意라고도 한다. 제8 아뢰야식은 우리가 행위한 결과인 종자를 저장하는 마음으로, 이 제8 아뢰야식으로부터 나머지 7가지 식(마음)이 생기기 때문에 근본이 되는 마음이라는 뜻에서 근본심이라고도 한다.

그리고 팔식(8가지 식)이 작용하면 언제나 함께 활동하는 51개의 심소(마음작용)가 있다. 심소는 심소유법心所有法의 줄임말로 '8가지 마음(識)에 소유된 것'이라는 뜻이다. 이 심소는 크게 8가지의 마음 모두와 상응하는 변행 5개, 각각 별도의 대상을 가진 별경 5개, 선한 마음작용인 선 11개, 우리의 마음을 괴롭히는 근본번뇌 6개, 근본번뇌로부터 파생한 수번뇌 20개, 선한 마음작용인지 불선한 마음작용인지 정해지지 않는 부정 4개로 나뉜다. 이것을 유식(법상종)에서는 '6위 51심소六位五十一心所'라고 한다.

지금까지 필자는 불교 관련 저·역서를 25권 출판했는데, 그중에 유식 관련 저·역서만 10여 권이나 된다. 이 책은 지금까지 출판한 저서와는 달리 유식의 인식론(심식설), 특히 『백일법문』(개정증보판 1쇄, 중권, 2014)을 중심으로 성철스님의 유식사상 가운데 8가지 식과 51개의 심소에 초점을 두고, 한국 근대불교를 대표하는 참선 수행자이자 교학의 일인자였던 퇴옹성철退翁性徹(1912-1993) 스님의 유식사상을 알고자 하거나 유식을 보다 깊이 공부하여 참선이나 명상 수행을 하고자 하는 독자들을 위해 쓴 것이다.

성철스님은 『백일법문』에서 중도로써 불교의 모든 가르침을 꿰뚫어 법문하는데, 이것은 유식도 마찬가지이다. 다만 성철스님은 유식에 대한 법문에서 "감산스님과 지욱스님의 주해를 위주로 했습니다."라고 하여, 중국 명대의 참선 수행자이자 교학의 일인자였던 감산스님(1546-1623)과 그의 손상자라고 할 수 있는 지욱스님(1599-1655)의 저작을 그 논거로 삼고 있다.

따라서 이 책도 『백일법문』에 나타난 성철스님의 '팔식' 법문과 팔식에 대해 간략하게 노래한 현장스님(602-664)의 『팔식규구八識規矩』에 대한 감산스님의 주석인 『팔식규구통설八識規矩通說』과의 비교를 중심으로 기술할 것이다. 나아가 8가지 식과 함께 작용하는 51가지 심소에 대한 성철스님의 법문은 감산스님의 또 다른 주석인 『백법논의百法論義』와 지욱스님의 『백법명문론직해百法明門論直解』를 그 바탕으로 삼고 있기 때문에 두 주석을 비교 검토하고, 필요할 경우 필자의 입장도 함께 제시할 것이다.

이 책은 크게 1장, 2장, 3장으로 구성되어 있다. 제1장은 유식 공부를 시작하기 전에 알아두면 좋을 용어들(유식무경·일수사견·사자상전·삼경·사분설·삼성설 등)과 유식의 완성자인 세친보살에 대해 설명했는데, 그 일부는 성철사상연구원에서 발행하는 월간 《고경古鏡》에 게재한 것을 수정하거나 가필한 것이며, 또 일부는 새롭게 추가한 것이다.

제2장은 필자가 가장 심혈을 기울인 부분인데, 성철스님의 『백일법문』에 나타난 팔식과 성철스님이 팔식 법문의 근거로 삼은 현장스님의

『팔식규구』에 대한 감산스님의 주석인『팔식규구통설』과의 비교를 통하여 성철스님의 팔식에 대한 입장을 규명하고자 했다. 이를 위해 우선 성철스님의『백일법문(개정증보판)』상권과 중권에 나타난 유식 법문을 개관하고, 이어서 현장스님의『팔식규구』와 감산스님의『팔식규구통설』의 내용을 간략하게 살폈다. 다음으로 제2장의 핵심 내용에 해당하는 전오식·제6 의식·제7 말나식·제8 아뢰야식에 대한『백일법문』과『팔식규구통설』의 구문을 하나하나 비교, 대조하며 성철스님의 팔식에 대한 입장을 규명하였는데, 특히 성철스님의 팔식 법문이 감산스님의『팔식규구통설』을 바탕으로 이루어진 것임을 구체적으로 논구하였다. 또한 필요한 경우, 진가스님의『팔식규구송해(八識規矩頌解)』나 다른 주석서의 입장도 함께 제시했다.

제3장은 8가지 식(팔식)과 언제나 함께 작용하는 6위 51심소에 대해 살펴보았는데, 여기서는 특히 성철스님이『백일법문』에서 6위 51심소에 대한 법문의 근거로 삼은 세친보살의『대승백법명문론』에 대한 감산스님의 주석인『백법논의』와의 비교를 바탕으로 성철스님의 6위 51심소에 대한 입장을 밝히고자 했다. 이를 위해 먼저 성철스님이 유식 법문의 근거로 삼은『백법논의』의 내용을 간략하게 기술하고, 이어서 51개의 심소 전부를 순서대로 살펴보았다. 단 수번뇌 중에서 대수번뇌에 대해서는 성철스님과 감산스님이 그 명칭만 언급했기에, 감산스님의 손상좌인 지욱스님의『백법명문론직해』와 호법보살의『성유식론』을 중심으로 기술하였다. 또한 필요한 경우, 미륵보살의『유가사지론』(한역), 무착보살의『집론』(한역·범본)과『현양성교론』(한역), 세친보살의 저작인『오온론』(한역·범본), 안혜보살이『유식삼십송』에 대해 주석한『유식삼십송석』(범본)과『집론』에 대해 주석한『잡집론』(한역·범본) 등의 논서를 참조하여 그 근거를 제시했다. 제3장은 참선하는 사부대중은 물론 명상 수련을

하거나 위빠사나 수행을 하는 분들이 꼭 읽었으면 하는 부분이다. 왜냐하면 우리가 참선이나 명상을 할 때 51가지 심소는 너무나 자주 나타나는 마음 현상으로서 누구나 쉽게 알아차릴 수 있어야 하기 때문이다.

끝으로, 이 책은 성철스님의 상수제자인 원택스님과의 인연으로 출판된 것이다. 되돌아보니 원택스님과의 인연이 벌써 20여 년이나 되었다. 원택스님이 스승인 성철 큰스님의 유지를 받들어 부산에 고심정사古心精舍를 창건하며 불교 교육의 저변 확대를 위해 불교대학을 설립하였는데, 이때 필자가 고심정사불교대학의 교무처장이라는 소임을 맡게 되었다. 이런 인연으로 성철스님의 『백일법문』을 읽기 시작해서 그 성과를 에세이나 논문으로 발표하기도 했는데, 이 책의 일부는 지금까지 필자가 발표한 유식사상 관련 글(제1장)과 성철스님의 8가지 식(팔식)과 관련된 논문(제2장)을 모아 수정하거나 가필한 것이다. 반면 제3장은 새롭게 추가한 글이다.

이 책을 집필하면서 성철스님의 유식사상을 과연 바르게 이해하고 있는지, 혹시 잘못 이해하고 있는 것은 아닌지 하는 생각이 내 머릿속을 떠나지 않았다. 게다가 이로 인해 성철스님의 가르침을 홍포하는 데 헌신하신 원택스님에게 오히려 누가 되지는 않을지 염려가 되기도 하였다. 그런데도 굳이 이 책을 집필하게 된 것은, 이것이 그동안 베풀어주신 원택스님의 은혜에 조금이라도 보답하는 길이자, 비록 무모할지라도 이러한 노력이 이어져야만 성철스님의 가르침도 더욱 세상 속으로 스며들 것이라는 생각 때문이었다. 아무쪼록 성철스님의 유식사상에 관심이 있으신 분들에게 널리 읽혀 조금이나마 도움이 되기를 간절히 서원한다.

끝으로 꼼꼼하게 읽고 조언해 준 구자상 교수님, 늘 형님처럼 따뜻하게 응원해 주신 강경구 교수님, 전문 편집자답게 아낌없이 조언해 주시고 교정해 주신 장경각 정길숙 부장님, 음으로 양으로 도움을 주신 고심정사 일성 주지스님과 고심정사불교대학 법우님들께 머리 숙여 감사한 마음을 전한다. 그리고 사랑하는 가족(부모님, 아내 현숙과 아들 한솔, 딸 세찬)에게도 감사함을 전하고 싶다.

나마스떼(namaste).

2025년 8월 23일
성철대종사 열반 32주기를 맞이하여
허암 김명우가 쓰다.

차례

들어가는 말 … 005

제1장 유식이란

I. 유식은 왜 어려울까 ················· 023
   1. 유식 3년, 구사 8년   023
   2. 유식 용어는 너무 어렵다   026

II. 마음만 존재한다 ················· 030
   1. 유식무경 : 마음을 떠나 대상은 존재하지 않는다   030
   2. 일수사견 : 하나의 물이 네 가지 모습으로 보이다   033

III. 유식의 완성자 세친보살 ················· 037
   1. 유식은 『유식삼십송』 공부가 시작이자 끝이다   037
   2. 세친보살의 생애   038
   3. 세친보살의 유식 저작과 그 해설서   039
   4. 세친 2인설과 인도인의 역사관   041

Ⅳ. 암송의 전통과 『유식삼십송』 ·· 044
  1. 사자상전 : 스승과 제자가 서로 전하다   044
  2. 결집과 여시아문 : 일정한 운율에 따라 외우기   045
    1) 결집 : 함께 노래하다   045
    2) 여시아문 : 이와 같이 나에게 들려졌다   047

Ⅴ. 심층심을 발견하다 ··· 049
  1. 요가 수행자, 심층의 마음을 발견하다   049
  2. 심心은 식識이다   050
  3. 식 자체도 3종류이다   052
  4. 인식대상(상분)은 3종류이다   054
    1) 성경   057
    2) 대질경   059
    3) 독영경   061
  5. 마음의 존재 양태, 삼성설   062
  6. 유식의 수행은 5단계이다   066

제2장 『백일법문』과 팔식설

Ⅰ. 『백일법문』의 유식사상을 개관하다 ······································ 071
  1. 『백일법문』(개정증보판, 상권)   072
    1) 제3부 근본불교 사상 : 제11장 근본불교의 심식설   072

2) 제4부 인도 대승경론의 중도 : 제3장 인도불교의 유식파　079
　2. 『백일법문』(개정증보판, 중권) : 제4장 유식 법상종의 중도사상　092
　　1) 개관　093
　　2) 삼시교판　094
　　3) 유식중도설　098
　　4) 『팔식규구』(6위심소·삼량·삼경)　099
　　5) 유식사상(논사들의 주석서, 게송 풀이 : 『팔식규구』)　099
　　6) 삼성중도설　100

II. 『팔식규구』와 『팔식규구통설』 그리고 『백일법문』 ············ 105
　1. 『팔식규구』는 어떤 저작인가　105
　2. 『팔식규구통설』은 어떤 저작인가　110
　　1) 『팔식규구통설』은 참선 수행자를 위한 것이다　110
　　2) 『팔식규구통설』은 어떻게 구성되어 있는가?　113
　3. 감산스님의 생애와 저작　115
　4. 『백일법문』은 『팔식규구통설』을 근거로 법문한 것이다　118

III. 『백일법문』과 전오식 ················· 122
　1. 제1 게송 : 전오식의 작용(1)　123
　　1) 전오식은 성경·현량·삼성에 통한다　124
　　2) 전오식 중에서 안식·이식·신식은 이지에서 작용한다　133
　　3) 전오식은 34개의 심소와 함께 작용한다　136
　2. 제2 게송 : 전오식의 작용(2)　138
　　1) 전오식은 정색근에 의지한다　139
　　2) 전오식은 조건에 따라 생긴다　144

3) 전오식 중에서 비식·설식·신식은 합하고,
안식·이식은 떨어져서 세상을 관한다 148
4) 어리석은 자는 제8 아뢰야식을 알지 못한다 151
3. 제3 게송 : 전오식이 전환하면 성소작지이다 153
4. 『유식삼십송』에 나타난 전오식 법문 161

IV. 『백일법문』과 제6 의식 ······ 164

1. 제6 의식은 어떤 마음인가 164
   1) 제6 의식 – 감각에 한정되는 마음이다 164
   2) 제6 의식 – 감각을 선명하게 하는 마음이다 167
   3) 제6 의식 – 언어를 사용하여 대상을 개념적으로
      사고하는 마음이다 168
   4) 제6 의식 – 마음이 마음을 본다 169
2. 제1 게송 : 제6 의식의 작용(1) 171
   1) 제6 의식은 삼성·삼량·삼경에 통한다 172
   2) 제6 의식은 업력이 가장 강하다 175
   3) 제6 의식과 함께 작용하는 심소는 51개이다 176
3. 제2 게송 : 제6 의식의 작용(2) 178
   1) 제6 의식은 삼성·삼계·삼수와 관계한다 178
   2) 제6 의식과 함께 작용하는 심소는 서로
      연대하여 일어난다 181
   3) 제6 의식은 주도적으로 선악업을 짓는다 183
4. 제3 게송 : 제6 의식이 전환하면 묘관찰지이다 188
5. 『유식삼십송』에 나타난 제6 의식 법문 196

V. 『백일법문』과 제7 말나식 · 201

1. 제1 게송 : 제7 말나식의 작용(1)   202
   1) 제7 말나식은 대질경을 대상으로 삼는 마음이다   202
   2) 제7 말나식은 유부무기이다   204
   3) 제7 말나식은 정과 본에 통한다   208
   4) 제7 말나식은 제8 아뢰야식을 자아라고
      집착하는 비량이다   212
   5) 제7 말나식은 18개의 심소와 함께 작용한다   217
2. 제2 게송 : 제7 말나식의 작용(2)   221
   1) 제7 말나식은 항심사량하는 마음이다   222
   2) 제7 말나식은 4번뇌와 함께 작용한다   227
   3) 제7 말나식은 제6 의식의 의지처이다   231
3. 제3 게송 : 제7 말나식이 전환하면 평등성지이다   234
   1) 평등성지   234
   2) 제7 말나식은 언제 사라지는가?   241
4. 『유식삼십송』에 나타난 제7 말나식 법문   244

VI. 『백일법문』과 제8 아뢰야식 · 248

1. 제로, 요가, 아힘사, 제8 아뢰야식   248
   1) 제로   248
   2) 요가   249
   3) 아힘사   250
   4) 제8 아뢰야식   252
2. 제1 게송 : 제8 아뢰야식의 작용(1)   254
   1) 제8 아뢰야식은 무부무기이다   255

2) 제8 아뢰야식은 생사윤회의 주체이다   259
            3) 제8 아뢰야식을 이승은 알지 못한다   262
            4) 제8 아뢰야식을 5교 10리로 논증하다   266
        3. 제2 게송 : 제8 아뢰야식의 작용(2)   268
            1) 제8 아뢰야식은 종자를 저장하는 마음이다   269
            2) 제8 아뢰야식은 바다와 같은 마음이다   274
            3) 제8 아뢰야식의 대상은 유근신·기세간·종자이다   276
            4) 제8 아뢰야식은 생사윤회의 주인공이다   280
        4. 제3 게송 : 제8 아뢰야식이 전환하면 대원경지이다   284
        5. 『유식삼십송』에 나타난 제8 아뢰야식 법문   295

    Ⅶ. 사지송 299

제3장 『백일법문』과 51심소

    Ⅰ. 『백법논의』란 307
        1. 『백법논의』는 참선 수행자를 위한 것이다   307
        2. 『백법논의』는 어떻게 구성되어 있는가?   308
        3. 『백법논의』와 『백일법문』   312

    Ⅱ. 6위 51심소 314

Ⅲ. 모든 마음과 함께 작용하는 변행심소 ·········· 320
1. 작의作意　　323
2. 촉觸　　328
3. 수受　　332
4. 상想　　335
5. 사思　　338

Ⅳ. 대상에 따라 다르게 작용하는 별경심소 ·········· 343
1. 욕欲　　345
2. 승해勝解　　349
3. 염념　　354
4. 정정　　358
5. 혜慧　　361

Ⅴ. 과거·현재·미래에 걸쳐 영향을 미치는 선한 심소 ········ 364
1. 신信　　365
2. 참慚·괴愧　　371
3. 삼선근三善根　　380
4. 근勤　　386
5. 경안輕安　　391
6. 불방일不放逸　　395
7. 행사行捨　　398
8. 불해不害　　402

Ⅵ. 마음을 어지럽히고 괴롭게 하는 근본번뇌 407
1. 번뇌란   407
2. 삼독   409
    1) 탐貪   411
    2) 진瞋   414
    3) 치癡   416
3. 만慢   418
4. 의疑   421
5. 악견惡見(부정견不正見)   423

Ⅶ. 근본번뇌에서 파생한 수번뇌 431
1. 독자적인 성질이 강한 소수번뇌   434
    1) 분忿   434
    2) 한恨   437
    3) 뇌惱   441
    4) 복覆   444
    5) 광誑   447
    6) 첨諂   449
    7) 교憍   451
    8) 해害   453
    9) 질嫉   455
    10) 간慳   457
2. 불선과 함께 작용하는 중수번뇌   460
    1) 무참無慚   461
    2) 무괴無愧   463

3. 불선과 염심에 의해 생긴 대수번뇌 464
      1) 불신不信 465
      2) 해태懈怠 468
      3) 방일放逸 471
      4) 혼침昏沈 474
      5) 도거掉擧 476
      6) 실념失念 478
      7) 부정지不正知 481
      8) 산란散亂 483

Ⅷ. 선에도 불선에도 작용하여 정해지지 않은 부정심소 …… 489
   1. 회悔(악작惡作) 489
   2. 면眠(수면睡眠) 491
   3. 심尋과 사伺 492

나오는 말 … 497

- 약호와 참고문헌 … 501
- 찾아보기(서명, 인명·용어) … 507

일러두기

1. 원문에는 없지만 독자의 이해를 돕고자 필자가 임의로 삽입한 것은 홑화살괄호〈 〉, 뜻을 풀이하거나 뜻은 같으나 발음이 다르거나 또 다른 의미를 첨가한 것은 소괄호 ( )를 사용하였다.
2. 필자의 논문이나 저서, 역서에서 인용한 것은 별도로 인용부호를 붙이지 않았다. 독자의 양해를 구한다.
3. 아뢰야식은 제8 아뢰야식, 말나식은 제7 말나식, 의식은 제6 의식, 오식은 전오식으로 통일해서 사용했다.
4. 대정신수대장경은 T, 만신찬대일본속장경卍新纂大日本續藏經은 X로 약칭했다. 그 외는 약호 일람을 참조하기 바란다.
5. 『팔식규구』, 『팔식규구통설』, 『팔식규구직해』 및 『대승백법명문론』, 『백법명문론논의』, 『백법명문론직해』의 해석은 김명우·구자상의 『감산의 백법논의·팔식규구통설 연구와 유식불교』(예문서원, 2022)를 참조했다.
6. 『성유식론』의 해석은 김묘주 옮김(2000), 『한글대장경 성유식론 외外』(동국대 역경원)를 참조했으며, 『성유식론술기』의 해석은 김윤수 편역(2006), 『주석 성유식론』(한산암)을 참조했다.
7. 내용 중에 밑줄이나 굵은 글자는 독자의 이해를 돕기 위해 필자가 임의로 삽입한 것이다.
8. 각주에서 성철스님의 『백일법문』(개정증보판 1쇄, 2014), 상권'은 '성철(2014), 상권'으로 표기했고, 『백일법문』(개정증보판 1쇄, 2014), 중권'은 '성철(2014)'로 표기했다. 『옛 거울을 부수고 오너라-선문정로』(개정판, 2006)는 '성철(2006)'로 표기했다.
9. 악惡과 불선不善은 의미가 다르지만 필자는 같은 의미로 간주하여 혼용해서 사용했다.
10. 진嗔과 진瞋, 변徧과 변遍은 같은 의미이므로 본문과 각주에서 진瞋과 변遍으로 통일했다.
11. 유식, 성철스님, 백일법문, 전오식, 제6 의식, 제7 말나식, 제8 아뢰야식 등은 이 책의 핵심 용어이므로 별도로 색인에 넣지 않았다.
12. 필자는 유식, 유식사상, 유식불교, 유식학파를 같은 의미로 사용했다. 독자 제현은 착오가 없으시길 바란다.

제1장
유식이란

I. 유식은 왜 어려운가

1. 유식 3년, 구사 8년

　필자는 30여 년간 유식唯識을 공부해 오면서 대학과 사찰의 불교대학에서 오랫동안 유식을 가르쳐 왔다. 게다가 일반 독자를 위한 유식 관련 저·역서도 10여 권이나 펴냈다. 그동안 나름 유식을 최대한 알기 쉽게 설명하려고 부단히 노력했다. 그런데도 유식 강의가 끝나고 수강생에게 "어때요!"라고 물으면 "처음 듣는 용어가 많아 너무 어렵습니다. 좀 더 쉽게 설명해 주실 수 없으신가요?"라는 말이 되돌아오곤 하였다. 그럴 때마다 필자는 심한 좌절감을 느꼈다. 최근에도 어느 불교대학에서 강의를 마치고 "내용을 알아듣겠습니까?"라고 물었지만, "잘 모르겠습니다. 너무 어렵습니다."라는 대답만 돌아왔다. 이 책을 읽고 있는 독자들도 아마 같은 질문을 하면 비슷한 대답을 하지 않을까!

　사실 불교 전공학자들도 유식은 어려워한다. 그러므로 일반 독자가 유식을 어려워하는 것은 어쩌면 당연한 일일지도 모른다. 그렇다면 유식을 왜 이렇게 어렵다고 생각할까? 아니, 왜 유식은 어려울까? 그래서 이 글은 유식이 어려운 이유를 먼저 설명하는 것으로 시작하고자 한다.

　불교의 여러 종파 중에서 선종만이 살아남은 우리나라와 달리 일본에서는 지금도 종파불교의 전통이 이어지고 있다. 유식 종파인 일본 법상종에서는 "유식唯識 3년, 구사俱舍 8년"이라는 말이 있다. 이 말은 원래 "도율삼년桃栗三年, 시팔년柿八年"에서 유래한 말로 "복숭아(桃)와 밤

(栗)은 3년에 수확하고, 감나무(柿)는 그 수확에 8년이 걸린다."라는 뜻이다. 이른바 좋은 결과는 시간과 노력이 들어간다는 말이다.

유식 3년, 구사 8년에서 유식은 다음에 설명하기로 하고, 우선 구사라는 말이 어디서 온 것인지부터 알아보자. 구사란 유식불교를 완성한 세친世親(400-480)보살의 저작으로 아비달마불교(부파불교·소승불교)를 대표하는 문헌인 『아비달마구사론阿毘達磨俱舍論』에서 따온 말이다. 흔히들 『아비달마구사론』을 줄여서 『구사론』이라고 하는데, 현재 한국불교에서는 『구사론』을 '소승불교' 문헌이라고 폄하하는 분이 많지만, 사실 『구사론』은 불교를 공부하고자 하는 사람이라면 반드시 읽어야 할 아주 중요한 불교 문헌이다. 나중에 언급하겠지만 특히 유식을 알고자 한다면 반드시 『구사론』을 공부해야 한다.

참고로 아비달마란 범어 아비다르마(abhidharma)의 음사로, '~~의 방향으로, ~~까지, ~~를 위하여, ~~에 대해서'라는 의미의 접두어 아비(abhi)와 가르침·법칙·규칙·진리·존재·법 등을 의미하는 다르마(dharma·法)가 합쳐진 말이다. 굳이 번역하자면 '법에 대한 연구'라고 해두자. 그런데 아비달마라고 하면 동아시아 불교에서는 먼저 부파불교나 소승불교를 떠올리지만, 이것은 대단히 편협된 생각이다. 왜냐하면 초기경전에도 아비달마적 요소가 상당히 포함되어 있기 때문이다. 물론 현재 남아 있는 초기경전도 역사적으로 부처님 당시에 기록된 것은 아니기 때문에 정말로 부처님 시대부터 아비달마적 요소가 있었는지는 단정하기 어렵다. 그렇다고 해도 아비달마적 요소는 꽤 초기 단계부터 있었다는 것이 학계 일반의 인식이다.

따라서 아비달마=소승불교=부파불교를 동일시하는 관점은 적어도 학문 세계에서는 성립하기 어렵다. 더구나 현재 서구의 불교학계에서는 부파불교를 여전히 불교의 주류로 보고 있다. 즉 불교의 주류는 본래

부터 부파불교이고, 새롭게 대승불교가 일어났어도 그것은 변하지 않았다고 생각하는 것이다. 이 견해에 따르면 부파불교나 아비달마를 작고 열등한 소승小乘으로 보는 것은 어디까지나 대승불교가 유행한 동아시아의 편견이라고 할 수 있다.

더구나 유식불교(유식사상)는 '대승의 아비달마'라는 것을 강하게 의식하고 있었던 것으로 보인다. 그들은 『대승아비달마경』이나 『대승아비달마집론』이라는 문헌을 가지고 있었다. 『대승아비달마경』은 현존하지 않지만, 유식을 크게 대성한 무착無着보살의 저작인 『섭대승론攝大乘論』 등과 같은 유식학파의 주요 문헌에 자주 인용되고 있다. 또한 유식을 체계적으로 설명한 『대승아비달마집론』은 유식의 대성자인 무착보살의 저작이다. 이처럼 '대승아비달마'라는 제목에서 보면 유식학파가 아비달마를 강하게 의식하고 있었다고 할 수 있다. 그러므로 이제 우리도 아비달마=부파불교, 아비달마=소승불교라는 고정관념에서 벗어나 아비달마를 폭넓게 이해할 필요가 있다. 그래서 필자는 이 글을 읽는 독자들이 소승이라는 차별 용어를 사용하지 않았으면 하는 바람이다. 그 대신에 인도의 남쪽, 즉 남방(스리랑카·태국 등)에 전해진 불교라는 의미의 남방불교南方佛敎나 서양학자들이 즐겨 쓰는 테라와다(theravāda·장로파)라는 용어가 좋지 않을까 생각한다.

다시 본론으로 돌아가서, 보통 유식 3년, 구사 8년이라고 하면 『구사론』을 8년 공부하면 유식 공부는 3년으로 끝낼 수 있다는 의미로 이해하는 사람들이 많다. 물론 이런 의미로 받아들여도 틀린 것은 아니다. 하지만 중요한 것은 숫자, 즉 3년이나 8년이라는 '시간'이 아니다. 이것은 유식을 제대로 이해하려면 '먼저' 『구사론』을 8년 공부한 '후'에 유식을 3년 공부해야 한다는 뜻이다. 다시 말해 부처님의 가르침을 정밀화한 아비달마불교(『구사론』)의 가르침에 의지하면 의외로 유식을 명확하고도 정확하게 이해할 수 있으며, 반대로『구사론』을 근거로 삼지 않으면 유식을 바르게 이해할 수 없을 뿐만 아니라 오히려 오해를 불러일으킬 가능성이 크다는 뜻이다.

사실『구사론』을 이해하는 것은 만만치가 않다. 그래서 한국불교에서는 출가자든 재가자(불교학자)든『구사론』을 무시(?)하고 바로 중관·유식·화엄·선·천태 등의 대승불교를 공부한다. 만약『구사론』에 대한 이해 없이 유식을 공부하면 어떻게 될까? 그렇게 되면 유식은 어렵고 번쇄한 학문쯤으로 치부되고, 그 내용도 이해하기 어렵게 될 것이다. 즉『구사론』에 대한 지식 없이 곧바로 유식에 입문하면 유식은 어려울 수밖에 없다는 것이다. 따라서 유식을 공부하기 위해서라도 먼저『구사론』을 알아야만 하는 것이다.

이 책에서는『구사론』에 대해 구체적으로 다룰 여유가 없어 생략하지만, 유식을 제대로 공부하고자 한다면 먼저『구사론』에 관한 간단한 개론서라도 먼저 읽어보기를 권한다.[1]

2. 유식 용어는 너무 어렵다

앞서『구사론』을 공부하지 않고 곧바로 유식에 입문하면 유식은 어렵다고 했다. 이외에도 불교 초심자가 유식 공부를 힘들어하는 이유는 유식에서 사용하는 용어가 너무 어렵다는 것이다. 유식의 용어들에 대해

---

[1] 아비달마에 대한 개론서로는 권오민 교수의『아비달마불교』(민족사, 2003)나 사쿠라베 하지메 박사의『아비달마의 철학』(민족사, 1994)을 추천한다. 그리고『구사론』에 대해 좀 더 깊이 알고 싶다면 이종철 교수의『구사론-계품·근품·파아품』(한국학중앙연구원, 2015)을 읽어보기를 권한다.

서는 해당 부분에서 다시 자세하게 설명하겠지만, 여기서는 세친보살이 유식사상을 30개의 게송으로 간략하게 저술한 『유식삼십송』과 이에 대한 주석서인 안혜보살의 『유식삼십송석』, 호법보살의 주석서인 『성유식론』에 등장하는 독특한 용어 몇 개만 언급하기로 하겠다. 여러분은 자신이 이해할 수 있는 용어가 몇 개나 되는지 헤아려 보길 바란다.

식전변識轉變, 이숙異熟, 사량思量, 아뢰야식阿賴耶識, 일체종자식一切種子識, 훈습熏習, 습기習氣, 종자種子, 종자생현행種子生現行, 현행훈종자現行熏種子, 집수執受, 무기無記, 무부무기無覆無記, 유부무기有覆無記, 말나식末那識, 아치我癡, 아견我見, 아만我慢, 아애我愛, 전오식前五識, 심소心所, 변행遍行, 별경別境, 수번뇌隨煩惱, 부정不定, 촉觸, 작의作意, 수受, 상想, 사思, 욕欲, 승해勝解, 염念, 정定, 혜慧, 신信, 참慚, 괴愧, 경안輕安, 탐貪, 진瞋, 치癡, 만慢, 의疑, 한恨, 혼침昏沉, 방일放逸, 산란散亂, 변계소집성遍計所執性, 의타기성依他起性, 원성실성圓成實性, 자량위資糧位, 유식성唯識性 등등 (…)

여러분! 몇 개 정도나 이해하고, 또 이것을 다른 사람에게 설명할 수 있나요? 유식을 처음 접했다면 도통 무슨 말인지 모르는 사람도 있을 것이고, 불교를 어느 정도 공부한 사람도 많아 봐야 4~5개 정도가 아닐런지. 그렇다고 너무 실망하지는 말기를! 지금부터 하나하나 꼼꼼하게 설명할 터이니, 여러분은 단지 눈과 적당한 호기심으로 이 책을 읽어주기만 하면 된다.

독자의 이해를 돕기 위해 앞서 열거한 유식 용어 중에서 훈습熏習을 예로 들어보겠다. 훈습이란 '보존하다·두다·머무르다'라는 뜻의 동사 √vas(와스)에서 파생한 여성명사 와사나(vāsanā)의 번역이다. 그리고 한

자의 훈熏은 '향기', '(연기가) 스며들다'라는 뜻인데, 훈제 소시지 만들 때를 생각해 보면 된다. 훈제 소시지를 만들기 위해서는 밀폐된 공간에서 고기에 연기를 천천히 스며들게 해야 한다. 즉 연기가 고기에 서서히 배어들게 만드는 것이다.

반면 습習은 깃 우羽+일 백白 자가 합쳐진 글자로, '새끼 새가 어미 새의 나는 모습을 보고 자기도 날기 위해 백 번(百) 날갯짓(羽)을 했다'는 의미이다. 새끼 새가 날갯짓을 단지 백 번만 했겠는가? 여기서 백 번은 상징적인 표현으로 아마도 수천 번을 반복했을 것이다. 그래서 익힐 습習은 곧 반복한다는 뜻이 된다. 결국 훈습이란 반복해서 행한 행위의 결과(종자)가 자신도 모르게 점차 쌓이는 것으로서, 이렇게 반복적으로 행한 행위의 결과인 종자가 점차 훈습되는 장소가 심층의 마음인 제8 아뢰야식이다. 다시 말해 제8 아뢰야식에 저장되는 것은 행위의 결과물인 종자라는 것이다.

또 다른 예를 들어보자. 긴 시간 법당에 머물면 향 내음이 자신도 모르게 옷에 스며든다. 또한 새벽의 안개 속을 걸으면 코트가 자신도 모르게 촉촉하게 젖는다. 이처럼 훈습이란 언제부터인지도 알 수 없고 또 명확하게 알아차릴 수도 없지만, 확실하게 우리 속에 침투해서 우리의 인격과 세계를 형성하는 것을 말한다. 즉 우리의 인격 근저(제8 아뢰야식)에 새로운 경험이 쌓여 인격이 새롭게 되며 또한 그것을 동력으로 자기를 다시 생기시킨다는 것이다.

이와 관련하여 할머니와의 일화를 잠시 소개하고자 한다. 돌아가신 필자의 할머니는 96년 6개월을 사셨는데, 당신 며느리나 자식, 손자인 나에게 한 번도 화를 낸 적이 없는 아주 온화한 분이셨다. 어렸을 때 내가 일이 잘못되어 울거나 심하게 짜증을 내면 할머니는 경상도 사투리로 늘 "니 습인데 우짜겠노!"라고 하셨는데, 당시에는 '습'이 무슨 의미인지 몰랐다. 그런데 지금 생각해 보니 아마도 할머니는 손자인 나에게 "전생이든 현생이든 네가 한 반복된 행위로 이런 결과가 왔으니 지금 상황을 있는 그대로 받아들여라."는 의미로 사용하신 것 같다. 여기서 할머니가 사용한 '습'과 유식의 '훈습'은 그 의미가 크게 다르지 않다. 이처럼 평소에 잘 의식하지 못하겠지만, 우리는 일상생활에서 알게 모르게 유식의 용어를 사용하고 있기도 하다.

여기서 잠깐! 훈습을 설명하면서 벌써 낯선 단어가 2개(제8 아뢰야식, 종자)나 등장했다. 그렇다고 너무 겁먹지는 말자. 제1장에서 차례차례 유식의 주요 개념들을 자세히 설명할 테니 여기서는 일단 체크만 해두자.

II. 마음만 존재한다

1. 유식무경 : 마음을 떠나 대상은 존재하지 않는다

    불교의 핵심인 마음(心) 또는 식識에 대한 탐구는 부처님의 가르침으로부터 기원한다. 그러나 불교에서 이 마음에 대한 탐구를 체계화하고 완성한 사람들은 기원후 4-5세기경에 활동한 유가사들(yogācāra, 요가를 실천하는 자들), 이른바 유식학파唯識學派이다. 이 유식학파에 의해 발전한 유식사상 또는 유식불교는 "오직(唯) 마음(識)만이 존재한다."라고 여기며 대상(境)을 부정(無)하는 입장이다. 이것을 한자로 유식무경唯識無境이라고 한다. 유식무경이라는 말은 원래 인도불교에는 없던 용어이다. 단지 인도불교(유식학파)에서는 '유식(오직 식뿐이다)'이라는 용어만 사용했을 뿐이다.
    그런데 중국의 유식 종파인 법상종에서는 이 '유식'이라는 말에 '무경'이라는 말을 첨가했다. 물론 '무경'이라는 말을 첨가했다고 해서 의미가 달라지는 것은 아니다. 왜냐하면 '유식'이라는 말속에 이미 '무경'이라는 의미가 전제되어 있기 때문이다. 단지 법상종에서는 이해하기 쉽게 표현을 명확히 한 것뿐이다. 그리고 유식무경을 다른 말로 유식소변唯識所變, 즉 '일체는 식(마음)이 변화한 것이다' 또는 일체불리식一切不離識, 즉 '모든 존재는 자신의 마음(식)을 떠나서는 존재하지 않는다'라고도 한다.
    유식사상의 완성자인 세친보살의 『유식삼십송』에서는 이 말을 "존재하는 모든 것(我·法)은 가설(임시적인 것)이고 모두 식전변識轉變(vijñāna-

pariṇāma)한 것"[2])이라고 한다. 즉 나(我)와 나의 것(我所) 및 사물(법)은 인연에 의해 생긴 것(가설)으로서 실체가 없고, 모든 것은 식識이 변화(轉變)하여 생긴 것이라는 것이다. 여기서 식識(vijñāna)이란 '사물을 구별하여 아는 것', 즉 사물을 주관과 객관의 둘로 나누어 아는 것(認識)을 말한다. 일반적으로는 식識을 마음(citta)이라고 하는데, 『구사론』이나 유식에서 심心(citta·마음), 의意(manas·생각), 식識(vijñāna·인식)은 동의어로 사용하기 때문이다.

그리고 전변轉變(pariṇāma)이란 '다른 성질로 변화하는 것(다른 것으로 되는 것)'이라는 뜻이다. 구체적으로 말하면, "찰나로 존재하는 원인이 소멸함과 동시에 성질을 달리하는 결과가 발생한다."라는 의미이다. 이처럼 유식사상에서는 유식무경 또는 식전변·유식소변唯識所變을 주장한다.

세친보살은 『유식삼십송』에서 이 마음(식)을 8가지로 나눈다. 8가지의 식(마음)이란 안식眼識·이식耳識·비식鼻識·설식舌識·신식身識·제6 의식意識·제7 말나식末那識·제8 아뢰야식阿賴耶識을 말한다. 이 8가지 식에 대해서는 제2장(『백일법문』과 팔식설)에서 성철스님의 『백일법문』에 나타난 팔식설과 감산스님의 『백법논의』와의 비교를 통해 자세하게 설명할 것이다.

이제 여기서 여러분은 이런 의문이 들 것이다. 마음 바깥에 분명히 사물이 존재하는데 이게 무슨 말도 안 되는 소리냐고! 무슨 이런 비상식적인 소리를 하냐고! 우리 주변에 태풍·지진·쓰나미 등의 자연재해나

---

2) 『유식삼십송』(T31, p.60a23-26), "由假說我法. 有種種相轉. 彼依識所變. 此能變唯三." 밑줄 친 부분을 보면 알 수 있듯이, 『유식삼십송』(한역)에서는 식소변識所變이라고 했지만 식전변識轉變과는 같은 의미이다. 왜냐하면 『유식삼십송』의 한역자 현장스님이 범어 vijñāna-pariṇāma를 어떤 곳에서는 식소변, 어떤 곳에서는 식전변이라고 한역했기 때문이다.

코로나19와 같은 질병이 빈번하게 발생하여 며칠 전에도 수천 명이 죽었는데 이것을 자신의 마음속 현상이라니, 도저히 수긍할 수 없을 것이다. 게다가 다른 사람에게 주먹으로 한 대 맞으면 아프다. 또한 돌이 떨어져 머리에 맞으면 피가 나고 굉장한 아픔을 경험한다. 이때 타인이나 주먹과 돌은 분명히 자신의 마음 바깥에 존재한다고 생각한다. 그렇다면 우리는 유식무경이라는 유식의 가르침을 어떻게 이해해야만 할까?

유식무경에 대해서는 몇 가지 입장이 있지만, 필자가 이해한 내용을 중심으로 설명하도록 하겠다. 우리는 언제나 나(我)·나의 것(我所)이라는 생각이 마음속에 늘 잠재해 있기 때문에 삶이 고통스럽다. 다시 말해 '나는 바르게 살고 있다' 또는 '내가 옳다'라는 판단이나 행위에는 언제나 '나는 ~~이다'라는 생각이 잠재해 있다. 특히 '나는 ~~이다'라는 주격 표현에는 선인가, 악인가, 바르다, 틀렸다 등의 가치판단이 들어간다. 내가 옳다는 가치판단이 들어가면 내가 믿는 정의를 위해서는 테러나 살인도 주저 없이 저지른다. 또한 부모·부부·친구·회사 등의 인간관계에서 싸우는 경우도 언제나 '나는 옳고 너는 틀렸어'라는 생각이 잠재해 있다. 게다가 내 아내, 내 자식, 내 집, 내 몸, 내 회사 등등 '나의'라는 소유격을 무수하게 사용하며 살고 있다. 즉 '나는 ~~이다'라는 생각에 집착하고, '나의 것이다'라고 소유하는 대상(사람·물건)에 집착하며 살아간다.

그러나 '나'와 '나의 것'은 어디에도 존재하지 않는다. 그래서 부처님도 제법무아諸法無我, 즉 존재하는 모든 것에는 '나'라고 할 수 있는 실체는 없다고 한 것이다. 무아는 '나를 없애는 것'·'나는 본래 없다'·'나는 존재하지 않는다'·'나의 실체는 없다'·'나의 것은 없다'라는 가르침이다. 그러나 '나'와 '나의 것'에 대한 집착을 없애는 것이 결코 쉽지 않다. 이처럼 실재하지 않는 나와 대상이 존재한다고 생각하고 집착하기 때문에 우리의 삶은 괴롭다. '나'와 '나의 것'은 단순히 언어가 만들어 낸 언어의 외침, 즉 언어에 의해 가공된 것이며 실체로 존재하는 것이 아니다. 즉 유식무경이다.

성철스님은 삼시교판을 법문하는 중에 유식무경을 다음과 같이 중도사상으로 설명한다.

"여래가 이 공空·유有의 집착을 제거하기 위해 세 번째 시기에 요의교了義敎인 『해심밀경』 등을 연설하여 모든 법이 오직 식識뿐이라는 것을 설하셨다. (…) 일체 모든 것이 식만 있다고 하기 때문에 이것을 유식종唯識宗이라고 합니다. 유식무경唯識無境, 즉 오직 식만 있고 상대적인 경계는 없다고 주장하는 것입니다. 그래서 모든 경계란 것은 전체가 식의 소산이라는 것이 유식무경입니다. 객관을 부정하는 것입니다. 여래께서 공과 유의 집착을 제거하기 위하여 세 번째 시기에 비밀히 요의교了義敎, 즉 중도사상을 제대로 다 표현한 『해심밀경』을 설하여 '일체 모든 것이 오직 식만 있지, 객관적인 경계는 없다'고 하여 유식唯識을 주장합니다."[3]

2. 일수사견 : 하나의 물이 네 가지 모습으로 보이다

다음의 문답은 유식무경을 입증하는 또 하나의 근거가 될 것이다. 어떤 사람에게 "손을 보여주세요. 이 손은 누구의 손입니까?"라고 물으면 그 사람은 "내 손입니다."라고 바로 대답할 것이다. 그런데 이 대

---

3) 성철(2014), pp.297-298.

답 속에는 '나'와 '손'이라는 두 개의 명사가 있다. 명사는 사물을 지시하는 작용을 한다. 그래서 "손이라는 명사가 지시하는 것을 눈으로 확인할 수 있죠."라고 하며 이것을 확인시킨 다음, "그렇다면 '나'라는 명사가 지시하는 것을 찾아보세요."라고 다시 묻는다. 그러면 그 사람은 조금 생각하다가 갑자기 곤란한 듯 입을 다물어 버린다. 어떤 사람은 "내 몸 전부가 아닌가?"라고 대답하기도 한다. 그러나 결국 "못 찾겠다."라고 대답한다. 필자는 이런 방식의 문답을 많은 사람에게 해 보았지만, 누구 한 사람 '나'를 발견한 사람은 없었다. 왜냐하면 '나'는 단지 언어의 외침(울림)일 뿐이기 때문이다.[4] 이것을 유식 용어로 설명하면 대상은 존재하지 않아도 마음은 존재한다는 것(유식무경)이다. 즉 대상 없이도 우리의 마음(인식)은 성립한다는 것이다.

또 다른 예를 들어보자. 유식무경에 대한 설명으로서 가장 잘 알려진 것은 물에 대한 비유이다. 이것을 일수사견一水四見의 비유라고 한다. 이 비유는 생물의 종류가 다름으로 인해 동일한 대상도 다른 것으로 인식한다는 것을 밝힘으로써 유식을 나타내고자 하는 것이다. 즉 동일한 물(대상)이 아귀에게는 고름 등의 더러운 물로, 물고기에게는 사는 장소(집)로, 사람에게는 음료나 목욕물로, 천인에게는 보석으로 가득 찬 연못으로 보인다는 것이다. 이처럼 생물 각각의 마음(제8 아뢰야식)에는 무한한 과거로부터 행한 행위(경험·내력)가 종자로서 보존되어 있는데, 인식(지각)은 바로 그러한 과거의 내력에 의존하고 있다는 것이다. 다시 말해 대상 없이도 우리의 인식은 얼마든지 성립한다는 것이다.

일본 법상종의 본사 중의 하나인 나라(奈良) 시 소재의 흥복사興福寺에 전해지는 일화가 있다. 이것에 의하면 "손뼉을 치면 물고기는 먹이를

---

4) 요코야마 코이츠 지음·김명우 옮김(2015), p.62.

주는 것으로 듣고서 몰려들고, 새는 놀라서 도망치고, 여관에서 시중드는 여자는 손님이 차(茶)를 재촉하는 소리로 듣는다."라고 한다. 이것은 결국 우리의 인식(지각)이 얼마나 내력에 의존하고 있는가를 잘 보여주고 있는 예이다. 다시 말해 손뼉을 칠 때 나는 똑같은 소리를 물고기·새·시중드는 여자가 지금까지 각각 경험한 것을 바탕으로 '먹이를 주는 것', '위험이나 놀라움', '차를 재촉하는 것'으로 인식한다는 것이다. 이처럼 유식사상에서는 지극히 객관적이라고 생각하는 지각이나 인식이 얼마나 인식 주체자의 영향을 받고 있으며 주관적인지를 일찍이 알고 있었다.

유식무경의 가르침은 존재하지 않는 '나'와 '나의 것'에 집착하는 한 이해하기 어렵고, 꿈에서 각성한 자, 즉 깨달은 자(부처님)만이 체득할 수 있는 것이다. 세친보살의 『유식이십론』 마지막 게송은 바로 이것을 지적한 것이다.

> "나는 스스로의 능력에 따라 유식성(유식의 진리)이 성립하는 것을 논구했다. 그러나 유식성의 전체는 사유되지 않는다. 이 유식의 전체는 나와 같은 자에 의해서 사유될 수 없는 것이다. 왜냐하면 그것은 개념적 사고의 대상이 아니기 때문이다. 그렇다면 그 모든 것은 누구의 경계(인식대상)인가? 그것은 붓다의 경계이다. 그 유식성은 붓다와 세존들의 경계이다. 왜냐하면 붓다와 세존들은 어떤 장애도 없고, 모든 존재 방식, 모든 알아야만 할 것(所知)을 알고 있기 때문이다."[5]

---

5) 『유식이십론』(T31, p.77b4-7) ; 효도 가즈오 지음·김명우 옮김(2013), p.249.

이처럼 위대한 세친보살도 체득할 수 없는 유식의 진리를 범부인 내가 과연 가능할까? 그렇지만 부처님이 설한 일체중생실유불성一切衆生悉有佛性이라는 가르침이 있기에, 나로서는 오직 그것을 믿고 단악수선斷惡修善, 즉 악을 끊고 선을 닦으면서 노력 정진하면 가능할 수도 있지 않을까! 여러분도 문혜聞慧, 사혜思慧, 수혜修慧를 통해 긴 밤의 꿈에서 깨어나 유식무경을 체험해 보시기를!

III. 유식의 완성자 세친보살

1. 유식은 『유식삼십송』 공부가 시작이자 끝이다

　유식사상(유식불교)은 기원후 4-5세기 미륵彌勒(Maitreya, 350-430)보살과 무착無着(Asaṅga, 395-470)보살을 거쳐 세친世親(Vasubandhu, 400-480)보살에 의해 완성되었다. 미륵보살은 유식의 창시자로 알려져 있으며, 무착보살은 유식을 대성한 세친보살의 친형이기도 하다. 이 세 사람 중에서 유식의 완성자인 세친보살에 대해 잠시 말하고자 한다. 왜냐하면 유식을 공부하고자 하는 사람은 반드시 세친보살의 저작을 보아야 하기 때문이다. 게다가 필자가 제1장에서 기술할 유식에 관한 내용도 세친보살의 저작을 근거로 한 것이다.

　필자가 유식사상을 처음 접한 것은 세친보살의 저작인 『유식삼십송』을 통해서였다. 그리고 동경대학 유학 시절 지도교수였던 고故 에지마(江島) 선생님과 처음으로 읽었던 텍스트도 범본 『유식삼십송』과 이에 대한 안혜보살의 주석서인 『유식삼십송석』이었다. 그 때문인지 몰라도 일찍부터 유식 공부는 『유식삼십송』에서 시작하여 『유식삼십송』으로 끝난다고 생각하고, 지금도 『유식삼십송』과 그 주석서인 『유식삼십송석』을 늘 곁에 두고 읽는다. 여담이지만 세친보살과 같은 위대한 불교학자가 되어주기를 바라는 마음으로 딸 이름을 세친世親으로 짓기도 했으니 말이다. 물론 나의 기대와는 달리 전혀 다른 일을 하고 있지만….

2. 세친보살의 생애

　세친보살의 전기는 중국 문헌과 티베트 문헌에서 약간의 차이가 난다. 먼저 중국 문헌의 경우, 남북조시대 인도에서 중국으로 온 진제眞諦(Paramārtha, 499-569)스님의 저작인 『바수반두법사전婆藪槃豆法師傳』에 따르면, 세친보살은 부처님 입멸 후 900년이 지나 서북 인도의 뿌르샤뿌라(현재 : 페샤와르)에서 바라문 집안의 차남으로 태어났다. 그의 이름은 와수반두(Vasubandhu)였는데, 와수(vasu)는 부富·보석·바수천(天의 이름), 반두(bandhu)는 친족·붕우朋友라는 의미이다. 이런 의미를 살려 진제스님은 세친보살을 천친天親보살이라고 한역하였다. 세친보살은 처음에 부파불교의 일파인 설일체유부에 출가하여 경량부經量部의 입장에서 설일체유부의 사상을 정리한 『구사론俱舍論』을 지어 명성을 얻었다. 그 후 친형인 무착보살의 권유로 대승불교로 전향하여 수많은 유식 논서를 저술했을 뿐만 아니라 대승경전에 대한 수많은 주석을 남기고, 80세에 아요디아에서 입적했다고 한다.

　한편, 티베트 출신의 출가자인 부톤(Buton)의 『인도불교사』에는 세친보살에 관한 흥미로운 기사가 전한다.

　"어떤 여성신자가 불교의 쇠퇴를 걱정하고 있었다. 그녀는 여자의 몸으로는 불교를 흥기시킬 수가 없다고 생각하여 남자아이를 낳아 그들에게 불교의 흥기를 의탁하기로 결심하였다. 그녀는 먼저 끄샤뜨리아 출신의 남자와 관계를 가져 남자아이를 낳아 무착이라고 하였다. 다음에는 바라문 출신 남자와 관계를 가져 두 번째 자식을 낳아 세친이라고 하였다. 그녀는 둘을 홀로 키웠다. 그런데 당시 인도에서 자식은 부친의 직업을 세습하였기에 그녀의 두 아들은 '어머니! 저의 부친의 직업을 가르쳐 주십시오'라고 물었다. 그러자 그녀는 '너희들을 낳은 것은 아버지의 직업을 이어받기 위한 것이 아니다. 불교를 세상에 널리 퍼뜨리게 하기 위해 너희들을 낳았다. 너희 형제는 출가하여 불교를 배우고 불교를 널리 전파하기를 바란다'라고 하였다. 그리하여 두 형제는 출가하였다."[6]

여러분은 부톤의 기록을 읽고 어떤 느낌을 받았나요? 꾸며낸 이야기 같나요? 필자가 세친보살의 일화를 소개한 것은 이 이야기의 진위 여부를 가리려는 것이 아니라, 이것을 통해 후대의 불교도에게 전하고자 한 메시지에 초점을 맞추고 싶었기 때문이다. 불교가 쇠퇴해 가는 모습을 보고 그녀가 할 수 있었던 일은 무엇이었을까? 간절한 그녀의 불심에 초점을 맞춘다면 이야기의 진위 여부는 그다지 중요하지 않을 수도 있는 것이다. 뜬금없는 소리로 들리겠지만, 지금 한국불교는 쇠퇴의 길을 걷고 있다. 여러 이유가 있겠지만, 불교도라면 현재(now)·여기서(here)·나(I)는 한국불교를 위해 과연 무엇을 해야 할까! 세친보살의 어머니처럼 각자 고민해 보고 실천했으면 하는 바람이다.

3. 세친보살의 유식 저작과 그 해설서

유식의 완성자인 세친보살은 수많은 저작과 주석서를 남겼다. 독자로서는 세친보살의 저작들을 나열하는 것이 무슨 의미가 있냐고 반문할 수도 있지만, 그가 남긴 저작을 살펴보면 그가 불교에 공헌한 업적을

---

[6] 김명우(2011), p.48.

알 수 있다. 참고로 중관학파의 창시자인 용수보살을 '제2의 부처님'이라고 칭송하는데, 대승불교는 중관학파의 공사상에 그 기원을 두고 있기 때문이다. 더불어 필자는 세친보살을 '제3의 부처님'이라고 부르고 싶다. 왜냐하면 대승불교, 특히 선종은 마음(식)공부가 핵심이기 때문이다.

다시 본 내용으로 돌아가자. 세친보살의 저작은 분량도 많고 내용도 실로 방대하기 때문에 전부 언급할 수는 없다. 그래서 유식 관련 논서와 주석서에 한정해서 소개하고자 한다. 먼저 유식 논서로는 유식사상을 30개의 게송으로 정리한 『유식삼십송唯識三十頌』, 업사상을 유식의 입장에서 기술한 『대승성업론大乘成業論』, 20개의 게송으로 외계 실재론자와 대론하면서 유식무경을 논증한 『유식이십론唯識二十論』, 오온으로 오위백법을 설명한 『대승오온론大乘五蘊論』, 삼성설(변계소집성·의타기성·원성실성)을 체계적으로 정리한 『삼성론三性論』 등이 있다.

그리고 유식 논서에 대한 주석서로는, 친형 무착보살의 저작으로서 대승을 포괄하는 논서라는 의미의 『섭대승론』을 주석한 『섭대승론석攝大乘論釋』, 미륵보살의 저작으로서 대승경전의 장엄을 목적으로 기술한 『대승장엄경론』[7]을 주석한 『대승장엄경론석大乘莊嚴經論釋』, 미륵의 저작으로서 중도와 유무의 양극단을 밝힌 『변중변론』의 주석서인 『변중변론석辨中邊論釋』 등이 있다. 이외에도 불교 전반에 지대한 영향을 미쳤을 뿐만 아니라 모든 불교의 기초문헌 중의 하나가 된 『구사론』, 경전을 어떻게 해석할 것인지의 방법론에 대해 기술한 『석궤론釋軌論』 (*Vyākhyāyukti*)』[8] 등도 있다.

---

[7] 『대승장엄경론』에 대해서는 〈김명우(2008)〉를 참조하기 바란다.
[8] 『석궤론』은 티베트 역만이 현존하고 있지만, 원제목은 범본 문헌에서 확인이 가능하다. 아직 본격적인 연구는 되어 있지 않지만, 궁금하신 분은 이종철 교수 (2001)의 『世親思想の研究―釋軌論を中心として』를 참조하기 바란다.

이렇듯 수많은 세친보살의 저작 중에서도 유식에 대해 알고자 하는 사람은 『유식삼십송』, 『유식이십론』, 『대승오온론』은 꼭 한 번 읽어보시길 권한다. 이 3권은 세친보살의 대표 저작인 동시에 유식사상의 핵심을 담고 있기 때문이다. 게다가 『유식삼십송』(600자), 『유식이십론』(220자, 自註 제외), 『대승오온론』(3,099자)은 그 분량도 많지 않다. 이 3권에 관한 국내 해설서로는 다음과 같은 것이 있다.

※ 김명우 지음, 『유식삼십송과 유식불교』(예문서원, 2009).
※ 효도 가즈오 지음·김명우 옮김, 『유식불교, 유식이십론을 읽다』(예문서원, 2011).
※ 모로 시게키 지음·허암 옮김, 『오온과 유식-대승오온론 역주』(민족사, 2018).

4. 세친 2인설과 인도인의 역사관

이처럼 수많은 저작을 남기다 보니 세친보살은 두 사람이라는 설도 등장한다. 유식에 대해 공부하는 사람이라면 누구나 알고 있는 오스트리아 출신 프라우발너(E. Frauwallner) 교수의 '세친 2인설'이다. 이 주장의 근거는 다음과 같다. 먼저 세친보살의 생존연대에 관한 다수의 전승이 있다는 점이다. 앞서 소개한 『바수반두법사전』 이외에도 현장玄奘(602-664)스님이나 그의 제자 자은대사 규기窺基(632-682)스님의 전승, 현장스님과 더불어 유명한 한역자인 구마라집鳩摩羅什(Kumārajīva, 344-413)스님 주변의 전승, 티베트 전승 등이 있다. 여기에 기록된 세친보살의 연대가 일치하지 않는데, 크게 나누면 불멸 900년 후, 1000년, 1100년의 셋으로 나눌 수 있다. 이것은 서기로 말하면 대략 4~5세기에 해당하는데, 그 결과로써 세친보살의 연대도 연구자에 따라 다양하게 나오게 된 것이다. 프라우발너 교수는 이것에 주목하여 '세친'이라고 불리는 사람이 실제로 2명이었기에 이처럼 다양한 전승이 나오게 되었다고 주장한다.

이러한 세친 2인설의 중요한 근거는 『구사론』에 대한 주석서인 *Abhidharmakośa-vyākhyā*를 쓴 인도의 학승 야쇼미뜨라(Yaśomitra)나 현장스님의 제자인 보광普光스님이 쓴 『구사론기俱舍論記』라는 주석서에 『구사론』의 저자인 세친(와수반두)과는 다른 별도의 와수반두가 있다고 기술하고 있다는 점이다. 야쇼미뜨라 논사는 이 '별도의 와수반두'를 고사古師 와수반두(vṛddhācārya-Vasubandhu)라고 하는데, 『구사론기』에서는 고세친古世親이라고 한다. 결국 프라우발너 교수는 야쇼미뜨라 논사의 기록을 근거로 고古 와수반두와 신新 와수반두가 있다고 생각한 것이다. 프라우발너 교수는 고사古師 와수반두를 불멸 후 900년경의 사람이라고 보고, 구마라집 스님의 자료에 근거하여 4세기 전반의 사람이라고 추정하고 있다.

반면 『구사론』의 저자인 신사新師 와수반두에 대해서는 불멸 후 1000년 또는 1100년에 해당하는 5세기경 사람이라고 추론한다. 『구사론』 이외에도 『승의칠십론』 등의 작자도 이 사람이라고 주장한다. 나아가 프라우발너 교수의 제자이자 저명한 유식 연구자인 슈미트하우젠(L.Schmithausen) 교수도 이 주장을 계승하여 『구사론』, 『유식삼십송』, 『유식이십론』이 모두 경량부라는 부파불교의 사상을 전제하고 있으며, 고사 와수반두와는 다르다고 주장한다. 즉 세친보살은 역사적으로 두 사람이 있었다는 것이다. 한편, 대부분의 일본 학자들은 '세친 1인설'을 주장한다.

그러면 어떻게 한 사람이 이렇게 많은 저작을 남겼을까? 인도에서는 많은 저작을 유명한 학자 한 사람에게 귀속시키는 경향이 있다. 예컨대 웨단따(Vedānta)학파의 대성자인 샹까라(Śaṅkara)는 30대 초반에 사망했음에도 300여 권의 저서가 남아 있고, 중관학파의 창시자인 용수보살도 20여 권의 저서가 전해진다. 따라서 이러한 당시 인도의 풍토에 따라 많은 저작이 세친보살의 저작으로 둔갑했을 가능성도 부정하기는 어렵다고 생각된다.

인도인들은 역사 기록에 대해 무관심하였다. 그래서 영국의 어느 역사학자(아놀드 토인비)는 "인도는 역사가 없는 나라"라고 표현하기도 하였다. 이 말은 인도가 정말로 역사가 없다는 의미가 아니라 연대를 정확하게 기록하지 않았다는 뜻이다. 인도인에게 10년, 20년의 차이는 관심의 대상이 되지 않았다. 사실 부처님조차도 언제 태어나 언제 입멸했는지 정확하게 알 수 없는 실정이다. 그와 관련한 몇 개의 학설이 전승하지만, 가장 오래된 것과 가장 새로운 것과의 사이에는 거의 100여 년의 차이가 난다. 따라서 이러한 사정을 고려하면 세친보살의 생존연대와 저작에 대해 정확하게 알 수 없는 것은 당연할 뿐만 아니라 '세친 2인설'도 일리가 있는 것이다.

Ⅳ. 암송의 전통과 『유식삼십송』

1. 사자상전 : 스승과 제자가 서로 전하다

　인도의 모든 종교 성전은 기본적으로 암송용으로 저작된 것이다. 예를 들어 요가학파의 창시자로 알려진 빠딴잘리(Patañjali)가 지은 요가의 성전인 『요가수뜨라(Yoga-sūtra)』의 한 게송은 대략 모음이 32개로 이루어져 있다. 이처럼 인도인이 엄격하게 운율을 지킨 이유는 암송하기 편하게 한 것이다. 그래서 인도에서는 암송 문화가 발전하였는데, 지금도 힌두교 스승(구루)들은 힌두교 성전인 『우빠니샤드』나 『바가바드기따』 등을 대부분 외우고 있다고 한다. 그러면 인도인은 왜 모든 성전을 문자로 기록하지 않고 암송했을까? 고대 인도인은 성인의 가르침을 문자로 기록하면 성스러운 것이 천박하게 되거나 신비로운 힘이 사라진다고 생각했기 때문이다.

　불교도 그 전통을 그대로 계승하였다. 부처님의 가르침도 수세기 동안 제자들의 입에서 입으로 암송되어 전해졌다. 이것을 한자로 사자상전師資相傳 또는 사자상승師資相承이라고 한다. 사자상전師資相傳에서 사師는 스승, 자資는 제자, 상相은 서로, 전傳은 전하다, 즉 '스승과 제자가 서로 이어받아 전한다'는 뜻이다. 사자상승이란 '스승과 제자가 서로 이어간다(承)'는 의미이다. 이처럼 진리(법), 즉 부처님의 가르침을 스승으로부터 제자가 이어받고, 또 그 제자가 그의 제자에게 전해주는 것이다. 사족이지만 선종에서는 '혈맥을 서로 이어받는다'고 하여 혈맥상승血脈

相承이라고도 한다.

불교에서 암송 문화의 전통을 알려주는 용어가 바로 결집結集과 여시아문如是我聞이다. 불교 문헌에 의하면 4차에 걸쳐 결집이 이루어졌는데, 제1차 결집에 대해서만 간단하게 설명하겠다. 제1차 결집은 부처님이 입멸하고 4개월 후 상수제자인 두타제일頭陀第一[9] 마하가섭摩訶迦葉(Mahākāśpa) 존자의 주도 아래 500명의 비구가 왕사성 근처의 영취산 칠엽굴에 모여 진행되었다. 경전은 다문제일多聞第一 아난阿難(Ānanda) 존자가 암송하고, 율장은 지율제일持律第一 우파리優波離(Upāli) 존자가 암송하여 결집에 참석한 장로 비구들의 확인 작업을 거쳐 부처님의 가르침으로 확정되었다.

2. 결집과 여시아문 : 일정한 운율에 따라 외우기

1) 결집 : 함께 노래하다

결집結集이란 맺을 결結, 모을 집集의 합성어로 '한군데 모여 뭉침'이라는 뜻이지만, 불교에서는 부처님 입멸 후 그 가르침을 자신의 귀로 직접 들은 제자들이 '부처님의 가르침을 정리하고 보존하기 위하여 개

---

[9] 두타頭陀란 범어 두따(dhūta)의 음사로 '물리치다·제거하다'라는 의미이다. 즉 수행자로서 아주 청빈한 생활을 실천했다는 뜻이다. 마하가섭의 13 두타행이 유명하다. ① 분소의糞掃衣(떨어진 옷을 꿰매어 짠 옷), ② 세 개의 옷만을 착용할 것, ③ 항상 탁발하여 음식을 먹을 것, ④ 매일 탁발할 것, ⑤ 하루에 한 끼를 먹을 것, ⑥ 음식의 양을 절제할 것, ⑦ 오후에는 음식을 먹지 않을 것, ⑧ 삼림, ⑨ 나무 밑, ⑩ 야외, ⑪ 묘지 등에서 머물 것, ⑫ 보시받은 그대로 옷을 입을 것, ⑬ 언제나 앉아 있으며 눕지 않을 것.

최한 모임'을 말한다. 그런데 결집이라는 한자로는 그 의미가 제대로 전달되지 않는다. 결집의 범어 상기띠(saṃgīti)를 분석해 보면 그 의미가 분명해진다. 상기띠(saṃgīti)에서 상(sam)은 함께(with), 기띠(gīti)란 암송하다·노래하다, 즉 '함께 암송하다·함께 노래하다'라는 의미이다. 그래서 합송合誦이라고도 한역한다. 결국 결집이란 부처님의 가르침을 문자로 기록하여 보존한 것이 아니라 함께 합창하여 그 가르침을 전승했다는 것이다. 이 암송 전통은 부처님의 가르침을 문자화하기 시작한 기원 전후까지 약 500년간 지속되었다.

여러분은 암송으로 전하면 문자보다 부정확하다고 생각할지 모르지만, 사실 문자로 기록하는 것보다 암송하여 전하는 것이 더 정확하다. 지금은 고인이 되었지만, 명창 박동진 선생님이 뉴욕의 카네기홀에서 6시간 동안 선 채로 「춘향전」을 공연한 적이 있었다. 그때 박동진 선생님은 「춘향전」의 한 구절도 틀리지 않고 완창하였다고 한다. 이것은 '창'이 일정한 운율에 따라 부르는 노래이기 때문에 가능한 것이다. 부처님의 제자들도 일정한 운율에 따라 부처님의 가르침을 암송하였기 때문에 가능했다고 할 수 있다.

이런 암송의 전통과 중요성은 대승불교(유식불교)에도 그대로 전승된다. 이것은 유식불교의 대표 논서인 『유식삼십송』에서도 엿볼 수 있는데, 제1 게송만 봐도 알 수 있다.

> 범　　본 : ātmadharmopacāro hi vividho yaḥ pravartate/
> vijñānapariṇāme 'sau pariṇāmaḥ sa ca tridhā//(1abcd)
> 한역본 : 由假說我法. 有種種相轉. 彼依識所變. 此能變唯三.(제1게송)

먼저 범본의 밑줄 친 부분을 보면 제1 게송의 모음이 33개이다. 이처럼 『유식삼십송』 각 게송은 각각 모음이 대략 32개 전후로 구성되어 있다. 이른바 노래(頌)이다. 이처럼 『유식삼십송』은 처음부터 암송용으로 저작된 논서이다. 또한 『유식삼십송』의 한역자인 현장스님도 암송의 전통을 살려서 번역하고 있다. 『유식삼십송』의 한역본을 보면, 한 게송이 4구句로 되어 있고, 하나의 구句는 다섯 자로 구성되어 하나의 게송이 20자로 이루어져 있다. 한시漢詩의 형식으로 말하면 오언사구五言四句의 형태를 취하고 있다. 그래서 『유식삼십송』 한역본은 오언사구의 게송이 30개이고, 한 게송의 글자는 20자로 전체 30×20=600자로 구성되어 있다. 이처럼 범본 『유식삼십송』과 한역본 『유식삼십송』도 처음부터 운율에 맞추어 암송용으로 저작한 것이라고 할 수 있다. 세친보살의 또 다른 저작인 『유식이십론』, 『대승오온론』, 『구사론』 산문 부분 등도 암송하기 편하도록 운율에 맞추어 암송용으로 편찬된 것이다.

한편, 『유식삼십송』, 『대승오온론』 등을 주석한 안혜보살은 『유가사지론』과 같은 방대한 분량의 논서들이 있는데도 굳이 짧은 게송으로 『유식삼십송』, 『유식이십론』, 『대승오온론』 등을 저작한 것에 대해 "일상생활에 바쁜 재가자와 수행에 시간을 뺏겨 유식 공부를 제대로 할 수 없는 출가자를 위해서"라고 하여 새로운 암송 이유를 제시하기도 한다.

2) 여시아문 : 이와 같이 나에게 들려졌다

불교에서 암송 문화의 전통을 알려주는 또 다른 용어는 여시아문如是我聞이다. 여시아문은 범어 '에왐 마야 수루땀'(evam mayā śrutam)의 한역이다. 여시아문은 보통 "이와 같이 나는 들었습니다." 또는 "이와 같이 나는 들었노라."로 번역한다. 이 문장은 불교도라면 누구나 알고 있는 것으로 경전의 첫 구절에 반드시 등장하는 경문이다. 이 말의 뜻은 스승이 제자에게 가르침을 설하면 그 제자가 단지 귀로 들었다는 것이다. 다시 말해 귀로 듣고서 암기했을 뿐이지 문자로 기록하지 않았다는 뜻이다. 이처럼 여시아문도 암송의 전통을 알려주는 중요한 개념이다.

참고로 앞서 여시아문을 "이와 같이 나는 들었습니다."라고 능동문으로 번역했는데, '들었습니다(śruta, 聞)'는 동사원형 스루(√śru, 듣다)에 과거 수동분사(ta)가 첨가된 말이다. 그래서 스루따(śruta)의 정확한 번역은 '들려졌다'의 수동으로 해석해야 한다. 그렇지만 한글은 수동문보다는 능동문을 선호하는 언어이기 때문에, 한글을 수동문으로 번역하면 어색한 문장이 되는 경우가 많아 능동문으로 해석했다고 생각한다.

그런데 한역이나 범어 문장을 능동형으로 번역하면 중대한 오류를 범하게 된다. 만약에 여시아문을 능동형으로 번역하면 문장의 능동적인 주체가 아난이 되어 버린다. 어디까지나 우리(아난)에게 가르침(진리)을 설한 것은 부처님이다. 따라서 여시아문의 주체는 아난(우리)이 아니라 부처님이다. 다시 말해 부처님이 우리(아난)에게 진리를 설했기 때문에 우리(아난)는 단지 수동적으로 부처님의 가르침(진리)을 들을 수 있었을 뿐이다. 그러므로 한글 문장으로는 어색하지만, 여시아문은 "(부처님이 설한 가르침이) 나에게 이와 같이 들렸습니다."라고 번역하는 것이 타당하다고 생각한다.

현재에도 이런 암송의 전통은 여전히 살아 있다. 지금도 티베트나 스리랑카에서는 경전이나 중요한 논서를 전부 암송하는 것을 아주 중요한 수행이라고 생각하며 실천하고 있다. 또한 동북아시아에서 유일하게 유식불교(법상종)의 전통이 살아 있는 일본 법상종에서는 중요한 문답 내용을 통째로 암송하는 전통을 지금도 이어가고 있다. 한국불교도 이런 암송의 전통을 계승했으면 하는 바람이 간절하다. 왜냐하면 불교 공부는 경전이나 논서의 암송에서 시작하기 때문이다.

V. 심층심을 발견하다

1. 요가 수행자, 심층의 마음을 발견하다

우리는 평소에 모든 정보를 다섯 가지 감각(안근·이근·비근·설근·신근)을 통해 받아들인다. 예를 들어 눈을 뜨고 있으면 시각의 강한 작용으로 사물의 움직임이나 색깔·모양 등에 집중한다. 또한 코는 냄새, 귀는 소리, 혀는 맛, 피부는 접촉하는 것에 집중한다. 그러면 마음은 동요하여 바깥의 대상에 집중하게 되는 것이다. 다시 말해 마음은 내면을 관찰하는 것이 아니라 언제나 바깥 대상에 집중한다.

그러나 반대로 감각을 차단하면 어떻게 될까? 예를 들어 눈을 감고 시각 작용을 차단하면 어떨까? 물론 눈을 감고 시각을 차단하면 처음에는 청각이 활발하게 작동하여 소리가 평소보다 크게 들린다. 그리고 그 소리를 '응! 소리가 들리네'라고 받아들이고 호흡이나 화두에 집중한다. 이것을 몇 차례 반복하다 보면 어느 순간 소리에 민감하게 반응하지 않게 되며, 거의 들리지 않게 된다. 이처럼 감각을 차단하고 마음의 깊은 곳으로 의식의 스포트라이트를 비추어 집중하면 스포트라이트를 비추고 있는 마음과 다른 마음, 즉 지금까지 알 수 없었던 새로운 마음을 알아차릴 수 있는 것이다. 다시 말해 마음은 현재 드러나 작동하고 있는 마음(표층의 마음)과 깊은 곳에 침잠해서 드러나지 않는 마음(잠재된 마음, 심층의 마음)이 있다는 것을 아련히 확인하게 되는 것이다. 이 잠재된 마음을 요가 수행자들은 수행을 통해 알아차렸던 것이다. 그리고 그 마음에 구체적인 이름을 붙여 우리도 알 수 있게끔 기록으로 남겼는데, 그것이 바로 『유가사지론』, 『유식삼십송』 등의 유식 논서이다.

2. 심心은 식식識이다

유식에서는 현재 드러나 작동하고 있는 마음(顯在心)을 안식·이식·비식·설식·신식의 전오식前五識과 제6 의식이라고 한다. 반면, 깊은 곳에 침잠해서 드러나지 않는 마음(潛在心)을 제7 말나식과 제8 아뢰야식이라고 한다. 마음 깊은 곳에 침잠해 있는 제7 말나식과 제8 아뢰야식을 발견한 것은 깊은 수행을 체험한 요가 수행자(yogacārin, 요가를 실천하는 자)였다. 그중에 제8 아뢰야식은 전오식·제6 의식·제7 말나식의 7가지 식(마음)을 생기시키고, 내 몸을 만들어 내고 유지시키며, 자연을 생성시키고 유지시키는 가장 근본적인 마음이다. 그래서 유식에서는 심心=식 뿐(唯識)이라고 주장하고, 그 식식識 중에서도 근본이 제8 아뢰야식이라고 한 것이다.

여기서 심心과 식식識에 대해 잠시 설명하고자 한다. 앞서 필자는 마음 심心(citta)=식식識(vijñapti)으로 했는데, 세친보살의 저작인 『유식이십론』에서 "심心(citta)과 의意(manas)와 식식識(vijñāna)과 요별了別(vijñapti)[10]은 동의어同義語이다.[11]"라고 했기 때문이다. 전통적으로 유식에서는 심心과 식식識을 동의어로 사용하고 있다.

---

10) 여기서는 편의상 식(vijñāna)과 요별(vijñapti)로 번역하였다.
11) cittaṃ mano vijñānaṃ vijñaptiś ceti paryāyāḥ/(범본) ; sems dang yid dang rnam par shes pa dang/ rnam par rig pa zhes bya ba ni rnam grags su gtogs pa'o/(티베트 역) ; 心意識等是總名(진제 역) ; 心意識了名之差別(현장 역).

먼저 심心(心王)이란 범어 찌따(citta)의 번역이다. '생각하는 것'이라는 의미이며, 동사어근 √cit(생각하다)에 과거 수동분사(ta)를 첨가하여 명사로 만들었다. citta는 '업을 쌓다(ci), 종자가 집적되다(√cita), 대상 등이 갖가지(√citra)'라는 뜻이 있다. 부파불교에서는 주로 '쌓다·집적되다', 유식불교에서는 '집적되다·갖가지의'의 의미로 사용한다. 어원적으로 바른 어근은 '생각하다(√cit)'이다. 또한 심을 심소心所와 대조하는 의미로 심왕心王이라고도 한다. 심소心所(caitta)란 범어 짜이따(caitta)의 번역이다. 제3장에서 자세하게 설명하겠지만, 심소는 심왕에 속해 있기 때문에 심왕의 권속眷屬 또는 마음에 소유되어진 것, 즉 심소유법心所有法이라고도 한다. 필자는 심소를 마음작용·마음의 움직임으로 번역한다.

다음으로 식識에 대해 간단하게 살펴보자. 인도에서 18년간 유학하여 유식불교를 동아시아로 이식시킨 현장스님은 범어 위즈냐나(vijñāna)와 위즈냐쁘띠(vijñapti)를 구별하지 않고 식識이라고 한역했다. 범어가 등장하여 어려울 수도 있지만, 먼저 위즈냐나(vijñāna)는 동사 √jñā(알다)에서 파생한 명사형 jñā+ana에 '분리하다·쪼개다'의 의미를 가진 접두사 vi를 붙여 만든 단어로, '둘(인식작용과 인식대상)로 나누어(분별) 알다'라는 뜻이다. 요즈음 말로 하면 인식이라고 할 수 있다. 일반적으로 위즈냐나(vijñāna)는 제8 아뢰야식(ālaya-vijñāna)이나 제7 말나식(manas-vijñāna) 등과 같은 식識을 가리킬 때 사용한다.

반면 위즈냐쁘띠(vijñapti)는 vi-√jñā(알다)라는 동사원형에서 사역형 vijñapapati가 된 것으로, '둘로 나누어 알게 하는 것, 알려지는 것'의 의미이다. 그런데 위즈냐쁘띠(vijñapti)는 나누어 안다고 하더라도 대상을 전제하는 앎이다. 그래서 어떤 대상(artha)을 알게 하는 것, 즉 인식작용으로 번역한다. 유식唯識(vijñapti-mātra)의 원어가 바로 위즈냐쁘띠(vijñapti)이다. 하지만 앞서 말했듯이 현장스님은 위즈냐나(vijñāna)와 위즈냐쁘띠

(vijñapti)를 구별하지 않고 단지 식識이라고 번역하였다. 여러분은 두 단어를 구별하는 것이 무슨 의미가 있나? 하고 반문할 수 있지만, 학자들 사이에서는 매우 중요한 문제이다. 이들 논쟁에 대해서는 너무 전문적이라 생략한다.[12]

3. 식 자체도 3종류이다

유식에서는 오직(唯) 마음(識)만을 인정한다. 즉 모든 것은 식이 전변한 것(識轉變)이라는 것이다. 다시 말해 모든 존재(현상)는 제8 아뢰야식 속의 종자에서 생긴 것이며, 마음(識) 속에서 현현顯現한 것이라는 입장에서 '모든 인식(앎)은 마음이 마음을 본다'는 것이다. 여기서 보는 주관적인 부분을 견분見分, 보여지는 객관적인 부분을 상분相分이라고 하는데, 이것을 『성유식론』에서는 "식 자체(자증분)는 이분二分(견분·상분)으로 사似하여 전轉한다."[13]라고 한다. 이것은 '식 자체(자증분)가 전변하여 견분과 상분의 둘로 나누어진다'는 의미로, 식을 인식작용(인식주체)인 견분과 인식대상인 상분으로 나눈 것이다. 앞서 식이란 심왕과 심소를 포함한다고 했는데, 이른바 전오식 내지 제8 아뢰야식 및 51가지 심소 모두는 견분(인식하는 것)과 상분(인식되는 것)으로 나누어진다는 것이다.

또한 『성유식론』에서 호법보살은 식의 주체적(주관적인) 부분을 견분·자증분(자체분)·증자증분으로 나눈다. 그렇다면 구체적으로 식(자증분)이 어떻게 나누어지는지 살펴보자. 먼저 상분은 대상화되어 인식되는 것이

---

12) 지금까지의 글은 월간 《고경》 제79-84호에 실린 것을 수정하고 가필한 것이다.
13) 『성유식론』(T31, p.1a29-b1), "識體轉似二分."

다. 견분은 대상화된 것을 대상으로 인식하는 측면이다. 예를 들면 식 자체에서 '꽃'은 상분이고, 꽃을 꽃으로 인식하는 것이 견분이다. 자증분[자기(自, 견분)를 확인(證)하는 부분(分)]은 견분, 즉 꽃을 보고 있는 자신을 내면으로부터 인식하는 측면이다. 자증분을 자체분이라고 하는데, 자증분은 인식의 구조에서 식을 파악한 것이라고 한다면 자체분은 존재의 관점에서 식을 파악한 것이라고 할 수 있다. 그리고 증자증분[자기(自, 자증분)를 다시 확인(證)하는 부분(分)]은 자증분의 배후에 있는 것으로서 자증분을 대상으로 확인하는 식(마음)이다. 이처럼 자증분이 견분을 확인하고, 증자증분이 자증분을 확인한다면 증자증분을 확인하는 것도 필요하지 않는가? 하는 의문이 생길 수밖에 없다. 그렇지만 유식에서는 증자증분을 확인하는 마음은 필요 없다고 한다. 왜냐하면 증자증분을 확인하는 것은 자증분이기 때문이다. 자증분은 견분을 확인하고, 한편으로 증자증분을 확인한다고 한다. 이처럼 견분에 관계하는 것은 자증분이지만, 견분은 자증분에 관계하지 않는다. 견분이 관계하는 것은 상분뿐이다. 즉 상분과 견분, 그리고 자증분 사이에는 일방적 관계만이 성립하지만, 자증분과 증자증분 사이에는 상호관계가 성립한다는 것이다.[14] 이것을 법상종에서는 4분설이라고 한다. 성철스님은 『백일

---

14) 성철스님은 사분설에 대해 "상분相分은 심·심소 자체가 생길 때 나타나는 인식대상인 소연所緣의 경계를 말하며, 견분見分은 심·심소 자체가 생길 때 소연의 경계인 상분을 식별하는 인식작용으로 단지 보는 것만이 아니라 경계를 잘 비추어 보는(見照) 작용을 뜻합니다. 자증분自證分의 자自는 견분이고 증證은 증지證智의 뜻으로 자체상 견분의 작용을 인지하는 것입니다. 증자증분證自證分의 증은 증지이고, 자증은 자증분이므로 자증분의 작용을 거듭 인지하는 것입니다. 이 사분 가운데 상분은 객관적이나 바깥 경계의 모습이므로 소연所緣이며, 나머지는 모두 주관적인 심식의 작용이므로 능연能緣입니다. 즉 견분은 오직 바깥 경계의 상분을 반영하고 자증분을 반영합니다. 또 증자증분은 다시 자증분이 되고 소연이 됩니다."[성철(2014), pp.287-288]라고 법문한다. 그런데 성철스님의 법문 중에 "견분은 자증분을 반영합니다."라는 구절에 대해 필자로서는 동의할 수 없는 측면

법문』(중권, pp.288-289)에서 사분설은 인도 유식 논사의 주장이지만, 그들 사이에 이견이 있다고 하면서 안혜보살은 자증분만을 인정하는 일분설一分說, 난타는 상분과 견분을 인정하는 이분설二分說, 진나는 상분(prameya, 所量)·견분(pramāṇa, 能量)·자증분(pramāṇa-phala, 量果)을 인정하는 삼분설三分說, 호법보살은 상분·견분·자증분·증자증분을 인정하는 사분설四分說을 주장한다고 한다. 이것은 법상종의 창시자인 규기스님의 『성유식론술기』에서 말한 사분설을 소개한 것이다. 그런데 규기스님은 호법보살의 사분설을 정통으로 삼고 있지만, 성철스님은 "이와 같이 사분설은 인식작용을 상세히 분류하였으나, 각자의 견지에 따라 사분 내지 일분도 모두 타당성을 얻는다고 하겠습니다."[15]라고 하여, 사분설 모두 타당성이 있다고 한다.

4. 인식대상(상분)은 3종류이다

앞서 말했듯이 유식에서는 오직 마음(식)만을 인정하고 대상을 부정한다. 이른바 유식무경唯識無境이다. 다시 말해 모든 존재(현상)는 제8 아뢰야식 속의 종자에서 생긴 것이며, 마음속에서 현현顯現한 것이고, 모든 인식(앎)은 마음이 마음을 보는 것이다. 여기서 보는 주관적인 부분을 견분見分, 보이는 객관적인 부분을 상분相分이라고 한다. 앞서 이미 말했지만, 이것을 『성유식론』에서는 "식 자체(자증분)는 이분二分(견분·상

이 있다. 왜냐하면 견분은 상분만을 조건으로 삼기 때문이다. 게다가 성철스님도 "견분은 상분을, 자증분은 견분을, 증자증분은 자증분을, 자증분은 (…) 다시 증자증분을 반영합니다."[성철(2014), p.288, 21행]라고 법문하고 있기 때문이다.

15) 성철(2014), pp.288-289.

분)으로 사似하여 전轉한다."라고 한다. 그리고 견분과 상분이 제8 아뢰야식 속의 각각 별도의 종자로부터 생기한 것인가(相見別種生說), 동일한 종자로부터 생기한 것인가(相見同種生說), 동일한 종자 혹은 별도의 종자로부터 생긴 것인가(相見或同或異生說)에 따라 인식된 대상으로서의 상분의 존재도 3종류로 나뉜다. 예컨대 상분이 견분의 종자와 별도의 종자로부터 생긴 경우, 상분은 실제로 존재하는 것이다. 반면 상분이 견분과 동일한 종자로부터 생긴 경우, 제6 의식이 견분의 종자로부터 상분의 영상을 만든 것이기 때문에 상분은 실제로 존재하는 것이 아니라 임시로 존재하는 것(假法)이다. 그리고 이 견해에 따라 상분(인식대상)은 다시 성경·대질경·독영경으로 나뉜다. 이것이 삼류경(삼경)이다. 이 삼경三境은 『유식삼십송』이나 『성유식론』 등에 등장하지 않는 용어로서 자은대사 규기스님의 저작에 처음 등장한다. 이것은 현장스님이 인도에서 배운 것으로, 제자인 규기스님에게 직접 구두로 전했다고 한다. 그래서 이것을 중국 법상종의 주장이라고도 한다. 그러나 성철스님은 『백일법문』(중권, p.289)에서 이것을 다음과 같이 비판한다.

"삼류경설은 본래 인도에서 논의된 것이 아니라 중국에서 현장스님에 의해 비로소 주창된 것이라고 합니다. 그러나 그 선구적 사상이 이미 인도의 논사들에게 있었음을 인정하지 않을 수 없습니다. (…) 그러므로 인도 논사들에게 3종류의 경境 각각에 대한 명칭은 없었어도 그 사상에 깊이 잠겨 있었던 것은 명확히 인식됩니다."

즉 삼류경이란 정확한 명칭은 없지만, 인도 유식 논사 사이에서는 그 선구적 사상이 보인다고 한다. 삼경은 규기스님의 『성유식론장중추요成唯識論掌中樞要』16)에서 삼장가타三藏伽陀로서 처음 소개되고, 그의 제자인 혜소慧沼의 『성유식론요의등成唯識論了義燈』17)에 자세하게 주석되어 있다. 현장스님의 삼장가타는 다음과 같다.

"성경은 심(견분)을 따르지 않는다. 독영경은 오직 견(견분)만을 따른다. 대질경은 정(견분)과 질(상분)에 통한다. 성(삼성)과 종(종자) 등(三界繫)이 각각의 경우에 따른다."18)

여기서 제1구와 제2구의 심心과 견見은 견분을 말하며, 제3구의 '정'은 견분, '질'은 상분을 말한다. 그리고 제4구에서 '성'은 선·악·무기, '종'은 종자, '등'은 계계界繫를 말한다. 계계에서 계界는 삼계, 즉 욕계·색계·무색계이다. 계繫는 속박·구속·계박繫縛이라는 의미이다. 그런데 "성(삼성)과 종(종자) 등(三界繫)이 각각의 경우에 따른다."라는 구절에 대해서는 해석상의 차이가 있다. 앞서 말했지만, 상분과 견분은 같은 종자에서 생긴다는 '상견동종생설', 상분과 견분은 다른 종자에서 생긴다는 '상견별종생설', 어떨 때는 동일한 종자에서 생기고 어떨 때는 다른 종자에서 생긴다는 '상견혹동혹이생설'이 그것이다. 예를 들면 제6 의식이 거북의 털 등을 생각할 때, 다시 말해 독영경일 때 파악되는 상분이나 견분은 같은 종자에서 생긴 것이라고 할 수 있다. 그러나 제8 아뢰야식이 유근신이나 기세간을 대상으로 삼을 때, 상분은 유근신으로 존재하기 때문에 견분과 동일하다고 할 수 없다. 즉 이것은 별도의 종자

---

16) 『성유식론장중추요』(T43, p.620a) ; 박인성(2012).
17) 『성유식론요의등』(T43, p.677c).
18) 『성유식론장중추요』(T43, p.633b16), "性境不隨心. 獨影唯從見. 帶質通情本. 性·種·等隨應."

에서 생긴 것이다. 이런 점에서 삼장가타의 제4구는 상견혹동혹이생설을 설명한 것이라고 할 수 있다. 그러면 삼경에 대해 좀 더 구체적으로 살펴보자.

1) 성경

성경性境이란 실물(실재하는 사물) 또는 본질(性, 실체)을 가진 대상(상분), 다시 말해 진실한 체성體性을 가진 대상이다. 또한 감각기관에 의해 직접 파악된 대상(상분)이다. 게다가 견분(마음)에 좌우되지 않는 대상(상분)이다. 이것의 가장 적절한 예는 전오식이 인식하는 상분이다. 즉 안식이 꽃을 볼 때 보여지는 꽃이 성경이다. 물론 유식에서는 마음(식)을 떠나 존재하는 것은 없지만, 이것은 이른바 생각·추리·기억 등이 생기기 이전의 상분이다. 그래서 이 상분은 마음(견분)의 영향을 받지 않는다. 즉 마음이 선하다고 하여 국화꽃이 선한 국화꽃이 되지는 않는다는 것이다. 이처럼 꽃(상분)은 꽃이기 때문에 마음(견분)에 좌우되지 않는 독자적인 특징을 가지고 있다. 그래서 현장스님도 삼장가타에서 "성경은 심(견분)을 따르지 않는다."라고 한 것이다.

성경은 다음의 4가지 조건을 갖춘 대상(상분)이다.

첫째, 견분의 종자와는 별도의 종자로부터 생긴 것이다.(상견별종생설)

둘째, 생긴 상분에는 실재하는 실체와 실재하는 작용이 있다. 예를 들어 눈앞에 있는 연필은 실제로 연필이라는 실체가 있고, 글자를 쓰는 작용이 있다는 것이다.[19]

---

[19] 첫째와 둘째는 혜소의 "先定性境後顯不隨. 何名性境. 從實種生. 有實體用. 能緣之心得彼自相名爲性境."[『성유식론요의등』(T43, p.678a)]에 따른 것이다. 이것에 의하면 성경은 '실재하는 종자로부터 생긴 것이며, 실체와 작용이 있으며, 능연심이

셋째, 성경을 인식하는 견분은 스스로 대상을 있는 그대로의 모습으로 파악한다.

넷째, 상분에 본질이 있다는 것이다. 본질이란 제8 아뢰야식을 만들어 낸 제8 아뢰야식이 스스로 인식하는 존재의 기체基體를 말한다. 상분에 본질이 있다는 것은 앞서 "생긴 상분에는 실재하는 실체와 실재하는 작용이 있다."라고 한 것처럼 상분에는 실체와 작용이 있다.

또한 제8 아뢰야식의 대상은 유근신·종자·기세간이고, 전오식의 상분, 전오식과 함께 작용하는 의식(오구의식)의 상분, 정심定心에서의 의식의 상분, 무분별지의 대상인 진여[20]라는 점에서 성경은 전오식·제6 의식·제7 말나식·제8 아뢰야식에 두루 통하는 대상(상분)이라고 할 수 있다.

성철스님의 성경에 대한 법문은 〈제2장『백일법문』과 전오식〉에서 자세히 설명하겠지만, 성철스님은 성경을 현량경現量境[21], 즉 5가지 감각기관을 통해 직접 지각하는(現量) 대상(境)이라고 정의한다. 또한 "성경은 실제 종자에서 생겨난 참된 작용이 있어서 능연의 마음이 소연의 법을 오류 없이 인식할 때의 상분입니다. 예를 들면 전5식과 제6의식이 함께 바깥 경계를 취할 경우입니다."[22]라고 한다. 감산스님은 성경이란 실재하는 법으로 분별이 없기에 미추호오美醜好惡가 없는 것[23]이라고 주석하고, 지욱스님은『팔식규구직해』에서 성경을 다음과 같이 주석

그것의 자상을 얻는 것'이다. 다만 여기서 '실체'는 의타기성(다른 것에 의지하여 생기는 것을 본질로 하는 것), 즉 연기의 실체로서 서양철학에서 말하는 실재하는 것(존재)이 아니라 연기(인연)에 의해 생기한 임시적인 존재를 말한다.
20) 지욱스님은 "근본지는 친히 진여를 증득하므로 상분은 변화하지 않는 것이다."라고 주석한다. 〈深浦正文(1954), p.459〉를 참조하기 바란다.
21) 성철(2014), p.322.
22) 위의 책, p.289.
23) 『팔식규구통설』(X55, p.421a1-2), "(…) 以心無分別. 故境無美惡. 是爲性境."

한다. 먼저 "성경에서 '성'이란 '실'의 의미이다. 상분의 색은 상분의 종자로부터 생긴 것이다."라고 하면서 성경을 본질이 있는 것(有本質)과 본질이 없는 것(無本質)의 두 종류로 구분한다. 여기서 무본질이란 심왕인 제8 아뢰야식이 유근신·기세간·종자를 소연(대상)으로 삼은 것을 말하고, 유본질이란 지금 전오식이 오경(색경 등)을 대상으로 삼은 것(전오식의 상분), 명료의식이 처음으로 생각하는 것(전오식과 함께 작용하는 의식), 정중의식과 독산의식이 선정 중의 결과인 색 등을 대상으로 삼은 것(定心에서의 의식의 상분)을 말한다.[24] 명료의식, 정중의식, 독산의식에 대해서는 〈제2장, Ⅳ.『백일법문』과 제6 의식〉에서 설명할 것이다.

2) 대질경

대질경帶質境이란 띨 대帶, 바탕 질質, 대상 경境 자이므로, 대상(境)의 본질(質)은 아니지만 '대상의 본질(質)을 띠고(帶) 있는 대상(境)'이라는 의미이다. 이른바 식(마음)이 마음대로 만든 대상으로, 성경처럼 바른 인식이 아닌 잘못된 인식을 말한다.[25] 다만 이 상분은 본질을 가지고 자신의 종자로부터 생긴 것이지만, 성경과는 달리 제6 의식의 분별이 관계하고 있기 때문에 독영경과 마찬가지로 견분의 종자와도 관계한다. 즉 대질경은 성경과 독영경의 중간에 존재하는 것이다. 그래서 성철스님도

---

[24] 『팔식규구직해』(X55, pp.435c13-436a1).
[25] 성철스님은 대질경에 대해 "대질경은 상분이 본질을 지니면서 능연의 마음이 그 본질을 그대로 반연하지 못하고 견분의 분별력에 의하여 본질과 계합되지 않는 비슷한 상분을 반연하는 것입니다. 즉 상분이 능연 인식의 분별력에 의하여 변현된 것이지만 본질의 힘도 가세되어 있으므로 성경과 독영경의 중간에 위치하는 착각의 대상이라 하겠습니다. 예를 들면 제6 의식이 길에서 삼으로 만든 끈을 보고 뱀이라고 오인하는 경우입니다."[성철(2014), p.289]라고 법문한다.

대질경을 '중간적 대상'[26]이라고 하고, 감산스님은 성경과 독영경의 중간, 즉 '중간상분'[27]이라고 한 것이다. 예를 들어 우리가 TV 화면으로 아름다운 지리산을 보고 있다고 가정하자. 실제로 우리가 보고 있는 것은 평면 TV의 화면이다. 하지만 우리는 지리산을 보고 있다고 생각한다. 즉 본질(지리산)을 띠고 있지만, 사실은 대상(TV 화면)에 불과한 것이다. 대질경에는 다음과 같은 것이 있다.

첫째, 제7 말나식이 제8 아뢰야식의 견분을 인식할 때의 상분이다. 즉 진대질경眞帶質境이다. 대표적인 진대질경은 제7 말나식이 제8 아뢰야식의 견분을 자아의 대상으로 삼는 것이다. 다시 말해 진대질경이란 제7 말나식이 본질(質)인 제8 아뢰야식의 견분을 띠고(帶) 있는 대상(境)을 자아라고 여기는 것이다. 진대질경에 대해 성철스님과 감산스님은 마음이 마음을 조건으로 삼는 것(以心緣心)[28]이라고 한다. 여기서 첫 번째 마음은 제7 말나식을 말하고, 두 번째 마음은 제8 아뢰야식을 말한다.

둘째, 제6 의식이 비량非量(그릇된 인식)을 인식할 때(착각)의 상분이다. 즉 사대질경似帶質境이다. 대표적인 사대질경은 오경(색경·성경·향경·미경·촉경)의 깊·네모·둥근·아름다움·추함을 조건으로 삼은 것이다. 이런 것들은 진짜 질(眞質)을 띠고(帶) 있는 것이 아니라 비슷한 질(似質)을 띠고(帶) 있는 대상(境)이다. 사대질경에 대해 성철스님과 감산스님은 마음이 대상을 조건으로 삼은 것(以心緣境)[29]이라고 한다. 즉 마음(제6 의식)이 외적 대상(外境)을 조건으로 삼아 간별(분별)한다는 것이다.

정리하면, 대질경은 제6 의식(사대질경)과 제7 말나식(진대질경)에서 작

---

26) 성철(2014), p.334.
27) 『팔식규구통설』(X55, p.423a16).
28) 성철(2014), p.345 ; 『팔식규구통설』(X55, p.423a14), "(…) 以心緣心. 名眞帶質."
29) 성철(2014), p.345 ; 『팔식규구통설』(X55, p.423a14-15), "以揀六識緣外境爲似帶質也."

용하는 상분이다.[30] 이처럼 대질경은 견분과 상분의 영향을 받기 때문에 현장스님도 삼장가타에서 "대질경은 정(견분)과 질(상분)에 통한다."라고 한 것이다.

3) 독영경

독영경獨影境이란 홀로 독獨, 그림자 영影, 대상 경境 자로, 제6 의식이 단독(獨)으로 만든 영상(환영, 影)의 대상(境)을 말한다. 이것은 유질독영경과 무질독영경으로 나뉘는데, 유질독영경이란 지금은 없지만 과거에 경험했던 것(有質, 본질이 있는 것)을 제6 의식이 단독으로 만든 대상이다. 무질독영경이란 실재하지 않는 것(無質, 본질이 없는 것)을 제6 의식이 단독으로 만든 대상이다.[31] 결국 독영경이란 본질이 없이 독자적으로 (獨) 영상(影)만이 있는 대상(境)으로서 실제로는 존재하지 않는 것이다. 이른바 앞서 말한 성경과는 정반대이다.[32] 독영경에는 3가지가 있다.

첫째, 제6 의식이 거북의 털 등과 같이 존재하지 않는 것을 인식할 때의 상분이다. 이것을 무질독영경이라고 한다.

둘째, 제6 의식이 과거나 미래 등의 가법(임시로 존재하는 것)을 인식할 때의 상분이다. 이것을 유질독영경이라고 하는데, 지금은 없지만 과거에 경험했던 것(대상), 다시 말해 제6 의식 속에만 남아 있는 대상을 말한다. 이것은 독산의식과 중첩하는 측면이 있다.

---

30) 『팔식규구직해』(X55, p.437a2-5).
31) 『팔식규구직해』(X55, p.437a6-8).
32) 성철스님은 독영경에 대해, "독영경은 능연인 견분의 분별에 의하여 나타난 영상으로 환각의 대상이라는 뜻입니다. 이것은 실제 종자가 아닌 순전히 견분의 분별력에 의한 것이므로 참된 작용이 없습니다. 예를 들면 제6 의식이 거북이털·토끼뿔 등 실체가 없는 법을 반연할 경우입니다."라고 법문한다.

셋째, 제8 아뢰야식과 함께 작용하는 심소의 상분으로 유근신, 기세간, 종자를 말한다. 제8 아뢰야식은 모든 것을 생기시키는 본체로서 자재하게 실법實法을 변화·생기시켜 성경을 얻지만, 제8 아뢰야식의 심소는 심왕에 수반하는 성질이 없으면 본질이 없는 제법諸法과 마찬가지로 독영경일 뿐이다. 이처럼 독영경은 견분에 지배되기 때문에 현장스님도 삼장가타에서 "독영경은 오직 견분만을 따른다."라고 한 것이다. 이처럼 유식의 중국적 전개인 법상종에서는 상분을 3종류로 나누어 설명한다.

끝으로 삼경에 대한 성철스님의 입장을 정리하면, 먼저 성경은 주관의 영향을 받지 않는 객관세계, 즉 견분(주관)의 영향을 받지 않은 상분(대상)이다. 그리고 대질경은 본질은 있으나 본질 그대로는 나타나지 않는 경계, 즉 대상의 본질이 아니라 대상의 본질을 띠고 있는 대상이다. 이른바 식(마음)이 마음대로 만든 상분이다. 또한 독영경은 주관의 영향 아래에 나타나는 망상적 경계, 즉 본질이 없이 홀로 영상만이 있는 상분(대상)이다. 이른바 식(마음)이 홀로 만든 환영의 상분이다.[33] 삼경에 대해서는 제2장 〈Ⅲ. 『백일법문』과 전오식 및 Ⅳ. 『백일법문』과 제6 의식〉에서 자세하게 다룰 것이다.

5. 마음의 존재 양태, 삼성설

삼성이란 마음이나 사물의 존재 양태(상태)를 변계소집성遍計所執性, 의타기성依他起性, 원성실성圓成實性의 3종류로 분석한 것을 말한다. 그

---

[33] 성철(2014), p.338.

중에 변계소집성[34]은 두루 변遍, 헤아릴 계計, 바 소所, 잡을 집執, 성품 성性 자로, '두루 사유 분별된 것을 본성(자성)으로 하는 것'이라는 뜻이다. 서양철학 용어로 말하면 관념(사유분별)에 의해 구축된 가설적 존재라는 말이다. 이것을 풀이하면 마음을 포함하여 존재하는 모든 것은 그 자성(실체)이 없는 공한 존재임에도 우리는 자성이 있다고 집착한다는 뜻이다.

의타기성[35]은 의지할 의依, 다를 타他, 일어날 기起, 성품 성性 자로, '다른 것에 의지하여 생기는 것을 본성(자성)으로 하는 것'이라는 뜻이다. 그리고 이처럼 다른 것에 의지하기 때문에 스스로 그 존재를 성립시킬 수가 없다. 여기서 그 스스로 존재하지 않고 다른 것에 의지한다는 것은 곧 자기의 본질이라고 할 것이 없다는 의미로서, 이른바 존재하는 모든 것은 다른 것에 의존해서 생기하는 연기적 존재(因緣生起)라는 것이다. 또한 이처럼 연기적 존재이기 때문에 모든 것은 자기의 본질이 없는 무자성無自性이다. 여기서 자기의 고유한 본성(자성)이 없다는 것은 공空하다는 의미로서, 의타기성이란 무아·연기·무자성·공의 또 다른 표현이라고 할 수 있다. 그리고 이처럼 연기적 존재(의타기성)인데도 자성이 있다고 집착하고(변계소집성) 살아가기 때문에 우리의 삶은 괴로

---

34) 변계소집성이란 범어로 빠리깔피따 스와바와(parikalpita-svabhāva)라고 하는데, 빠리깔피따(parikalpita)는 동사 pari-√klp에서 유래된 사역 활용의 과거분사로 pari-kalpa에서 나온 말이다. 직역하면 두루(pari) 분별된 것(kalpita)이라는 의미이다. 동사 √klp로부터 만들어진 단어에는 깔빠(kalpa), 위깔빠(vikalpa), 빠리깔빠(parikalpa) 등이 있지만, 한역에서는 모두 분별分別이라고 번역한다. 현장스님은 깔삐따(kalpita)를 계탁計度의 의미에 가까운 계소집所執, 스와바와(svabhāva)를 자성自性으로 번역한다. 일반적으로 자성이란 자기의 본질(본성)을 의미한다. 그래서 현장스님은 변계소집성이라고 한역하였다.
35) 의타기성이란 범어로 빠라딴뜨라 스와바와(paratantra-svabhāva)라고 한다. 그중에 빠라딴뜨라(paratantra)란 모든 것은 '다른 것에 의지한다'라는 의미이다. 범어에는 '기起'라는 의미는 없지만, 현장스님이 삽입한 것이다.

운 것이다.

원성실성[36]이란 원만·충만하다는 둥글 원圓, 성취하다는 이룰 성成, 진실하다는 열매 실實, 성품 성性 자로, '완전하게 성취된 것을 본성(자성)으로 하는 것'이라는 뜻이다. 즉 원성실성은 이미 완성된 것을 본성으로 한다는 말이다. 다른 말로 진여라고 한다. 진여에서 진眞이란 진실하여 허망하지 않다는 말이다. 다시 말해 변계소집성이 아니라는 뜻이다. 여如란 변하거나 생멸하지 않는다는 말이다. 즉 의타기성이 아니라는 것이다. 그래서 이것은 불변不變이며 줄어들거나 늘어나지도 않는다. 그런데 현상세계는 연기적 세계로서 이곳에서의 불변의 본성은 무자성無自性, 공空이다. 바로 이 현상 그 자체의 불변의 본성을 법성法性·진여眞如라고 한다. 이것을 또한 원성실성이라고 한다.

이상의 내용을 정리하면, 삼성은 세계 내에 존재하는 갖가지의 존재 형태를 분석한 존재론이라고 할 수 있다. 즉 변계소집성은 언어에 그 존재 기반을 두고 있고, 의타기성은 연기적 존재이며, 원성실성은 그 연기적 존재의 본성이라는 것이다. 여기서 의타기성의 현실이 진실의 원성실성이라고 할 수는 없지만, 의타기성을 떠나 원성실성이 존재하는 것은 아니다. 삼성을 관계론적으로 설명하면, 의타기성의 분별을 실재하는 것이라고 집착하는 것이 변계소집성이고, 그와 같은 분별이 제거된 것이 원성실성이다. 다시 말해 존재하는 모든 것은 연기적 존재, 즉 의타기성이라는 것이다. 그러나 연기적 존재, 즉 자성이 없는 것을 마치 실체(자성)가 있다고 집착하는 것이 변계소집성이다. 그리고 모든 것이 연기적 존재라고 깨닫는 것이 바로 원성실성이다. 따라서 의타기성과 원

---

[36] 원성실성이란 범어로 빠리니스빤나 스와바와(pariniṣpanna-svabhāva)라고 하는데, 그중에 빠리니스빤나(pari-niṣpanna)란 '이미 완전하게 완성된 것'이라는 의미이다.

성실성의 관계는 다르지도 않고(非異) 다르지 않는 것도 아니다(非不異).

법상종에서는 변계소집성, 의타기성, 원성실성의 관계를 뱀과 새끼줄의 비유를 들어 설명한다. 우리가 어두운 밤길을 걷다가 새끼줄을 보면 뱀으로 착각하기도 한다. 그러나 자세히 살펴보면 뱀이 아니라 새끼줄이라는 것을 알게 된다. 여기서 뱀은 결코 존재하지 않는 변계소집성이고, 새끼줄은 의타기성이고, 새끼줄도 뱀도 존재하는 것이 아니라 마음의 영상에 지나지 않는다고 깨닫는 것이 원성실성이다.[37]

한편, 성철스님은 삼성을 중도로써 설명하는데, 이것을 삼성중도三性中道라고 한다. 이 삼성중도는 다시 삼성각성중도三性各性中道와 삼성대망중도三性待望中道로 나뉘는데, 성철스님은 삼성각성중도와 삼성대망중도를 현수스님의 저작인 『화엄일승교의분제장』으로써 설명한다. 이것에 대해서는 제2장 〈삼성중도설〉을 참조하기 바란다.

이와 같이 3개의 범주(삼성설)를 세우는 것은 유식학파의 독자적인

---

[37] 성철스님은 삼성을 뱀, 새끼줄, 삼으로 비유하여, "삼으로 새끼줄을 만들어 길바닥에 놓아두었는데, 어두침침할 때에 어떤 사람이 이것을 보고 뱀으로 잘못 알아 깜짝 놀랐습니다. 이렇게 새끼줄을 착각하여 뱀으로 분별하는 망견을 변계소집성이라고 합니다. 깜짝 놀란 후 자세히 보니 뱀이 아니고 새끼줄이라는 것을 알았습니다. 그런데 새끼줄이라는 것도 본래 삼으로 되어 있는 것이기 때문에 그 새끼줄을 풀어보면 새끼줄이 아닙니다. 이 새끼줄은 풀어서 옷도 만들 수 있고 여러 가지로 만들 수 있기 때문에 실성實性이 없는 것입니다. 즉 새끼줄은 임시로 삼을 꼬아서 만든 것이므로 새끼줄이 있는 듯하지만 분해해서 보면 새끼줄은 없고 삼뿐입니다. 이것을 유식에서는 환幻처럼 거짓으로 있는 것, 즉 환각 상태에서 보는 꽃(幻花)과 같이 거짓으로 있다고 말합니다. 여기서 새끼줄은 바로 의타기성을 비유한 것입니다. 그러나 삼이라는 것은 언제든지 그대로 있습니다. 그것으로 새끼줄을 만들든지 다른 무엇을 만들든지 간에 삼이라는 사실에는 변함이 없습니다. 이것은 원성실성을 비유한 것입니다. 그런데 이 원성실성은 진공묘유로서 그 자성이 공하면서 또한 묘유이기도 합니다. 삼을 진공으로 비유하면 그 삼으로 새끼줄이나 베를 짜는 용用은 곧 묘유로 볼 수 있습니다."[성철(2014), p.368]라고 법문한다. 즉 뱀은 변계소집성, 새끼줄은 의타기성, 삼은 원성실성이라고 비유하여 설명한다.

사상이다. 용수보살이 창시한 중관학파는 이제설二諦說, 즉 승의제勝義諦와 세속제世俗諦를 설하면서 언어(변계소집성)와 현상계(의타기성)를 구별하지 않고 변계소집성과 의타기성을 세속제로서 일괄적으로 처리하려는 경향이 있다. 이렇게 보면 삼성설은 유식사상의 독창이라고 할 수 있다.38)

6. 유식의 수행은 5단계이다

유식의 수행단계는 자량위, 가행위, 통달위, 수습위, 구경위의 5단계이다. 여기서 위位란 자리 위位 자로서 '단계'라는 의미이다. 먼저 자량위란 도울 자資, 양식 량糧, 자리 위位 자로, 수행을 위해 도움(資)이 되는 양식(糧)을 자신 속에 심어 가는 수행의 단계이다. 즉 수행의 준비단계이다. 이때는 지혜자량과 복덕자량을 닦는다. 이처럼 자량위는 지혜자량과 복덕자량39)을 열심히 닦아 해탈을 구하기 때문에 '해탈로 방향이 정해진 단계'라는 의미로서 순해탈분順解脫分이라고도 한다.

가행위는 더할 가加, 행할 행行, 자리 위位 자로, 수행을 더해 가는 단계이다. 이때 구체적으로 수행하는 관찰의 내용은 사심사관四尋伺觀40)이다. 그리고 가행위를 번뇌가 없는 세계로 방향이 정해진 단계라

---

38) 김명우(2009), p.215 ; 김명우(2011), pp.182-203.
39) 지혜자량은 지적인 측면의 자량이다. 예를 들면 경전에 담긴 부처님의 말씀을 읽는다든지 논서를 깊이 있게 연구하는 것이다. 반면 복덕자량은 지혜자량을 제외한 나머지 복덕을 말한다.
40) 가행위에서 구체적으로 수행하는 것은 사심사四尋思와 사여실지四如實智이다. 그 중에 사심사는 명名, 의義, 자성自性, 차별差別을 관찰하는 것이다. 명(nāma)이란 명언名言, 즉 이름이나 명칭을 말한다. 의(artha)란 언어에 의해 나타나는 책이나 컴

는 의미로서 순결택분順決擇分이라고도 한다. 여기서 결택이란 '도리의 옳고 그름을 판단하여 결정한다'는 의미이다.

통달위란 통할 통通, 다다를 달達, 자리 위位 자로, 깨달음의 입구에 도달한 단계이다. 대상은 존재하지 않으며, 오직 식뿐이라는 유식에 들어가는 순간을 말한다. 이때를 진리나 진실을 본다는 의미로 견도의 단계라고도 한다.

수습위란 닦을 수修, 익힐 습習, 자리 위位 자로, 반복해서 닦는 단계이다. 깨달음을 방해하는 선천적 번뇌인 번뇌장과 후천적 번뇌인 소지장을 벗어난 단계이다. 이때를 수도修道의 단계라고도 한다.

구경위란 궁구할 구究, 다할 경竟, 자리 위位 자로, '궁극에 이르는 단계'이다. 이른바 열반과 보리를 얻었다, 즉 부처의 경지에 도달했다는 의미이다.[41]

이상, 몇몇 유식의 주요 개념을 중심으로 간략하게 소개했는데, 상세한 것은 본문을 전개하면서 다시 설명할 것이다.

퓨터 등의 대상을 말한다. 자성이란 모든 것은 각각 특성을 가지고 있다는 것을 말한다. 그리고 차별은 다른 것과의 차이를 말한다. 예를 들자면 책에는 두꺼운 책도 있고 얇은 책도 있고 소설책도 있고 전공서도 있듯이, 각각 차별이 있는 것이다. 그러나 이것들은 이름도, 대상도, 그것만의 특성도, 다른 것과의 차이도 실재하지 않는다. 다시 말해 이것들을 가유실무假有實無라고 관찰하는 것이 사심사이고, 이것들을 더욱 깊게 수행하여 확실하게 결정하는 것을 사여실지라고 한다.

41) 자세한 것은 〈김명우(2011), pp.210-217〉 또는 〈김명우(2010), pp.227-241〉을 참조하기 바란다.

제2장
『백일법문』과 팔식설

I. 『백일법문』의 유식사상을 개관하다

성철스님의 8가지 식(팔식)에 대해 살펴보기에 앞서 성철스님이 『백일법문』에서 법문한 유식사상에 대해 간략하게 요약하고 더불어 필자의 입장도 함께 제시해 보고자 한다. 여기서 여러분에게 한 가지 부탁하고 싶은 것은, 앞서 말했듯이 성철스님의 유식 법문이 '중도사상'으로 관통하고 있다는 것을 염두에 두고 이 책을 읽었으면 하는 것이다. 그럼, 먼저 성철스님이 『백일법문』(개정증보판, 상권·중권, 2014)[1]에서 유식사상에 대해 법문한 곳의 목차부터 보자.

『백일법문』(개정증보판, 상권)
제3부 근본불교 사상 : 제11장 근본불교의 심식설
제4부 인도 대승경론의 중도 : 제3장 인도불교의 유식파

『백일법문』(개정증보판, 중권)
제4장 유식 법상종의 중도사상
1. 개관
2. 삼시교판
3. 유식중도설
4. 『팔식규구』(육위심소, 삼량, 삼경)
5. 유식사상(논사들의 주석서, 게송 풀이 : 『팔식규구』)
6. 삼성중도설

---

1) 『백일법문』에 관한 그간의 성과물은 〈서재영(2017)〉 또는 〈『퇴옹학보』, 17집〉을 참조하기 바란다.

1. 『백일법문』(개정증보판, 상권)

1) 제3부 근본불교 사상 : 제11장 근본불교의 심식설

이 부분은 제목에서 드러나듯이, 초기불교(근본불교)의 심식설心識說에 대한 법문이다. 먼저 성철스님은 부처님의 깨달음인 '중도가 곧 연기'라는 것을 우리가 모르는 것은 제8 아뢰야식에 가려져 있기 때문이라고 한다.[2] 그리고 성철스님은 제8 아뢰야식을 전환하여 대원경지를 이루었을 때를 돈오와 견성이라고 한다. 게다가『선문정로』에서는 "생멸심(생멸망심)도 미망未忘하지 못하고서 견성하고 돈오했다는 주장은 잘못된 것"[3]임을 분명히 한다. 여기서 생멸심은 제8 아뢰야식을 포함한 8가지 식을 말한다. 이처럼 성철스님은 제8 아뢰야식의 타파를 돈오견성이라고 한다.

그렇다면 성철스님은 제8 아뢰야식에 대해 구체적으로 어떻게 법문하고 있는지 살펴보자. 먼저 성철스님은 제8 아뢰야식과 그 다른 명칭인 이숙식·일체종자식·무몰식에 대해 법문하는데, 제8 아뢰야식은 유식불교에서 구심점 역할을 하는 중요한 개념이며, 삶과 죽음을 윤회하는 주체라는 생각이 초기불교에 간결하게 설해져 있다고 한다. 그리고 그 근거로써『남전대장경』(니카야)을 중심으로 초기경전에 원초적 형태로 언급된 제8 아뢰야식을 제시한다.

"(…) 그런데 중생은 아뢰야를 즐거워하고(rāmā) 아뢰야를 기뻐하

---

2) 성철(2014), 상권, p.266.
3) 성철(2006), p.242.

고(ratā) 아뢰야를 좋아한다(sammuditā).[4] 그러나 아뢰야를 즐거워하고 아뢰야를 기뻐하고 아뢰야를 좋아하는 중생으로서는 이 연의 성緣依性, 연기의 도리는 보기 어려우며, 또 일체 제행諸行의 고요히 그침, 일체 의거依據의 버림, 갈애渴愛의 모든 소멸, 떠남(離)·소멸(滅)·열반의 도리도 참으로 보기 어렵다. (…)"(『율장律藏』3, 「상응부 相應部」 1)[5]

이 인용문에 의하면 제8 아뢰야식을 즐거워하고, 기뻐하고, 좋아해서는, 다시 말해 '집착'해서는 연기의 도리, 갈애의 소멸, 열반의 도리 등을 알 수 없다. 그리고 인용문 중에서 밑줄 친 구절은 상응부 경전 [Saṃyutta-nikāya(p.136, 11)][6]의 번역인데, 알라야(ālaya)는 첫 번째로 저장·주처(house, dwelling)라는 의미가 있지만, 두 번째로는 집착(attachment)이라는 의미가 있다. 그리고 상응부의 주석에서는 '아뢰야를 즐거워하고(rāmā)'에서 '즐거워하다(rāmā)'는 '집착하다(allīyanti)'는 의미가 있다고 한다.[7] 따라서 성철스님이 이 구절을 인용한 것은 제8 아뢰야식을 '저장'의 의미보다는 '집착'의 의미로 파악하고 있음을 말해 준다. 즉 성철스님은 제8 아뢰야식의 진망眞妄의 측면 중에서 망妄의 측면에 초점을 맞추어 법문한 것이다. 또한 이런 이유로 성철스님은 『백일법문』이나 『선

---

4) 빨리어와 밑줄은 독자의 이해를 돕고자 필자가 임의로 삽입한 것이다.
5) 성철(2014), 상권, p.267.
6) "ālayarāmā kho panāyaṃ pajā ālayaratā ālayasammuditā//ālayarāmāya kho pana pajāya ālayaratāya ālayasammuditāya dudasaṃ idaṃ ṭhānam/yad idam idappaccayatā paṭiccasamuppādo//"
7) Sāratthappakāsīnī(vol.1, p.195, 22), "ālayarāmā ti sattā paca-kāma-guṇsu allīyanti/"["알라야 라마(알라야를 기뻐하다)란 중생이 오욕의 요소(대상)에 집착하는 것이다."]

『문정로』에서 제8 아뢰야식을 '제8 마계'라고 한 것으로 추측된다. 제8 아뢰야식을 제8 마계라고 한 것은 성철스님의 독창이 아니라 선문에서 널리 사용하는 표현으로, 조동종의 창시자인 동산양개洞山良价(807-869)스님의 설법에서 가져온 것이다. 이어서 성철스님은 제8 아뢰야식의 3가지 의미(장식·무몰식·종자식)에 대해 법문하는데, 먼저 무몰식에 대해 다음과 같이 말한다.

"아(ā)는 '아니다'라는 부정사否定詞이고, 라야(laya)는 '없어진다'는 뜻입니다. 그래서 알라야란 '없어지지 않는다'는 말입니다. 아뢰야는 금생에 일시적으로만 있는 것이 아니라 과거 전생부터 미래의 내생까지 영원토록 계속되어서 일체중생의 <u>근본 생명선</u>이 됩니다. 이것에 의지해서 중생의 모습이 전개되기 때문에 <u>근본무명</u>이라고도 합니다. 이 근본무명이 완전히 뿌리 뽑혀야 연기를 알 수 있습니다. (…) 한역에서는 '없어지지 않는다'는 의미에서 무몰식無沒識이라고 번역했습니다."[8]

여기서 성철스님은 알라야식(ālaya-vijñāna)을 '없어지지 않는 식', 즉 무몰식無沒識이라고 하고, 무몰식(제8 아뢰야식)은 삼세(전생·금생·내생)에서 윤회의 주체(근본 생명선)가 되는 근본무명으로서, 이 무몰식을 완전히 제거해야 연기의 도리를 알 수 있다고 한다. 참고로 위에 인용한 성철스님의 법문 중에 밑줄 친 '근본 생명선'이라는 표현을 필자는 윤회의 주체로 이해했다.

여기서 무몰식無沒識에 대해 부연 설명하고자 한다. 이 명칭은 원

---

8) 성철(2104), 상권, p.268.

래 진제眞諦(499-569)스님의 한역이다. 진제스님은 아뢰야의 원어 알라야(ālaya)를 ā(無)-laya(沒)로 파악하여, 빠뜨림이 없는 식·없어지지 않는 식·모든 것을 기억하는 식이라고 해석했는데, 제8 아뢰야식에 한 번 심어진 종자(인간 행위 결과물)는 결코 소멸하지 않기 때문이다. 즉 우리가 과거에 행한 행위의 결과(종자)는 어딘가에 침잠하여 있는 것이지 없어지는 것이 아니라는 것이다. 이처럼 과거의 행위를 없어지지 않게 유지하고 보존하는 심층의 마음을 진제스님은 무몰식이라고 한 것이다.[9] 또한 성철스님은 제8 아뢰야식에 대해 다음과 같이 말한다.

> "장식藏識이라고도 번역하는데, 없어지지 않을 뿐만 아니라 과거의 모든 정신상태 등을 모두 간직해서 담아 놓고 있다는 의미입니다. 담아 놓고 있다가 어떠한 기회가 오면 녹음테이프처럼 담아 놓았던 것이 모두 재생이 됩니다."[10]

여기서 장식(제8 아뢰야식)은 없어지지 않을 뿐 아니라 과거의 모든 행위를 저장(간직)하는 식이라는 의미이다. 또한 성철스님은 제8 아뢰야식을 "종자식種子識이라고도 하는데, 모든 종자와 같이 근본무명의 원인이라는 의미입니다."[11]라고 하여 행위의 결과물인 종자와 같이 근본무명의 원인이라고 한다. 즉 제8 아뢰야식에 종자로서 저장되어 있다가 조건이 맞으면(기회가 오면) 칠전식(전오식·제6 의식·제7 말나식)으로 현행한다는 것이다. 제8 아뢰야식의 이와 같은 기능을 종자생현행種子生現行이라고 하는데, 근본무명인 제8 아뢰야식(장식·종자식·무몰식)을 뿌리 뽑지 않

---

9) 『성유식론술기』(T43, p.729b).
10) 성철(2014), 상권, p.268.
11) 위의 책, p.268.

으면 연기도 보기 어렵고 알기도 어렵다는 것이다. 앞서 말했듯이, 이런 이유로 성철스님도 "제8 아뢰야식의 근본무명까지 완전히 제거되어 구경의 묘각을 성취한 것이 견성이지, 그러기 전에는 견성이라 할 수 없다."[12]라고 한 것이다.

다음으로 성철스님은 제8 아뢰야식의 또 다른 명칭인 이숙식異熟識에 대해 법문하는데, 이숙이란 범어 위빠까(vipāka)의 한역으로 '이전의 원인과 나중의 결과가 다르게 성숙한다'는 의미이다. 여기서 이전의 원인이란 과거의 행위이고, 성숙한 결과는 제8 아뢰야식을 말한다. 다시 말해 과거의 행위는 선이나 악(불선)이지만, 결과로 생긴 제8 아뢰야식은 선도 악도 아닌 무기(무부무기)라는 것이다. 이것은 과거와의 관계를 설명한 것으로, 인간은 과거를 끊어버리고 살아갈 수 없으며, 어떤 의미로든 과거를 짊어지고 살아가야만 한다는 것이다. 이숙이라는 명칭은 바로 인간의 이와 같은 측면을 파악한 것이라고 할 수 있다. 그래서 성철스님도 이숙을 '과보가 다르게 익다'라고 한 것이다. 나아가 성철스님은

"과보는 원인과 때를 다르게 하여 익고(異時而熟), 처소를 다르게 하여 익고(異處而熟)[13], 종류를 다르게 하여 익는다(異類而熟)고 설명합니다."[14]

라고 하는데, 이른바 이숙에는 3종류가 있다는 것이다. 단 규기스님의

---

12) 성철(2006), p.19.
13) 성철스님은 이처이숙異處而熟에 대해 "처소를 다르게 하여 익는다는 것을 예로 들자면, 중생이 선악의 업을 짓는데 그 결과는 부귀빈천의 과보가 나온다는 것입니다. 물론 선악과 부귀빈천이 내용은 통하지만 형태는 다릅니다. 그래서 이것을 이숙異熟이라고 합니다."[성철(2014), 상권, p.270]라고 법문한다.
14) 성철(2014), 상권, p.270.

『성유식론술기』[15]에서는 이류이숙異類而熟·이시이숙異時而熟·변이이숙變異而熟이라는 3종류의 이숙을 제시하는데, 성철스님이 제시한 이숙의 종류와는 그 명칭이 조금 차이가 난다. 먼저 규기스님이 제시한 3종류의 이숙에서 변이이숙變異而熟이란 원인이 변화하여 결과로 성숙한다는 것이다. 예를 들면 우유가 버터나 치즈로 변화되는 것이다. 이시이숙異時而熟이란 원인이 시간을 달리하여 결과로 성숙한다는 것이다. 예를 들면 배꽃이 배가 되거나 복숭아꽃이 복숭아로 변화하는 것이다. 이류이숙異類而熟이란 이전의 원인과 나중의 결과가 다르게 성숙한다는 것이다. 예를 들면 가치적으로 판단했을 때의 원인은 선이나 악이었지만 제8 아뢰야식에 결과로 저장될 때는 선도 악도 아닌 무기로 변화하는 것이다.

그런데 성철스님은 언급하지 않았지만, 『성유식론』에서는 이숙을 세 번째 해석인 '이류이숙'으로 본다. 그래서 이숙을 유식사상에서는 대개 인시선악因是善惡 과시무기果是無記라는 말로 설명한다. 다시 말해 선·악에 대한 인간의 행위가 원인이 되어 사람의 인격은 형성되지만, 그 결과로 결실한 자기, 즉 현재의 자기는 무기라고 하는 것이다. 무기란 선인지 악인지 별도로 나타낼 수 없다는 의미이다. 즉 비선비악非善非惡이기 때문에 현재의 자기는 선·악 어느 쪽도 아니라는 것이다. 왜냐하면 인간의 마음이 본래 선하다고 한다면 선한 마음에 어떻게 악이 일어나며, 반대로 인간이 본래 악하다고 한다면 선한 행위의 근거를 어디에서 구해야 하는가? 하는 의문이 생길 수밖에 없기 때문이다. 만약 나쁜 인간이 갑자기 선한 사람으로 변하거나 착한 사람이 갑자기 나쁜 사람으로 변하는 이유를 찾고자 한다면 인간 이해에 대한 논리적 정합성을 가

---

[15] 『성유식론술기』(T43, p.238c19), "異類而熟. 異時而熟. 變異而熟."

진 무기가 답이 될 것이다. 이처럼 인간은 무기이기 때문에 선·악 어느 쪽으로의 가능성도 가진 존재이다. 만약 인간에게 본래 선·악의 성질만 있다면, 선·악 또는 회심·타락 등의 서로 모순되는 행위를 설명하기란 쉽지 않다. 이처럼 이숙식은 과거와의 관계 속에서 제8 아뢰야식을 파악한 것이다.[16] 그리고 성철스님은 중생이 삼계에 윤회하고 연기를 바로 보지 못하는 것은 근본무명인 제8 아뢰야식(장식)·이숙식·종자식 때문이라고 한다. 그러면서 다음과 같은 결론을 내린다.

"이와 같이 원시경전에서는 생사윤회하거나 삼계를 해탈하는 주체를 바로 식識이라고 하였는데, 후대에 생사윤회의 주체인 아뢰야식이나 이숙식의 근원을 이루는 것이라고 하겠습니다. 근본 장애인 아뢰야식, 종자, 이숙, 이것을 완전히 끊어버리면 연기를 바로 보고 중도를 바로 깨쳐서 무여열반에 들어 영원토록 대자유 자재한 생활을 할 수 있다는 것을 설명하고 있습니다."[17]

이것에 의하면, 생사윤회의 주체이자 근본무명(근본 장애)인 제8 아뢰야식·이숙식·일체종자식을 완전히 끊어야 연기를 바로 보고 중도를 깨쳐 견성할 수 있다는 것이다.

다음으로 성철스님은 초기경전에 언급된 심의식心意識을 유식에서 말하는 제8 아뢰야식·제7 말나식·제6 의식의 원류라는 근거를 제시한다. 다만 여기서 드는 의문은 과연 우리의 마음을 3단계(제8 아뢰야식·제7 말나식·제6 의식)로 나누는 것이 가능할까 하는 것이다. 이것에 대해

---

[16] 김명우·구자상(2022), p.367.
[17] 성철(2014), 상권, pp.274-275.

성철스님은 잠재의식인 제8 아뢰야식의 존재를 프로이트(Freud)나 캐논(Cannon), 우이 하쿠주우(宇井伯壽)와 같은 학자들의 의견을 비판적 관점에서 기술하고 있다.

끝으로 성철스님은 "심의식은 수번뇌이고 객진번뇌이다. 이 심의식을 제거하면 즉 <u>연기중도를 깨친다</u>. (…) 이 객진번뇌를 덜어내고 자성의 청정을 알 수 있는 방법은 선禪이 근본이 되어야 한다."[18]라고 한다. 부연하면 성철스님은 번뇌인 심의식(제6 의식·제7 말나식·제8 아뢰야식)을 제거해야 연기=중도를 깨칠 수 있으며, 번뇌인 심의식을 제거하여 자성의 청정을 알 수 있는 근본 방법은 선 수행임을 강조한다. 이처럼 성철스님은 유식사상을 설명하면서도 선사로서의 입장을 분명하게 견지하고 있다.

2) 제4부 인도 대승경론의 중도 : 제3장 인도불교의 유식파

이 부분(제3장 인도불교의 유식파)은 본래 『백일법문』(중권), 〈유식 법상종의 중도사상〉에 있던 것을 편집과정에서 상권으로 옮긴 것이다. 먼저 도입 부분에서 "유식파의 기본사상은 일체 제법이 오직 식일 뿐(唯識)이라는 것입니다. 이 유식사상의 원류는 부처님에게 있으나 이 사상을 교학적으로 체계화한 것은 미륵彌勒(Maitreya, 350-430)이며, 그 뒤를 이어 무착無着(Asaṅga, 300-380)과 세친世親(Vasubandhu, 316-396경)이 대성하였습니다."[19]라고 하면서, 미륵·무착·세친 및 그들의 저작 그리고 10대 논사에 대해 간략하게 법문한다.

요약하면, 미륵보살은 유식학파의 개조로, 역사적으로 실존한 인

---

[18] 성철(2014), 상권, pp.283-287.
[19] 위의 책, p.348.

물인가 아니면 가공의 인물(도솔천에 계시는 미륵보살)인가라는 문제를 놓고 여전히 의견이 분분하다는 입장을 소개한다. 그리고 그의 저작으로는 중국 전승의 문헌과 티베트 전승의 문헌 사이에 약간의 차이가 있는데, 티베트 문헌에서는 『대승장엄경론大乘莊嚴經論』, 『중변분별론中邊分別論』, 『법법성분별론法法性分別論』, 『현관장엄경론現觀莊嚴經論』이 미륵보살의 저작으로 기록되어 있으며, 중국 문헌에서는 『유가사지론瑜伽師地論』, 『대승장엄경론』, 『중변분별론』, 『금강반야바라밀다경金剛般若波羅蜜多經』이 미륵보살의 저작으로 기록되어 있다고 한다. 또한 중국 문헌과 티베트 문헌을 비교해 볼 때 공통하는 저작은 『대승장엄경론』과 『중변분별론』 둘뿐이라고 한다.

다음으로 무착보살은 인도 서북 출신으로 "전기에 따르면 무착은 밤에는 도솔천에 올라가 미륵보살로부터 『유가론』 등의 가르침을 받고 낮에는 대중들에게 그 교리를 강설하였다고 하는데, 이것은 무착이 선정에 들어가서 실제로 겪은 종교적 체험으로 보기도 하지만, 한편으로는 그때까지 친숙하지 않았던 유식설을 인도에 널리 선포하기 위한 일종의 방편이라고 보기도 합니다."[20]라고 한다. 그리고 그의 저작으로는 『집론集論』, 『유가사지론』의 요지를 해설한 『현양성교론顯揚聖敎論』, 『중론』의 부분 주석인 『순중론順中論』, 『섭대승론攝大乘論』 등이 있다고 한다. 이어서 세친보살 이후에 안혜보살(무상유식), 호법보살(유상유식) 등의 10대 논사의 활동에 대해 언급하고 다음과 같이 말한다.

"용수보살의 중관 계통은 공사상에 입각했다고 보고 유식 계통에서는 유有까지는 아니지만 조금 반대의 입장이라고 설명합니다.

---

[20] 성철(2014), 상권, p.349.

용수보살은 법성法性을 많이 말하고 유식 계통에서는 법상法相을 많이 말해서 은연중에 반대적인 입장에 있지만 사실 알고 보면 성性이 곧 상相이고 상이 곧 성이기 때문에 보는 중생의 눈이 잘못되었으면 잘못되었지 반대적인 입장은 아닙니다."[21]

여기서 성철스님은 중관과 유식은 서로 대립하는 입장이 아니라는 것을 분명하게 밝히고 있다. 확대해서 해석하자면, 중관이든 유식이든 공=연기=무자성=중도(비유비무의 중도)를 주장하기 때문에 둘은 대립하는 사상이 아니라는 것이다.

그런데 나를 포함해 모든 것은 어째서 연기, 무자성, 공한 존재일까? 그 이유를 필자가 이해한 방식대로 설명해 보겠다. 우선 나 자신이 존재하기 위해서는 지구가 생기고 나서 35억 년 전에 근원적인 생명체가 있었을 것이다. 그리고 이 생명체가 미생물에서 생물 등으로 진화를 거듭하여 동물·영장류·원숭이·인간·원시인으로 진화했을 것이다. 그리고 한국인의 조상인 단군 할아버지에서 출발하여 고구려인 내지 신라인이 되었을 것이다. 이분 중에 어느 한 분이 나의 조상이 되어 고조·증조·할아버지로 이어졌다. 그리고 할아버지가 할머니를 만나 내 아버지를 낳았을 것이며, 외할아버지 외할머니가 만나 내 어머니를 낳았을 것이다. 또한 어떤 인연으로 인하여 내 아버지와 어머니가 만나 사랑을 나누어 아버지의 정자 20만 개 중의 하나가 어머니의 난자와 결합하여 내가 생명을 가지게 되었다. 만약 내 조상 중에서 임진왜란이나 한국전쟁 중에 한 분이라도 돌아가셨다면, 나는 지금 존재할 수 없다. 그리고 나는 어머니의 뱃속에서 태어나 부모의 교육과 학교 교육(선생님, 친구 등)

---

21) 앞의 책, p.350.

을 받으며 또한 주변 사람들(사회)의 도움에 의해 생존하고 있다.

또한 주위 환경의 도움을 받았다. 태초에 우주가 생겼고, 우주 안에 태양계, 태양계 안에 지구가 생겼다. 이 지구는 대륙과 바다로 이루어져 수많은 생물이 존재한다. 그들의 도움을 받았다. 그리고 나는 주변의 무수한 사물인 물·책상·집·침대·이불·지하철·컴퓨터 등의 도움으로 나 자신은 존재한다. 비록 무생물이지만 책상·의자나 컴퓨터·전기의 도움이 없었다면, 나는 『성철스님의 백일법문과 유식』을 출판할 수 없을 것이다. 게다가 나는 신장·신경·가슴·근육·뼈와 60조의 세포로 구성되어 있으며, 그들의 도움을 받아 살아가고 있다.

이처럼 나는 수많은 간접적인 조건(緣)과 직접적인 조건(因), 즉 인연 因緣에 의지해서 존재한다. 나는 단 1초도 다른 것의 도움 없이는 살아갈 수 없는 존재이다. 그리고 내 주변이 있는 모든 사물도 인연-간접적인 원인(多緣)과 직접적인 원인(一因)-으로 구성되어 있으며, 다른 것의 도움을 받아 생존하고 존재한다. 나 자신뿐만 아니라 모든 존재는 이처럼 다른 것의 인연에 의해 존재한다. 다른 것에 의지하여 생존하는 이런 존재에 '나'라고 하는 자성이 어디 있으며, 나의 실체가 어디 있겠는가? 나의 본질이라고 할 수 있는 것은 없다. 나는 연기적인 존재이고, 나라고 말할 수 있는 자성이 없다. 그래서 부처님께서는 연기적 존재는 공이고, 무자성이라고 하셨던 것이다. 그리고 부처님은 우리에게 공을 체득하여 괴로움이 가득한 차안의 세계에서 깨달음의 세계인 피안으로 가기를 원하셨던 것이다.

그래서 용수보살은 『중론』에서 이것을 "연기이고, 무자성이며, 공이며, 중도"라고 표현했다. 또한 『대지도론』에서는 "일체의 법을 관찰하면 인연으로부터 생기한다. 즉 자성이 없다. 자성이 없기 때문에 필경 공이다. 필경 공 그것이 반야바라밀(지혜의 완성)이다."라고 하였던 것이다. 이 말을 『반야심경』에서는 오온개공五蘊皆空이라고 아주 간단하게 표현한다.

계속해서 유식중도설에 대해 법문하는데, 유식 논서인 『유가사지론』, 『성유식론』 및 미야모토 쇼손의 저서인 『中道思想及びその發達』을 그 근거로 제시한다. 먼저 유식의 소의 논서인 『유가사지론』[22]을 인용하면서 다음과 같이 말한다.

"유식학의 소의경전인 『유가사지론瑜伽師地論』에서 무엇을 최고 원리로 삼았느냐 하면 있음(有)과 없음(無)의 두 변을 떠난 둘이 아닌 중도입니다. 유와 무를 떠나면 유와 무가 둘이 아니니 서로 통합니다. 유가 곧 무이고 무가 곧 유입니다. 결국 떠났다는 것은 쌍차를 말하고 통한다는 것은 쌍조를 말합니다. 유와 무가 서로 쌍조하면서 융통자재한다는 말입니다. 이렇게 둘이 아닌 것을 중도라 했습니다."

여기서 성철스님은 『유가사지론』의 핵심이 '비유비무의 중도'에 있다고 한다. 그리고 비유비무의 중도, 즉 유식의 중도설을 쌍차쌍조雙遮雙照로써 설명하는데, 이것을 달리 표현하면 쌍민쌍존雙泯雙存·쌍견쌍리雙見雙離·쌍비쌍역雙非雙亦의 유식중도설이라고 할 수 있다. 쌍차쌍조에 대해 부연 설명하자면, 두 쌍雙, 막을 차遮, 비칠 조照 자로 막고 비춤의 둘 다를 부정하고 긍정한다는 뜻이다. 즉 양변을 다 막아 양변을 다 비

---

[22] 성철(2014), 상권, p.351, "있음과 있지 않음 두 가지를 함께 멀리 떠나는 것은 법상法相이 포섭하는 진실한 성품의 일이니, 이것을 둘이 아니라고 이름한다. 둘이 아니므로 중도라 이름한다."[『유가사지론』 권36(T30, p.487a10-11), "有及非有를 二俱遠離는 法相所攝의 眞實性事니 是名無二니라 由無二故로 說名中道니라."]

추어 양변이 완전히 융합하는 중도를 말하는 것이다. 그리고 쌍민쌍존 雙泯雙存이란 현수스님이 자주 사용한 용어로, 쌍민이란 '양쪽이 다 없다'는 말이고, 쌍존은 '양쪽이 다 있다'는 뜻으로, 전체가 부정되면 결국 전체가 긍정된다는 말이다. 쌍견쌍리雙見雙離나 쌍비쌍역雙非雙亦도 같은 의미로 이해하면 될 것이다.

다음으로 성철스님은 『성유식론』의 "아와 법은 있는 것도 아니고, 공과 식은 없는 것도 아니다. 있음을 떠나고 없음을 떠났기 때문에 중도에 계합한다."[23]는 구절을 인용하고, "아와 법은 모두 공하니 비유非有인데, 그렇다고 아주 단멸한 공이 아니라 분명히 식의 활동이 있으니, 비무非無입니다."[24]라고 하여 다시 한번 유식의 중도를 비무비유의 중도라고 정의한다. 또한 일본 불교학자 미야모토 쇼손의 저서인 『中道思想及びその發達』을 인용하여 공이 곧 연기이고 연기가 곧 중도임을 밝힌다. 성철스님의 법문을 정리하면 이른바 연기=공=비유비무의 중도라고 할 수 있다.

계속해서 성철스님은 『해심밀경』, 『능가경』, 『대승기신론』, 『구사론』, 『유가사지론』, 『성유식론』, 『팔식규구통설』, 『증도가』에 나타난 심의식에 대한 근거 및 해설을 첨가하는데, 먼저 법상종의 소의경전인 『해심밀경』의 심의식에 대해, "심心은 제8 아뢰야식이고, 의意는 제7 말나식이며, 식識은 제6 의식입니다. 심의식이라고 말하면 8식 전체를 가리킵니다."[25]라고 법문한다.

이어서 제8 아뢰야식의 다른 명칭인 일체종자심식·아타나식에 대해 법문한다. 먼저 일체종자심식(일체종자식)에 대해 "그것이 곡식의 종자가

---

23) 『성유식론』(T31, p.39b2), "故於唯識應深信受. 我法非有空識非無. 離有離無故契中道".
24) 성철(2014), 상권, p.354.
25) 위의 책, p.357.

남는 것과 마찬가지로 유종의 근본식이 종자식이 되어서 그로부터 모든 생사가 벌어진다."라는 부처님의 가르침을 인용하면서

> "곡식이 다 성숙한 뒤에는 다른 것은 죽고 종자만 남듯이 사람의 심식도 그렇습니다. 의식이 다 끊어졌더라도 나중에 죽고 난 뒤에 제8 종자식이 남아서 윤회를 한다."[26]

라고 한다. 앞서 말했지만, 제8 아뢰야식은 인간 행위의 결과물인 종자를 저장하는 마음이며, 종자를 저장하여 삼세에 걸쳐 끊어짐이 없기 때문에 윤회의 주체라는 것이다. 그래서 제8 아뢰야식을 일체종자식이라고도 하는 것이다.

다음으로 제8 아뢰야식의 또 다른 명칭인 아타나식(ādāna)[27]에 대해 성철스님은 집지식執持識으로 번역되며, 선악업의 모든 종자를 온전히 가지는 식이라고 한다. 그러면서

> "우리가 공부를 해서 자성을 바로 깨치려면 근본 집착인 이 아타나식을 두들겨 부수지 않고는 절대로 대자유한 열반을 증득할 수도 없고 진여도 볼 수 없습니다."[28]

라고 한다. 이처럼 성철스님은 아타나식·제8 아뢰야식·일체종자식을

---

26) 성철(2014), 상권, p.358.
27) 위의 책, p.359. "광혜야, 이 식을 또한 아타나식阿陀那識이라고 하니, 왜냐하면 이 식이 몸에서 따라다니며 집지하기 때문이다."[『해심밀경』(p.692b14-16), "廣慧야 此識은 亦名阿陀那識이니 何以故오 由此識이 於身에 隨逐執持故니라."]
28) 성철(2014), 상권, p.359.

철저하게 깨부수는 것을 열반·진여·견성이라고 끊임없이 강조한다.

부연하면 여기서 아타나阿陀那란 '유지하다·보지保持(지키고 보존하다)하다'라는 의미인 범어 아다나(ādāna)의 음사로서, 아타나식이란 '생명을 유지하고 보지하는 식'이라는 뜻이다. 그래서 의역하여 집지식執持識이라고도 한다. 아타나식은 심층의 근원적인 식인 제8 아뢰야식의 또 다른 이름인데, 근본식인 제8 아뢰야식은 일체 존재를 생기게 하는 가능력(종자)과 감각기관(유근신)을 보지하고 유지하며 동시에 또다시 재생될 때 상속하여 이어가는 식이기 때문이다. 그래서 『성유식론』에서도 "능히 제법의 종자를 '집지'하고, 능히 색근(승의근)과 의처(부진근)를 '집수'하며, 능히 결생과 상속을 '집취'하기 때문에 이 식을 아타나식이라고 한다."[29]라고 정의한 것이다. 그리고 이처럼 아타나阿陀那는 집지執持, 집수執受, 집취執取라는 의미가 있기 때문에 "아타나식은 종자를 집지하고 모든 색근을 파괴시키지 않고 〈유지한다.〉"[30]라고 주석한 것이다. 이외 『오온론』(한역)에서는 "능히 몸을 집지執持(잡아 간직하여 유지하다)하기 때문이다."[31]라고 하고, 범본에서는 "또한 그것은 신체를 받아들이기(kāya-upādāna) 때문에 아타나식이라고도 한다."[32]라고 한다. 그런데 필자가 우빠다나(upādāna)를 '받아들인다'고 해석했지만, '확실하게 붙잡다·독점하다'라는 의미도 있다. 그래서 필자는 아타나식을 '신체를 확실하게 붙잡아 일정하게 유지하게 하는 마음'이라고 정의한다.

다시 본 내용으로 돌아가자. 성철스님은 『해심밀경』의 "〈부처님께서 말

---

29) 『성유식론』(T31, p.14c7-8), "以能'執持'諸法種子. 及能'執受'色根依處. 亦能'執取'結生相續. 故說此識名阿陀那."
30) 『성유식론』(T31, p.13c10), "或名阿陀那. 執持種子及諸色根令不壞故."
31) 『오온론』(T31, p.850a6-7), "卽此亦名阿陀那識. 能執持身故."
32) Li and Steinkeller(p.17, 5-6), "ādānavijñānam api tatkāyopādānam upādāya//"

씀하시기를,〉 아타나식은 지극히 깊고 미세하여 내가 범부들에게는 설명(開演)하지 않노라. 일체 종자가 폭포수 흐르듯 하니 저들이 분별하고 집착하여 나(我)로 삼을까 두려워하노라."33)라는 게송을 인용하면서,34) "아타나식이 곧 아뢰야식이고, 아뢰야식이 곧 종자식이고, 종자식이 곧 심(心)입니다."35)라고 한다. 나아가 아뢰야라는 명칭은 초기경전에 이미 설해져 있는 것으로, 제8 아뢰야식이 후대의 사상이라고 주장하는 사람을 비판한다.

다음으로 『능가경』의 게송36)을 인용하면서

"비유하자면 바닷물이 움직이면 여러 가지 물결이 일어납니다. 아뢰야식도 그와 마찬가지여서 아뢰야식은 바닷물과 같고 모든 식은 그 바닷물에서 일어나는 물결과 같습니다. 그래서 제8 아뢰야식의 바다 위에서 7식, 6식, 5식의 모든 식이 기멸(起滅)을 합니다."

라고 하여, 제8 아뢰야식을 바다, 나머지 7가지 식을 파도(물결)로 비유한다. 이른바 제8 아뢰야식(바다)에서 제7 말나식·제6 의식·전오식(파도)이 나왔다는 말이다. 감산스님도 『팔식규구통설』의 제8 아뢰야식에 대한 주석에서 이 『능가경』의 게송을 인용하고 있다.37) 계속해서 성철스

---

33) 『해심밀경』(T16, p.692c22-23).
34) 성철(2014), 상권, p.361.
35) 위의 책, p.361.
36) 『대승입능가경』(T16, p.594c19-21), "비유하자면 바닷물이 움직이면 여러 가지 물결이 일어나듯 아뢰야식도 그와 마찬가지로 갖가지 여러 식을 일으키니 심·의·의식을 여러 가지 모습 때문에 설한다."["譬如海水動하면 種種波浪轉하나니 梨耶識亦爾하야 種種諸識生하니 心意及意識을 爲諸相故說하나라."]
37) 『팔식규구통설』(X55, p.424a13-16).

님은 『유가사지론』[38]을 인용하면서 다음과 같이 말한다.

"모든 식을 통합해서 심의식이라 합니다. 그중에 식의 근본인 아뢰야식을 심心이라고 합니다. 왜 그런가 하면, 이 식이 모든 일체법의 종자를 모으기 때문에 (…) 말나식을 의意라고 하는데, 언제나 뿌리 깊은 번뇌인 아我와 아소我所와 아만我慢 등을 집착하며 끊임없는 생각과 헤아림을 성품으로 삼습니다. 이때의 사량은 잠재적인 것입니다. 제6식은 식識이라 하는데, 모든 경계에 대하여 분별을 한다는 말입니다. 드러난 사량분별을 하는 것이 제6식입니다. 이와 같이 식은 심·의·식의 3종입니다."[39]

이것에 의하면 심心인 제8 아뢰야식은 일체의 종자를 저장하는(모으는) 마음이며, 의意인 제7 말나식은 아만 등과 함께 작용하며 사량하는 마음이다. 특히 제7 말나식은 '끊임없이 생각과 헤아림'을 본질적 성질을 가진 마음이다. 여기서 사량思量이란 단순히 '생각하고 헤아리는 마

---

[38] 성철(2014), 상권, p.366, "이 중에 여러 식을 모두 심心·의意·식識이라고 한다. 만약 가장 수승한 아뢰야식에 의하면 심이라 하니, 왜냐하면 이 식이 능히 일체법의 종자를 모으기 때문이며, 언제나 집수의 경계를 반연하고 알 수 없는 한 무리 기세간의 경계를 반연하기 때문이다. 말나식을 의意라 하니, 언제나 아我·아소我所·아만我慢 등을 집착하여 사량하는 것을 성품으로 삼는다. 나머지 식을 식識이라고 하니, 말하자면 경계에서 요별하는 것을 상相으로 삼는다. 이와 같이 세 가지가 있다. 유심위有心位 중에서는 심·의·의식이 언제나 함께 있으면서 유전流轉한다."[『유가사지론』(T30, p.651b19-25), "此中諸識을 皆名心意識이라. 若就最勝阿賴耶識하면 名心이니 何以故오. 由此識이 能集聚一切法種子故며 於一切時에 緣執受境하고 緣不可知一類器境이니라. 末那를 名意니 於一切時에 執我我所及我慢等하야 思量爲性이라. 餘識을 名識이니 謂於境界에 了別爲相이니 如是三種이라. 有心位中엔 心意意識이 於一切時에 俱有而轉하니라."]
[39] 성철(2014), 상권, p.367.

음'이 아니라 '언제나 집요하게 자기중심적으로 생각하고 헤아리는 마음'이라고 해석해도 무방하다고 생각한다. 다만 뒤에 등장하는 사량분별에서 사량은 그 의미가 다르다. 여기서의 사량이란 제7 말나식의 작용을 말하는 것이 아니라 제6 의식의 작용을 말하는 것이다. 왜냐하면 제7 말나식과 제6 의식의 범어가 마노 위즈냐나(mano-viijñāna)로 동일하기 때문이다. 마나스(manas)는 생각·사량思量으로 번역하듯이, 한역하면 의식意識이라는 뜻이다. 그래서 두 식을 구별하기 위해 각각 제7 말나식과 제6 의식이라고 한역한 것이다. 이것에 대해서는 전오식(제2장, Ⅱ)을 설명할 때 다시 언급할 것이다.

다음으로 성철스님은 『성유식론』의 심의식을 설명하기에 앞서 "자꾸 여러 경전을 인용하여 번잡스럽지만, 심의식을 논할 때 일률적으로 설명했다는 증거를 들기 위해서 다양한 인용을 했다."[40]라고 한다. 이것은 아마도 심의식에 대한 경전이나 논서의 구절을 반복해서 인용만 하면 무슨 의미가 있는가? 하는 의문을 가정하여 대답한 것으로 추측된다. 이어서 성철스님은 『성유식론』[41]을 인용하면서 다음과 같이 말한다.

---

40) 성철(2014), 상권, p.369.
41) 위의 책, p.368, "바가범이 곳곳의 경에서 심心·의意·식識의 세 가지 다른 뜻을 설명하셨다. 모아 일으키는 것을 심이라 하고, 사량을 의라 하며, 요별을 식이라 한다. 이 세 가지 다른 식의 이러한 세 가지 뜻이 비록 8식 전체에 통하나 수승함을 따라서 밝히면 제8식을 심心이라 하니, 모든 법의 종자를 모아서 모든 법을 일으키기 때문이다. 제7식을 의意라 이름하니, 장식藏識 등을 반연하여 항상 살피고 사량하여 아我 등으로 삼기 때문이다. 나머지 6식을 식識이라 하니, 여섯 가지 다른 경계에 거칠게 움직여 간격이 끊어져 요별하며 유전하기 때문이다.『능가경』게송 중에 말하였다. "장식을 심이라 이름하고, 사량하는 성품을 의라 이름하며, 능히 모든 경계상을 요별하는 것을 식이라 한다."[『성유식론』(T31, p.24c9-17), "薄伽梵이 處處經中에 說心意識의 三種別義를 시니 集起를 名心이요 思量을 名意요 了別을 名識이니라. 是三別識의 如是三義가 雖通八識이나 而隨勝顯하면 第八을 名心이니 集諸法種하야 起諸法故요, 第七을 名意니 緣藏識等하야 恒審思量하야 爲我等故요, 餘六을 名識이니 於六別境에 麤動間斷하야 了別轉故니라. 如楞伽偈中에 說호대 藏識을 說名心이

"제8식을 심心이라 하는데 모든 법의 종자를 전부 모아서 간직했다가 모든 것을 발생시키는 것입니다. 제7식을 의意라 하는데 장식藏識인 아뢰야식 등을 반연해서 항상 무의식적으로 사량을 합니다. 이것을 근본아(我)를 집착한다고 합니다. 6식을 식識이라 하는데, 이것을 보면 이리 가고 저것을 보면 저리 가서 각각의 경계에 따라서 사량분별42)을 합니다. 그래서 간단間斷이 있습니다. 동쪽을 볼 때는 동으로 갔다가 서쪽을 볼 때는 서로 갔다가 하면서 생각이 분별을 따라서 유전합니다."43)

이 인용문은 8가지 식을 가장 완벽한 형태로 정의한 것인데, 제8 아뢰야식인 심心은 모든 종자를 모아 간직(저장)하는 마음, 제7 말나식인 의意는 제8 아뢰야식을 조건으로 삼아 무의식적으로 사량(항심사량)하는 마음이자 제8 아뢰야식을 자아(근본아)라고 집착하는 마음이다. 또한 제6 의식은 각각의 감각기관을 대상으로 삼아 사량분별하는 마음이지만, 기절하거나 깊은 수면에 빠지면 끊어짐(間斷)이 있다고 한다. 이어서 성철스님은 감산스님의 『팔식규구통설』을 인용하면서 심(제8 아뢰야식)·의(제7 말나식)·식(제6 의식)을 상세하게 설명하는데, 이것에 대해서는 제2장(Ⅲ.)에서 다시 자세하게 기술할 것이다. 다음으로 성철스님은 영가스님의 심의식에 대해 『증도가』44)를 인용하고 다음과 같이 말한다.

요, 思量性을 名意요, 能了諸境相을 是說名爲識이라하니라."]
42) 성철스님이 제6 의식을 '사량분별'이라고 법문한 것은 제7 말나식과 구별하기 위해 '분별' 앞에 '사량'이라는 말을 첨가한 것 같다.
43) 성철(2014), 상권, p.369.
44) 위의 책, p.373, "법의 재물을 덜고 공덕을 없애는 것은 이 심·의·식을 말미암지 않는 것이 없다. 그러므로 선문에서는 마음을 물리치고 생겨남이 없는 지견의 힘에 단박에 들어가도다."[『증도가』권1, "損法財滅功德은 莫不由斯心意識이니라. 是以禪

"선종에서도 제8 아뢰야식을 제8 마계魔界라고 합니다. 공부를 아무리 잘해서 오매일여가 완전히 되어 무심경계에 이르러도 거기서 살아나지 못하면 제8 마계이지 견성은 아닙니다. 옛 조사들이 한 입으로 하는 말입니다. 이 자리에서 '언구를 의심하지 않는 것이 큰 병이다[不疑言句是爲大病]' 하면서 근본적으로 배격했습니다. 더욱이 제8식은 그만두고 제6 의식의 사량분별 속에서 경계가 좀 바뀌고 지견이 좀 생겼다고 해서 이것을 견성이라 하고 공부인 줄 알면 자기만 망할 뿐 아니라 그것으로 남에게 가르치면 남까지 전부 망할 판입니다. 이것은 우리 불법 전체에 폐단이 됩니다. 부처님이나 조사스님은 언제든지 구경각을 견성이라고 했지 6식은 물론 제8 아뢰야식까지도 견성이 아니라고 했습니다. 그런데도 불구하고 의식의 분별이 작용하여 객진번뇌가 이전과 전혀 다를 바 없는 것을 견성이라고 하면 부처님 말씀이나 조사스님 말씀과는 근본적으로 틀린다고 주장하지 않을 수 없습니다."[45]

앞서 말했듯이 성철스님은 제8 마계인 제8 아뢰야식을 완전히 없애야 '견성'이라고 거듭 매우 강하게 주장하는데, 부처님이나 역대 조사들은 구경각을 견성이라고 했기에, 제8 아뢰야식도 반드시 타파해야 할 대상이기 때문이다. 그리고 성철스님은 여기서도 제6 의식의 작용은 사량분별이라고 한다.

다음으로 성철스님은 제8 아뢰야식의 또 다른 명칭인 이숙식에 대해 『구사론』, 『섭대승론』, 『성유식론』, 『성유식론술기』의 구문을 인용하여

門了却心하고 頓入無生知見力이니라."]
[45] 성철(2014), 상권, p.373.

그 근거를 제시하는데, 논의 전개상 이것에 대해서는 생략한다. 끝으로 성철스님은 다음과 같이 초기불교에서도 이미 제8 아뢰야식에 대한 논의가 있었고, 나머지 명칭인 종자식·이숙식도 초기경전에 등장한다는 것을 다시 강조한다.[46]

"이 심의식 문제를 잘 모르는 사람은 부처님이 입멸한 뒤에 발달된 불교교리라고 생각하기도 하는데, 그것은 근본불교의 경전을 잘 모르고 하는 말입니다. 근본불교 시대에 이미 아뢰야식, 종자식, 이숙식의 문제가 근본적으로 논의되고 있습니다. 그러므로 이것을 후대에 발달된 사상이라고 주장한다면, 그 사람들은 불교를 제대로 연구하지 못한 사람이라고 규정하지 않을 수 없습니다."[47]

2. 『백일법문』(개정증보판, 중권) : 제4장 유식 법상종의 중도사상

제4장 〈유식 법상종의 중도사상〉은 제목에서 알 수 있듯이 유식의 중국적 전개인 법상종에 대한 법문인데, 이 부분은 『백일법문』에서 유식의 핵심을 기술하고 있는 곳이기도 하다. 여기서도 성철스님의 법문을 요약하고, 필요할 경우 필자의 입장도 함께 개진할 것이다.

---

[46] 사족이지만, 〈성철(2014), p.378, 17행〉에서 "(…) 용수의 중관파와 천친天親, 무착無着, 세친世親의 유식파를 통괄해서 (…)"라고 법문하는데, 천친天親을 미륵彌勒으로 수정해야 될 것 같다. 왜냐하면 천친과 세친은 동일 인물이기 때문이다.
[47] 성철(2014), 상권, p.378.

1) 개관

여기서 성철스님은 현장-규기·원측-혜소-지주 순으로 중국 법상종의 계보와 그들의 저작에 대해 간단하게 설명한다. 먼저 현장스님은 무착법사의 유식을 배우기 위해 28세 때 몰래 인도로 유학을 떠나 17년(또는 18년)간의 유학 생활 중에 나란다 사원에서 5년 동안 계현스님에게 호법 계통의 유식을 배웠으며, 중국으로 돌아가 10여 년 동안 수많은 경론을 한역했다고 한다. 현장스님에게는 4명의 상수제자가 있었지만, 그의 법통을 이은 것은 자은대사 규기스님이라고 하면서, 법상종의 소의 논서인 『성유식론』이 10대 논사의 주석을 취사선택하여 편집한 합유역(合糅譯)이 된 이유를 간략하게 기술한다.[48] 예컨대 규기스님의 제안에 따라 10대 논사 중 호법보살의 주석을 위주로『유식삼십송』에 대한 주석서를 한역하였는데, 그것이 법상종의 소의 논서인『성유식론』이라는 것이다. 그리고 지주 이후 법상종이 쇠퇴하게 된 이유에 대해 법상 교학의 궁극적 적용의 한계와 화엄종의 원융무애한 사상에 타격을 받았다는 점을 지적한다.[49]

또한 신라 출신의 원측圓測(613-696)스님에 대해서도 간략하게 기술하는데, 원측스님은 장안 서명사에 머물면서 규기스님의 학설을 비판하였

---

48) 이에 대해 성철스님은 "처음에 현장스님은 네 명의 상족들과 함께 『유식삼십론』을 주석한 10대 논사의 주석서를 모두 번역하려고 하였습니다. 그러나 규기스님이 이의를 제기하여, '시대가 변하여 사람들의 능력이 열등하므로 여러 주석서를 번역하면 혼란만 가중되므로 차라리 여러 주석을 취사선택하여 종합적으로 번역함이 옳을 것이다'라고 간언하였습니다. 현장스님이 이에 동조하여 규기스님과 함께 호법논사의 주석을 위주로 하고, 다른 아홉 가지 주석을 부가하여 번역하였습니다. 이렇게 하여 성립된 것이『성유식론』인데, 규기스님은 (…) 법상종 교학의 기틀을 마련하였습니다."[성철(2014), p.284]라고 법문한다.
49) 성철(2014), p.284.

기에 이단으로 비방받았으며, 대표 저작인 『해심밀경소』는 티베트어로 번역될 정도로 명성을 날렸다고 한다.

다음으로 중국 법상 교학에서 중시하는 팔식설 및 제8 아뢰야식의 또 다른 명칭인 이숙식·아타나식에 대해 법문하고, 이어서 법상 교학의 절반을 차지하는 사분설(상분·견분·자증분·증자증분), 삼류경설(성경·대질경·독영경) 및 오성각별설에 대해 자세하게 법문하는데, 오성각별설[50]을 제외하고는 제1장에서 설명하였기에 여기서는 생략한다.

다만 여기서도 성철스님은 현수스님의 입장을 빌어

"법상종은 상相에 집착해서 화엄종같이 원융무애한 불교교리를 모른다는 것입니다. 그런 공격은 공연한 것만은 아니어서 실제 법상종은 상에 집착하는 결함이 있습니다."[51]

라고 하여 법상종의 한계를 지적하기도 한다. 하지만 유식 전공자로서 필자는 성철스님이나 현수스님의 입장에 대해 전적으로 동의하기는 어렵다. 그 이유에 대해서는 다음의 삼시교판 부분에서 밝힐 것이다.

2) 삼시교판

삼시교판三時敎判에 대한 성철스님의 법문을 기술하기에 앞서 삼륜전법설三輪傳法說에 대해 잠시 설명하고자 한다. 부처님은 처음에 사성제 등으로 대표되는 초기불교의 가르침을 설하였고(초전법륜), 후에 공의 가

---

50) 오성각별설에 대해서는 〈성철(2014), pp.291-292〉를 참조하기 바란다.
51) 성철(2014), p.291.

르침으로 대표되는 대승불교를 설하였지만, 본래의 의미本意를 감추려는 방식으로 설하였다(제2법륜). 마지막으로 『해심밀경』이라는 유식의 경전으로 모든 수행자를 위하여 명확한 방식으로 대승불교를 설하였다(제3법륜). 이것을 『해심밀경』에서는 삼륜전법설이라고 한다. 이후 삼륜전법설이 중국에 전해지면서 법상종의 종조인 자은대사 규기스님이 삼시교판으로 재편성하였다. 자은대사는 『해심밀경』에 등장하는 최초의 전법륜(初時)을 초기불교나 부파불교의 가르침(我空法有), 제2법륜(第二時)을 반야 경전이나 중관파가 설한 공의 가르침(我空法空), 제3법륜(第三時)을 비공비무중도非空非無中道라는 유식의 가르침으로 해석하였다. 즉 부처님의 삶의 역사를 불교의 가르침으로 분류하거나, 그 후 불교 교단의 역사적 변천으로 재해석한 것이다.[52]

그러면 이에 대한 성철스님의 법문을 살펴보자. 성철스님은 다음과 같이 규기스님의 『성유식론술기』에서 말한 제1시 유교有敎, 제2시 공교空敎, 제3시 중도교中道敎에 대한 근거를 제시하면서 삼시교판의 중도설에 대해 설명한다.

"여래가 이 공·유의 집착을 제거하기 위해 세 번째 시기에 요의교了義敎인 『해심밀경』 등을 연설하여 모든 법이 오직 식뿐이라는 것을 설하셨다. 그리하여 <u>마음 밖에 법이 없다는 것으로 처음의 유집을 부수고 안으로 식이 없지 않다는 것으로 모든 것이 공하다는 집착을 버려 유·무의 양변을 떠나고 바르게 중도에 머무르게 하셨으니,</u> 진제의 이치에서는 깨달음의 방법이 있고 속제 중에서

---

[52] 요코야마 코이츠 지음·김명우 옮김(2016), pp.82-83.

는 현묘하게 머물고 버린 줄 안다."[53)]

나아가 성철스님은 『성유식론술기』의 마지막 구절("진제의 이치에서는 깨달음의 방법이 있고 속제 중에서는 현묘하게 머물고 버린 줄 안다.")을 인용하면서 법문하는데, 다소 내용이 길지만, 성철스님의 입장을 잘 나타내는 구절이라 인용한다.

"진제의 이치에서는 깨달음의 방법이 있다는 것은 공空이 곧 유有이고, 속제 중에서는 현묘하게 머물고 버릴 줄 안다는 것은 유有가 공空이니 공즉시색, 색즉시공과 아주 비슷한 뜻이 됩니다. 이렇게 되면 중도가 안 되려야 안 될 수가 없습니다. 첫 번째 시기와 두 번째 시기에서는 유有와 공空을 각각 집착하여 공空과 유有가 완전히 상통하지 못했지만, 공견과 유견을 다 버려놓고 보면 진제 중에 속제가 있고 속제 중에 진제가 있으며, 공 가운데 유가 있고 유 가운데 공이 있어 서로 상즉합니다. 이러한 주장은 어떤 면에서는 일종의 상에 집착하는 것으로, 천태종이나 화엄종과 같이 무애원융한 이론 전개는 되지 못한다고 나중에 현수에게 공격받게 됩니다. (…) 법상종에서 주장하는 것을 상세히 검토해 보면 화엄종이나 천태종에서 말하는 상즉상입하는 원융무애한 교리와는 거리가 멉니다. 그리하여 실질적인 중도가 아니고 중간 입장이 되어 버려 중도라고는 할 수 없습니다. 그러므로 법상종에서 주장하는 제3시, 즉 소승의 유有와 반야의 공空이 상즉하는 것을 설할 때, 자기네는 공空 가운데 유有가 있고 유有 가운데 공空이 있다고

---

53) 성철(2014), p.297.

말하지만, 화엄종이나 천태종에서 말하는 것과는 근본적으로 다르다는 것을 분명히 알아야 한다고 합니다."[54]

여기서 성철스님은 유식에서 주장하는 삼시교판의 한계를 지적하는데, 필자의 생각을 덧붙이자면, 성철스님도 말했듯이 유식의 입장인 중도교는 비유비무의 중도·비공비무중도非空非無中道 또는 진공묘유를 말한다. 따라서 규기스님의 삼시교판에 따르면, 중도교는 공교에 해당하는 반야경의 사상이나 중관파의 공사상과 근본적으로 다르지 않다.[55] 단지 유식사상에서는 마음(심)이 존재한다, 곧 임시적으로 존재하기 때문에 그 마음(8가지 식)의 변혁을 통해서(轉識得智) 미혹(전오식·제6 의식·제7 말나식·제8 아뢰야식)에서 깨달음(성소작지·묘관찰지·평등성지·대원경지)에 이르고자 하는 실천적인 사상이라고 할 수 있다. 다시 말해 유식학파에서의 공이란 아무것도 없는 허무의 공이 아니라 중도에 뒷받침된 공이라는 것이다. 이런 관점에서 필자는 화엄의 원융무애圓融無礙나 천태의 상즉상입相卽相入과도 다르지 않다고 보고, 성철스님이나 현수스님의 입장에 전적으로 동의하기는 어렵다. 특히 필자는 법상종의 삼시三時를 포함해서 화엄종의 오교五敎, 천태종의 오시팔교五時八敎 등의 종파적 입장에서 부처님의 가르침에 우열을 두며 교판적으로 해석하는 것에는 결코 동의할 수 없다. 중국불교에서 교상판석敎相判釋을 한 근본 이유는 부처님의 가르침을 논리적으로 체계화하기 위한 것이지, 부처님의 가르침을 자신

---

54) 앞의 책, pp.299-300 ;『성유식론술기』(T43, p.229c24-28), "如來爲除此空有執. 於第三時演了義教. 解深密等會說一切法唯有識等. 心外法無破初有執. 非無內識遣執皆空. 離有無邊正處中道. 於眞諦理悟證有方. 於俗諦中妙能留捨."
55) 성철스님도 "유식의 설명도 앞의 용수보살 말과 통해 있습니다. 용수보살을 설명할 때 공과 연기와 중도를 같은 것으로 취급한다는 말을 했습니다. (…)"[성철 (2014), 상권, p.356]라고 하였다.

의 종파적 입장에서 우열을 가리고자 하기 위한 것이 아니기 때문이다.

3) 유식중도설

여기서 성철스님은 『성유식론』과 『성유식론술기』의 구절을 인용하고, 인용한 구절의 내용을 법문하는 형식으로 유식중도설을 설명한다. 자세한 것은 『백일법문』(중권, pp.301-312)을 참조하기 바란다.

성철스님은 유식중도설에 대해 "그러므로 유식에 대하여 응당 깊이 믿어 받아들여라. 아我와 법法이 있는 것이 아니며, 공空과 식識이 없는 것이 아니므로 있음을 떠나고 없음을 떠났으니, 그러므로 중도에 계합한다."[56)]라고 하고 『성유식론술기』의 구절을 인용한다.

> "서술한다. 마음 밖에 실재하는 것으로 헤아리는 아我와 법法은 있는 것이 아니고, 진여의 공한 이치[57)]와 능연의 진실한 식識은 없는 것이 아니다. 혹 공은 그 이치이며 식은 세속의 일이어서 <u>처음에는 있음을 떠나고 나중에는 없음을 떠나기 때문에 중도에 계합한다.</u>"[58)]

여기서 성철스님은, 법상종의 중도는 공하지만 진여와 진식眞識까지 없다는 것이 아니라 비유비무의 중도가 유식의 중도설이라고 다시 한번

---

56) 성철(2014), p.302 ; 『성유식론』(T31, p.39b1-2), "故於唯識應深信受. 我法非有空識非無. 離有離無故契中道."
57) 성철스님은 『백일법문』에서 眞如理空을 眞如空理로 바꾸어 인용하고[성철(2014), p.302] 있다.
58) 『성유식론술기』(T43, pp.489c28-490a2), "述曰. 謂心外所計實我法非有. 眞如理空. 及能緣眞識非無. 或空即其理. 識即俗事. 初離有. 後離無故契中道."

강조한다.

4) 『팔식규구』(6위심소·삼량·삼경)

이 부분은 8가지 식을 간략하게 정리한 현장스님의 『팔식규구』라는 제목으로 되어 있지만, 실제로는 세친보살의 『대승백법명문론』과 그 주석서인 감산스님의 『백법논의』를 바탕으로 6위 51심소에 대해 설명한 것이다. 다만 '팔식설'을 먼저 설명하고 6위 51심소에 대해 설명하는 것이 일반적인 관례인데, 성철스님은 6위 51심소부터 법문한다. 성철스님은 그 이유에 대해 8가지 식을 알려면 6위 51심소(6위심소)를 먼저 알아야 하기 때문이라고 한다.[59] 이것은 감산스님이 51심소에 대한 주석인 『백법논의』를 먼저 저작한 다음 팔식설의 주석인 『팔식규구통설』을 저작한 방식을 따른 것으로 생각된다.

성철스님은 6위심소六位心所에 대해 변행·별경·선·근본번뇌·수번뇌(대수번뇌·중수번뇌·소수번뇌)·부정의 순으로 법문하는데, 감산스님의 『팔식규구통설』을 기반으로 하고 있다. 이에 대해서는 제3장에서 자세하게 설명할 것이다. 계속해서 『팔식규구』의 주석서인 감산스님의 『팔식규구통설』을 바탕으로 삼량三量과 삼류경三類境에 대해 법문하는데, 제1장에서 이미 다루었기에 생략한다.

5) 유식사상(논사들의 주석서, 게송 풀이 : 『팔식규구』)

이 부분은 법상종의 계보(미륵-무착-세친-호법-계현-현장-규기)와 그 대

---

[59] 성철(2014), p.313.

표 논서에 대해 법문한 것인데, 특히『성유식론』을 압축한『팔식규구』의 저작 배경과 구성 체계에 대한 것이다. 여기서 성철스님은 그 내용이 난해하기 때문에 감산스님과 지욱스님의 주석을 토대로 법문한다고 밝히고 있다.[60]

법문의 방식은 먼저『팔식규구』본 게송을 제시하고, 이에 대한 감산스님의『팔식규구통설』을 바탕으로 법문하는 형식을 취한다. 그리고 8가지 식에 대한 해설이 끝나면 세친보살의 저작인『유식삼십송』의 해당 게송과 6조 혜능스님의 8가지 식의 전식득지에 대해 간략하게 해설한「사지송」을 첨부한다. 특히 이 부분(『팔식규구』게송 풀이)은 분량적으로 가장 많을 뿐만 아니라『팔식규구』를 바탕으로 8가지 식에 대해『팔식규구통설』로 주석한 것으로서 유식의 핵심을 논하고 있는 곳이기도 하다. 이 부분도 제2장(Ⅲ,Ⅳ,Ⅴ,Ⅵ,Ⅶ)에서 자세하게 설명할 것이다.

6) 삼성중도설

이 부분은 유식의 주요 교설인 삼성설(변계소집성·의타기성·원성실성)을 중도사상으로 설명한 것이다. 다만 성철스님의 삼성중도설三性中道說을 설명하기에 앞서 삼성설三性說에 대해 간략하게 설명하고자 한다.

먼저 변계소집성은 전혀 없는 것으로 도무都無이고, 의타기성은 임시적으로 있는, 즉 가유假有이며, 원성실성은 실유實有라고 한다. 이 삼성의 존재에 기초하여 중도는 다음과 같이 정의할 수 있다. 변계소집성은 무이기 때문에 유有가 아니다. 즉 비유非有이다. 의타기성과 원성실성

---

[60] 성철(2014), p.327.

은 유이기 때문에 무가 아니다. 즉 비무非無이다. 이처럼 존재 전체를 3개의 양태로 파악하면 비유비무의 중도라고 결론 내릴 수 있다. 그런데 비유비무란 있는가, 없는가? 하는 극단적인 견해에 머문다는 것이 아니다. 있다고 생각한 것은 무無이다. 즉 변계소집성은 무이다. 그러나 허무는 아니다. 그리고 의타기성과 원성실성은 유有라는 인식 아래 우리는 마음을 닦아 깨달음에 이르러야 하는 것이다. 이것이 삼성에 의한 비유비무의 중도를 설한 목적이다.61) 다시 말해 중도의 논리는 단순히 논리가 아니고 깨달음에 이르기 위한 방편으로서의 논리이다. 그 논리를 실천해야 의미가 있는 것이다. 이처럼 삼성으로서 중도를 파악하는 것을 삼성중도三性中道라고 한다. 이 삼성중도는 다시 삼성각성중도三性各性中道와 삼성대망중도三性待望中道로 나눌 수 있다.

성철스님은 삼성각성중도와 삼성대망중도를 현수스님의 저작인 『화엄일승교의분제장』으로써 설명하는데, 그 이유를 다음과 같이 밝힌다.

> "유식 계통의 논서에 있는 삼성설은 화엄종의 저술에서 말하는 삼성설만큼 원융적이지 못하기 때문이다. 다시 말하자면 현수가 설하는 삼성설은 유식종의 삼성설보다 융통하게 발전시킨 것으로 본래 유식종의 삼성설과 완전히 일치하지 않습니다. 그러나 원융한 중도의 사상을 밝히는 데 있어서는 이 설이 보다 더 적합하므로 이것을 택한 것입니다."62)

이것에 의하면, 성철스님은 유식의 삼성설이 화엄종의 삼성설보다 원

---

61) 요코야마 코이츠 지음·김명우 옮김(2016), p.89.
62) 성철(2014), p.366.

융적이지 못하며, 비록 유식의 삼성설과 화엄종의 삼성설이 반드시 일치하지는 않지만, 화엄종의 삼성설이 원용한 중도사상을 밝히는 데 적합하기 때문이라고 한다. 그 법문 내용을 잠시 살펴보자. 삼성은 각각 두 가지 뜻을 내포하고 있다. 원성실성에는 불변不變(변하지 않는다)과 수연隨緣(연에 따라 변한다)이 있다. 원성실성은 진리이기 때문에 불변이지만, 조건에 따라 변한다는 것이다. 그리고 원성실성은 진공묘유와 같은 의미로 진공은 불변이고, 묘유는 수연에 해당한다. 의타기성은 사유似有(임시적으로 존재하다)와 무성無性(본질이 없다)이 있다. 즉 존재하는 모든 것은 인연(조건)으로 존재하기 때문에 자성이 없다는 것이다. 변계소집성은 정유情有(망정이 있다)와 이무理無(참된 도리가 없다)가 있다. 미혹의 망정은 있지만, 진실한 이치는 없다는 것이다. 이것이 바로 유식의 삼성중도이다.

이것을 삼성각성중도로 설명하면, 원성실성의 불변은 비유이고 수연은 현실적으로 비무이기 때문에 비유비무의 중도이다. 그러므로 원성실성 하나로 중도가 성립한다. 의타기성의 사유似有는 비무이고, 무성은 비유이다. 이것도 비유비무가 성립하여 중도가 성립한다. 변계소집성의 정유는 비무이고, 이무는 비유이다. 이것도 비유비무가 되어 중도가 성립한다. 즉 삼성이 각각 중도를 이루는 삼성각성중도가 되는 것이다.

삼성대망중도는 삼성을 서로 합해서 서로 바라보고 중도를 이루는 것이다. 변계소집성의 정유와 이무는 망정이지만 이치가 없기 때문에 비유이고, 의타기성의 사유와 무정 및 원성실성의 불변과 수연 즉 진공묘유는 비무이다. 그래서 변계소집성은 비유가 되고, 의타기성과 원성실성은 비무가 되어 중도가 된다. 이것을 삼성대망중도라고 한다.

다만 성철스님은 "유식의 중도설은 유가 곧 무이고 무가 곧 유라는 것은 성립되는데, 화엄종에서 말하는 사사무애와 같은 일즉일체 일체

즉일의 융통적 차원에는 이르지 못합니다."63)라고 하여, 화엄종이 유식보다는 융통적 측면에서는 앞선다는 입장이다.

여기서 필자의 생각을 약간 덧붙이고자 한다. 의타기성(연기적 존재)을 마치 실체가 있다고 집착하는 것이 변계소집성이다. 그리고 모든 것이 연기적 존재(의타기성)라고 깨닫는 것이 바로 원성실성이다. 그러므로 변계소집성, 의타기성, 원성실성의 관계는 다르지도 않고(非異), 다르지 않는 것도 아니다(非不異). 왜냐하면 현실에서 변계소집성, 의타기성, 원성실성은 다르지만(非不異), 다른 것에 의존해서 존재하는 것은 연기적 존재(의타기성)이기 때문이다. 연기적 존재는 생기·유지·변화·소멸하는 성질을 가진 유위법이다. 이처럼 연기적 존재는 자성이 없기 때문에 무상이고 공이다. 즉 원성실성(진여, 공)은 의타기성과 다르다. 그러나 진리(공)의 입장에서 보면 의타기성과 원성실성은 다른 것이 아니다(非異). 왜냐하면 진여·공은 현실 존재를 떠나 존재하는 것이 아니며, 현실 그 자체가 바로 진여·공·열반이기 때문이다. 따라서 필자는『화엄경』의 융통적 관계와 유식의 비유비무의 중도는 다르지 않다고 생각한다.

단 성철스님은 법상종의 중도사상이 완전하지 못하다고 비판하면서 화엄종의 입장에서 중도사상을 천명한다. 그 이유는 무엇일까? 최원섭 박사는 "『백일법문』의 특성은 상권 제3부 「근본불교사상」에서도 드러난다. 『백일법문』에서 말하는 석존이 한문 문헌 중심의 불교에서 이해한 석존인 이상, 『백일법문』의 '근본불교' 역시 인도에서 처음 발생했다는 의미의 '근본'이라기보다는 『화엄경』을 최초로 설하여 깨달음을 강조한다는 의미의 '근본'에 가깝다. 바꾸어 말하자면 한문 문헌 중심의 불교

---

63) 성철(2014), p.384.

에서 이해한 인도불교에 가까운 것이다."⁶⁴⁾라고 한 것처럼, 성철스님은 유식의 중도사상도 한역 문헌을 기초로 중국에서 성립한 화엄종의 중도사상적 입장에서 보기 때문일 것이라고 생각한다. 게다가 성철스님은 "여러 가지 교敎 가운데 제일 높은 가르침이 화엄종이라는 것은 아무도 이의를 달지 않습니다."⁶⁵⁾라고 하듯이, 『백일법문』이 사상적으로 화엄사상에 중심을 두고 있다고 단정적으로 말할 수는 없지만, 성철스님이 화엄사상에 대해 호의적인 것만은 분명하다.

이것으로 『백일법문』에 나타난 유식사상의 개관을 마친다. 지금부터는 『백일법문』(pp.327-365)의 팔식설에 대해 감산스님의 『팔식규구통설』과의 비교를 통해 성철스님의 유식사상을 살펴볼 것이다.

---

64) 최원섭(2015), p.43.
65) 성철(2014), 상권, p.33.

II. 『팔식규구』와 『팔식규구통설』 그리고 『백일법문』

1. 『팔식규구』는 어떤 저작인가

이제 본격적으로 『백일법문』에 나타난 성철스님의 팔식설에 대해 살펴보자. 앞서 이미 말했지만, 제2장은 성철스님의 『백일법문』에 나타난 8가지 식(팔식)에 대해 기술한 것이다. 그런데 성철스님은 현장스님의 『팔식규구』와 이에 대한 감산스님의 주석인 『팔식규구통설』을 바탕으로 8가지 식에 대해 법문한다. 그래서 먼저 『팔식규구』와 『팔식규구통설』이 어떤 저작인지 간단하게 살펴보고자 한다.

『팔식규구』는 삼장법사 현장스님[66]이 중국 법상종의 창시자인 자은

---

[66] 현장玄奘스님은 서기 600년(수문제 16년) 또는 602년에 출생하였으며, 664년 2월 5일에 입적하였다. 그는 10세에 부친이 사망하자 형을 따라 낙양의 정토사로 출가한다. 13세 때 수양제가 낙양에서 학업성적이 뛰어난 27명을 뽑아 정식으로 승적을 인정하는 칙령을 내리자 이에 응시하여 합격하고 법명을 현장이라고 하였다. 한국에서는 현장이라는 법명보다 삼장법사라는 명칭이 더 알려져 있는데, 그것은 아마도 16세기 명나라 시대 때 지어진 『서유기』라는 유명한 소설 때문일 것이다. 『서유기』의 주인공인 삼장법사는 7세기경 당나라 때 실존했던 현장스님을 모델로 한 것이다. 현장스님이 활약한 7세기경의 중국(당나라)에는 많은 불교 서적이 번역되어 있었다. 그리고 현장스님도 이렇게 한역된 불교 서적들을 통해 유식을 배웠다. 이른바 구역舊譯의 유식이었다. 『대당대자은사삼장법사전』에 의하면, 현장스님이 유식을 공부하면서 생긴 많은 의문을 풀기 위해 유식불교의 근본 논서인 『유가사지론』을 배우고자 인도 유학을 결심한다. 또한 스승 계현이 유학의 목적을 묻자 "스승에 의지해서 『유가사지론』을 비롯한 불법을 배우러 중국에서 왔습니다."라고 답하였는데, 이것 역시 현장스님이 유식의 핵심을 공부하기 위해 머나먼 인도로 갔다는 것을 보여주는 것이다. 그러나 구법의 길은 쉽게 열리지 않았다. 당시 당나라 황제였던 태조 이연이 물러나고 그의 둘째 아들 태

대사 규기스님의 청원을 받아들여 방대한 『성유식론』의 내용 중에서 8가지 식의 대의를 12게송, 즉 7언 절구의 48구, 336자로 핵심 내용을 압축하여 저술한 것이다. 『팔식규구』의 저작 의도와 그 의미에 대해 감산스님의 『팔식규구통설』에서는 다음과 같이 주석한다.

"『팔식규구』란 처음 현장법사가 〈세친보살의 『유식삼십송』에 대해 주석한 호법보살의〉 『성유식론』을 〈중심으로 10대 논사의 주석을〉 합하고 섞어서(合糅) 〈번역을〉 마쳤지만(就), 규기법사가 본론

종 이세민이 즉위한다. 현장스님의 나이 26세 때이다. 그는 동료 승려들과 의논하여 인도에 가고 싶다는 탄원서를 정부 당국에 제출하였다. 그러나 당시 당나라의 국법은 옥문관玉門關(지금의 감숙성 서단)까지만 중국인이 왕래할 수 있도록 규제하고 있었다. 그들은 몇 번이고 인도에 가고 싶다는 탄원서를 제출하였지만, 정부 당국은 끝내 그들의 요청을 받아주지 않았다. 결국 그의 동료들은 인도로의 구법을 모두 포기한다. 하지만 현장스님은 포기하지 않고 계속해서 탄원서를 제출하였는데, 끝내 인도 구법의 길은 열리지 않았다. 이에 그는 국법을 어겨서라도 인도로 갈 결심을 한다. 때마침 장안, 낙양 등지에 기근이 발생하였는데, 현장스님은 식량을 구하러 성 밖으로 나가는 피난민으로 가장하여 몰래 인도로 구법여행을 떠난다. 그의 출국 날짜가 언제인지 정확하게 알 수는 없지만, 그가 귀국한 것은 정관貞觀 19년(645)이다. 그의 구법 활동은 왕복 18년이라는 장기간에 걸친 인도 여행이었다. 그는 당시 인도불교의 중심지인 나란다(Nālandā)사원에서 5년간 계현戒賢(Śīlabhadra, 529-645)으로부터 유식사상을 수학하였다고 한다. 현장스님이 수학한 것은 호법護法(Dharmapāla, 530-561) 계통의 유식불교였다. 그는 범본 경전 657부를 가지고 당나라로 귀국하여 태종(이세민)과 고종의 2대 황제에 걸쳐 존경을 받았다. 그 이후 20년간 현장스님은 황제의 보호 아래 오로지 인도의 불교문헌 번역에 매진하였다. 현장스님이 한역한 불전은 모두 74부 1,335권이다. 『대정신수대장경』이 총 32책인데 그중에서 현장스님의 번역이 7책으로 전체 한역 경전의 5분의 1이 넘는다. 중국불교에서 '번역 4대가', 이른바 구마라집·진제·불공·현장 중에서 특히 현장스님의 번역 부수가 양적으로 가장 많다. 그는 당나라에 귀국하여 664년 입적할 때까지 20년 동안 5일에 한 권꼴로 경전을 한역하였다. 참고로 구마라집 스님은 384권, 진제스님은 274권, 불공스님은 143권을 번역하였는데, 이들의 번역을 합친 것보다 현장스님의 번역이 양적으로 더 많다. 오늘날 우리가 팔만대장경을 볼 수 있는 것도 이처럼 뛰어난 역경승들의 노고와 구법정신이 있었기 때문이다. 현장스님이 번역한 74부 1,335권의 역경서는 허암의 역서인 『오온과 유식』을 참조하기 바란다.[김명우·구자상(2022), pp.54-55]

(『성유식론』) 10권의 문장이 광대하고 의미가 깊은 것을 보고서 이에 현장법사에게 이것(『성유식론』)의 핵심 의미(要義)를 간략하게 지어 줄 것(集)을 청원하였다. 〈그리하여 현장스님이〉 8가지 식(안식·이식·비식·설식·신식·의식·제7 말나식·제8 아뢰야식)을 전체 4장으로 나누고, 각 장은 12구의 게송으로 지었다. (…) 그러나 〈그 내용이〉 조리가 있고(條然) 문란하지 않았기(不紊) 때문에 '팔식규구'라고 하였다. 『성유식론』이 10권으로 비록 〈방대하지만,〉 이 48구(336자)로 그 의미를 다 밝혀서(盡) 포괄하여 빠뜨린 것이 없다. 〈그러므로 『팔식규구』는〉 가히 가장 간단하고 요긴(簡要)하여 대장경의 가르침에 〈들어가는〉 관문의 열쇠(關鑰)라고 할 수 있다."[67]

이것에 의하면, 『팔식규구』는 『유식삼십송』에 대한 10대 논사의 주석을 합유하여 한역한 『성유식론』의 내용이 너무 방대하여 규기스님[68]이

---

[67] 『팔식규구통설』(X55, p.420b10-15), "八識規矩者. 初玄奘法師. 糅成唯識論就. 窺基法師. 因見本論十卷. 文廣義幽. 乃請法師集此要義. 將八識分爲四章. 每章作頌一十二句. (…) 有多寡之不同. 條然不紊. 故稱規矩. 然論雖十卷. 其義盡此四十八句. 包括無遺. 可謂最簡最要. 爲一大藏敎之關鑰."

[68] 자은대사 규기窺基스님은 중국에서 성립한 법상종의 개창자이다. 줄여서 기基 또는 자은사에서 주석한 까닭에 자은대사慈恩大師라고 불린다. 당나라 장안長安(지금의 서안) 출신으로 속성은 위지尉遲이고 자는 홍도洪道이다. 그의 조상은 한족이 아니라 위구르족 출신인 것으로 알려져 있다. 규기스님에 대해 『송고승전宋高僧傳』 제4권 「당경조대자은사규기전唐京兆大慈恩寺窺基傳」에는 다음과 같은 내용을 전한다. 그는 632년에 태어나 17세에 출가하여 현장스님의 제자가 되었다. 23세에 자은사慈恩寺로 옮겨 현장스님에게 범어와 불교 경론을 배웠고, 25세 이후로는 역경에 참여했다. 659년 현장스님이 유식 논서를 번역할 때 규기스님은 신방神昉, 가상嘉尙, 보광普光의 세 사람과 함께 검문檢文, 찬의纂義 등을 담당했는데, 『성유식론』의 번역 작업에는 단지 규기스님만이 참여했다. 그리고 661년 현장스님이 유식의 중요한 논서인 『변중변론』, 『변중변론송』, 『유식이십론』 등을 번역할 때도 대부분 규기스님이 받아쓰는 일을 했고, 또 그에 대한 소(술기)도 직접 지었다. 이후에도 규기스님은 현장스님의 유식설에 대한 바른 뜻을 전수하다가, 682년 11

월 13일 자은사에서 입적하여, 그의 스승인 현장스님 곁에 묻혔다. 그는 후대에 백본의 소주(百本疏主)라고 불리듯이, 새로 유입된 수많은 불교 경론을 번역하고 주석하는 일에 자신의 온 지성을 쏟아부었다. 그의 대표적인 저작은 스승인 현장스님과 함께 인도의 여러 유식학설을 집대성한 『성유식론』과 그가 직접 쓴 주석서 『성유식론술기』이다. 이 논서와 그 주석서들에서부터 중국의 새로운 유식학 즉 법상종이 시작되었기에 그를 법상종의 개창자라고 한다. 그가 개창한 법상종은 동북아시아에서 가장 먼저 종파로 성립되었지만, 애석하게도 중국과 한국에서 가장 먼저 사라진 종파이기도 하다. 그러나 일본에서는 여전히 법상종이 건재하다. 지금도 규기스님을 기념하는 법회가 일본 법상종의 본사인 나라의 흥복사興福寺나 약사사藥師寺, 교토의 청수사淸水寺 등에서 열리고 있다. 이 외 규기스님의 저작으로는 논리학의 주석서인 『인명입정리론소因明入正理論疏』와 『성유식론』의 주석서인 『성유식론장중추요成唯識論掌中樞要』 등이 남아 있다. 규기스님은 『해심밀경』에 근거하여 삼륜전법설三輪傳法說로써 부처님의 설법을 3단계로 나눈다. 예컨대 최초 법륜을 초기불교와 부파불교, 제2 법륜을 반야 경전과 중관파, 제3 법륜을 유식의 가르침으로 나누고, 최종적으로 유식을 부처님의 최고 가르침이라고 한다. 이것을 삼시교판이라고 한다. 이런 입장은 종파불교가 꽃을 피운 중국인들의 독특한 사고방식이다. 규기스님은 많은 일화도 남기고 있는데, 『속고승전』에 전하는 일화를 하나 소개하고자 한다. 규기스님은 17세 때 현장스님을 만나는데, 한눈에 자은대사의 자질을 간파한 현장스님이 그를 제자로 삼고자 하였다. 현장스님이 황제의 존경을 받던 당대 최고의 고승이었다는 점을 생각할 때 아마도 보통 사람이라면 감지덕지하며 당장 출가했을 것이다. 그런데 규기스님은 현장스님에게 세 가지 조건을 허락하면 제자가 되겠다고 한다. 그 첫 번째 조건은 출가자라면 반드시 절제하고 멀리해야 할 감각적 욕망을 끊지 않겠다는 조건이었다. 다시 말해 출가해서도 계속 여자를 만나겠다는 말이다. 두 번째 조건은 육식을 허락해 달라는 것이었다. 이것은 음식을 구애받지 않고 먹겠다는 말인데, 소위 고기뿐만 아니라 술도 마시겠다는 것이다. 세 번째 조건은 공양시간을 마음대로 해달라는 것이었다. 당시의 계율에 따르면 출가자는 12시 이후에는 음식을 먹을 수 없었다. 그런데 음식을 언제든지 먹고 싶을 때 먹겠다는 것이다. 알다시피 규기스님이 제시한 세 가지 조건은 출가자가 반드시 지켜야 할 계율들이다. 결국 규기스님은 그 계율들을 무시하고 지키지 않겠다는 말도 안 되는 조건을 제시한 것이다. 그런데도 현장스님은 그 조건을 받아들이고 규기스님을 제자로 삼는다. 출가하여 스님이 되었지만 규기스님은 외출할 때 수레 3대를 대동하고 다녔다고 한다. 첫 번째 수레에는 불교경전, 두 번째 수레에는 자신이 타고, 세 번째 수레에는 음식과 기녀들을 태우고 대로를 활보했다고 한다. 그래서 당시 사람들이 그를 삼거화상三車和尙이라고 불렀다고 전한다. 이런 규기스님의 행동을 보고 문수보살이 늙은 아버지로 화신하여 부처님의 가르침을 전해 준다. 이에 규기스님은 깨달음을 얻어 마침내 모든 것을 버리고 수행에 정진하고, 현장스님을 도와 여러 경전과 논서를 번역하게 될 것이다.[김명우·구자상(2022), pp.265-267]

스승인 현장스님에게 8가지 식의 핵심을 압축적으로 가르쳐 줄 것을 청원하여 저작된 것으로, 이른바 8가지 식의 대의를 게송(노래)으로 밝힌 것이다. 성철스님도 『팔식규구』의 저작 경위를 다음과 같이 말한다.

"『성유식론』 등이 비록 법상종의 소의론이지만 그 내용이 너무 복잡하고 어려워서 그대로는 이해하기가 힘들었습니다. 이에 규기스님이 현장스님에게 유식 법상종의 종취를 전반적으로 드러내는 글을 간략하게 지어 달라고 청했습니다. 이러한 인연으로 현장스님이 인도 호법논사의 견해에 의지하여 유식사상의 요지를 총망라하여 간단명료하게 표현한 것이 유명한 저 『팔식규구』입니다. 『팔식규구』는 전5식·제6식·제7식·제8식의 네 부문으로 구성되어 있으며, 또 각 부문은 12구의 게송으로 되어 있어 모두 48구절밖에 안 되지만, 이 짧은 분량 안에 『성유식론』 등의 주요 교리들이 골고루 응축되어 들어 있습니다."[69]

이것에 의하면, 『팔식규구』는 『성유식론』의 대의를 불과 12개의 게송(48구, 336자)으로 응축한 짧은 내용이지만, 호법보살의 입장을 잘 반영한 『성유식론』의 가르침을 전부 골고루 망라한 것이다. 아마도 위의 『팔식규구』의 저작 경위에 대한 성철스님의 법문은 감산스님의 『팔식규구통설』을 토대로 했을 것으로 생각된다.

다음으로 『팔식규구』라는 논서의 제목에서 팔식은 8가지 식識을 말하며, 규구란 법 規規, 법 矩矩 자로 법규法規·법도法道·척도라는 뜻이다. 그런데 규規와 구矩는 옛날 목수가 건물을 지을 때 꼭 필요한 도구

---

69) 성철(2014), p.325.

였다. 규規는 둥근 것을 만드는 것으로 오늘날의 컴퍼스라고 생각하면 되고, 구矩는 일직선으로 선을 긋는 기구로 오늘날의 삼각자를 생각하면 된다. 옛날 목수가 나무에 선을 긋거나 자를 때 이 '규구'는 반드시 필요한 것이었다. 결국『팔식규구』란 8가지 식에 대한 법도·법규·척도를 7언 4구로 된 12개의 게송(336자)으로 전부 밝혔다는 의미이다. 그런데『팔식규구』는 세친보살의『유식삼십송』(600자)의 5언 4구 체제를 계승하면서도 8가지 식에 한정해서 그 핵심을 기술한 저작이다. [70]

2.『팔식규구통설』이란 어떤 저작인가

1)『팔식규구통설』은 참선 수행자를 위한 것이다

『팔식규구통설』은 삼장법사 현장스님이 8가지 식, 즉 전오식·제6 의식·제7 말나식·제8 아뢰야식을 간략하게 요약 정리한『팔식규구』에 대한 감산스님의 주석서이다. 중국 명나라 시대의 선 수행자이자 교학의 일인자였던 감산스님은 불교뿐만 아니라 유교나 도교와 관련한 다수의 저작을 남겼는데, 유식 관련 저작으로는『백법논의』와『팔식규구통설』이 있다. 감산스님은『팔식규구통설』의 저작 의도에 대해

"참선 수행자가 유식의 교의를 널리 공부할 겨를이 없으므로 이것(『팔식규구통설』)으로 마음을 인증하여 깨달음으로 들어가는 것

---

[70] 김명우(2021), p.118.

(悟入)의 깊이와 얕음을 증명하고, 보고 듣고 느끼고 아는[71] 중에 또한 마음이 생멸하는 이치(數)를 능히 통찰할 수 있게 하기 위함이다."[72]

라고 하여, 참선 수행으로 바빠 유식을 공부할 수 없는 참선 수행자를 위해 견문각지하여 마음이 생멸하는 이치를 통찰할 수 있게 『팔식규구통설』을 저작하였다고 한다. 또한

"마음을 참구하는 학인(참선 수행자)으로 하여금 8가지 식이 생기거나 사라지는 것을 잘 알게 하고, 〈번뇌나 분별을〉 다스리기 쉽게 하고[73], 〈유식에 대해〉 전혀 모른 채 맹목적으로 참선하거나 수행하는 것[74]에 이르지 않게 하고자 한다."[75]

라고 하여, 참선 수행자에게 마음이 생기거나 사라지는 이치를 알게 하고 유식을 모른 채 맹목적으로 수행하지 않기를 바라는 간절함 때문이

---

71) 견문각지見聞覺知(dṛṣṭa-śruta-mata-vijñāta)란 어떤 것을 인식할 때의 4가지 방식을 말한다. 견見은 눈으로 보는 것이며, 문聞은 귀로 듣는 것, 각覺은 스스로 사유하는 것, 지知는 자신의 마음속에서 파악하고 체험하여 깨닫는다는 뜻이다. ; 『잡집론』(T31, p.695c8-9), "見聞覺知義者. 眼所受是見義. 耳所受是聞義. 自然思搆應如是. 如是是覺義. 自內所受是知義."
72) 『팔식규구통설』(X55, p.420b21-23), "而參禪之士不假廣涉教義. 即此可以印心. 以證悟入之淺深. 至於日用見聞覺知. 亦能洞察生滅心數."
73) 조치調治란 조화로울 조調, 다스릴 치治 자로서 '조화롭게 또는 꼭 맞게 다스린다(바로잡다)'는 뜻이다. 그래서 필자는 '번뇌나 분별을 잘 다스린다'로 해석하였다.
74) 맹수할련盲修瞎練이란 눈멀 맹盲, 닦을 수修, 눈멀 할瞎, 익힐 련練 자로 이루어진 말로, '눈을 감고 닦고 익힌다'는 뜻이다. 그래서 필자는 '유식을 전혀 모른 채 맹목적으로 참선하거나 수행한다'로 번역했다.
75) 『팔식규구통설』(X55, p.420c15-16), "使學者究心. 了知起滅下落. 易於調治. 不致盲修瞎練."

라고도 한다. 결국『팔식규구통설』은 참선 수행자를 위해 저술되었다는 것이다. 더불어 감산스님은 참선 수행자가 유식에 대해 밝지 못하면 마음공부(수행)를 제대로 할 수 없으니 반드시 유식을 공부해야 한다는 것을 역설한다. 또한

"그러므로 내가 해설한 이것(『팔식규구통설』)은 비록 완전하게 〈팔식의〉 논서(논문)에 의거한 것이 아니라 그저 그 뜻을 취하고 말을 바꾼 것이기는 하지만, 학자들(참선 수행자)로 하여금 한 번 보면 바로 바른 요체를 보아 이를 통해 마음을 깨닫도록 한 것이지, 전문적 명사와 모양을 분별하고자 한 것이 아니다. 만약 내 〈문장이〉 잘못된 것이 많고 거칠고 아득한 죄로 책망한다면, 굳이(固) 〈변명의〉 말을 하지는 않겠지만, 〈그러나 내가 주석한『팔식규구통설』은〉 참선 수행자에게 반드시 도움(功)이 될 것이다."[76]

라고 하여, 자신이 주석한『팔식규구통설』은 참선 수행자에게 유식을 이해하는 데 반드시 도움이 될 것이라고 확신한다. 이처럼『팔식규구통설』은『백법논의』와 더불어 참선 수행자를 위해 유식의 대의를 밝힌 저작이라고 할 수 있다. 이런 이유에서 참선 수행자이자 근대 한국 선불교를 대표하는 교학의 일인자였던 성철스님이 감산스님의『팔식규구통설』을 기반으로 유식, 특히 팔식설에 대해 법문한 것은 어쩌면 당연한 결과라고 할 것이다. 왜냐하면 성철스님의『백일법문』도 참선 수행을 하는 사부대중에게 유식사상을 알게 하기 위한 목적으로 저작된 것이기 때문이다.

---

[76] 『팔식규구통설』(X55, pp.424b25-425c2), "故予此解雖未盡依論文. 唯取其義而變其語. 使學者一覽便見. 正要因此悟心. 不是專爲分別名相也. 若責子杜撰荒邈之罪, 固不敢辭. 而爲修行者未必無功."

2) 『팔식규구통설』은 어떻게 구성되어 있는가?

『팔식규구통설』은 1권으로 이루어진 짧은 저작인데, 서문·대강·오식송·육식송·칠식송·팔식송·사지송의 7장으로 구성되어 있다. 먼저 서문序文에서는 『팔식규구통설』이 참선 수행자를 위한 저작임을 밝힌다. 대강大綱에서는 유식의 주요 개념인 삼성·삼량·삼경·삼수 등에 대해 대략적으로 기술한다. 이어서 본문이라고 할 수 있는 오식송(전오식)·육식송(제6 의식)·칠식송(제7 말나식)·팔식송(제8 아뢰야식)에 대해 주석하고, 마지막으로 혜능대사의 「사지송四智頌」에 대해 주석한다.[77]

이와 같이 감산스님은 기존의 다른 주석서와 달리 팔식송(8가지 식에 대한 게송)을 주석하기에 앞서 서문과 대강을 기술한다. 게다가 8가지 식의 주석을 마친 후에는 6조 혜능대사의 「사지송」을 첨가하는데, 『팔식규구통설』의 저작이 참선 수행자를 위한 것임을 다시 한번 각인시키기 위한 것으로 보인다.

부연하면, 서문에서는 『팔식규구』의 저자와 제목 및 핵심 내용을 밝힌다. 이어 『팔식규구통설』의 저작 동기 및 이유를 밝히는데, 저작 동기는 담거개澹居鎧라는 스님이 성종과 상종[78]의 근본 가르침을 배우고자

---

77) 『팔식규구통설』의 전체적인 구성을 크게 나누면 다음과 같다.
   Ⅰ. 서문序文 : 『팔식규구통설』은 참선 수행자를 위해 저작된 것이다
   Ⅱ. 대강大綱 : 유식의 핵심 내용을 대략적으로 강설하다
   Ⅲ. 팔식송八識頌
      1. 오식송(전오식)
      2. 육식송(제6 의식)
      3. 칠식송(제7 말나식)
      4. 팔식송(제8 아뢰야식)
   Ⅳ. 사지송四智頌
78) 성종·상종을 설명하자면 다음과 같다. 먼저 성상性相이란 존재의 두 가지 측면으로서 만물의 진실한 본성本性·본체本體인 성性과 현상現象으로서 나타나는 모

청원했기 때문이라고 한다.[79] 그리고 저작 이유로 "참선 수행자가 유식을 알게 하기 위해서"라고 밝힌다. 다음으로 참선 수행자가 세세하게 노력하지 않아도 쉽게 유식을 이해할 수 있도록 대강, 즉 8가지 식의 핵심 내용을 간략하게 서술한다. 특히『팔식규구통설』은 참선 수행자를 위해 마명보살의 저작인『대승기신론』의 입장에서 8가지 식을 주석한다고 밝히고, 일심一心一이문(진여문·생멸문)-본각·불각-근본불각·지말불각으로 유식의 식識을 해설한다. 또한 3가지 인식주체(마음)인 삼량(現量·比量·非量), 3가지 인식대상인 삼경(성경·대질경·독영경), 5가지 감수작용(五受)에 대해 간략하게 설명하고,[80] 마지막으로 존재하는 모든 것은 오직 식뿐임(萬法唯識)을 밝힌다.[81]

습인 상相을 말한다. 그리고 성종性宗과 상종相宗이란 성상이라는 개념을 종파적으로 해석한 것이다. 중국불교에서 성종은 중관에서 출발한 삼론종·화엄종·천태종 등을 말하며, 상종은 유식학파인 법상종을 말한다. 우리는 일상적으로 모든 것을 차별하고 분별하지만 깨달음의 세계에서 보면 이와 같이 차별되고 분별된 모든 것은 진여가 나타난 것이다. 이처럼 부처의 세계에서 출발하여 현상세계를 해석해 가는 것이 성종(화엄종, 천태종)이다. 즉 깨달음에서 출발하여 미혹의 세계를 해석하는 것이다. 반면 법상종(유식)은 미혹에서 깨달음에 이르는 과정, 즉 어떻게 하면 미혹한 범부가 부처가 될 수 있는가를 중시한다. 이런 의미에서 깨달음에 근거를 둔 화엄종이나 천태종을 '성종'이라고 하고, 미혹에서 깨달음에 이르는 과정을 중시하는 유식사상, 즉 법상종을 '상종'이라고 한다. 예를 들어 손으로 책상을 칠 때 나는 탁탁한 소리를 어떻게 파악할 것인가? 성종의 입장에서 보면, 이 소리는 진여가 나타난 것이다. 또한 저 산속의 아름다운 꾀꼬리의 울음소리도 진여가 나타난 것이다. 반면 상종에서는 꾀꼬리의 울음소리를 통해 진여에 도달할 수 있다고 믿고, 좌선이나 요가 수행을 할 때 그 울음소리에 공부삼매工夫三昧하고자 한다. 즉 꾀꼬리의 울음소리가 미혹에서 깨달음에 도달하기 위한 매개체라는 것이다.

79) 『팔식규구통설』(X55, p.420b19-20), "子因居雙徑寂照. 適澹居鎧公. 請盆性相二宗之旨."["내가 쌍경산雙徑山의 적조사寂照寺에 머물 때, 마침 담거개라는 스님이 성상性相 두 종宗의 근본 가르침을 청하여 배우고자 하였다."]
80) 참고로 성철스님의 삼량·삼경·삼성·삼수에 대해서는 〈성철(2014), pp.320-322〉를 참조하기 바란다.
81) 『팔식규구통설』(X55, pp.420c3-421b9).

감산스님은 본문에 해당하는 「팔식송」의 주석을 크게 유루 부분과 무루 부분으로 나누어 주석한다. 유루 부분은 8가지 식의 구체적인 작용에 관한 것으로, 전오식·제6 의식·제7 말나식·제8 아뢰야식과 함께 작용하는 대상 및 심소법과 그 작용이 멈추는 단계에 대한 주석이다. 무루 부분은 실천 수행에 관한 것으로, 전오식이 전변하여 얻는 지혜인 성소작지成所作智, 제6 의식이 전변하여 얻는 지혜인 묘관찰지妙觀察智, 제7 말나식이 전변하여 얻는 지혜인 평등성지平等性智, 제8 아뢰야식이 전변하여 얻는 지혜인 대원경지大圓鏡智에 대한 주석이다.

마지막으로 6조 혜능대사의 『육조단경』에서 발췌한 전식득지轉識得智,[82] 즉 "식식을 전변(轉)하여 지혜(智)를 얻다(得)."의 「사지송」을 추가하여 주석한다.[83] 「사지송」은 혜능대사의 10대 제자 가운데 한 명인 지통智通과의 문답 내용 중에 등장하는 법문이다.[84] 이를 통해 감산스님은 참선 수행자에게 유식의 입장도 참선 수행(선종)과 다르지 않음을 밝힌다. 또한 성철스님도 감산스님의 입장을 그대로 계승하고 있다.

3. 감산스님의 생애와 저작

『백법논의』와 『팔식규구통설』의 저자인 감산덕청憨山德清(1546-1623) 스님은 명나라 불교 사상계를 대표하는 선 수행자이자 교학의 제일인자다. 그는 지금의 안휘성安徽省 금릉金陵 전초현全椒懸 출신으로, 속성俗姓은 채蔡이고, 이름은 덕청德清이며, 자는 징인澄印이다.

---

82) 감산스님은 전식득지轉識得智를 전식성지轉識成智라고 한다.
83) 『팔식규구통설』(X55, pp.424c7-425a12).
84) 강경구(2020), p.354.

그는 11세에 출가하여 19세 때 무극無極대사에게 청량淸涼대사 징관澄觀(738-839)의 『화엄현담華嚴玄談』에 대한 법문을 듣고 법계의 원융무진의 도리를 깨달았다고 한다. 이후 청량대사의 경지를 실감하고 스스로 징인澄印이라는 호號를 사용하였다. 감산이라는 호號는 그의 나이 28세 때 "정월에 오대산을 찾아갔다. 그러던 중 북대北臺에 이르니 여기에 감산憨山이 있다고 나와 있었다. 그래서 그 산이 어디에 있느냐고 물어보았더니, 어느 스님이 산을 가르쳐 주었다. 과연 수려하고 빼어난 산이었다. 그래서 혼자 마음속으로 산명을 내 호號로 삼았다."[85]라는 기록에 근거한다. 그는 화엄종을 배운 화엄학자이었지만 오대산 중의 북대인 감산에서 선법을 닦아 화엄과 선의 융합을 시도하였다. 아울러 주굉袾宏(1536-1615)·진가眞可(1543-1603)·지욱智旭(1596-1655)과 더불어 명나라 시대 4대 고승高僧 중의 한 사람으로, 특히 동시대에 활동했던 진가와의 교류로 유명하다. 그리고 그의 손상자인 지욱스님도 『팔식규구』에 대한 주석서인 『팔식규구직해』와 『대승백법명문론』의 주석서인 『백법명문론직해』를 남겼다.

그는 중생 교화뿐만 아니라 사찰 중수에도 힘을 쏟았는데, 사찰 중수를 위해 당시 황태후의 시주를 받기도 하였다. 그러나 이것은 한편으로 황제의 노여움을 사는 계기가 되어 50세(1595)에 도교의 사원터를 빼앗고 황실의 공금을 유용하여 절을 지은 죄로 모함받아 투옥되었다. 이후 황제는 대중의 건의로 단지 황제의 명 없이 사사로이 절을 창건한 죄만을 물어 광동성 뇌주雷州에 있는 군 주둔지로 감산스님을 유배 보낸다. 그의 유배 생활은 66세 때(1606)까지 이어졌는데, 유배 중이던 56세(1601) 때 조계산 혜능스님의 유적지(남화사)를 복원한다. 그 당시 조계

---

85) 감산덕청 지음·대성 옮김(2015), p.41.

산은 시정잡배에게 점거당하고 있었는데, 그는 "정말 가슴 아픈 일이다. 만약 이것을 제거하지 않으면 6조의 도량이 난장판이 되겠구나."[86] 라고 그때의 심정을 기술하고 있다. 또한 사회활동과 구제활동에도 적극적으로 참여하여 사대부와 대중의 존경을 받았다. 한때 여산에서도 주석하였으며, 다시 조계산에 돌아와 76세(1623)에 입적하였다. 그는 입적할 때도 좌선 상태였으며, 입적한 후에도 며칠 동안 육신이 썩지 않고 생전의 모습 그대로 유지되었다고 한다. 현재 그의 육신은 중국 조계산 보림사에 육조 혜능스님과 함께 보존되어 있다.

감산스님은 『화엄경강요』, 『묘법연화경강의』, 『묘법연화경통의』, 『능엄경현경』, 『능엄경통의』, 『금강경결의』, 『능가경직해』, 『원각경직해』, 『대승기신론직해』 등 많은 주석서를 남겼다. 또한 삼교(유교·불교·도교)의 조화를 추구한 저서들도 있는데, 『중용직지中庸直指』, 『노자해老子解』, 『장자내편주莊子內篇註』, 『논어해』, 『대학결의』, 『춘추좌씨심법』 등이 그것이다.[87] 그는 불교를 기초로 하여 삼교를 융화시키고자 하였는데, 특히 삼교의 교승敎乘을 비판하면서 삼교의 성인이 사람의 근기에 따라 가르침을 설했기 때문에 그 가르침에도 깊고 얕음이 있다고 하였다. 즉 공자는 인승人乘의 성자이기 때문에 하늘을 받들어 사람을 다스리고, 노자는 천승天乘의 성자이기 때문에 청정무욕하여 사람을 떠나 하늘로 들어가고, 성문과 연각은 인천人天을 초월한 성자이기 때문에 인천을 버리고 다시 인천으로 돌아오지 않으며, 보살은 성문과 연각을 초월한 성자이기 때문에 인천을 떠났으나 다시 인천으로 돌아오며, 부처는 오승五乘의 범부와 성자를 초월했기 때문에 어떨 때는 성인이 되기도 하

---

86) 앞의 책, p.133.
87) 감산스님의 저작 목록은 〈『감산자전』[감산덕청, 대성 옮김(2015), pp.245-246]〉을 참조하기 바란다.

고 어떨 때는 범부가 되기도 한다고 한다. 결국 감산스님은 삼교에 있어 성인의 가르침이 비록 방편이나 형식적인 차이는 있을지라도 그 근본은 같다고 생각한 것이다.

감산스님은 삼교의 가르침이 욕망에서 벗어나는 것을 행위의 근본으로 삼고 있다고 한다. 공자나 노자 역시 인간의 모든 고통의 근본 원인을 욕망에서 찾았고, 그러한 욕망에서 벗어나기 위한 가르침을 펼치고 있으며, 노자나 장자도 삼계유심·만법유식을 이해하고, 존재하는 모든 것은 유심唯心의 영향 안에 있다는 것을 알고 있었다고 한다. 즉 『논어』, 『중용』, 『노자』, 『장자』 등의 가르침은 욕망에서 떠나는 것을 근본으로 삼고 있다(離欲爲本)는 것이다.[88]

한편, 감산스님은 현장스님의 저작인 『팔식규구』에 대한 주석서인 『팔식규구통설』, 유식의 심소법을 설명한 세친보살의 『대승백법명문론』의 주석서인 『백법논의』와 구마라집의 제자인 승조僧肇스님의 『조론肇論』에 대한 주석서인 『조론약주』를 지어, 우리에게 중관사상과 유식사상이 대승불교의 사상적 토대임을 재차 확인시켜 주고 있다.[89]

4. 『백일법문』은 『팔식규구통설』을 근거로 법문한 것이다

『백일법문』은 성철스님이 해인사 초대 방장으로 취임한 1967년, 그해의 동안거 때 백일[1967년 12월 4일(음 11월 3일)-1968년 2월 18일(음 1월 20일)] 동안 해인사 대적광전에서 법문한 것을 녹취하여 책으로 출판한 것이다.

---

88) 구보타 료온 지음·최준식 옮김(1994), p.250.
89) 김명우·구자상(2022), pp.28-31.

그리고 『백일법문』에서 성철스님이 "지금까지 어느 누구도 나와 같이 부처님의 중도사상으로써 선과 교를 하나로 꿰뚫어 불교를 설명한 사람은 없을 것이다."(『백일법문』, 초판 후기)라고 말한 것을 미루어 보면, 『백일법문』은 중도사상으로 불교의 핵심 내용을 꿰뚫어 법문한 것이라고 할 수 있다.

여기서는 『백일법문』(개정증보판, 중권)에 한정하여 성철스님의 유식사상을 살펴볼 것이다. 그런데 성철스님은 『백일법문』에서 감산스님의 『백법논의』와 『팔식규구통설』을 바탕으로 유식의 핵심 사상인 사분설·팔식설·51심소·전식득지·삼성설 등을 법문하고 있다. 그중에서 여기서는 8가지 식을 주석하고 있는 『팔식규구통설』과 『백일법문』을 비교하여 고찰할 것이다. 앞서 말했듯이 감산스님은 『팔식규구통설』에서 현장스님이 8가지 식을 압축적으로 설명한 『팔식규구』에 대한 주석을 통해 8가지 식에 대한 자신의 입장을 개진한다. 그리고 성철스님은 『백일법문』에서 감산스님의 『팔식규구통설』을 기반으로 8가지 식에 대해 법문한다. 성철스님은 "감산스님은 선교(선종·교종)에 해통한 명말明末의 거장이다."[90]라고 하면서 "위산스님·감산스님 같은 분들은 만고의 표본이 될 대선지식들이다. 이런 분들의 간절한 경책의 말씀을 귀감으로 삼지 않는다면 도대체 누구의 말을 따르겠다는 것인가?"[91]라고 하여 감산스님을 매우 높이 평가하고 있다. 이처럼 성철스님이 감산스님을 자신의 깨달음의 경계로 삼고 있기 때문에 『백일법문』에 나타난 성철스님의 팔식설을 고찰하기 위해서는 반드시 감산스님의 『팔식규구통설』과 비교해서 살펴봐야 한다.

---

90) 성철(2006), p.242.
91) 위의 책, p.243.

앞서 언급했듯이 성철스님은 『백일법문』에서 유식의 핵심 사상인 8가지 식을 12개의 게송으로 압축한 현장스님의 『팔식규구』 게송을 풀이하고 있는데, 그 사상적 근거를 감산스님과 지욱스님의 주해에 두고 있다.[92] 특히 성철스님의 『백일법문』은 감산스님의 주석을 위주로 한 법문이다. 그렇다면 성철스님은 『팔식규구』에 대한 많은 주석서 가운데, 무엇 때문에 감산스님의 주석인 『팔식규구통설』을 위주로 법문했을까?

감산스님은 명나라를 대표하는 선 수행자이자 교학의 일인자였다. 성철스님도 근대 한국불교를 대표하는 선 수행자이자 교학의 일인자였다. 잘 알려진 바와 같이 두 분은 참선 수행자로서 많은 저작을 남겼다. 그리고 앞서 말한 것처럼 성철스님이 스스로 '감산스님의 주해를 위주'로 법문했다는 것을 보면, 아마도 자신의 유식에 대한 사상적 접점을 감산스님에게서 발견했을 것으로 생각된다. 다만 성철스님은 감산스님과 지욱스님[93]의 주석을 계승하면서도 독자적인 입장을 개진한다. 예

---

[92] 성철(2014), p.327.
[93] 우익지욱 스님은 명나라 말기를 대표하는 불교 사상가이다. 그는 스스로를 팔불도인八不道人이라고 불렀으며, 일반적으로는 운봉대사로 알려져 있다. 그는 강소성 오현吳縣 출신으로, 젊은 시절 육상산과 양명학에 빠져 『벽불론闢佛論』을 비롯한 여러 편의 글을 지어 불교를 비난하기도 하였으나, 1632년 연지대사 주굉의 『자지록自知錄』과 『죽창수필竹窓隨筆』을 읽고 크게 감명받아 불교에 귀의하였다. 이후 감산스님에게 감화받아 몇 번이나 만남을 시도하였지만 실패하고, 감산스님의 제자를 은사로 삼아 출가하였다. 그래서 감산스님의 손상자가 되었다. 그는 천태종의 출가자였지만, 평생을 선과 정토의 융화에 노력하였으며, 특히 성종(천태종)과 상종(법상종)을 회통시키고자 하였다. 그는 "선은 불심佛心이요, 교는 불어佛語이며, 율은 불행佛行"이라고 하여 삼학일치三學一致의 가르침을 펴서 여러 종파의 융합을 시도하였다. 특히 불교 내부의 융합을 위해 유식과 『기신론』을 조화시켜 『기신론열망소』, 『백법명문론직해』, 『팔식규구직해』를 저술하였으며, 선과 염불을 조화시켜 『아미타경요해』 등을 저술하였다. 이 밖에도 『능엄경현의』, 『능가경현의』, 『금강경관심석』, 『반야심경석요』, 『유교경해』 등의 저작이 있으며, 천태사상 관련 저작으로는 『교관강요』, 『대승지관석요』, 『법화회의』가 있고, 율장 관련 저작으로 『열장지율』, 『재가율요후집』, 『비니집요』 등이 있다. 한편 기독교에 반

를 들면 전오식에 대한 주석인 오식송五識頌에서 "여전히 불과위(부처님의 경지)에서도 스스로 진여를 증득하지 못한다[果中猶自不詮眞]."에서 감산스님은 '전詮'을 "진여무상의 도리를 친히 조건으로 삼지 못한다."[94]라고 하여 전詮을 조건(緣)으로 주석하고, 지욱스님은 "진여의 체성을 스스로 친히 증득할 수 없다."[95]라고 하여 전詮을 증證으로 주석하는데, 성철스님은 "오히려 스스로 진여를 설명하지 못한다."라고 하여, 전詮을 '설명하다'[96]라고 한다. 성철스님이 이와 같이 번역한 것은 아마도 사부대중이 쉽게 이해하도록 하기 위한 것이라고 생각한다.

이처럼 성철스님은 감산스님의 주석을 충실하게 계승하면서도 독자적인 입장을 개진하고 있다. 따라서 다음으로는 성철스님의 8가지 식에 대한 해설이 감산스님의 『팔식규구통설』을 토대로 한 것임을 구체적으로 밝히고, 이어 성철스님의 독자적인 입장을 고찰할 것이다.[97]

대하면서 유교와 불교의 융합을 도모하기도 하였는데, 『주역선해』, 『사서우익해』, 『유석종전절의』 등이 거기에 해당한다. 특히 『사서우익해』는 유학의 사서四書를 불교적인 입장에서 해석한 것이다.[김명우·구자상(2022), p.29]
94) 『팔식규구통설』(X55, p.422a25), "不能親緣眞如無相理."
95) 『팔식규구직해』(X55, p.435c20), "自不能親證眞如體性."
96) 성철(2014), p.335.
97) 이 부분(『팔식규구통설』과 『백일법문』)은 〈김명우·구자상(2022), pp.24-28〉을 수정하고 보완한 것이다.

Ⅲ. 『백일법문』과 전오식

앞서 몇 번 언급했듯이, 유식에서는 8가지 식(八識)을 크게 표층의 마음인 안식·이식·비식·설식·신식(전오식)·제6 의식과 심층의 마음인 제7 말나식·제8 아뢰야식으로 구분한다. 성철스님의 8가지 식에 대한 법문을 구체적으로 살펴보기에 앞서 8가지 식이 어떤 작용을 하는 마음인지 간단하게 살펴보자.

〈**표층의 마음**〉: 전오식–감각을 기반으로 한다
- 전오식은 언어의 개입 없이 감각(안근·이근·비근·설근·신근)을 바탕으로 직접 각각의 대상(색경·성경·향경·미경·촉경)을 파악하는 마음이다.
- 전오식은 각각 고유의 대상을 가진 마음, 즉 안식은 색(물질: 색체·형체·움직임), 이식은 소리, 비식은 향기, 설식은 맛, 신식은 감촉을 각각 대상으로 삼는다.

〈**표층의 마음**〉: 제6 의식–사고를 형성한다
- 전오식의 활동을 바탕으로 대상을 종합적으로 판단 사유하는 마음이다.
- 전오식과 함께 작용하여 감각을 선명하게 해주는 마음이다: 아픈 곳에 집중하면 그곳을 더욱 아프게 한다.
- 전오식의 배후에서 '언어'를 사용하여 대상을 개념적으로 '사고'하

는 마음이다.

〈심층의 마음〉 : 제7 말나식-항상 자기중심적으로 사량하는 마음이다
- 제7 말나식은 모든 것에 대해 '이기적'이고, 언제나 집요하게 '자기중심적'으로 생각(思量)하는 마음이다.

〈심층의 마음〉 : 제8 아뢰야식-근본심이다
- 행위의 결과인 종자를 '저장'하는 마음이다.

1. 제1 게송 : 전오식의 작용(1)

이제 본격적으로 8가지 식 중에서 전오식에 대한 성철스님의 법문과 『팔식규구』 및 『팔식규구통설』에 나타난 감산스님의 주석을 살펴보자. 현재 현장스님의 저작인 『팔식규구』는 독립된 형태로 전해지지 않고 감산스님의 『팔식규구통설』에 게송으로 삽입되어 전해진다. 그래서 성철스님도 『백일법문』에서 전오식의 게송을 감산스님의 『팔식규구통설』에 실린 것을 발췌하여 법문한다. 먼저 성철스님은 "전오식은 우리 정신활동의 전위부대 역할을 하기 때문에 제일 먼저 설명한다."[98]라고 하면서 『팔식규구』의 전오식(오식송) 첫 게송[99]을 다음과 같이 해석[성철(2014), p.328]한다.

---

98) 성철(2014), p.328.
99) 제1 게송, 제2 게송, 제3 게송이라고 구분한 것은 편의상 필자가 붙인 것이다. 참고로 『팔식규구』는 7언 4구로 이루어진 게송이다.

"성경이고 현량이며 세 가지 성품에 통하니, 안식과 이식과 신식의 셋은 두 가지 지地에 머문다. 상응하는 마음의 작용은 변행과 별경과 선의 열한 가지와 중수혹 두 가지와 대수혹 여덟 가지와 탐·진·치이다."[100]

먼저 『팔식규구』 제1 게송 제1구(性境現量通三性)는 전오식이 성경·현량 및 삼성에 통한다고 노래한 것이다. 제2구(眼耳身三二地居)는 전오식 중에서 설식·비식을 제외한 안식·이식·신식의 3가지 식만이 이지二地에서 활동함을 노래한 것이다. 그리고 제3구(遍行別境善十一)와 제4구(中二大八貪瞋癡)는 전오식과 함께 작용하는 34개의 심소에 대해 노래한 것이다.

1) 전오식은 성경·현량·삼성에 통한다

유식(법상종)에서는 인식대상(境·상분)을 성경·대질경·독영경, 인식수단(量·견분)은 현량現量[101]·비량比量[102]·비량非量,[103] 성품은 선·악·무기

---

100) 『팔식규구통설』(X55, p.421b11–12), "性境現量通三性. 眼耳身三二地居. 遍行別境善十一. 中二大八貪瞋癡."
101) 현량現量(pratyakṣa)은 접두어 prati(~대한)+akṣa(눈)로 이루어진 말이다. 현량은 감각기관을 통해 직접 인식하는 것으로서 '언어가 개입하지 않는 직접적인 지각'을 말한다. 다시 말해 직접 보고 들은 것을 근거로 한 판단기준(인식수단)이다. 요즈음 말로 하면 직접지각이라고 할 수 있다. 성철스님은 현량이란 "직관적으로 대상을 아는 것"[성철(2014), p.337]이라고 한다.
102) 비량比量(anumāṇa)은 접두어 anu(나중의)+동사어근 √mā(측량, 헤아리다)와 명사를 만드는 접미사 ana(아나)로 이루어진 말인데, 언어가 개입한 추론·추리를 말한다. 예를 들면 저 산에서 연기가 나는 것을 보고 산불이 났다고 추론하여 아는 것이다. 성철스님은 비량에 대해 "비량은 제6 의식이 보는 것을 따라서 분별하는 것입니다. 그러므로 현량과 비량이 서로 반대입니다. 현량은 순전히 무심상태를 말한 것이고, 비량은 분별상태를 말한 것입니다."[성철(2014), p.321]라고 법문한다.
103) 비량非量은 꿈에서 본 것이나 도깨비 등과 같은 잘못된 인식수단(량)을 말한다.

無記로 나눈다. 그런데 『팔식규구』의 첫 게송에서는 전오식과 함께 작용하는 것은 삼경三境 중에서 성경, 삼량三量 중에서 현량, 그리고 삼성三性의 선·악·무기 모두와 통한다고 한다. 성철스님은 먼저 성경性境에 대해 다음과 같이 '분별이 없다'고 한다.

> "이 성경에는 마치 거울에 물건이 비치는 것과 같이 어떠한 분별이 조금도 없습니다. 예를 들면 눈에 무엇인가가 비칠 때, 즉 수정체 안구에 무엇인가 비치는 그 찰나에, 이 비춰진 대상에 대해서 우리는 그것이 검다, 좋다, 나쁘다 등의 분별을 하지만 이 분별은 이미 제6식인 의식이 작용하는 것이지 전5식이 작용하는 것이 아닙니다. 전5식은 분별작용을 전혀 하지 않기 때문입니다."[104]

상기의 밑줄 친 부분을 보면 알 수 있듯이, 성철스님의 전오식에 대한 법문은 '분별'이라는 술어에 초점을 맞추고 있다. 그래서 성철스님은 "성경은 현량경現量境입니다. 거울에 물건이 비치듯이 분별이 떨어진 것입니다."[105]라고 한 것이다. 반대로 분별은 제6 의식의 작용이라고 한다. 그런데 여기서 주목할 것은 현량경이라는 말이다. 이 말은 5가지 감각기관(오근)을 통해 직접 지각하는(現量) 대상(境)이라는 뜻인데, 성철스님은 현량경=성경이라고 한다. 그리고 감산스님도 다음과 같이 성경이란 실재하는 법(사물)으로 분별이 없기에 미추호오가 없다고 주석한다.

> "성이란 실(實物)이라는 뜻이다. 감각기관(根)과 감각대상(塵)은

성철스님은 "잘못된 현량과 비량比量"[성철(2014), p.338]이라고 한다.
[104] 성철(2014), p.328.
[105] 위의 책, p.322.

실재하는 법으로 본래 진여의 오묘한 성품이며, 이것에는 미추호오美醜好惡가 없다. 마음에 분별이 없으므로 대상도 아름다움과 싫어함이 없다. 이것을 성경이라고 한다."106)

나아가 감산스님은 "(…) 만약 분별이 개입한 두 번째 생각이 분별을 일으키면 곧바로 동시의식(오구의식)107)이 상응하여 일어나니 비량比量에 속한다."108)라고 하여, 분별을 일으키면 제6 의식(동시의식)의 작용이라고 주석한다. 이처럼 성철스님과 감산스님은 성경에 대해 '분별이 없는 것'이며, 분별은 제6 의식의 작용으로 현량이 아닌 비량比量이라고 한다. 참고로 여기서 '성은 실(實物)이라는 뜻이다. 감각기관(根)과 감각대상(塵)은 실재하는 법'이라는 구절에서 '실'이란 진실한 본성을 가진 대상(상분)이라는 뜻이며, '감각기관과 감각대상은 실재하는 법'이란 상분은 견분으로부터 생긴 것이 아니라 상분의 종자로부터 생겼다는 상견별종설相見別種生說을 말하는 것으로 생각된다. 제2장 각주 110번에서 언급했듯이, 지욱스님도 감산스님과 동일한 입장이다.

반면 지욱스님은 분별을 자성분별, 수념분별, 계탁분별의 3종류로 나누어 주석하는데, 먼저 자성분별, 즉 현재 찰나의 대상 그 자체를 인식하는 것마저 부정한 것은 아니라고 한다. 다시 말해 현량은 자성분별

---

106) 『팔식규구통설』(X55, pp.420c24-421a2), "性者. 實也. 謂根塵實法. 本是眞如妙性. 無美無惡. 以心無分別. 故境無美惡. 是爲性境."
107) 법상종에서는 5심을 솔이심·심구심·결정심·염정심·등류심으로 구분하는데, 그 중에 솔이심率爾心은 대상에 대해 갑자기 일어나는 마음으로, 하나의 인식이 성립하는 과정 중의 최초의 마음이다. 그래서 솔이심을 동시의식·솔이의식이라고 한다. 자세한 것은 〈박인성(2009)〉을 참조하기 바란다.
108) 『팔식규구통설』(X55, p.421b16-17), "(…) 若起第二念分別. 則是同時意識. 相應而起 則屬比量."

로써 성경을 인식한다는 것이다. 그러나 과거의 것(대상)을 인식하는 수념분별隨念分別과 과거·현재·미래에 걸쳐 대상을 언어나 개념을 사용하여 인식하는 계탁분별計度分別은 부정한다.[109] 또한 지욱스님은 성경에 대해 견분이 아닌 상분의 종자로부터 생긴 것(相見別種生說)이라고 하고, 성경을 무본질과 유본질로 나눈다. 여기서 무본질은 제8 아뢰야식의 대상인 유근신·기세간·종자를 말하고, 유본질은 전오식의 상분, 전오식과 함께 작용하는 명료의식(오구의식)·정중의식·독두의식 및 무분별지의 대상인 진여를 말한다.[110]

---

[109] 지욱스님은 현량에 대해 "현량이란 무엇인가? 현이란 현현의 의미이고, 량이란 탁량度量(헤아림)이라는 뜻이다. 오근이 상대하는 대상을 분명하게 현현시켜, 그것(오근)에 의지하여 식이 발하여 〈대상을〉 조건(연려)으로 삼아 탁량하는 것이다. 〈현량에는〉 비록 수념분별과 계탁분별의 두 종류의 분별은 없지만, 그러나 자성분별이 있어 저 성경을 지각한다. 〈그러므로〉 착오나 오류가 없는 것이다. 또한 자연스럽게(任運) 요별(인식)하며, 언어를 동반하지 않기 때문에 현량이라고 한다."[『팔식규구직해』(X55, p.436a2-5), "現量者. 現謂顯現. 量謂度量. 五根對境分明顯現. 依之發識緣廬'度量. 雖無'隨念·計度'二種分別. 然有'自性分別'得彼性境. 不錯不謬. 任運了別. 不帶名言也."]라고 주석한다. 그런데 성철스님이 『백일법문』(p.335, 51행)에서 지욱스님처럼 연려緣慮라는 용어를 사용하고 있어서 부가적인 설명을 하고자 한다. 연緣에는 두 종류가 있는데, 하나는 연적緣藉이고, 또 하나는 연려緣慮이다. 연적이란 의지처나 원인이 되는 연이다. 즉 인연因緣, 4연緣 등의 연緣을 말한다. 연려란 어떤 대상을 인식하는 마음, 즉 인식작용의 총체적 표현이다. 즉 '마음이 대상을 조건(인연)으로 생각을 만들어 내는 것'을 말한다.

[110] 지욱스님은 『팔식규구직해』에서 성경에 대해 다음과 같이 주석한다. "성경에서 '성'이란 '실'의 의미이다. 이른바 상분의 색은 상분의 종자로부터 생긴 것이다. 그러므로 '실'이라고 한다. 이것은 다시 본질이 있는 것(有本質)과 본질이 없는 것(無本質)의 두 종류가 있다. 무본질이란 심왕인 제8 아뢰야식이 유근신·기세간 및 모든 종자를 소연(대상)으로 삼은 것이다. 다만 스스로 전변하고 스스로 조건으로 삼기 때문에 외부의 본질을 빌리지 않는다. 그러나 기세간 및 타인의 부진근과 결합하여 공상共相의 식이 갖가지로 변화된 것(所變)이다. 그러므로 또한 외부의 본질이 있다고 말할 수 있다. 그리고 근본지는 친히 진여를 증득하므로 상분은 변화하지 않는 것이다. 그러므로 성경이라고 한다. 유본질이란 지금 전오식이 현재의 오진(색진 등)을 대상으로 삼은 것(전오식의 상분) 및 처음으로 생각하는 명료의식(전오식과 함께 작용하는 의식), 선정 중의 결과인 색 등을 대상으로 삼은 정

한편, 성철스님은 현량에 대해 다음과 같이 분별을 떠나서 대상을 그대로 지각하는 것(직접지각)이라고 정의한다.

"현량이란 (…) 분별을 떠나서 외계의 대상을 그대로 지각하는 것을 말합니다. 마치 거울에 어떤 사물이 비칠 때 그 사물이 그냥 비치기만 할 뿐[111] 거기에는 사량과 분별이 없는 것과 같습니다. 전5식은 외계의 사물을 직접 지각할 뿐이므로 당연히 현량의 성질을 갖는 것입니다."[112]

앞서 언급한 바 있지만, 성철스님의 법문에서 '사량'이란 제7 말나식의 작용을 말하는 것이 아니라 제6 의식의 작용을 말하는 것이다. 앞에서도 언급했지만, 왜냐하면 제7 말나식과 제6 의식의 범어가 마노 위

중의식과 독두의식이다. 모두 제8 아뢰야식의 상분에 의탁하여 본질로 삼은 것이다. 그런즉 스스로 식이 전변하여 상분을 조건으로 삼은 것이다. 예를 들면 거울 속에 나타난 여러 가지 영상과 같은 것이다. 진제로서 그것을 말하면 모두 환영·꿈과 같은 것으로 진실한 것이 아닌 것으로 요해해야 할 것이다. 속제와 결합하여 그것을 말하면 오진은 전오식의 상분이다. 종자로부터 생기한 것이지만 다시 훈습되어 종자가 된 것이다. 〈그러므로〉 공화空華, 거울 속의 영상, 토끼의 뿔과 같지 않다. 또한 과거·미래에서 얻을 수 없기 때문에 같지 않다. 그래서 성경이라고 한다."[『팔식규구직해』(X55, pp.435c13-436a1), "一性境者. 性是實義. 謂相分色從相分種子所生. 故名爲實. 此復有二. 一無本質. 二有本質. 一無本質者. 即第八心王所緣根身器界及諸種子. 但是自變自緣. 不假外質. 然約器界及他人之浮塵根. 既是共相識種所變. 亦得說有外質也. 根本智親證眞如. 雖不變爲相分. 亦名性境. 二有本質者. 即今五識所緣現在五塵. 及明了意識初念幷定中獨頭意識所緣定果色等. 皆託第八識之相分以爲本質. 隨即變爲自識相分而爲所緣. 猶如鏡中所現群像. 雖約眞諦言之則皆如幻如夢了無眞實. 而約俗諦言之則五塵即是五識相分. 從種子生還熏成種. 不同空華鏡像兎角龜毛. 亦復不同過去未來之不可得. 故名性境也."]

[111] 거울이 대상을 그대로 비추듯이 현량은 '있는 그대로 대상을 인식하는 작용'을 말한다.
[112] 성철(2014), pp.328-329.

즈냐나(mano-viijñāna)로 동일하기 때문이다.¹¹³⁾ 마나스(manas)는 생각·사량思量으로 번역하듯이, 한역하면 의식意識이라는 뜻이다. 다시 말해 두 식을 구별하기 위해 각각 제7 말나식과 제6 의식이라고 한역한 것이다. 그래서 성철스님도 전오식에는 제6 의식의 작용인 사량=생각(분별)이 없다고 말한 것으로 생각된다. 다시 말해 전오식은 사량·분별이 없고, 사물을 직접 지각하므로 현량이라는 것이다. 나아가 성철스님은 다음과 같이 전오식은 현량이기 때문에 바로 눈앞에서 직접 지각하므로 분별이 없고, 언어(명언)를 동반하지 않으며, 계탁(헤아림)이 없는 것이라고 한다.

"현량은 분명하게 현전하지만 분별을 일으키지 않고 명언名言을 띠지 않아 이리저리 계탁하는 마음이 없습니다. 그래서 거울에 모든 물건이 비칠 때와 마찬가지로 무심경계입니다. 거울에 모든 물건이 비칠 때 거울이 아무런 분별을 하지 않는 것처럼 모든 것이 정신에 환하게 비치긴 비치는데 분별심을 띠지 않은 것을 현량이라고 합니다."¹¹⁴⁾

이것은 감산스님의 다음 구절을 바탕으로 한 것으로 보인다.

"처음 대상을 비출 때 첫 번째 생각¹¹⁵⁾은 분별을 일으키지 않고(무분별), 언어(名言)를 띠지 않고,¹¹⁶⁾ 헤아리는 마음이 없는 것(無籌

---

113) 김명우(2009), p.126, p.198.
114) 성철(2014), pp.320-321.
115) 제일념第一念이란 '다른 생각이 개입하지 않는 첫 번째 생각'이라는 뜻으로 분별을 일으키지 않는 생각을 말한다. 그래서 제일념은 삼량 중에서 현량이라고 할 수 있을 것이다.
116) 명언名言이란 언어, 대帶는 '띠다'라는 의미이다. 즉 '언어를 띠다'는 뜻이다. 그래

度心)이다. 그래서 현량이라고 한다."117)

성철스님과 감산스님의 성경과 현량에 대한 입장을 정리하면, 먼저 성경에 대해 성철스님은 무분별이라고만 하지만 감산스님은 실재하는 실물實物·진여眞如·무분별無分別이라고 주석한다. 다만 전오식에 대해서는 현량으로 직접 지각하고, 분별하지 않고, 언어를 동반하지 않고, 헤아림이 없는 것(無籌度心)이라고 하여 두 사람의 입장이 일치한다.118) 참고로 성철스님은 현량을 "이리저리 계탁計度하는 마음이 없다."라고 하는데, 여기서 계탁이란 헤아릴 계計, 헤아릴 탁度 자로, 이른바 '헤아린다'는 뜻이다. 이것은 감산스님의 무주탁심無籌度心을 참조한 듯하다. 구체적으로 말하면 주탁심에서 주籌란 '산가지'를 의미한다. 옛날 주판이 있기 전 물건을 헤아릴 때 성냥과 비슷한 산가지로 숫자를 헤아린 것에서 유래한다. 지욱스님은 이것을 탁량度量이라고 주석하는데, 계탁計度·주탁籌度·탁량度量은 모두 같은 뜻이다. 그래서 필자도 주탁심·탁량심·계탁심을 '헤아리는 마음'으로 해석했다. 그리고 '언어(명언)를 띠지 않는다'는 말은 '전오식은 언어를 동반하지 않는다'는 뜻이기 때문에『팔식규구』의 게송에서 현량은 전오식에 속한다고 한 것이다. 뒤에 다시 말하겠지만, 비량比量은 제6 의식, 비량非量은 제6 의식과 제7 말나식에 관계한다. 다음으로 제1구 중의 '〈전오식은〉 세 가지 성품에 통한다(通三性)'에 대해 성철스님은 다음과 같이 말한다.

서 '언어를 동반하지 않는다'로 해석했다.
117) 『팔식규구통설』(X55, p.421b15–16), "以初映境時. 當第一念. 未起分別. 不帶名言. 無籌度心. 故名爲現量."
118) 현량에 대한 지욱스님의 입장은 〈각주 109〉를 참조하기 바란다.

"전5식의 활동영역이 선·악·무기의 삼성에 두루 통하는 것을 말합니다. 전5식으로 선善을 볼 때는 선이 비치고, 악惡을 볼 때는 악이 비치며, 선도 악도 아닌 중간 상태인 무기無記를 볼 때는 무기가 비칩니다. 이렇게 전5식은 선이나 악, 또는 무기에 구애되지 않고 모두에 통하는 것입니다. 그 대상을 선이나 혹은 악이라고 판단하는 것은 전5식의 작용이 아니라 분별의식인 제6식의 작용입니다."[119]

감산스님은 전오식이 삼성 모두와 통하는 이유를 "전오식의 본체(성품)는 항상(恒) 작용하는 것도 아니고 세심하고 집요하게(審) 작용하는 것도 아니기 때문"[120]이라고 한다. 다시 말해 전오식은 항심恒審이 없는 마음이라는 것이다. 이것은 제8 아뢰야식은 항상하지만 세심하고 집요하지 않고(恒而非審), 제6 의식은 세심하고 집요하지만 항상하지 않고(審而非常), 제7 말나식은 항상하고 세심하고 집요하다(亦恒亦審)는 다른 식과의 차이를 밝힌 것으로 생각된다. 이것에 대해서는 제7 말나식을 설명할 때 다시 설명할 것이기 때문에 여기서는 생략한다. 이어서 감산스님은 전오식이 "삼성 모두(皆)와 통한다(三性皆通)."[121]라고 하여, '모두(皆)'를 삽입하여 주석한다. 성철스님은 전오식이 삼성 모두와 통하는 이유에 대해서 따로 언급하지 않았지만, 앞서 인용한 법문에서 밑줄 친 구절을 보면 알 수 있듯이 성철스님도 감산스님의 주석을 바탕으로 하고 있음을 알 수 있다. 또한 명욱明昱스님의 주석인 『팔식규구보주증의』에서도 "전오식의 성품은 항일恒一함이 없기 때문에 (…) 전오식은 삼성 모

---

119) 성철(2014), pp.328-329.
120) 『팔식규구통설』(X55, p.421b20), "由此五識體非恒審."
121) 『팔식규구통설』(X55, p.421b20), "故三性皆通."

두(俱)와 통한다."라고 주석한다.[122] 그런데 명욱스님은 개皆 대신에 구俱를 삽입하여 주석한다. 성철스님은 개皆를 '모두' 또는 '두루'로 혼용해서 사용한다. 한편, 지욱스님은

"삼성이란 선·악·무기이다. 전오식이 제6 의식을 도와 선악을 짓는 것이다. 만약 신信 등과 상응하면 선성善性에 포섭된다. 만약 무참 등과 상응하면 악성에 포섭된다. 선·악 모두와 상응하지 않으면 무기성에 포섭된다. 그래서 삼성과 통한다고 말한다."[123]

라고 주석한다. 지욱의 주석에서 주목할 점은 "전오식이 제6 의식을 도와 선악을 짓는 것이다."라는 구절인데, 제6 의식이 스스로 선악을 짓는 것이 아니라 전오식의 도움을 받아 선악을 짓는다는 것이다. 필자가 볼 때 이것은 전오식의 역할을 분명하게 밝힌 주석이라고 생각된다.

성철스님은 제1구에 대해 "이와 같이 전5식의 근본작용은 예컨대 눈의 수정체에 무엇이 비치는 그 순간을 의미하는 것으로 결코 <u>분별의식의 영역이 아니며</u>, 성경과 현량이며, 선·악·무기의 삼성에 통하는 것입니다."[124]라고 하여, 전오식은 제6 의식의 작용인 분별의식이 없다는 것을 다시 강조하면서 제1구에 대한 법문을 마무리한다.

---

[122] 『팔식규구보주증의』(X55, p.397a5-8), "頌言三性. 謂善性. 不善性. 無記性. 此前五識. 善惡無記三性俱通. 何則. 以五識性. 非恒一故. 遇善境時. 識性即善. 不善境時. 識亦不善. 於無記時. 識即無記. 故前五識. 三性俱通."

[123] 『팔식규구직해』(X55, p.436a5-8), "三性者. 善惡無記也. 五識能助第六意識作善惡業. 若與信等相應則善性攝. 若與無慚等相應則惡性攝. 俱不相應則屬無記性攝. 故云通三性也."

[124] 성철(2014), p.329.

2) 전오식 중에서 안식·이식·신식은 이지에서 작용한다

제2구(眼耳身三二地居)[125)]에 대해 성철스님은 다음과 같이 말한다.

"전5식 중에서 안식·이식·신식의 세 가지 식은 두 가지 지地에 '작용한다'[126)]는 것인데, 두 가지 지地는 삼계三界 중에 욕계欲界의 오취잡거지五趣雜居地와 색계色界의 초선初禪인 이생희락지離生喜樂地[127)]를 말합니다. (…) 따라서 전5식은 욕계의 오취잡거지에만 해당하고, 색계의 초선에서는 안식·이식·신식만이 작용되므로, 안식·이식·신식은 두 가지 지에 '머문다'고 하였습니다."[128)]

---

125) 제2구는 전오식 중에서 설식과 비식을 제외한 안식·이식·신식은 두 가지 단계(二地), 즉 욕계의 오취잡거지五趣雜居地와 색계色界의 초선初禪 이생희락지離生喜樂地에만 작용하고, 그 이후의 수행단계(정생희락지)에서는 사라진다고 한다. 대승불교에서는 삼계(색계·욕계·무색계)를 구지九地로 나눈다. 이것을 삼계구지三界九地라고 한다. 삼계를 구지로 나누면, 욕계를 1지地, 색계·무색계를 각각 4지地로 나눈다.
126) 성철(2014), p.329.
127) 색계의 사선四禪
 초선 이생희락지離生喜樂地 : 색계의 초선初禪의 경지이다. 욕계를 떠남으로써(離) 생기는 기쁨과 즐거움(喜樂)을 느끼는 수행단계(地)이다. 감산스님이 "초선의 천인은 선열을 주식으로 삼는다."(初禪天人以禪悅爲食)고 하듯이, 이곳에서는 냄새를 맡는 설식과 맛을 보는 비식이 필요 없다. 따라서 이곳은 안식·이식·신식만이 작용하는 수행단계이다.
 제2선 정생희락지定生喜樂地 : 색계의 제2선第二禪의 경지이다. 선정禪定이 깊어져 기쁨과 즐거움(喜樂)이 생기는(生) 수행단계(地)이다.
 제3선 이희묘락지離喜妙樂地 : 색계의 제3선第三禪의 경지이다. 제2선의 기쁨(喜)을 떠남으로써(離) 묘한 즐거움(妙樂)을 느끼는 수행단계(地)이다.
 제4선 사념청정지捨念清淨地 : 색계의 제4선第四禪의 경지이다. 행사行捨(마음이 들뜬 상태인 도거나 지나치게 가라앉은 혼침에서 벗어난 평온한 경지)와 염(기억)이 청정한 수행단계이다. 여기서 행사는 고·낙·사의 사수捨受와는 다르다. 그래서 사捨와 구별하기 위해 행사行捨라고 한 것이다.
128) 성철(2014), pp.329-330.

이것에 의하면, 전오식은 욕계의 오취잡거지(지옥·아귀·축생·인간·천계)에서 전부 작용하지만, 초선인 이생희락지에서는 안식·이식·신식의 3가지 식만이 작용하는 것이다. 이 법문도 감산스님의 주석을 바탕으로 한 것인데, 그러면 이제 감산스님의 주석을 살펴보자.

"이지二地란 욕계의 오취잡거지와 색계의 초선인 이생희락지를 말한다. 욕계에서는 전오식 전체가 함께 작용[129]한다. 반면 초선천(이생희락지)에서는 선열禪悅(수행의 즐거움)을 음식으로 삼아 단식段食을 먹지 않는다. 〈그런즉 이생희락지에서는〉 설식은 떠나 있으므로(離) 이미 음식을 받지 않는다. 또한 향기(냄새)를 맡을 수 없으므로(不聞) 비식은 필요 없다. 단지 안식·이식·신식의 3가지 식識만이 〈이생희락지에서 작용이〉 있을[130] 뿐이다."[131]

이것에 의하면, 욕계의 오취잡거지에서는 전오식이 모두 작용하지만, 색계의 초선인 이생희락지에서는 설식과 비식은 작용하지 않고, 안식·이식·비식만이 작용한다. 그러면 초선인 이생희락지에서는 왜 설식과 비식이 작용하지 않는가? 이에 대해 감산스님은 이생희락지에서는 선열을 음식으로 삼기 때문에 단식段食을 먹지 않는다.[132] 그래서 이생희락

---

129) 필자는 구具를 '작용'으로 번역했다.
130) 감산스님은 『팔식규구』의 게송 중에 등장하는 거居를 유有로 대체하여 주석하고 있다. 그러나 바로 이어서 거居를 지止로 주석한다.
131) 『팔식규구통설』(X55, p.421c1-5), "二地者謂欲界五趣雜居地. 色界初禪離生喜樂地. 以欲界五識全具. 初禪天人以禪悅爲食. 不食段食故離舌識. 旣不受食. 則亦不聞香. 故無鼻識. 但有眼耳身三識而已."
132) 중생이 먹는 방식에는 4가지(四食)가 있다. 즉 단식段食(piṇḍa)·촉식觸食·의사식意思食·식식識食이 그것이다. 먼저 단식이란 조각 단段, 밥 식食 자이므로 조각조각 씹어서 먹는다는 의미이다. 예를 들면 밥, 김치, 야채 등의 조각(덩어리)을 먹

지에서는 설식을 떠나 있으므로 이미 음식을 받지 않으며, 냄새를 맡을 수 없으므로(不聞) 비식이 필요 없다고 한다. 단 성철스님은 설식과 비식이 작용하지 않은 이유에 대해 별도로 언급하지 않는다.

참고로 제2구 중의 거居에 대해 성철스님은 '머문다'라고 해석하고, 감산스님도 『팔식규구통설』[133])에서 '머문다(居止)'라고 주석하는데, '이곳(초선)에 머문다(居止於此)'는 의미이다. 다만 필자는 거居를 단순히 '머문다'로 해석하는 것보다는 "안식·이식·신식은 이생희락지에서는 작용한다."라고 해석하는 편이 낫다고 생각한다. 성철스님도 게송에서는 '머문다'라고 해석하지만, 게송을 풀이한 법문에서는 '작용한다'[134])라고 번역하고 있다. 반면 지욱스님은 거居라고 하지 않고 불현행不現行 또는 불기현행不起現行이라고 주석한다. [135]) 필자는 거居를 현행現行이라고 한 지욱스님의 주석이 감산스님의 주석이나 성철스님의 법문보다 이해하기 쉽다고 생각한다. 또한 각성스님은 거居를 "자리잡고 있다."[136])라고 번역한다.

는 것이다. 촉식'란 접촉해서 먹는다는 의미이다. 예를 들면 귀신이 자기 몸을 문질러서 음식을 먹는 방식이다. 또는 눈으로 어떤 것을 보면 그곳에 기쁨이 일어나 그것이 신체에 좋은 영향을 미친다. 왜냐하면 본다는 접촉이 신체를 기르기 때문이다. 의사식이란 생각으로 먹는 것이다. 즉 색계에서의 먹는 방식인 선열식禪悅食이 대표적인 것이다. 식식이란 무색계의 먹는 방식이다. 의식도 몸도 없기 때문에 식식으로 먹는 것이다. 여기서 식識이란 제8 아뢰야식을 말한다. 그래서 제8 아뢰야식에 의해 신체가 생리적으로 유지되고 썩지 않고 지속되기 때문에 식식識食이라고 한다.

133) 『팔식규구통설』(X55, p.421c5-7), "居者. 止也. 謂此三識亦止於初禪. 若至二禪定生喜樂地. 以入定中三識亦無. 故云居止於此."
134) 성철(2014), p.329.
135) 『팔식규구직해』(X55, p.436a10-15), "五根通于二界五地. 惟無色四天乃無五根. 今明五識則鼻·舌二識惟欲界得行. 初禪以上無段食雜氣故不現行也. 眼·耳·身三識唯欲界五趣雜居地及初禪離生喜樂地此二地中得行. 若二禪內淨喜樂則無外色外聲外觸可緣. 故并眼·耳·身之三識亦不起現行也."
136) 각성(2014), p.627.

3) 전오식은 34개의 심소와 함께 작용한다

제3구(遍行別境善十一)와 제4구(中二大八貪瞋癡)는 전오식과 함께 작용하는 34가지의 심소(마음작용)에 대해 기술한 것이다. 먼저 성철스님은 다음과 같이 말한다.

"유식에서는 심리작용을 모두 51가지로 나눕니다. 여기에서는 바로 이 전5식과 상응하는 34가지 마음작용을 말하고 있는 것입니다. 먼저 변행遍行이란 모든 심식에서 발생하는 마음의 작용을 말하는데, 여기에는 촉觸·작의作意·수受·상想·사思의 다섯 가지가 있습니다. 별경別境이란 변행처럼 모든 경우에 반드시 일어나는 것이 아니라 어떤 특정한 대상을 대할 때 발생하는 마음의 작용을 뜻하며, 이것에는 욕欲·승해勝解·염念·정定·혜慧의 다섯 가지가 있습니다. 선善이란 과거와 현재 또는 현재와 미래의 두 세상에 걸쳐서 자기와 타인을 이익되게 하는 마음작용을 말하는데, 여기에는 신信·참慚·괴愧·무탐無貪·무진無瞋·무치無癡·근勤·경안輕安·불방일不放逸·행사行捨·불해不害의 열한 가지가 있습니다. 대수혹大隨惑이란 탐貪·진瞋·치癡 등의 근본번뇌를 따라서 생기는 스무 가지 수번뇌隨煩惱 가운데 일체의 오염심에 널리 상응하여 발생하는 방일放逸·실념失念·부정지不正知·도거掉擧·혼침昏沈·불신不信·해태懈怠·산란散亂의 여덟 가지를 말합니다. 중수혹中隨惑이란 많은 수번뇌 가운데 다만 불선不善의 마음과 상응하여 일어나는 번뇌인 무참無慚·무괴無愧의 두 가지를 말합니다. 여기에 탐貪·진瞋·치癡를 합하면 모두 34가지가 됩니다."[137]

---

137) 성철(2014), pp.330-331.

밑줄 친 부분을 중심으로 성철스님의 법문을 요약하면, 전오식과 함께 작용하는 심소[138]는 모든 심식(전오식·제6 의식·제7 말나식·제8 아뢰야식) 과 함께 작용하는 5가지 변행심소(촉·작의·수·상·사), 특정 대상과 함께 작용하는 5가지 별경심소(욕·승해·염·정·혜), 과거·현재·미래의 삼세에 걸쳐 자기와 타인을 이익되게 하는 선심소 11개(신·참·괴·무탐·무진·무치·근·경안·불방일·행사·불해), 불선한 마음과 함께 작용하는 중수번뇌 2개(무참·무괴), 근본번뇌 중에서 더러운 마음(오염심)과 함께 작용하는 대수번뇌 8개(불신·해태·방일·혼침·도거·실념·산란·부정지), 그리고 근본번뇌 중의 삼독인 탐·진·치이다. 반면 감산스님은 특별히 주석하지 않고, 지욱스님도 34개의 명칭[139]만 언급한다. 그 이유는 아마도 별도 저작인 『백법논의』와 『직해』에서 51심소에 대해 상세하게 주석했기 때문일 것이다. 전오식과 함께 작용하는 34개의 심소에 대해서는 제3장에서 설명할 것이므로 여기서는 생략한다. 이상으로 성철스님의 법문과 감산스님의 주석

---

[138] 성철스님은 심소를 마음작용과 심리작용이라고 혼용해서 사용한다. 필자는 마음작용을 선호한다. 한편, 이종철 교수는 심리현상이라고 번역한다.

[139] 『팔식규구직해』(X55, p.436a17-b7), "此明五識但與三十四心所得相應也. 遍行五心所. 謂作意·觸·受·相·思. 遍一切心決相應故. 別境于心所謂欲·解·念·定·慧. 由同時意識所引. 亦得于別別境生欲等故. 善十一謂信·慚·愧·無貪·無瞋·無癡·勤安·不放逸·行捨·不害·欲界善. 五識得與十善相應. 但除輕安. 初禪善眼·耳·身識并得有輕安故. 中二隨煩惱. 謂無慚·無愧. 大八隨煩惱. 謂掉擧·惛沉·不信·懈怠·放逸·失念·散亂·不正知. 若惡心中定有此十. 若有覆無記心中定有掉擧等八. 故貪·瞋·癡者根本煩惱之三癡. 即無明. 遍與一切染心相應. 五識緣欲界順情五塵有任運貪. 若緣違情五塵有任運瞋. 故外道凡夫入初禪時. 眼·耳·身識唯有貪癡亦不名惡. 但名有覆無記. 若佛弟子入初禪者. 有觀慧故. 不味著故. 并無根本癡·貪及大隨八. 但名爲善也." 위의 문장에서 밑줄 친 부분을 보면 알 수 있듯이, 지욱스님은 선심소를 욕계선欲界善과 초선선初禪善으로 구분한다. 즉 11개의 선심소 중에서 10개는 욕계선이지만, 오직 경안만은 초선선이라고 주석하고 있다. 이것은 경안이 몸과 마음의 번뇌인 추중을 제거하여 몸과 마음을 평안·경쾌하게 유지(修持)하는 것으로서 이른바 수행의 결과(삼매)에 해당하기 때문이라고 생각한다. 경안에 대해서는 〈김명우(2024)〉를 참조하기 바란다.

을 참조하여 오식송(전오식) 제1 게송을 필자는 다음과 같이 해석한다.

"〈전오식은〉 성경·현량 및 삼성 모두와 함께 작용한다(通). 〈전오식 중에서 설식과 비식은 제외하고〉 안식·이식·신식의 3개는 이지二地(욕계의 오취잡거지五趣雜居地와 색계의 초선初禪 이생희락지離生喜樂地)에서 작용한다(居). 〈그러나 색계의 제이선 정생희락지 이후에는 3가지 식(안식·이식·신식)은 작용하지 않는다. 전오식과 상응하는 심소법은〉 5변행, 5별경, 선심소 11개, 〈수번뇌 중에서〉 중수번뇌 2개(무참·무괴)와 대수번뇌 8개, 〈근본번뇌 중의 삼독인〉 탐·진·치이다. 〈그래서 전오식과 함께 작용하는 심소법은 34개이다.〉"

2. 제2 게송 : 전오식의 작용(2)

다음으로 『팔식규구』 전오식(오식송) 두 번째 게송에 대해 살펴보자. 성철스님은 이것을 다음과 같이 해석[성철(2014), p.331]한다.

"오식은 동일하게 정색근에 의지하니, 아홉 가지 연緣과 여덟 가지와 일곱 가지 연이 잘 서로 인접한다. 셋은 합하고, 둘은 떨어져서 세상을 관하니, 어리석은 자(성문승·소승)[140]는 식과 근을 분

---

140) 소승, 즉 성문승을 말한다. 필자가 이렇게 해석한 것은 『팔식규구통설』(X55, p.422a14), "愚者難分一句. 言小乘人.";『팔식규구송해』(X55, p.417a20), "此言小乘愚法聲聞.";『팔식규구보주증의』(X55, p.400a8-9), "頌言愚者. 謂聲聞人. 獨斷煩惱. 不斷所知. 故名爲愚.";『팔식규구찬석』(X55, p.428c5-6), "愚法者謂聲聞人. 但斷煩惱障. 未斷所知障. 故名爲愚."에 따른 것이다. 주석에 따르면 어리석은 자인 성문승은 번뇌장을 끊었지만 소지장을 끊지 못했기 때문에 어리석다고 한다.

별¹⁴¹⁾하기 어렵다."¹⁴²⁾

먼저 제2 게송의 전체적인 내용을 설명하면, 제1구(五識同依淨色根)는 전오식이 의지하는 근(안근 등의 감각기관)에 대해 노래한 것이고, 제2구(九緣七八好相隣)는 전오식이 생기는 조건에 대해 노래한 것이다. 제3구(合三離二觀塵世)는 전오식이 대상(경계)을 인식(了)하는 작용에 대해 노래한 것이고, 제4구(愚者難分識與根)는 소승에서는 제8 아뢰야식(根)과 전오식·제6 의식(識)을 구별하기 어렵다고 노래한 것이다. 제4구 중의 식識을 제6 의식과 전오식, 근根을 제8 아뢰야식이라고 말한 것에 대해서는 뒤에 해당 구절을 설명할 때 다시 언급할 것이다.

1) 전오식은 정색근에 의지한다

먼저 제1구에 대해 성철스님은 다음과 같이 말한다.

"오식五識은 대응하는 오근五根에 의지하여 발생한다는 것입니다.[143] (…) 그러나 이 근根은 지수화풍의 네 가지 속성(사대)으로 되어 있으므로 파괴될 수 있는 것이어서 부진근扶塵根이라고 합니다. 이에 반하여 정색근淨色根이란 우리가 볼 수 없고 단지 추측할 수 있는 것인데, 감각작용을 일으키는 물질적인 속성을 말합니다.

---

141) 각성스님은 "분간하기 어렵다."[각성(2000), p.648]라고 해석한다.
142) 『팔식규구통설』(X55, p.421c10-11), "五識同依淨色根. 九緣七八好相隣. 合三離二觀塵世. 愚者難分識與根."
143) "전오식은 동일하게 정색근에 의지한다.[五識同依淨色根.]"라는 구절을 해설한 것이다.

'무명無明의 껍질'을 이루는 것이라 할 수 있습니다. 정색근淨色根은 부진근浮塵根과 상대가 됩니다. 우리의 육신은 사대로 되어 있는데, 사대를 부진근과 정색근으로 나눕니다.[144] 부진근이라 하는 것은 우리가 보고 알 수 있는 것을 말하고, 정색근이란 보통은 '이해할 수 없는 깊은 색근'을 말하는 것입니다."[145]

이것에 의하면, 전오식은 5가지 감각기관(오근)에 의지하여 생기는데, 이른바 안식은 안근을 매개로 색경, 이식 내지 의식은 이근 내지 의근을 매개로 각각 성경 내지 법경을 인식한다는 말이다. 부연하면, 근根은 사대로 이루어진 것이고, 사대는 정색근과 부진근으로 나뉜다. 그런데 정색근을 '이해할 수 없는 깊은 색근'이라고 한 성철스님의 법문은 필자로서는 이해하기 어려운 점이 있다. 정색근을 '이해할 수 없다'라는 것은 '알 수 없고, 볼 수 없다'는 의미를 이렇게 표현한 것일까? 그러면 성철스님은 정색근淨色根을 '청정한(淨) 색근이라고 하지 않고, 왜 '깊은' 색근이라고 해설했을까? 필자의 추측으로는 정색근을 정근正根이라고도 하는데, 부진근의 안쪽 '깊은' 곳에 있는 진정한(正) 근根이라는 의미로 이렇게 말한 것이 아닐까 생각된다.

---

[144] 근에는 두 종류가 있다. 승의근勝義根과 부진근浮塵根이 그것이다. 승의근은 실로 진실한 근이라는 뜻이다. '빛을 발하는' 보주寶珠와 같은 정색에서 만들어진 것이기 때문에 정색근이라고도 한다. 다만 청정한 색근이기 때문에 형체가 없어 볼 수 없다. 여기서 '빛을 발하다'라는 말은 태양광선을 말하는 것이 아니라 우리 몸의 감각 에너지로 해석하는 것이 적절할 듯하다. 또한 승의근을 정근正根이라고 하는데, 부진근의 안쪽에 있는 진정한 근根이라는 의미이다. 부진근은 극미로 이루어진 물질적 감관(감각기관)을 말하는데, 정색근과 물질 사이에서 도와주는 역할을 한다. 즉 정색근이 대상을 인식할 때 부진근이 도와준다는 것이다. 눈을 예로 들면 부진근은 각막·수정체·망막 등으로 구성된 눈의 감관으로서, 부진근이 2차적인 감각기관이라면 승의근은 1차적인 감각기관에 해당한다.
[145] 성철(2014), p.331.

또한 성철스님은 정색근을 '무명의 껍질'이라고도 하는데, 이것은 감산스님의 무명각無明殼146)이라는 주석을 인용인 것 같다. 그러면 성철스님과 감산스님은 왜 정색근을 무명각이라고 했을까? 이것에 대해 각성스님은 "정색근이라고 말한 것은 옛날 『팔식규구』 해석에서는 '다만 사대가 처음 이루어질 때의 청정한 색이라고만 말을 했다. 그래서 그것은 가장 알기 어렵고 오직 천안으로만 볼 수 있다. 천안통이 열려야 정색근·승의근을 볼 수 있다'고 했다. 옛날 해석에서는 그렇게 보았다. 그것이 공통된 학설이었다. 그런데 감산대사는 다시 이론異論을 제기해서 다른 각도로 설명했다. 감산대사는 오근이 동의정색근同依淨色根(동일한 정색근에 의지한다)이라고 하는 정색은 무명의 껍질이라는 것이다. 밤송이처럼 무명불각無明不覺이라는 것이다. 그러니까 이 정색이 진공이 아니라는 것이다."147)라고 해설한다. 이 말에 의하면 정색근은 이른바 '밤(무명)을 둘러싸고 있는 껍질'인 셈이다.

계속해서 성철스님은 정색근의 존재 논거로 중음신148)과 어두운 곳에서 보는 것은 정상적인 눈을 가진 사람과 맹인의 차이가 없음을 예로

---

146) 『팔식규구통설』(X55, p.421c20).
147) 각성(2000), p.698.
148) 중음세계의 망자는 육체는 없고 의식만이 있다. 그래서 살아 있는 인간, 즉 사바세계의 인간의 눈으로는 그들을 볼 수 없다. 망자는 모습 없는 모습, 즉 의식밖에 없기 때문에 의생신意生身이라고 하며, 중음세계에 거주하기 때문에 중음신中陰神이라고도 한다. 또한 이들은 향을 먹는 자라는 의미로 건달바乾闥婆(gandharva), 건달박乾達縛이라고 음사하기도 한다. 왜냐하면 이 중음세계를 여행하는 망자가 먹는 것이 향香이기 때문이다. 그들을 다른 말로 식향食香·심향행尋香行·향음香陰·향신香神·심향주尋香主로 의역하기도 한다. 그래서 망자가 중음세계를 여행하기 위해서 반드시 준비해야 할 음식은 향香이다. 이런 이유에서 향밖에 먹을 수 없는 망자를 위해 살아 있는 자들은 불단에 향이 꺼지지 않게 아침, 저녁으로 향을 피우는 것이다. 참고로 의생신이란 부모로부터 받은 몸이 아니라 깨달음을 얻은 보살이 중생을 구제하기 위해 의意(생각)에 의탁하여 화생化生한다는 의미도 있다.

든다. 성철스님은 다음과 같이 말한다.

"정색근의 대표는 중음신中陰身입니다. 모양이 없는 중음신이 몸을 나툴 때 정색근으로 몸을 나툰다고 합니다. 보통 중생이 몸을 나투는 것은 순전히 부진근이지 정색근은 아닙니다. 전5식의 근본 소의가 정색근이라는 것은 뜻이 깊어서 이전에도 이해하기가 곤란하다고 했습니다. 정색근을 설명하는 한 가지 예를 들면, 어둡다는 것은 눈이 보이는 사람이든 보이지 않는 사람이든 다 볼 수 있는데, 눈이 보이지 않아도 본다는 것은 결국 정색근을 의미하는 것이라고 해석합니다. 이처럼 전5식도 부진근이 아니라 저 깊은 정색근에 의지해서 활동을 하고, 그 자리에는 분별이 떨어져 있다는 것입니다."[149]

여기서 성철스님은 어두운 곳에서는 눈이 보이는 사람이든 보이지 않는 사람이든 차이가 없고, 눈이 보이지 않은 맹인이 본다는 것은 정색근이 작용하기 때문이라고 한다. 이처럼 전오식도 부진근이 아니라 저 깊은 정색근에 의지해서 활동하고 있다는 것이다. 감산스님은 다음과 같이 중음신과 오신통의 예를 들고 이것이 정색근의 작용이라고 한다.

"그리고 〈중음세계에 거주하는〉 중음신도 형상과 모습(形狀)이 있다. 단지 〈중음신이기 때문에 그 형상이 이승의 중생보다〉 가볍고 얇을 뿐이다. 귀신의 오신통(천안통, 천이통, 타심통, 숙명통, 신족

---

[149] 성철(2014), p.332.

통)은 바로 정색근의 작용이다.[150] 이것으로 충분히 증명(徵)이 된다."[151]

나아가 감산스님은 성철스님과 마찬가지로 어두운 곳에서 눈이 보이는 사람과 맹인의 차이가 없다고 하고, 그 이유를 정색근의 작용 때문이라고 한다.

"〈근에는〉 부진근과 승의근(정색근)의 〈두 종류가〉 있다. 여기에서 정색근은 청정한 사대로 이루어진 승의근으로서 부진근은 의지할 수 없다. 예를 들어 맹인이 어둠을 보는 것과 눈이 있는 사람이 어두운 곳에서 〈보는 것에는〉 차이가 없는 것과 같다. 그러므로 〈맹인처럼 망막 등의〉 부진근이 파괴되더라도 보는 것(승의근)은 파괴되지 않는다는 것을 알 수 있다.[152] 그래서 의지할 것은 정색근뿐이다."[153]

이상과 같이 성철스님의 법문은 감산스님의 주석을 토대로 하고 있는데, 양자의 입장을 간단하게 정리하면 결국 전오식은 정색근을 의지하여 작용한다는 것이다.

---

150) 중음신과 귀신은 오신통을 가진 자만이 볼 수 있다는 것이다. 그리고 정색근이 그 역할을 한다는 것이다.
151) 『팔식규구통설』(X55, pp.4221c24-422a1), "故中陰身. 亦有形狀. 但輕薄耳. 鬼神五通. 乃淨色之用. 足可徵矣."
152) 부진근(망막·각막·수정체 등)은 작동하지 않지만, 승의근(정근 또는 정색근)은 작용한다는 뜻이다.
153) 『팔식규구통설』(X55, p.421c15-18), "有浮塵. 有勝義. 今淨色根. 乃清淨四大所造. 爲勝義根. 則浮塵根不足依也. 且如盲者見暗. 與有眼處暗無異. 足知根壞而見不壞. 則所依乃淨色根耳."

2) 전오식은 조건에 따라 생긴다

계속해서 제2구(九緣七八好相隣)는 식이 생기하는 조건(緣)에 대해 노래한 것이다. 유위법은 조건에 기대어 생기는데, 이와 마찬가지로 8가지 식이 일어나는데도 총 9가지 조건이 있다는 것이다. 다만 그 갖춘 조건(緣)의 많고 적음은 동일하지 않다. 이제 전오식은 어떤 방식으로 생기하는지 살펴보자. 제2구에 대해 성철스님은 다음과 같이 말한다.

"아홉 가지 연緣과 여덟 가지와 일곱 가지 연이 서로 의지해 있다는 말은 전5식 각각이 그러한 조건 아래에서 작용할 수 있음을 말하는 것입니다. 아홉 가지 연(九緣)이란 공空·명明·근根·경境·작의作意·분별分別·염정染淨·종자種子·근본根本을 말하는데, 이러한 조건이 전5식의 작용에 두루 수반한다는 것입니다. 전5식 가운데 안식眼識은 이 아홉 가지 연이 전부 갖추어져야만 활동이 가능합니다. 반면에 이식耳識은 여덟 가지 연만 갖추어지면 됩니다. 왜냐하면 청각이 작용하는 데는 밝고 어두운 명연明緣이 필요 없기 때문입니다. 아무리 밝은 곳이나 어두운 곳일지라도 귀는 들을 수가 있으나, 눈은 밝지 않으면 볼 수가 없습니다. 그러므로 안식은 아홉 가지 연이 모두 필요하지만 이식은 여덟 가지 연만 있으면 되는 것입니다. 또 비식鼻識·설식舌識·신식身識은 일곱 가지 연만 갖추면 됩니다. 왜냐하면 코와 혀와 몸이 활동하는 데는 장소인 허공이나 명암明暗이 없이도 가능하기 때문입니다. 또 제6식과 제7식과 제8식은 다섯 가지 연과 세 가지 연과 네 가지 연과 네 가지 연만 구비되면 활동이 가능합니다. 제6식인 의식意識은 분별·근·명·공을 제외한 나머지 다섯 가지 연인 경·작의·염정·종자·근본만 있으면 활동할 수 있으며, 제7식인 말나식은 작의·근본·종자만 있으면 활동할 수 있습니다. 여기에서 근본이란 심식의 깊은 곳에 자리잡은 아뢰야식을 의미합니다. 그리고 제8식인 아뢰야식은 작의·종자·근본에 경境을 하나 더 추가하면 활동이 가능합니다. 이렇게 전5식 중에서 안식은 아홉 가지 연으로 생기고, 이식은 여덟 가지 연으로 생기며, 나머지 비식·설식은 모두 일곱 가지 연으로 생기는 것입니다. 이렇게 여러 가지 조건들이 합해서 전5식이 활동을 합니다."[154]

제2구에 대한 성철스님의 법문을 요약하면, 9가지 조건(緣)[155]이란 허공(장애 없이 텅 빈 것)·밝음·근(감각기관)·경(대상)·작의(특정한 대상에 집중하는 마음작용)·분별의(제6 의식)·염정의(제7 의식)·종자의(종자로서 저장된 잠재적인 힘)·근본의(제8 아뢰야식)[156]이다. 그중에 안식은 9가지, 이식은 8가지, 비식·설식·신식의 3가지 식은 7가지, 제6 의식은 5가지, 제7 말나식은 3가지, 제8 아뢰야식은 4가지 조건이 갖추어져야 작용한다. 이처럼 전오식은 9가지, 8가지, 7가지의 조건이 서로 의지해서 각각 그런 조건에서 작용하는 것이다. 참고로 전오식 중에서 안식은 9가지 조건이 갖추어져야 하지만, 이식에는 밝음(明)이 제외된다. 그 이유는 청각작용에 밝고 어두운 것이 필요 없기 때문이다. 또한 비식·설식·신식에는 코·혀·몸이 활동하는데, 허공과 밝음이 없더라도 활동은 가능하다. 이것에 대해 감산스님은 다음과 같이 주석한다.

---

154) 성철(2014), pp.332-333.
155) 위의 책, p.333.
156) 의依를 추가한 것은 지욱스님의 『팔식규구직해』(X55, p.436b13)에 따른 것이다.

"유위법은 조건이 없으면 생기지 않는다. 게송에서 말하기를(唯識論曰), '안식은 9가지 조건[157]으로 생기고, 이식은 오직 8가지[158]로부터 생기며, 비식·설식·신식의 〈3가지 식은〉 7가지 조건[159]으로 생긴다. 뒤의 〈3가지 식, 즉 제6 의식은〉 5가지 조건,[160] 〈제7 말나식은〉 3가지 조건,[161] 〈제8 아뢰야식은〉 4가지 조건[162]으로 생긴다.'라고 하였다. 이 중에서 안식은 반드시 9가지 조건에 의지해야 비로소 생겨난다. 이식은 8가지 조건으로 생기는데, 밝음의 조건은 제외된다. 왜냐하면 어둠 속에서도 귀는 소리를 들을 수 있기 때문이다. 비식·설식·신식의 3가지 식은 밝음·허공의 2가지 조건을 제외한다. 그래서 〈이식·설식·신식은〉 오직 7가지 조건으로 생기할 뿐이다."[163]

성철스님의 법문과 감산스님의 주석을 참조하여 지금까지의 내용을 정리하면, 전오식 중에서 안식은 9가지, 이식은 8가지, 비식·설식·신식은 7가지를 조건 삼아 생기한다. 결국 전오식은 이런 여러 가지 조건이 합해서 활동하는 것이다.

부연하면 성철스님은 제2구 중의 호상린(好相隣)에 대해 '잘 서로 인접

---

157) 안식 : 허공, 밝음, 근, 경, 작의, 분별의, 염정의, 종자의, 근본의.
158) 이식 : 밝음, 근, 경, 작의, 분별의, 염정의, 종자의, 근본의.(허공 제외)
159) 비식, 설식, 신식 : 근, 경, 작의, 분별의, 염정의, 종자의, 근본의.(허공·밝음 제외)
160) 제6 의식 : 근, 경, 작의, 종자의, 근본의.(허공·밝음·근·분별 제외)
161) 제7 말나식 : 작의, 근본의, 종자의.
162) 제8 아뢰야식 : 근, 경, 작의, 종자의.
163) 『팔식규구통설』(X55, p.422a4-7), "以有爲之法. 非無緣而生. 偈曰. '眼識九緣生. 耳識唯從八. 鼻舌身三七. 後三五三四.' 謂眼識必仗九緣方生. 耳識八緣. 除明緣. 以暗中能聞故. 鼻舌身三識除明空二緣. 故唯七耳."

한다'라고 번역하는데, 감산스님의 "상린이란 순서대로(相隣次第)"**164)**라는 주석에 따라 필자는 '딱(好) 순서대로(次第) 〈생긴다〉'라고 번역했다. 참고로 청나라 시대 성기性起스님이 주석한 『팔식규구논의八識規矩論義』에서는 다음과 같이 '상린'을 상근相近, 즉 전오식끼리 '서로 가까이한다'라고 주석하고 있다.

"호상린이란 안이비설신 등의 식은 비슷한 것끼리 이웃하여 머문다(域). 즉 서로 가까이한다(相近)라는 의미(해석)이다. 나머지 식과는 서로 이웃하지 않는다. 〈왜냐하면〉 제6 의식은 집요하지만 끊어짐이 있기 때문이며, 제7 말나식은 끊어짐도 없으며 집요하고 항상함이 있기 때문이며, 제8 아뢰야식은 집요함은 없지만 항상함이 있기 때문에 서로 이웃하지 않는다. 즉 상위相違한다는 의미이다."**165)**

필자가 볼 때 성철스님은 아마도 이 주석에 따라 호상린을 '잘 서로 인접한다'라고 해석한 것 같다. 나아가 성기스님은 전오식이 나머지 식과 상위相違, 즉 서로 이웃하지 않는 이유에 대해 제6 의식은 집요하지만 끊어짐이 있기 때문이며, 제7 말나식은 끊어짐도 없지만 집요하고 항상함이 있기 때문이며, 제8 아뢰야식은 집요함은 없지만 항상함이 있기 때문이라고 한다. 여기서 성기스님은 상근相近과 상위相違라는 대립하는 개념으로 주석하는데, 이것이 다른 주석서와의 차이점이기도 하다.

---

164) 『팔식규구통설』(X55, p.422a7-8).
165) 『팔식규구논의』(X55, p.457c3), "好相隣者. 眼耳鼻舌身等識. 有似隣域. 即相近釋也. 餘識不相隣耳. 以六識唯審又間斷故. 七識不間斷. 有審恒故. 八識無審有恒故. 不相隣. 是相違釋也."

3) 전오식 중에서 비식·설식·신식은 합하고
   안식·이식은 떨어져서 세상을 관한다

제3구(合三離二觀塵世)에 대해 성철스님은 다음과 같이 말한다.

"'셋은 합한다'라는 것은 비식·설식·신식이 활동하는 데에 있어서 무엇이든 간에 대상과 직접 접촉해야 비로소 가능하다는 말입니다. '둘은 떨어진다'라는 것은 안식과 이식이 활동하는 데에 대상과 떨어져 있어도 가능하다는 말입니다. 즉 비식·설식·신식이 활동할 때는 코는 냄새와 접촉해야 하고, 혀는 맛을 볼 수 있도록 물체가 닿아야 하고, 몸은 촉각이 일어나도록 물건과 접촉해야 합니다. 그렇지 않으면 감각작용이 일어날 수가 없습니다. 반면에 안식과 이식은 어떤 사물과 직접 접촉하지 않고 멀리 떨어져 있어도 볼 수 있고 들을 수 있습니다. 그러므로 이를 간결하게 표현하여 비식·설식·신식의 세 가지는 합하고, 나머지(안식·이식)는 떨어져서 '세상을 관한다'고 하였습니다."[166]

이것에 의하면, 전오식 중에서 비식·설식·신식은 대상과 접촉해서 활동하고, 안식·이식은 대상과 떨어져서 활동하면서 각각 세상을 관한다. 다시 말해 비식·설식·신식이 작용할 때 비근(코의 감각기관)은 냄새와 접촉해야 하고, 설근(혀의 감각기관)은 맛을 볼 수 있도록 물체와 닿아야 하고, 신근(몸의 감각기관)은 촉각이 일어나도록 물건과 접촉해야 한다는 것이다. 반면 안식·이식은 대상(색경, 성경)과 접촉하지 않고 떨어져

---

[166] 성철(2014), p.334.

있어도 볼 수 있고 들을 수 있는 것이다. 이와 같이 우리는 5가지 감각기관(五根)-5가지 감각대상(五境)-5가지 인식작용(五識)의 접촉과 분리에 의해 세상을 관찰(지각)한다. 이러한 성철스님의 법문은 감산스님의 다음 주석을 토대로 풀이한 것으로 보인다.

"비식·설식·신식은 〈근과〉 만나(合) 대상(경계)을 취한다. 〈왜냐하면 식과 근이〉 접촉함으로써 비로소(方) 〈대상이〉 알려지기 때문이다. 반면 안식과 이식은 근根과 떨어져서(離) 대상을 취한다. 〈왜냐하면 사물을 보거나 소리를 들을 때〉 너무 가까이 가면 〈볼 수 없거나 들을 수 없게 되어〉 근根을 파괴하기 때문이다."[167]

참고로 위의 주석에서 합合이란 '가까이 대다·가까이에 접촉하다'라는 의미로, 냄새를 잘 맡으려면 코에 음식을 가까이 대야 하고, 맛을 느끼려면 입에 음식을 넣어 씹어봐야 하듯이, '접촉'해야 알 수 있다는 것이다. 그래서 감산스님이 "3가지 식(비식·설식·신식)은 접촉하여(합하여) 대상을 취한다."라고 주석한 것이다. 또한 안식과 이식은 "근을 떠나서(떨어져서) 대상을 취한다."라는 것은 물건을 보거나 소리를 들을 때 너무 가까이하면 보거나 들을 수 없기 때문에 약간 떨어져야(離) 한다는 것이다.

지욱스님도 합삼이이合三離二에 대해 "비식·설식·신식의 3가지 식은 합하여(만나) 대상을 취하고, 안식과 이식(眼耳)의 2종류는 떠나서(떨어져서) 대상을 취한다. 그래서 합삼이이合三離二라고 한다."[168]라고 주석하

---

167) 『팔식규구통설』(X55, p.422a12-14), "鼻舌身. 乃合中取境. 以合方知故. 眼耳離根取境. 以合則壞根故."
168) 『팔식규구직해』(X55, p.43b18-19), "鼻舌身三. 合中取境. 眼耳二種離中取境. 故曰合三離二."

는데, 합삼이이의 이유에 대해서는 별다른 설명을 하지 않는다.

한편, 감산스님은 제3구 중의 관진세觀塵世에 대해 주석하지 않지만 『팔식규구논의八識規矩論義』[169]에서 '진'은 오진五塵, '세'는 삼세三世라고 주석한다. 아마도 성철스님은 이것을 참조하여 "세상(塵世)을 관하다(觀)."[170]라고 해석한 것 같다. 다시 말해 진세란 '보여진 대상', 즉 『팔식규구논의』에 따르면 오진삼세五塵三世이고, 오진삼세란 곧 넓은 의미의 중생세계衆生界이며, 중생세계는 바로 중생이 사는 세상이기 때문에 진세=세상이 되는 것이다.

반면 지욱스님은 "관이란 능연의 견분이다. 진세란 소연의 상분이다."[171]라고 주석하는데, 이 주석에 따르면 관觀은 견분, 진세塵世는 상분이다. 여기서 견분(능연)은 전오식과 함께 작용하는 34개 심소이며, 상분(소연)은 색경 등의 오경을 말한다. 그러므로 이 구절은 "셋을 합하고 둘을 떠나서 상분(소연, 塵世)과 견분(능연, 觀)이 된다."라고 해석할 수 있다. 참고로 명욱스님의 『팔식규구보주증의』에서도 "관이란 견분, 진세란 상분"[172]이라고 주석한다.[173]

다만 『팔식규구약설』에서는 "관은 지각이다. 진세는 경(대상)이다."[174]라고 하고, 『팔식규구송주』에서도 "진세는 경境이다."[175]라고 주석하고

---

[169] 『팔식규구논의』(X55, p.457c12-13), "塵者. 即色聲香味觸等五塵也. 世者即刹那中. 具三世際也."
[170] 성철(2014), p.333.
[171] 『팔식규구직해』(X55, p.43b19), "觀者能緣之見分. 塵世者所緣之相分."
[172] 『팔식규구보주증의』(X55, p.400a5-6), "頌言觀者. 即是見分. 言塵世者. 即是相分. 名五塵境."
[173] 또한 진가스님의 『팔식규구송해』(X55, p.417a17)에서도 "觀即能緣見分. 塵世即所緣相分."라고 주석한다. 게다가 『팔식규구찬석』(X55, p.428b24-c1)에서는 "觀者即能緣見分. 眼等五識及諸心所. 塵世者即所緣相分. 乃色等五塵也."라고 주석한다.
[174] 『팔식규구약설』(X55, p.411b22), "觀即知覺也. 塵世即境也."
[175] 『팔식규구송주』(X55, p.443a24), "塵世境也."

있다. 따라서 『팔식규구약설』의 관은 지각, 진세는 경이라는 구절을 참조하면 관진세를 '대상(境)을 지각하다'라고도 해석할 수 있다. 물론 관진세觀塵世에 대한 성철스님의 '세상(塵世)을 관하다(觀)'라는 번역과 『팔식규구약설』의 '대상(塵世=境)을 지각(知覺=觀)하다'라는 주석 중에서 어느 쪽이 타당한지 단정하기 어렵지만, 독자의 측면에서 보면 필자는 성철스님의 해석이 이해하기 쉽다고 판단한다.

4) 어리석은 자는 제8 아뢰야식을 알지 못한다

제4구(愚者難分識與根)에 대해 성철스님은 "〈어리석은 자는〉 식과 근은 분별하기 어렵다."[176)]라고 번역하고, 다음과 같이 식과 근을 2가지 의미로 해석한다.

> "식識이란 분별 작용하는 '인식의 주체'를 뜻하고, 근根이란 인식을 발생하는 구조적인 '감각기관'을 뜻하는데, 이들의 차이는 매우 미묘하여 그 참모습을 파악하기 어렵습니다. (…) 그러나 유식의 견지에서 본다면 근根은 제8식의 상분에 해당하고, 식識은 제8 아뢰야식의 견분에 해당하므로 양자는 같지 않습니다. (…)"[177)]

먼저 성철스님은 일반적인 구분에 따라 식識을 인식주체, 근根을 감각기관이라고 한 다음, 유식의 입장에서 근은 제8 아뢰야식의 상분, 식은 제8 아뢰야식의 견분이라고 한다. 성철스님의 이러한 해석은 『팔식규

---

176) 성철(2014), p.333.
177) 위의 책, p.334.

『구송주』의 "근은 색법이다. 즉 제8 아뢰야식의 상분이다. 식은 심법이다. 즉 제8 아뢰야식의 견분이다. 그러므로 이 색법과 심법은 같지 않다. 또한 근은 대상을 비추고, 식은 대상을 조건으로 삼는다. 그러므로 이 근과 식의 작용은 같지 않다."[178]라는 구절을 참조한 것으로 생각된다.

반면 각성스님은 근根을 단순히 감각기관이 아니라 '전오식과 제6 의식을 생기시키는 근본(根)', 즉 근根을 제8 아뢰야식으로 해석한다. 이러한 각성스님의 견해에 따르면 이 구절은 "어리석은 사람은 식(전오식과 제6 의식)과 그 식識의 근본(제8 아뢰야식)을 분간하기 어렵다."[179]라고 해석할 수 있다.

여기서 한 가지 의문이 생긴다. 예컨대 현장스님은 『팔식규구』 게송에서 왜 '근과 식'이라고 하지 않고 '식과 근'이라고 한 것일까 하는 것이다. 이에 대해 필자는 각성스님의 입장을 반영해서 '식과 근'을 '식(전오식, 제6 의식)과 그 식의 근본(根, 제8 아뢰야식)'으로 해석하는 것이 적절하다고 본다. 왜냐하면 어리석은 자(소승)는 제8 아뢰야식을 알지 못하기 때문에 제6 의식(識)과 제8 아뢰야식(根)을 분간하기 어렵기 때문이다.(제4구) 이상으로 성철스님의 법문과 감산스님의 주석을 참조하여 필자는 제2 게송을 다음과 같이 번역했다.

"전오식은 동일하게 청정한 색근(淨色根)에 의지하며, 〈안식은〉 아홉 가지 조건(緣), 〈이식은〉 8가지 조건, 〈비식·설식·신식은〉 7가지 조건에 따라 딱(好) 순서대로(相隣) 〈생긴다.〉 셋(비식·설식·신식)은 〈대상과〉 합하고, 둘(안식·이식)은 〈대상과〉 떨어져 진세(세상에 있는

---

178) 『팔식규구송주』(X55, p.443b9-10), "根乃色法. 即第八之相分. 識乃心法. 即第八之見分. 此色心不同也. 又根能照境. 識能緣境. 此根識之用不同也."
179) 각성(2000), p.650.

대상)¹⁸⁰⁾를 관찰한다. 〈그렇지만〉 어리석은 사람은 식識과 근根을 분간하기 어렵다."

3. 제3 게송 : 전오식이 전환하면 성소작지이다

앞서 설명한 두 게송(제1 게송과 제2 게송)은 유루에 대한 것이고, 제3 게송은 무루지의 성취에 대한 것이다. 지금까지 전오식의 유루 부분을 설명했는데, 다음 게송(제3 게송)부터는 무루 부분에 대한 설명이다. 이것은 감산스님이 8가지 식을 크게 유루와 무루 부분으로 나누어 주석한 것에 따른 것이다. 제3 게송에 대한 성철스님의 해석[성철(2014), p.328]은 다음과 같다.

"상相이 변화하고 공空을 관찰하는 것은 오직 후득지이고, 불과佛果 중에서는 오히려 스스로 진여를 설명하지 못한다. 대원경지가 먼저 발생하니 무루無漏를 이루어 3종류로 몸을 나투어 괴로운 윤회를 그친다."¹⁸¹⁾

먼저 성철스님은 제1구(變相觀空唯後得)에 대해 다음과 같이 말한다.

"본래 전5식은 제8식을 근본으로 삼은 것이므로, 제8식이 전환

---

180) 성철스님의 법문과 『팔식규구약설』의 주석을 합하여, 필자는 '진세'를 '세상에 있는 대상'이라고 번역했다.
181) 『팔식규구통설』(X55, p.422a21-22), "變相觀空唯後得. 果中猶自不詮眞. 圓明初發成無漏. 三類分身息苦輪."

하면 전5식도 따라서 전환됩니다. '상이 변한다'는 것은 심식이 생길 때 세속경계인 상분相分이 변한다는 말인데, 그것을 관찰하면 곧 공호해집니다. 이렇게 그 상相은 공하지만 아직 공상空相을 떠나지 못했으므로 이것은 오직 후득지後得智로 얻어지는 것이지 근본지根本智의 작용이 아닙니다."[182)

위의 인용문에서 '상이 변한다(變相)'는 것은 '상분(相分)이 변한 것'이고, 또한 이것을 관찰하면 공이지만 그것(상분)은 공상을 떠나지 못했기 때문에 후득지로 얻어지는 것이지 근본지의 작용은 아니다. 여기서 주목할 것은 '제8 아뢰야식이 전환(전변)하면 전오식도 전환한다는 것'이라는 구절이다. 즉 전오식이 성소작지로 전환한다는 것이다. 왜냐하면 둘은 동체이기 때문이다. 이것은 감산스님의 다음 주석을 토대로 한 것이다.

"'변'이란 상분을 변화시켜서 조건(緣)으로 삼는다(變帶)는 뜻이다. 〈그리고 제1구의〉 '상'이란 상분을 〈의미한다〉. 전오식은 오로지 오진五塵(색진 등)의 상분의 대상을 조건으로 삼는다. 이 전오식은 제8 아뢰야식과 똑같이 나란히 전변(轉)한다. 지금 저 형상에 의탁하고 변대(변화)하여 공을 관찰하면, 이것(전오식)이 비로소 지혜(성소작지)[183)를 이룬다. 그러나 그 형상은 비록 공이지만, 아직

---

182) 성철(2014), p.335.
183) 성소작지成所作智란 '해야만 할 것을 성취하는 지혜'라는 뜻으로, 부처가 되면 전오식이 전하여 성소작지가 된다. 그러면 무엇을 해야만 하는가? 그것은 바로 지금 괴로워하고 있는 사람들을 구하는 것이다. 다시 말해 자신을 위해 전오식을 사용하는 것이 아니라 괴로워하는 중생을 위해 이타행을 실천하는 것이다. 우리의 전오식은 다섯 가지의 감각기관을 바탕으로 오로지 자기를 위해 작용한다. 즉 눈(안식)은 아름다운 것이나 예쁜 것, 귀(이식)는 아름다운 소리, 코(비식)는 좋은

공상을 떠나지 못했다.[184] 진여무상의 도리를 친히 조건(대상)으로 삼지 못하기 때문이다. 〈그리고 전식득지 중의 지혜(智)에 대해 주석한다.〉 지혜는 근본지와 후득지가 있다. 근본지는 진여를 대상(조건)으로 삼으므로 진여의 지혜라고 하고, 후득지는 세속을 조건(대상)으로 하므로 가짜 지혜[185]라고 한다."[186]

앞서 말했듯이 성철스님의 법문과 감산스님의 주석에서 주목할 것은 "제8식이 전환하면 전5식도 따라서 전환됩니다."(성철스님)라는 구절과 "이 전오식은 제8 아뢰야식과 똑같이 나란히 전변(變)한다."(감산스님)라는 구절이다. 뒤(제3구)에 다시 설명하겠지만, 성철스님의 법문에 따르면 제

향기, 혀(설식)는 맛있는 것, 촉(신식)은 기분 좋은 감촉에 끌리는 것이다. 사람들에게 "행복할 때가 언제입니까?"라고 질문하면 대부분이 음악을 듣거나 그림, 영화, 아름다운 꽃을 보거나 등산 등을 할 때라고 대답한다. 이처럼 우리는 자기의 오감이 즐겁거나 만족할 때 행복을 느낀다. 즉 오로지 자기의 오감이 즐거우면 행복한 것이다. 성소작지는 이 오감을 자신만을 위해 사용하는 것이 아니라 타인을 위해 사용하는 것이다. 이처럼 오감이 전하여(轉識) 다른 사람을 위해 사용하여 지혜를 얻는(得智)는 것은 결국 중생을 위하여 자기의 전오식을 사용하면 깨달음을 얻는다는 것이다.

184) 공을 관찰했지만, 공을 관찰했다는 그 자체는 남아 있다. 즉 공을 관(觀)한 것이 아직 남아 있기 때문에 공상을 떠나지 못한 것이다. 그래서 진여와 무상의 도리를 친히 조건으로 삼지 못한 것이다.

185) 근본지는 진리와 하나가 되는 청정한 지혜이고, 후득지는 그 청정한 지혜가 구체적인 생활 속에서 나타나는 지혜이다.[김명우(2009), p.139] 좀 더 자세하게 설명하자면 근본지는 선천적으로 얻은 지혜이고, 후득지는 후천적으로 얻은 지혜이다. 근본지는 진여(승의제)를 조건으로 삼기 때문에 진지(眞智)이다. 정체지(正體智)·근본무분별지·무분별지·정체무분별지라고도 한다. 후득지는 세속제를 조건으로 삼기 때문에 가지(假智)이다. 후득차별지·여량지(如量智)·분별지·속지(俗智)·세속지라고도 한다.

186) 『팔식규구통설』(X55, p.422a22-b2), "變. 謂變帶. 相. 謂相分. 以五識一向緣五塵相分境. 以此識同八齊轉. 今托彼相. 變帶觀空. 而此方成智. 其相雖空. 亦未離空相. 以不能親緣眞如無相理故. 智有根本後得. 根本智緣如. 名眞智. 後得智緣俗. 名爲假智."

8식이 전변해서 대원경지가 될 때, 이 전오식도 성소작지가 된다. 즉 제8 아뢰야식이 대원경지로 전변했을 때 곧바로 이 전오식도 성소작지를 이룬다는 것이다. 왜냐하면 둘은 그 본체가 같기 때문이다. 그리고 제2구(果中猶自不詮眞)에 대해 성철스님은 다음과 같이 말한다.

"과과는 불과佛果를 이루는 것을 말하고, 진眞이란 진여眞如를 말합니다. 불과를 이루는 것도 후득지에 해당하며 진여의 무분별을 연려緣慮하지 않는다는 것입니다. 이것은 후득지 중에서 진여를 반연[187]한다고 주장한 안혜安慧 논사의 견해를 반박한 것이라고 합니다."[188]

이것도 감산스님의 다음 주석을 토대로 한 것이다.

"'과중(불과위)에서도 진여를 증득하지(갖추지)[189] 못한다'는 것은 바로 불과위에서도 여전히[190] 거짓 지혜라고 부른다는 것을 가리킨다. 이것은 다른 논사(안혜 논사)의 생각(計)을 논파하고자 설한 것이다. 안혜 논사의 그룹에서는 후득지의 인위[191]에서 진여를 조

---

[187] 반연攀緣이란 잡을 반攀, 인연 연緣 자로 이루어진 말로, 외부의 어떤 대상에 생각이 끌려가 작용을 일으키는 것(인식하는 것)을 뜻한다. 예를 들면 담쟁이덩굴이 담을 타고(의지하여) 올라갈 때, 담쟁이덩굴이 담을 '반연'해서 넘어간다고 표현한다. 그래서 필자는 '반연'을 '조건'으로 번역하였다.
[188] 성철(2014), p.335.
[189] 지욱스님의 주석에 따라 전詮을 증證으로 해석했다.
[190] 감산스님은 게송의 유자猶自를 생략했는데(果中不詮眞), 주석에서는 유猶 대신에 상尙을 넣어 주석하고 있다.
[191] 인위란 과위(과상원)의 반대말로, 직역하면 '원인의 단계'라는 뜻이다. 다시 말해 깨달음에 이르기 위한 수행의 단계를 의미한다. 유식의 수행단계로 설명하면 가행위·통달위·수습위는 인위이고, 구경위는 과위이다.

건으로 삼는다고 말하므로 이에 그것을 논파한 것이다."¹⁹²⁾

이와 관련하여 안혜 논사는 "전오식을 끊고 진공의 도리를 관찰 수행할 때 근본지에도 해당된다."라고 하는데, 호법보살은 "근본지는 해당 안 되고 후득지에만 해당된다."라는 입장이다. ¹⁹³⁾ 이것은 진여의 상분을 변화(전변)시켜 진공을 관찰할 때는 후득지뿐이지 근본지는 아니라는 말이다.

참고로 여기서 제2구 중의 전詮에 대한 보충 설명을 잠시 하고자 한다. 먼저 감산스님은 부전不詮을 "진여무상의 도리를 친히 조건(대상)으로 삼지 못한다."¹⁹⁴⁾고 하여 전詮을 '대상·조건(緣)'으로 주석한다. 그리고 『팔식규구보주증의』과 『팔식규구찬석』에서는 전詮을 구具라고 주석한다. ¹⁹⁵⁾ 반면 지욱스님은 "진여의 체성을 스스로 친히 증득할 수 없다."¹⁹⁶⁾라고 하여 전詮을 증證으로 주석한다. 필자는 문맥상으로는 지욱스님의 주석이 보다 매끄럽다고 생각한다. 한편, 성철스님은 "설명(詮)하지 못한다."¹⁹⁷⁾라고 하여 단순히 글자의 의미대로 해석하는데, 독자의 이해라는 점에서는 의미 있는 해석이라고 생각한다. 다만 성철스님은 감산스님과 동일하게 전詮을 조건(연려)이라고 한다. ¹⁹⁸⁾

---

192) 『팔식규구통설』(X55, p.422b2-4), "果中不詮眞者. 正謂佛果位中尙名假智. 此破異師計也. 以安慧師宗言後得因中緣如. 故此破之."
193) 각성(2000), p.661.
194) 『팔식규구통설』(X55, p.422a25), "不能親緣眞如無相理."
195) 『팔식규구보주증의』(X55, p.400b28)에서는 "詮. 具也."; 『팔식규구찬석』(X55, p.429a15)에서도 "詮者具也."라고 주석한다.
196) 『팔식규구직해』(X55, p.436c6), "自不能親證眞如體性."
197) 성철(2014), p.335.
198) 성철스님은 계송을 해석할 때는 전詮을 '설명하다'로 했지만, 법문에서는 '진여의 연려緣慮'라고 하여 감산스님과 동일하게 전詮을 조건(연려)이라고 한다.

다음으로 제3구(圓明初發成無漏)는 전오식의 과상전과上轉을 노래한 것인데, 여기서 '원명'은 대원경지를 말한다. 그리고 전오식과 제8 아뢰야식은 과상원과上圓이다. 이른바 불과위에서 제8 아뢰야식이 대원경지로 전변할 때 전오식의 성소작지가 홀연히 현전하여 무루지를 성취한다고 한다. 이에 대해 성철스님은 다음과 같이 말한다.

"전5식이 전변轉變해서 사지四智의 보리菩提가 되지는 않습니다. 전5식의 근본이 제8식의 상분相分이기 때문에 제8식이 전변해서 대원경지大圓鏡智가 될 때 이 전5식도 성소작지成所作智가 됩니다. 이것이 '대원경지가 먼저 발생하니 무루無漏를 이룬다'는 말입니다. 이때에는 전5식도 따라서 전환하여 무루의 성소작지가 됩니다. (…)"199)

이것에 의하면 전오식이 전변하여 전식득지, 즉 성소작지가 되는 것이 아니라 제8 아뢰야식이 전변하여 대원경지가 될 때 전오식도 성소작지로 전변한다. 이것은 감산스님의 다음 구절을 토대로 한 것이다.

"'원명(대원경지)을 처음으로 일으켰다'는 무슨 의미인가? 이 구절은 제8 아뢰야식이 대원경지로 전변한다는 뜻이다. 처음으로 일어날 때(제8 아뢰야식이 대원경지로 전변하였을 때), 곧바로 이 전오식도 무루지(성소작지)를 이룬다. 〈왜냐하면 전오식과 제8 아뢰야식은〉 같은 본체이기 때문이다. 그래서 전오식과 제8 아뢰야식은 깨달은

---

199) 앞의 책, p.336.

경지(과상원)²⁰⁰⁾가 된다."²⁰¹⁾

계속해서 제4구(三類分身息苦輪) 중의 삼류분신에 대해 성철스님은 다음과 같이 말한다.

"대화신은 크게 몸을 나투신 것이고, 소화신은 조금 나투고, 수류화신은 종류에 따라서 몸을 나툽니다. 축생을 위할 때는 축생의 몸을 나투고, 남자를 위할 때는 남자의 몸을 나투듯이 각각 종류에 따라서 몸을 나투는 것입니다. 이렇게 3종류로 분신을 해서 고해에 빠져 윤회하는 일체중생을 제도한다는 말입니다."²⁰²⁾

이것도 감산스님의 다음 주석을 토대로 한 것으로 생각된다.

"만약 이 전오식이 성소작지로 전변하면 불과위에서 3종류의 화신으로 나타날 수 있다. 이른바 대화신, 소화신, 수류화신이 그 것이다. 이 삼신으로써 〈중생의〉 근기에 따라 사물을 이롭게 한다.²⁰³⁾"

---

200) 과상원(과상전) : 후천적인 번뇌인 분별아집과 분별법집은 끊기가 쉽지만, 선천적인 번뇌인 구생아집과 구생법집은 끊기가 어렵다. 특히 전오식과 제8 아뢰야식은 구생아집의 성질이 없고 구생법집의 성질을 가지고 있다. 그래서 둘은 동체라고 한다. 그리고 번뇌를 끊기 어렵기 때문에 그것을 과상원이라고 하는 것이다. 과상원이란 수행의 결과 얻어진 경지, 즉 부처의 경지로서 과상·과상전果上轉·과위 果位·과두果頭라고도 한다. 인위因位, 인상因上의 반대말이다.
201) 『팔식규구통설』(X55, p.422b4-6), "圓明初發. 謂八識轉大圓鏡智. 初發之時. 此前五識卽成無漏. 以同體故. 所謂五八果上圓."
202) 성철(2014), p.336.
203) 『팔식규구통설』(X55, p.422b6-8), "若此五轉成所作智在佛果中則能現三類身. 謂大化·小化·隨類化. 以此三身. 應機利物."

이 구절은 전오식이 전변하여 성소작지, 즉 무루를 성취하면 3종류의 몸으로 변화(삼류화신)하여 중생을 윤회의 고통에서 벗어나게 한다는 것이다. 삼류화신 중에 대화신(큰 화신)이란 천장노사나신千丈盧舍那身으로 십지보살의 화신이다. 소화신은 장육금신丈六金身을 말한다. 장丈은 길이 10척을 말하는데, 보통 사람의 키가 6척이므로 천장千丈이라면 상상을 초월할 정도로 엄청나게 큰 몸이라고 할 수 있다. 장육금신은 현생한 석가모니 부처님으로서, 크기가 16척의 금신이라는 것이다. 또는 이승과 범부의 화신이라고도 한다. 수류화신이란 종류(類)에 따라서(隨) 변화하는(化) 몸(身)이라는 뜻인데, 제도할 중생의 근기에 따라 부처님께서 직접 몸을 나타내는 것이다.[204]

참고로 제4구 중의 괴로운 윤회를 그친다(息苦輪)에서 '그친다(息)'를 지욱스님은 "일체중생이 생사의 괴로운 윤회(苦輪)를 〈건너서〉 벗어나게 한다."[205]라고 하여, 〈건너서〉 벗어난다(度脫=解脫=化度)'라고 주석하는데, 감산스님은 "〈중생의〉 근기에 따라 사물을 이롭게 한다."라고 하여 다소 애매하게 주석한다. 감산스님보다는 지욱스님의 주석이 이해하기 쉬운데, 그래서 성철스님도 지욱스님의 주석에 따라 이 구절을 "고해에 빠져 윤회하는 일체중생을 제도한다는 말입니다."라고 해석한 것 같다. 이처럼 식息에 대해 감산스님은 중생을 '이롭게 하다(利)', 지욱스님은 중

---

204) 『팔식규구찬석』(X55, p.429b12-16), "三類分身者. 謂一大化身. 即千丈盧舍那. 爲應十地之所現也. 二小化身. 即丈六金身. 爲應二乘凡夫之所現也. 三隨類不定化. 謂如來誓願弘深慈悲普覆. 隨諸種類有感即應. 或現大身滿虛空中. 或現小身種種不等."; 『팔식규구보주증의』(X55, pp.400c17-401b16), "三類分身者. 觀佛三昧海經云. 佛化身有三類. 一大化身. 謂如來爲應十地已前諸菩薩等. 演說妙法. 令其修進. 向於佛果. 故化現千丈大身也. 二小化身. 謂如來爲應二乘凡夫. 說於四諦等法. 令其捨妄歸眞. 而得開悟. 故化丈六小身也. 三隨類不定. 謂如來誓願弘深. 慈悲普覆. 隨諸種類有感即應. 或現大身. 滿虛空中. 或現小身. 丈六八尺等."

205) 『팔식규구직해』(X55, p.436c17), "度脫一切有情生死苦輪也."

생을 윤회에서 '벗어나게 하다(度脫)', 성철스님은 중생을 '제도하다(化度)'로 해석하는데, 앞 구절(三類分身)을 감안하면 "3종류로 분신하여 일체중생을 제도한다."라고 한 성철스님의 해석이 가장 이해하기 쉽다고 생각된다. 이상으로 성철스님의 법문과 감산스님의 주석을 참조하여 제3 게송을 해석하면 다음과 같다.

"상(상분)이 변화하고 〈진〉공을 관찰하는 것은 오직 후득지뿐이며, 〈그래서〉 여전히 불과위(果中)에서도 스스로 진여를 증득(詮)하지 못하는 것이다. 원명(대원경지)을 처음 일으켜 무루지(성소작지)를 이룬다면, 3종류의 분신分身으로 고통의 수레바퀴(윤회의 고통)에서 벗어난다."

4. 『유식삼십송』에 나타난 전오식 법문

성철스님은 『백일법문』[성철(2014), p.336]에서 『팔식규구』의 전오식에 대한 게송 풀이를 마친 다음, 다시 『유식삼십송』의 제15 게송을 인용하며 법문한다. 먼저 성철스님은 『유식삼십송』의 제15 게송을 다음과 같이 해석한다.

"근본식에 의지하여 오식이 인연을 따라 나타난다. 혹은 갖추기도 하고 혹은 갖추지 않기도 하니, 파도가 물을 의지함과 같다."[206]

---

[206] 『유식삼십송』(T31, p.60c5), "依止根本識 五識隨緣現 或俱或不俱 如濤波依水."

다만 필자는 제15 게송[207]을 다음과 같이 해석한다.

"〈전오식은〉 근본식(mūla-vijñāna·제8 아뢰야식)에 의지하여 〈작용한다〉. 전오식은 조건(緣)에 따라서 나타난다. 〈전오식은〉 때로는 함께 때로는 별도로 작용한다. 파도(전오식)가 물(제8 아뢰야식)에 의지하는 것과 같이."[208]

여기서 성철스님은 제15 게송 제3구의 혹구혹불구或俱或不俱를 "혹은 갖추기도 하고 혹은 갖추지 않기도 하니"라고 해석하였는데, 필자는 전오식을 주어로 삽입하여 "〈전오식은〉 때로는 함께 때로는 별도로 작용한다."라고 해석하였다. 또한 성철스님은 혹구혹불구或俱或不俱의 해설 부분에서 "안식은 갖추어서 아홉 가지 연이 되고 이식은 여덟 가지 연이 되듯이, 전체를 갖추기도 하고 또 갖추지 않기도 하면서 (…)"[209]라고 한다. 이것은 곧 안식은 9가지 조건(緣), 이식은 8가지 조건, 비식·설식·신식은 7가지 조건, 전오식은 5가지 조건, 7식은 3가지, 8식은 4가지 조건을 갖춘다는 의미이다. 하지만 필자는 혹구혹불구가 전오식과의 관계를 밝힌 것이라 보고, "전오식이 어떤 때는 함께 작용하고 어떤 때는 단독으로 작용한다."라고 해석하였다. 다시 말해 안식이 단독으로 작용할 때도 있고, 안식·이식·비식이 동시에 작용할 때도 있다는 것이다. 예를

---

207) 범본을 해석하면 다음과 같다. "다섯 종류의 인식작용(전오식)은 근원적 인식작용(제8 아뢰야식)이 있을 때 조건에 응하여 (六識 또는 외부 대상 등을 조건으로 해서) 그것과 동시에 또는 비동시적으로 생긴다. 물(제8 아뢰야식)이 있을 때의 파도(전오식)와 같다.(15)"["pañcānāṃ mūlavijñāne yathāpratyayam udbhavaḥ/vijñānānāṃ saha na vā taraṃgāṇāṃ yathā jale//"(15abcd)]
208) 김명우(2009), p.198.
209) 성철(2014), p.337.

들면 낙동강 을숙도에서 석양을 바라볼 때는 눈(안식)이 단독으로 작용한다. 그렇지만 친구와 함께 횟집에 가서 생선회를 먹을 때는 먼저 눈(안식)으로 그 회가 싱싱한가를 확인하고, 혀(설식)로 그 맛을 즐긴다. 이처럼 감각이 단독으로 작용하기도 하고 몇 개의 감각이 함께 작용하기도 한다. 그래서 전오식은 "혹구혹불구한다."라고 필자는 해석한 것이다.

한편, 혹구혹불구 앞에 등장하는 '오식수연현五識隨緣現', 즉 "오식이 인연을 따라 나타난다."(성철스님), "전오식은 조건(緣)에 따라서 나타난다."(필자)라는 구절은 전오식이 조건에 따라 일어난다는 의미이다. 다시 말해 전오식은 제6 의식과 달리 언제나 생기하는 것이 아니라 조건(緣)이 맞지 않으면 생기하지 않는다는 것이다. 그러면 전오식은 구체적으로 어떤 조건을 만나야 생기하는가? 그 조건은 허공·밝음·작의·근·경 등의 9가지이다. 이 구절 중에 연緣이라는 단어가 등장하는데, 바로 이 연緣이 『팔식규구』의 제2 게송(전오식을 설명한 게송) 제2구에 등장하는 9연(九緣七八好相隣)의 연緣과 동일한 의미라고 생각한다. 왜냐하면 안식은 9연(허공·밝음·근·경·작의·분별의·염정의·종자의·근본), 이식은 8연, 비식·설식·신식은 7연, 제6 의식은 5연, 제7 말나식은 3연, 제8 아뢰야식은 4연이라고 할 때의 연(조건)이기 때문이다. 필자가 이렇게 해석한 것은 『성유식론』에 따른 것인데, 『성유식론』에서는 "연이란 작의, 근, 경 등의 연이다."210)라고 하여 연(조건)을 9연 등으로 해석하고 있다. 하지만 성철스님의 오식수연현五識隨緣現과 혹구혹불구或俱或不俱의 연(조건)에 대한 주석도 잘못된 것이라기보다는 단지 연緣을 구별 없이 사용한 것일 뿐이라고 생각한다.

---

210) 『성유식론』(T31, p.37a17), "緣謂作意根境等緣."

Ⅳ. 『백일법문』과 제6 의식

1. 제6 의식이란 어떤 마음인가

1) 제6 의식 – 감각에 한정되는 마음이다

앞서 표층의 마음인 안식·이식·비식·설식·신식의 전오식에 대해 성철스님의 법문과 감산스님의 주석을 중심으로 비교해서 살폈다. 계속해서 표층의 마음인 제6 의식意識(consciousness)에 대해 알아보자. 먼저 성철스님의 법문과 감산스님의 주석을 살펴보기 전에 제6 의식은 어떤 작용을 하는 마음인지 살펴보자. 앞서 제6 의식은 다음과 같은 작용을 한다고 하였다.

첫째, 제6 의식은 전오식의 활동을 바탕으로 대상을 종합적으로 판단 사유하는 마음인 동시에 전오식으로부터 '제약'을 받는 마음이다.
둘째, 제6 의식은 전오식과 함께 작용하여 감각을 '선명'하게 해주는 마음이다.
셋째, 제6 의식은 전오식 배후에서 '언어'를 사용하여 대상을 개념적으로 '사고'하는 마음이다.

전오식, 즉 안식眼識은 안근眼根을 매개로 색경色境, 이식은 이근을 매개로 성경, 비식은 비근을 매개로 향경, 설식은 설근을 매개로 미경, 신식은 식근을 매개로 촉경을 각각 그 대상으로 삼는다. 반면 제6 의식은 의근을 바탕으로 전오식의 대상(법경) 전체를 대상으로 삼아 종합하여 판단 사유하는 마음이다. 다시 말해 제6 의식은 전오식(감각)에 의해 인식 범위가 한정되는 마음으로, 이른바 자신의 지식·경험·환경 등에 의해 인식 대상(범위)이 한정된다는 것이다. 예를 들어 보자. 우리는 같은 신문, 같은 지면, 같은 기사를 읽어도 관심 분야나 가치관이 다르면 기사 내용도 다르게 보일 뿐만 아니라 기억하는 내용도 다르다. 평소에 인간을 악한 존재라고 생각하는 사람은 신문 기사를 볼 때, 살인·전쟁 등의 나쁜 기사가 눈에 먼저 들어온다. 반면 인간을 선한 존재로 생각하는 사람은 귀퉁이에 있는 선한 기사를 먼저 읽는다. 게다가 시력(전오식)의 차이 때문에 자외선이나 적외선을 볼 수 없으며, 청각의 차이 때문에 돌고래처럼 고주파를 들을 수 없으며, 개나 늑대처럼 후각이 뛰어나지 않기 때문에 미세한 냄새는 잘 맡을 수 없다. 이처럼 제6 의식은 감각(전오식)에 의해 그 인식대상이 제약을 받는다.

그런데 유식의 중국적 전개인 법상종에서는 제6 의식을 전오식과 관련시켜 오구의식과 불구의식으로 나눈다.[211] 먼저 오구의식五俱意識, 즉 전오식(五)과 함께하는(俱) 의식意識이란 의식이 전오식과 관계를 가지고 있는 상태를 말한다. 이것은 다시 오동연의식과 부동연의식으로 세분된다. 먼저 오동연의식五同緣意識이란 제6 의식意識이 전오식(五)과 동일한(同) 대상(緣)에 집중하고 있는 상태를 말한다. 예를 들면 책을 읽을 때 안식이 글자를 보고 있고, 제6 의식도 또한 그것에 집중하여 책의

---

[211] 제6 의식의 종류에 대한 성철스님의 법문은 〈성철(2014), pp.340-341〉을 참조하기 바란다.

내용을 이해하는 것이다. 반면 부동연의식不同緣意識, 즉 전오식과 동일한 대상에 집중하지 않는 제6 의식이란 감각이 활동하고 있는 것은 오동연의식과 동일하지만, 제6 의식이 전오식과는 다른 것을 생각하고 있는 상태를 말한다. 안식이 책을 보고 있지만 제6 의식은 다른 생각을 하는 것이다.

불구의식不俱意識은 제6 의식이 전오식과는 별도로 활동하는 상태를 말한다. 불구의식은 다시 오후의식과 독두의식으로 세분된다. 먼저 오후의식五後意識이란 전오식을 계기로 제6 의식이 활동하지만, 전오식의 활동이 끝난 이후에도 제6 의식이 계속 작용하는 상태를 말한다. 예를 들면 좋은 영화를 보고 난 후에 그 감동의 여운이 남아 집으로 돌아오는 길에 계속해서 음미하는 제6 의식이다. 독두의식獨頭意識이란 제6 의식이 전오식과 별도로 독자적으로 활동하는 상태를 말한다. 이 독두의식에는 정중의식·몽중의식·독산의식의 3종류가 있다. 먼저 정중의식定中意識은 선정 중의 의식 상태를 말한다. 또는 깨달음의 체험이나 심신탈락心身脫落의 상태와도 관계하는 의식이다. 몽중의식夢中意識은 꿈 속의 의식이다. 프로이트의 정신분석학에서는 꿈이 무의식과 관계하는 것으로 보지만, 유식에서는 제6 의식의 활동으로 파악한다. 독산의식獨散意識은 전오식의 활동을 떠나 제6 의식만이 자유롭게 활동하는 것으로서, 구체적으로 사고·판단·상상력·이상을 추구하는 등의 마음 활동을 말한다. [212]

---

[212] 김명우(2011), pp.100-102.

2) 제6 의식 – 감각을 선명하게 하는 마음이다

제6 의식은 전오식과 함께 작용하여 감각을 선명하게 한다. 제6 의식을 스포트라이트에 비유해 보자. 어두운 무대 위에서 스포트라이트를 비추면 비추어지는 사람이나 대상이 확실히 선명하게 보인다. 이와 마찬가지로 제6 의식의 스포트라이트가 어떤 감각 대상으로 향하는가에 따라 우리의 감각세계는 크게 달라진다. 왜냐하면 제6 의식의 스포트라이트를 어떤 대상으로 향하는가에 따라 그 대상이 선명해지기 때문이다.

예를 들어보자. 속이 아프거나 손가락이 가시에 찔렸을 때, 그 통증에 제6 의식을 집중하면 통증이 이전보다 더 심해진다. 그러나 그때 우연히 밖에서 들려오는 아름다운 새소리에 제6 의식을 향하게 하면, 속쓰림이나 손가락의 통증이 완화된다. 즉 제6 의식의 스포트라이트를 어디로 향하는가에 따라 통증은 심해지기도 하고 완화되기도 하는 것이다.

또 다른 예를 들어 보자. 친구와 대화하면서 식사하는 것도 즐겁지만 너무 대화에 빠져 버리면 음식 맛을 전혀 느낄 수가 없다. 그러나 혀안의 음식 맛에 제6 의식의 스포트라이트를 비춰 보자. 그러면 '맛있는 음식 맛'이 제6 의식에 선명하게 나타난다. 이처럼 제6 의식의 스포트라이트를 '무엇'에 비추는가에 따라 세계의 상태는 변한다. 그래서 유식에서는 제6 의식을 명료의明了依라고도 한다. 명료의란 제6 의식은 대상을 명료하게(明) 이해(了解)하는 원인(의지처)이 된다는 의미이다.

그리고 신체나 사물뿐만 아니라 제6 의식을 어느 '시간'에 향하는가에 따라서도 달라진다. 예를 들어 과거에 일어난 것에만 제6 의식이 향하는 사람은 '어떻게 내가 그런 짓을 했을까?'라고 후회하면서 괴로워한다. 또한 제6 의식의 스포트라이트를 미래에만 향하는 사람은 '앞으로 어떻게 될까?'라고 걱정하고 불안해한다. 물론 과거를 반성하고 미래를 걱정하는 것도 중요하다. 그러나 과거는 이미 지난 것이고, 미래는 아직 오지 않았다. 즉 과거도 미래도 실재하지 않는다. 실재하는 것은 지금 있는 현재이다. 그래서 제6 의식의 스포트라이트를 비추어야 할 곳은 현재이다. 그렇지만 '지금(now)'에 집중하는 것은 결코 쉬운 일이 아님을 명상이나 참선을 해 본 사람은 잘 알 것이다. 호흡명상을 할 때는 후회스러운 과거의 생각이나 불안한 미래의 생각을 가라앉히고 지금 하고 있는 호흡에 집중해야만 한다. 그러나 파도처럼 끊임없이 밀려오는 후회와 불안한 생각을 가라앉히고 호흡에 집중하기란 쉽지 않다. 그러나 제6 의식을 계속해서 들숨과 날숨에 집중하다 보면 자연스럽게 호흡에 집중하게 되고 마음도 편안해진다.

3) 제6 의식 – 언어를 사용하여 대상을 개념적으로 사고하는 마음이다

제6 의식은 언어를 사용하여 개념적 사고를 하는 마음이다. 인간은 '생각하는 동물'(아리스토텔레스), 인간은 '생각하는 갈대'(파스칼), '나는 생각한다. 고로 존재한다'(데카르트)라고 했다. 이처럼 인간의 특징을 가장 잘 규정짓는 말은 '생각(사고)'이다. 지구상의 모든 동물은 자신의 생각을 몸동작, 표정으로 표현한다. 그러나 인간은 다른 동물과 달리 의사소통 수단으로 말과 글을 사용한다. 그리고 이렇게 생각을 표현하는 언어활동을 통해 인류 문명은 발전을 거듭해왔다. 이처럼 언어와 생각은 불가분의 관계에 있다.

단, 인간의 모든 사고는 언어로써 이것저것 생각하며 타인과 언쟁을 벌이기도 한다는 점에서 인간은 언제나 언어에 의한 유희遊戱의 세계에 살고 있다고도 할 수 있다. 그래서 유식에서는 '언어대로 세계는 존재하지 않는다', 즉 이 세계에는 실체로서의 사물은 존재하지 않는다는 것을 알아차려 제6 의식에 의한 무의미한 언어의 유희로부터 벗어나자고 한다. 이런 제6 의식을 벗어나 획득한 지혜를 묘관찰지妙觀察智라고 한다. 여기서 오묘(妙)하게 관찰觀察한 지혜(智)란 사실을 사실 그대로(如實知見) 관찰하는 지혜를 말한다. 즉 잘못된 견해인 상락아정常樂我淨을 진실된 견해인 무상無常, 고苦, 무아無我, 부정不淨으로 보는 것이다. 3장에서 다시 자세하게 언급하겠지만, 『반야심경』에서는 이것을 전도몽상이라고 한다. 여기서 전도라는 것은 '일체 사물을 거꾸로 본다'는 것이다. 존재하지 않는 사물을 마치 존재하는 것처럼 보는 것이다. 이것을 증익增益의 전도라고 한다. 몽상夢想이란 꿈속에서의 생각이다. 꿈속의 존재는 실재하지 않는다. 유식의 용어로 말하면 변계소집성이다. 반면 '있는 것을 없다'고 하는 잘못된 생각을 손감損減의 전도라고 한다. 그리고 이러한 증익과 손감의 전도를 떠나 사물을 보는 것을 중도라고 한다.

4) 제6 의식 – 마음이 마음을 본다

우리는 말대로 '나'와 '사물'이 존재한다고 생각한다. 그러면 과연 나와 사물이 존재하는 것일까? 앞서 언급한 바가 있지만, 다시 한번 예로 들어보자. 필자가 어떤 사람에게 "손을 보여주세요."라고 하고서 "이 손은 누구 손입니까?"라고 물으면 '내 손'이라고 대답한다. 이 문장(대답)에는 '나'와 '손'이라는 두 개의 명사가 있다. 명사는 사물을 지시한다. 그래서 필자가 "손이라는 명사가 지시하는 것을 당신 눈으로 확인할 수 있죠."라고 확인시켜 준다. 그런 다음 "그렇다면 '나'라는 명사가 지시하는 것을 찾아보세요."라고 질문하면 대부분 망설이고 대답하지 못한다. 간혹 몸 전체를 가리키는 사람도 있지만 결국 찾지 못한다. 이처럼 그 누구도 '나'를 찾을 수 없다. 왜냐하면 '나'는 언어의 외침(울림)일 뿐이기 때문이다. 그래서 불교에서는 무아, 즉 나라는 실체는 존재하지 않는다고 하는 것이다. 그러나 나는 언어의 외침(울림)일 뿐이라는 것을 이해하더라도 나에 대한 집착은 없애기 어렵다. 그래서 수행이 필요한 것이다.

앞서 우리는 '손'이라는 명사가 지시하는 것을 눈으로 직접 확인했다. 그래서 '손'은 '나'와 다르게 틀림없이 존재한다고 생각한다. 그러면 과연 '손'은 존재할까? 필자가 "그 '손'조차도 사실은 존재하는 것이 아니다."라고 말하면 대부분은 "무슨 바보 같은 소리"라고 반론을 제기할 것이다. 상대는 손을 움직이면서 "자! 이처럼 움직이지 않는가? 한쪽 손으로 다른 손을 만지면서 자! 이처럼 촉감이 있지 않은가? 그러므로 여기에 손이 있지 않은가?"라고 주장할 것이다. 확실히 시각으로 파악하는 한에 있어서 혹은 한쪽 손으로 사물을 만지는 한에 있어서 손은 있다. 이른바 시각 혹은 촉각으로 파악된 '손'은 존재한다.

그러나 곰곰이 생각해 보자. 있는 것은 시각과 촉각뿐이다. 바꾸어 말하면 감각의 데이터뿐이다. 그 데이터를 '손'이라는 언어로 말하고, 그 데이터를 '손'이라는 사물(물건)로 가공해 버린 것이다. 그리고 가공된 '것(물건)'은 감각을 떠나 별도로 존재한다고 생각해 버린다. 다시 말해 무반성적으로 손은 있고, 그것은 신체의 일부라고 언어로 생각해 버리는 것이다.

눈앞에 존재하는 사과를 예로 들어보자. 우리는 '여기에 사과가 있고 그 형체는 둥글고 색은 빨갛다'라고 생각한다. 여기서 좀 더 깊이 관찰해보자. 형체나 색도 시각으로 파악한 것이고 시각 중에 있는 것이다. 즉 시각이라는 마음의 일부이다. 그러므로 사과의 형체나 색도 마음속에 있는 셈이다. 보이는 대상인 사과도 마음속에 있고, 보는 시각도 마음이기 때문에 사실 보는 것은 '마음이 마음을 본다'는 것이다. 이것이

유식에서 설하는 마음의 기본 구조이다. 1장에서 언급한 바가 있지만, 유식의 용어로 말하면 보이는 마음을 상분(相分), 보는 마음을 견분(見分)이라고 한다.[213]

2. 제1 게송 : 제6 의식의 작용(1)

이제 본격적으로 제6 의식에 대한 성철스님의 『백일법문』과 감산스님의 『팔식규구통설』을 비교해서 검토해 보자. 제6 의식에 대한 노래인 육식송의 첫 번째 게송을 성철스님은 다음과 같이 해석[성철(2014), p.337]한다.

"삼성과 삼량이며 삼경에 통하니 삼계를 윤회할 때에 쉽게 알 수 있다. 상응하는 심소는 51가지이니 선과 악에 임할 때 각각 그것을 배정한다."[214]

이 게송에 따르면, 제1구에서 제6 의식은 삼성·삼량·삼경 '모두'와 통한다. 그리고 제2구에서는 제6 의식이 나머지 7가지 식보다 업력이 가장 강하기 때문에 쉽게 알 수 있으며, 제3구와 4구에서는 제6 의식이 51개의 심소 모두와 상응한다고 한다.

---

213) 요코야마 코이츠 지음·김명우 옮김(2015), p.97.
214) 『팔식규구통설』(X55, p.422b13), "三性三量通三境. 三界輪時易可知. 相應心所五十一. 善惡臨時別配之."

1) 제6 의식은 삼성·삼량·삼경에 통한다

먼저 제1구(三性三量通三境)에서 성철스님은 다음과 같이 제6 의식이 삼성·삼량 '모두를 포함한다'고 한다.

> "거기(제6 의식)에는 삼성과 삼량이 <u>모두 포함되어 있습니다.</u> 삼량은 현량現量과 비량比量과 비량非量을 말합니다. 현량은 직관적으로 대상을 아는 것이요, 비량比量은 유추와 추리로 사물을 아는 것이며, 비량非量은 잘못된 현량現量과 비량比量을 말합니다. 그리고 삼성은 선과 악과 무기를 말하는 것입니다."[215]

이것에 의하면 삼량이란 현량·비량比量·비량非量으로서, 현량은 직관적으로 대상을 아는 것, 비량比量은 유추와 추리로 사물을 아는 것, 비량非量은 잘못된 현량現量과 비량比量이다. 그리고 삼성이란 선·악·무기이다. 성철스님에 따르면, 제6 의식은 삼성·삼량과 함께 작용하는 마음이다. 이어서 삼경에 대해 성철스님은 다음과 같이 말한다.

> "제6 의식은 삼경에 통하는데, 삼경이란 성경性鏡과 독영경獨影境과 대질경帶質境으로 <u>인식의 대상을</u> 3종류로 분류한 것입니다. 성경이란 주관의 영향을 받지 않는 <u>객관세계</u>이며, 독영경은 주관의 영향 하에 나타나는 망상적 <u>경계</u>이고, 대질경은 본질은 있으나 본질 그대로는 나타나지 않는 <u>경계</u>입니다. 제6식은 바로 이 세 경계(삼경)에 '<u>모두 통하는 것</u>'입니다."[216]

---

215) 성철(2014), pp.337-338.
216) 앞의 책, p.338.

이것에 의하면, 8가지 식 중에서 오직 제6 의식만이 성경·대질경·독영경의 삼경三境 '모두와 통하는' 마음이다. 이어서 성철스님은 성경을 주관의 영향을 받지 않는 객관세계, 독영경을 주관의 영향 아래에 나타나는 망상적 경계, 대질경을 본질은 있으나 본질 그대로는 나타나지 않는 경계라고 정의한다. 여기서 성경이란 견분(주관)의 영향을 받지 않은 상분, 즉 실재하는 사물로 본질을 가진 대상(상분)이며, 독영경이란 본질이 없이 홀로 영상만이 있는 대상(상분)으로 실재하지 않는 환상이다. 즉 식(마음)이 홀로 만든 환영의 대상이다. 대질경이란 대상의 본질이 아니라 대상의 본질을 띠고 있는 대상이다. 즉 식(마음)이 마음대로 만든 대상(상분)이다. 참고로 성철스님은 경境을 인식대상·객관세계·경계라는 말로 혼용하고 있는데, 독자의 혼란을 초래할 수 있는 만큼 필자는 경境을 인식대상(상분)이나 대상으로 통일해서 사용했으면 하는 생각이 든다. 이와 관련하여 감산스님은 다음과 같이 주석한다.

"제1구(三性三量通三境)는 제6 의식이 선·악·무기의 삼성과 현량·비량比量·비량非量의 삼량,[217] 성경·대질경[218]·독영경[219]의 삼경을

---

[217] 지욱스님은 『팔식규구직해』(X55, pp.436c17-437a)에서 삼량을 다음과 같이 주석한다. "三量謂現量·比量·非量也. 此識若與五識同起. 率爾緣現在境. 不帶名言. 不執爲外. 則屬現量. 若入禪定緣禪定境. 亦屬現量. 若入二空觀智. 或根本智親證眞如. 或後得智變相觀空. 亦皆現量. 若籍衆緣而觀于義不倒不謬. 如見烟知火. 見角知牛等. 則名比量. 若顚倒推求虛妄計度不能如理而解. 不能如事而和. 無我計我. 不淨謂淨等. 又如見杌疑人. 見繩疑蛇等. 又如翳覩空華. 捏觀二月等. 皆名非量也."
[218] 지욱스님은 대질경을 두 종류로 나누어 주석한다. "대질경은 다시 두 종류가 있다. 하나는 마음이 마음을 조건으로 삼은 것으로 진대질경이라고 한다. 즉 제6 의식이 일체의 심과 심소를 두루 조건으로 삼은 것이다. 또한 제7 말나식이 제8 아뢰야식의 견분을 조건으로 삼은 것이 그것이다. 두 번째는 심이 색(물질)을 조건으로 삼은 것으로 사대질경이라고 한다. 이른바 저 상을 띠고 생긴 것으로 본

하나하나 모두 갖추고 있음을 말한 것이다. 모든 식 중에서 오직 이것(제6 의식)만이 〈삼성, 삼량, 삼경〉을 모두 갖추고 있다."[220]

상기의 밑줄 친 부분에 주목하면, 성철스님은 제6 의식이 삼성·삼량·삼경 '모두와 통한다' 또는 '모두 포함되어 있다'라고 하고, 감산스님은 제6 의식이 삼성·삼량·삼경을 '모두 갖추고(具足) 있다'라고 주석한다. 이처럼 성철스님은 그 의미는 같지만, 감산스님과 표현을 달리함으로써 자신의 입장을 드러내고 있다.

질과 유사한 것이다."[『팔식규구직해』(X55, p.437a2-5), "帶質復有二種. 一者以心緣心. 名眞帶質. 卽第六識通緣一切心及心所. 第七識單緣第八識之見分是也. 二者以心緣色. 名似帶質. 謂帶彼相起. 有似彼質."]

219) 지욱스님은 독영경도 두 종류로 나누어 주석한다. "독영경도 두 종류가 있다. 첫째는 무질독영경으로 거북의 털 등을 조건으로 삼는 것과 같다. 두 번째는 유질독영경이다. 경전에 의지하여 관찰하는 것처럼, 비록 비슷한 것에 의탁하여 본질로 삼지만, 〈그것은〉 끝내는 독두의식에 나타난 영상이다."[『팔식규구직해』(X55, p.437a6-8), "獨影境亦有二種. 一者無質獨影. 如緣龜毛等. 二者有質獨影. 如依經作觀. 雖似托彼爲質. 終是獨頭意識所現影故."] 독영경독영경에 대해 부언하자면, 독영경이란 본질 없이 독자적인(獨) 영상(影)만이 있는 대상(境)으로서 성경과는 반대 개념이다. 이것은 견분이 그대로 나타난 대상(상분)으로서, 실제로는 존재하지 않는 일종의 환상幻想이다. 규기스님은 독영경에 대해 "독영경은 오직 견분만을 따른다. 선·악·무기의 삼성(性)·삼계의 속박(繫)·종자種子가 모두 반드시 같기 때문이다. 예를 들면 제6 의식이 거북의 털, 허공의 꽃, 석녀의 딸을 조건으로 삼거나, 무위無爲와 타계他界를 조건으로 삼은 모든 대상(경계)이다. 이것들은 모두 견분(心)에 따른 것이다. 별도의 실체와 작용이 없으며, 거짓의 대상(假境)에 포섭되기 때문에 독영경이라고 한다."[『성유식론장중추요』(T43, 620b), "獨影之境唯從見分. 性·繫·種子皆定同故. 如第六識緣龜毛·空花·石女. 無爲·他界緣等所有諸境. 如是等類皆是隨心. 無別體用. 假境攝故. 名爲獨影."] 삼경(성경·대질경·독영경)에 대해서는 〈『成唯識論掌中樞要』(T43, p.620a-b) ; 『成唯識論了義燈』(T43, p.677c 이하) ; 深浦正文(1954), p.459 ; 橫山紘一(2010), p.317 ; 太田久紀(1994), pp.122-131 ; 박인성 역주(2011) ; 김명우·구자상(2022), pp.288-292〉를 참조하기 바란다.

220) 『팔식규구통설』(X55, p.422b15), "初句言六識善·惡·無記三性. 現量·比量·非量. 性境·帶質·獨影. 一一皆具. 以諸識中唯此具足."

2) 제6 의식은 업력이 가장 강하다

제2구(三界輪時易可知)에 대해 성철스님은 다음과 같이 삼계를 윤회할 때 생사生死와 선·악업의 원인과 결과는 나머지 7가지 식보다 제6 의식의 작용이 가장 강하기 때문에 쉽게 알 수 있다고 한다.

"중생이 삼계에 윤회할 때 삼계에서 받는 생사와 선과 악의 인과는 바로 이 제6식의 작용을 말미암는 것이기 때문에 그 '행상(작용)'이 팔식 중에서 가장 뚜렷하여 쉽게 알 수 있는 것입니다."[221]

이것은 감산스님의 다음 주석에 바탕을 둔 것이라고 할 수 있다.

"그러므로 그 힘(업력)은 〈식 중에서〉 최고로 강하다. 삼계의 생사와 선악의 인과를 오직 이 제6 의식만이 만든다. (…)"[222]

또한 지욱스님의

"제6 의식이 가장 밝게 드러나기 때문에 삼경을 조건으로 작용(通)할 수 있다. 그러므로 삼계를 윤회할 때 〈제6 의식은〉 가장 쉽게 알 수 있다."[223]

---

[221] 성철(2014), p.338.
[222] 『팔식규구통설』(X55, p.422b16), "故其力最強. 三界生死善惡因果. 唯此識造 (…)."
[223] 『팔식규구직해』(X55, p.437a8-10), "今第六識最爲明利. 故能通緣三境. 而於三界輪轉之時最易可知也."

라는 구절 일부를 발췌하여 법문한 것으로 추측된다.

3) 제6 의식과 함께 작용하는 심소는 51개이다

제3구(相應心所五十一)와 제4구(善惡臨時別配之)는 제6 의식과 함께 작용하는 51심소에 대한 것이다. 이와 관련하여 성철스님은 다음과 같이 제6 의식에서는 51개의 심소 전부가 활동하는데, 선이면 선, 악이면 악으로 각각 다르게 작용한다고 할 뿐이다.

"유식학에서는 심소, 즉 마음의 작용을 총괄하여 여섯 가지(六位)로 분류하는데, 그 여섯 가지에 포함되는 마음작용은 51가지입니다. 제6식인 의식에서는 육위의 마음작용이 모두 활동하고 있으므로 선이나 악을 상대할 때 그 마음작용의 종류를 각각 다르게 하여 상응합니다."[224]

이와 관련하여 감산스님은 다음과 같이 주석한다.

"〈제6 의식이〉 삼계의 생사를 취할 수 있는 까닭은 51개의 심소법을 낱낱이 갖추고 있기 때문에 업력이 뛰어난 것이다.(제3구) 단지 선·악의 한 생각이 일어날 때라 해도 심소가 모두 모인다. 〈선심소는 선심소끼리, 번뇌심소는 번뇌심소끼리〉 서로 모이므로, 그래서 구별하여 그것(심소)을 배열했다. 그런즉 쉽게 알 수 있다.(제4구)"[225]

---

224) 성철(2014), p.338.
225) 『팔식규구통설』(X55, p.422b18-21), "所以能取三界生死者. 以五十一心所法全具. 故業力殊勝. 但就善惡一念起時. 則心所齊集. 以類相從. 故云分別配之. 則易可知也."

앞서 말했듯이, 제6 의식은 삼성·삼량·삼경과 함께 작용하기 때문에 그 작용을 쉽게 알 수 있지만, 제3구에서는 제6 의식에 대해 '51개의 심소를 낱낱이 전부 갖추고 있기 때문에' 그 업력이 뛰어나 다른 나머지 7가지 식보다 강하여 우리가 쉽게 알아차릴 수 있는 마음이라고 한다.

다만 감산스님은 제4구에 대해 제6 의식은 선심소와 번뇌심소가 함께 일어나기 때문에 그것을 구분하기 위해 각각 배열했다고 주석할 뿐이다. 게다가 지욱스님의 주석에도 51심소의 명칭만을 언급하고 있다.[226] 그 이유는 감산스님과 지욱스님이 51심소에 대해 각각 『백법논의』와 『백법명문론직해』에서 별도로 주석하고 있기 때문이라고 생각된다. 결국 51심소에 대해 자세히 알고 싶다면 『백법논의』와 『백법명문론직해』를 참조하라는 뜻일 것이다. 이런 이유 때문인지 성철스님도 『백일법문』에서 제4구에 대해 별도로 법문하지 않는다. 나아가 진가스님도 제4구(善惡臨時別配之)에 대해 "제6 의식은 선한 대상을 만났을 때는 선심소와 상응하고, 불선과 무기의 대상을 만났을 때는 불선과 무기의 심소와 상응하기 때문에 별도로 그것(심소)을 배열한다."[227]고 주석할 뿐이다.[228] 이상으로 성철스님의 법문과 감산스님의 주석을 참조하여 제1

---

[226] 지욱스님은 51심소에 대해 『팔식규구직해』(X55, p.437a12-17)에서 "謂此第六識心與五十一心所皆得相應. 所謂遍行五·別境五·善十一·根本煩惱六·大隨八·中隨二·小隨十·不定四. 隨其所起或多或少. 初無一定. 故須臨時別配. 具如唯識論中諸門分別也. 根本煩惱即貪·瞋·癡·加慢·疑·邪見爲六. 小隨十謂忿·恨·覆·惱·嫉·慳·誑·諂·害·憍. 不定四謂悔·眠·尋·伺."라고 주석하여, 51개 심소의 명칭만 언급한다.
[227] 『팔식규구송해』(X55, p.417c24-418a), "六識遇善境時. 與善心所相應. 遇不善無記境時. 與不善無記心所相應. 故曰別配之."
[228] 진가스님의 주석에서 주목하고 싶은 것은 선善·악惡·무기無記가 아니라 선善·불선不善·무기無記로 표현한 것이다. 즉 '악'을 '불선'이라고 했다. 왜냐하면 선하지 않다고 해서 반드시 악은 아니기 때문이다. 참고로 다른 주석서에는 불선을 악으로 표기하고 있다.

게송을 필자는 다음과 같이 해석한다.

"〈제6 의식은〉 삼성(선·악·무기), 삼량(現量·比量·非量), 삼경(성경·대질경·독영경)과 함께 작용한다. 〈제6 의식은〉 삼계를 윤회할 때 〈나머지 7가지 식보다 업력의 작용이 강하기 때문에〉 쉽게 알 수 있다. 〈제6 의식과〉 상응하는 심소는 51개이며, 선악에 임할 때 그것(심소)을 각각 배정(배열)한다."

3. 제2 게송 : 제6 의식의 작용(2)

다음으로 제2 게송은 제6 의식의 업력이 강하고 뛰어남을 노래한 것이다. 다시 말해 8가지 식 중에서 제6 의식의 활동이 가장 강하다는 것이다. 성철스님은 제2 게송을 다음과 같이 해석[성철(2014), p.338]한다.

"삼성과 삼계와 삼수가 항상 전변하여 근본번뇌와 수번뇌와 신信 등이 총체적으로 서로 연관하니 몸을 움직이고 말을 하는 데에 홀로 가장 뛰어나서 업을 이끌고 과보를 만족하여 능히 업력을 부르고 팔식을 이끈다."[229]

1) 제6 의식은 삼성·삼계·삼수와 관계한다

먼저 제1구(性界受三恒轉易) 첫 구절(性界受三)에 대해 성철스님은 간단

---

[229] 『팔식규구통설』(X55, p.422c3-4), "性界受三恒轉易. 根隨信等總相連. 動身發語獨爲最. 引滿能招業力牽."

하게 "삼성은 선·악·무기를 뜻하고, 삼계는 욕계·색계·무색계를 말하며, 삼수三受는 세 가지 감수작용인 고·락·사를 말합니다."230)라고 한다. 반면 감산스님은 삼성과 삼계는 앞에서 주석하였기에 생략하고, 삼수三受 대신에 오수五受에 초점을 맞추어 주석한다. 지욱스님도 제1 게송 제1구 중의 삼수를 오수로 수정하여 주석한다. 먼저 감산스님은 오수에 대해 다음과 같이 주석한다.

"비록 감수작용(受)은 '삼수'가 있다고 말했지만, 실제로는 5개의 감수작용(五受)이 있다. 〈5가지 감수작용은〉 안과 밖, 거칠고 미세함의 차이가 있다. 이른바 〈5가지 감수작용이란〉 고(괴로움), 락(즐거움), 우(슬픔), 희(기쁨), 사(고락우희가 아닌 것)이다. 마음을 핍박하면 근심(憂受)이고, 마음을 기쁘게 하면 기쁨(喜受)이다. 몸을 핍박하면 고통(苦受)이고, 몸을 즐겁게 하면 즐거움(樂受)이다. 그리고 슬픔·기쁨·괴로움·즐거움(우희고락)이 일어나지 않는 것을 사수捨受라고 한다."231)

이것에 의하면, 제6 의식은 '삼수'뿐만 아니라 '오수', 즉 고(괴로움), 락(즐거움), 우(슬픔), 희(기쁨), 사(고락우희가 아닌 것)와 함께 작용하는 것이다.232) 그리고 성철스님은 제1구 중의 항전이恒轉易에 대해 '항상 전변하다'라고 해석하는데, '이易(쉽게 바뀐다)'를 생략하고 해석한 듯하다. 뒤에

---

230) 성철(2014), p.339.
231) 『팔식규구통설』(X55, p.422c5-7), "受雖云三受. 其實有五. 內外麤細之不同. 謂苦樂憂喜捨. 逼悅心曰憂喜. 逼悅身曰苦樂. 憂喜苦樂不行時. 名爲捨受."
232) 진가스님도 『팔식규구송해』(X55, p.418a4-5)에서 "六識於三性三界. 倂憂喜苦樂捨五受. 恒常轉變改易也."라고 하여, 삼수가 아닌 오수로 주석한다.

다시 말하겠지만, 감산스님은 항전이를 항상전변개이恒常轉變改易라고 주석하는데, 이에 따라 필자도 개이改易(쉽게 바뀐다)로 해석했다.

다음으로 성철스님은 "그런데 이들이 항상 서로 그 위치와 상태를 바꾸어서 어떤 때는 선할 때 악이 홀연히 일어나고, 어떤 때는 기쁠 때 슬픔이 일어나기도 합니다."233)라고 법문하는데, 이것은 감산스님의 다음 주석을 바탕으로 한 것임을 알 수 있다.

"이 제6 의식은 삼성, 삼계, 5가지 감수작용(五受)과 함께 작용할 때 항상 전변하고 쉽게 바뀐다. 실로 선한 것을 〈생각할 때도〉 갑자기(忽) 하나의 악한 생각(念)이 생긴다. 기쁜 생각을 할 때도 갑자기 하나의 근심스러운 생각이 일어난다. 그러므로 〈제6 의식은〉 쉽게 바뀌어 일정하지 않다."234)

감산스님의 주석에 따르면, 제6 의식은 선·불선·무기의 삼성, 욕계·색계·무색계의 삼계, 고·락·우·희·고락우희의 사수捨受인 오수와 언제나 함께 작용하여 쉽게 바뀌어 일정하지 않다. 즉 제6 의식은 삼성·삼계·오수와 함께 작용하기 때문에 항상恒常 전변轉變하여 쉽게 바뀐다는 것(改易)이다. 또한 감산스님뿐만 아니라 『팔식규구송해』235) 등의 거의 모든 주석서에서 항전이恒轉易를 항상전변개이恒常轉變改易로 주석하고 있다.

---

233) 성철(2014), p.339.
234) 『팔식규구통설』(X55, p.422c7-9), "以此六識於三性三界五受**恒常轉變改易**也. 正如善時忽生一惡念. 喜時忽生一憂念. 改易不定."
235) 『팔식규구송해』(X55, p.418a5), "**恒常轉變改易**也."

2) 제6 의식과 함께 작용하는 심소는 서로 연대하여 일어난다

계속해서 제2구(根隨信等總相連)에 대해 성철스님은 다음과 같이 말한다.

"악한 일을 할 때는 근본번뇌라든가 수번뇌가 따르고, 선한 일을 할 때는 신(信) 등의 마음작용이 일어나 그 전체가 한데 뭉쳐서 작용합니다."[236]

부연하면 제6 의식은 근본번뇌는 근본번뇌끼리, 수번뇌는 수번뇌끼리, 선심소는 선심소끼리 모두 함께 작용하기 때문에, 오직 제6 의식만이 51개의 심소가 모두 작용한다는 것이다. 이것은 감산스님의 다음 주석을 바탕으로 한 것이다.

"그것(제6 의식과 함께 상응하는 심소)에 대해 말한다. 만약 악한 생각이 일어나면 근본번뇌와 수번뇌가 연대(連帶)하여 일어난다. 만약 선한 생각이 일어나면 신(信) 등의 선법도 '서로 연관(相連)'하여 일어난다. 〈제6 의식에서는〉 그 선과 악의 심소가 일제히 함께 작동(行)한다. 그리하여 〈51가지 심소는〉 그것(제6 의식)의 강하고 뛰어남을 도울 뿐이다."[237]

한편, 지욱스님은 제1구와 제2구에 대해 다음과 같이 말한다.

---

[236] 성철(2014), p.339.
[237] 『팔식규구통설』(X55, p.422c10-12), "若惡念起時, 則根本與隨煩惱連帶而起. 若善念起時, 信等善法亦相連而起. 以其善惡心所齊行. 故助其强勝耳."

"어떤 때는 신信 등과 서로 연관하여 선성善性으로 작용한다. 어떤 때는 근본번뇌, 수번뇌와 서로 연관(相連)하여 악성惡性으로 작용한다. 어떤 때는 선악이 아닌 것과 서로 연관(相連)하는데, 변행·별경 등과 서로 연관(相連)하여 무기성으로 작용한다. 그래서 삼성은 항상 쉽게 변한다. 혹은 색계를 조건으로 삼거나 욕계를 조건으로 삼거나 무색계를 조건으로 삼기 때문에 삼계는 항상 쉽게 변한다. 혹은 어떤 때는 희수, 어떤 때는 낙수, 어떤 때는 우수, 어떤 때는 고수, 어떤 때는 불고불락의 사수와 함께 작용하기 때문에 오수는 항상 쉽게 변한다."[238]

이와 같이 삼성·삼계·오수가 항상 쉽게 전변하는 이유를 설명한 지욱스님의 주석이 감산스님의 주석보다는 이해하기가 쉽다. 특히 감산스님은 근본번뇌 등은 연대連帶하여 일어나고, 선심소 등은 '서로 연관(相連)하여 일어난다고 하여 연대와 상련(연관)을 구별하여 주석하는데, 그 둘의 차이를 모르겠지만, 필자는 연대連帶와 상련相連을 같은 의미로 이해했다. 반면 지욱스님은 『팔식규구』 게송에 따라 상련相連이라는 말로 통일해서 주석하고 있다. 한편, 성철스님은 상련을 '한데 뭉쳐서'라고 법문한다. 이상으로 제2구에 대한 세 사람의 입장을 요약하면, 제6 의식이 작용할 때 번뇌심소는 번뇌심소끼리, 선심소는 신심소끼리 서로 연대하여 생기며, 또한 제6 의식이 삼성, 삼계, 오수와 함께 작용할 때 항상 쉽게 변한다는 것이다.

---

[238] 『팔식규구직해』(X55, p.437a19-24), "或時與信等相連則爲善性. 或時與根隨煩惱相連則爲惡性. 或時不與善惡相連. 但與遍行·別境等相連則便爲無記性. 故三性恒轉易也. 或緣欲界. 或緣色界. 或復緣無色界. 故三界恒轉易也. 或時喜受. 或時樂受. 或時憂受. 或時苦受. 或時不苦不樂名爲捨受. 故五受恒轉易也."

3) 제6 의식은 주도적으로 선악업을 짓는다

계속해서 제3구(動身發語獨爲最)에 대해 성철스님은 다음과 같이 8가지 식 중에서 일상이나 참선 수행 중에 가장 왕성하게 활동하는 제6 의식이 주도하여 선업과 악업을 짓는다고 한다.

"그러므로 말을 하고 몸을 움직이는 등의 일상생활에 있어서 제6식의 작용이 가장 두드러지는 것입니다. 따라서 계속해서 업을 짓는데, 선업을 짓든 악업을 짓든 업을 짓는 것도 제6식인 의식이 전적으로 그 역할을 주도합니다."[239]

그러면 성철스님이 제3구에 대해 이와 같이 말한 근거는 무엇일까? 그것은 감산스님의 "8가지 식 중에서 몸을 움직이고(신업) 말을 하는 것(구업)이 홀로 이 식(제6 의식)이 가장 강하다. 그 선악의 업을 짓는 것도 또한 이 식(제6 의식)이 가장 강하다."[240]라는 주석에 바탕한 것으로 보인다. 계속해서 제4구(引滿能招業力牽)에 대해 성철스님은 다음과 같이 제6 의식이 육도세계를 윤회하는 주체인 제8 아뢰야식을 이끌어 우리로 하여 생사의 고통을 받게 한다고 한다.

"중생이 여러 가지 업을 지어 그 과보를 자초하여 이리저리 끌려다니면서 삼계와 육도를 윤회하는데, 그 윤회의 주체인 제8식을

---

[239] 성철(2014), p.339.
[240] 『팔식규구통설』(X55, p.422c11-12), "於八識中. 能動身發語. 獨此識最強. 其造善惡之業. 亦此識最強."

이끄는 힘은 제6식이 제일 큰 것입니다."²⁴¹⁾

이에 대해 감산스님은 다음과 같이 보다 자세하게 주석한다.²⁴²⁾

"인引이란 능히 모든 식을 이끌어 업을 짓는다는 〈뜻이다.〉게송 4구의 만滿이란 능히 이숙의 과보를 원만하게 한다는 〈뜻이다.〉그러므로 하나의 업은 하나의 과보를 이끌며, 많은 업은 능히 원만하게 한다. 그 업력을 지은 바대로 그 후에 과보를 받는다(招)는 것은 제6 의식이 제8 아뢰야식²⁴³⁾을 끌어당겨(牽引) 생사의 고통을 받게 한다는 뜻이다. 그래서 팔식송(제8 아뢰야식을 설명한 게송)에서 제8 아뢰야식이 '삼계구지에서 다른 업력으로부터 생긴다는 것'은 바로 이것을 〈말하는 것이다.〉그러므로 『능가경』에서 '제7 말나식은 세우지 않고 단지 진식(여래장식·암말라식), 현식(제8 아뢰야식), 분별사식(제6 의식·여러 가지 일을 분별하는 식)만을 말한다.'²⁴⁴⁾라

---

241) 성철(2014), p.339.
242) 제3구와 제4구에 대해 지욱스님은 『팔식규구직해』(X55, p.437b2-8)에서 "謂身·語二業皆由此第六識方能動發. 由第六識與發業惑相應. 能造善惡引業. 此業雖謝. 所熏種子至成熟時能招六道總報. 由第六識與潤生惑相應. 能造善惡滿業. 此業雖謝. 所熏種子至成熟位能招六道別報. 所招總報名眞異熟. 所招別報名異熟生. 若總若別苦樂萬狀. 皆第六識造業所牽感也."라고 주석한다.
243) 팔식을 '8가지 식'이 아니라 '제8 아뢰야식'이라고 해석한 것은 "윤회의 주체인 제8식을 이끄는 힘은 제6식이 제일 큰 것입니다."[성철(2014), p.339]라는 성철스님의 해석에 따른 것이다.
244) 감산스님은 『능가경』을 인용하면서 제7 말나식을 따로 세우지 않고 '분별사식'에 포함시키고 있는데, 이것은 법상종(규기)의 입장과는 다른 것이다. 예컨대 감산스님이 인용한 『능가경』에서는 제7 말나식을 '분별사식'에 포함시키고 '진식' 즉 제9식을 주장하는데, 이것은 진제스님의 섭론종 계통의 입장으로서, 해당 구절은 다음과 같다. "약설하면 3종류의 식이 있다. 자세하게 말하면 8가지 모습(식)이 있다. 무엇이 3가지인가? 이른바 진식·현식·분별사식이다."["略說有三種識. 廣說有

八相. 何等爲三. 謂眞識. 現識. 分別事識."] 그리고 『종경록』(57권)에서 이에 대해 구체적으로 해설하고 있는데, 해당 구절은 다음과[회당조심 엮음·벽해원택 감역(2015), pp.445-446] 같다.

〈물음〉『능가경』에서 밝힌 3종류의 식은 진식과 현식 및 분별사식을 말하는데, 이 세 가지 식은 8식 중에서 어떻게 분별하는가?

〈답함〉 진식은 본각本覺을 말하고, 현식은 제8식을 말하며, 나머지 7식을 모두 분별사식이라 한다. 비록 제7식이 바깥 경계를 반연하진 않지만 제8식을 반연하므로 분별사식이라 한다. 진식을 본각이라 한 것은 8식의 성품이다. 경전 중에서 9식을 설명한 것이 있는데, 8식 외에 9식이라 하여 세운 것이 이 진식이다. 만약 성품의 측면에서 거둔다면 또한 8식을 벗어나지 못하니, 성품이 모든 곳에 두루 하기 때문이다.

〈물음〉 아뢰야식 등 여덟 가지 식만 설명해도 속제가 이미 드러나는데, 무엇 때문에 열한 가지의 식을 설명하는가? 또 구경의 귀결처는 오직 하나의 진실한 성품인데, 무엇 때문에 다시 자세하고 간략하게 모든 식을 말하는가?

〈답함〉 상을 통해 성을 드러내니 이유가 없지 않고, 지말을 거두어 근본으로 돌아가니 본래 원인이 있다. 『섭대승론』에 다음과 같이 말한다. "일체법에 오직 식만 있을 뿐임을 정확하게 설명하지 못하면 진실한 성품은 드러나지 못하고, 열한 가지 식을 갖추어 설명하지 않으면 속제를 온전히 설명할 수 없다. 만약 전오식만 설명한다면 속제의 근본만 얻을 뿐, 속제가 차별되는 이치는 얻을 수 없고, 만약 속제를 두루 설명하지 못하면 진식이 명료하지 못하게 된다. 진식이 명료하지 못하면 속제를 완전히 털어버리지 못하기 때문에 열한 가지 식을 갖추어 설명해서 속제를 통괄해 거둔다." 이 때문에 속제에 자성이 없음을 요달하면 진공을 요달한다. 진제의 공이 비록 공적하지만 속제의 모습을 파괴하지 않고, 속제의 유有가 비록 존재하지만 항상 본체는 공적하다. 이로써 인연을 따르지만 유有가 아닌 진제가 항상 형상과 다름없이 나타나고, 적멸하지만 무無가 아닌 속제가 항상 진여와 다름없이 성립한다는 것을 알 수 있다. 위에서 인용한 2식, 3식, 8식, 9식 11식 등은 일심의 종지를 벗어나지 않는다.["夫楞伽經所明三種識. 謂眞識. 現識. 及分別事識. 此中三識. 於八識中. 如何分別. 答. 眞謂本覺. 現謂第八. 余七俱名分別事識. 雖第七識不緣外塵. 緣第八故. 名分別事. 眞謂本覺者. 卽八識之性. 經中有明九識. 於八識外. 立九識名. 卽是眞識. 若約性收. 亦不離八識. 以性遍一切處故. 問. 但說賴耶等八識. 俗諦已顯. 雲何更說十一種識. 又究竟指歸. 唯一眞實性. 復雲何說廣略等諸識. 答. 因相顯性. 非無所以. 攝末歸本. 自有端由. 攝大乘論云. 若不定明一切法唯有識. 眞實性則不得顯現. 若不具說十一識. 說俗諦不盡. 若止說前五識. 唯得俗諦根本. 不得俗諦差別義. 若說俗諦不遍. 眞識則不明瞭. 眞不明瞭. 則遺俗不盡. 是故具說十一識. 通攝俗諦. 是以了俗無性. 卽達眞空. 眞空雖空. 而不壞相. 俗有雖有. 恆常體虛. 是知隨緣非有之眞諦. 恆不異事而顯現. 寂滅非無之俗諦. 恆不異眞而成立. 上來所引二識. 三識. 八識. 九識. 十一識等. 不出一心宗.]"

고 한 것이다. 이 식(제6 의식)은 잘못과 해악이 가장 많다는 것을 충분히 알 것이다."[245]

참고로 성철스님은 제4구를 "몸을 움직이고 말을 하는 데에 홀로 가장 뛰어나서 업을 이끌고 과보를 만족하여 능히 업력을 부르고 팔식을 이끈다."[246]라고 하는데, 여기서 인업因業을 '업을 이끌고', 만업滿業을 '과보를 만족하여'라고 한 것은 감산스님의 주석에 따른 것으로 생각된다. 감산스님은 이 구절을 "인이란 모든 식을 이끌어 업을 짓게 한다."라고 주석하고, 만업에 대해서 "만滿이란 능히 이숙과보를 원만하게 한다."라고 주석하고 있다.

또한 성철스님은 제4구의 능초업력견能招業力牽을 "업력을 부르고 팔식을 이끈다."라고 번역하는데, 이 구절도 감산스님의 주석을 반영한 듯하다. 예컨대 감산스님은 "업력을 지은 바대로 후에 과보를 초래한다(招)는 것은 팔식을 끌어당겨(牽引) 생사의 고통을 받게 한다."라고 하여 팔식(제8 아뢰야식)을 삽입하는데, 성철스님도 이 주석에 따라 '팔식을 이끈다'로 해석한 것이라고 생각된다. 감산스님에 의하면, 일상생활이나 참선 수행 중에 가장 왕성하게 활동하기 때문에 제6 의식은 잘못과 해악이 많은 마음이다.

한편, 각성스님은 제4구 중의 능초能招를 '강하다'[247]라고 번역하는데, 이것은 아마도 제6 의식이 다른 식보다 인업과 만업으로 업력을 끄

---

[245] 『팔식규구통설』(X55, p.422c13-18), "引者. 能引諸識作業. 滿者. 能滿異熟果報. 故一業引一果. 多業能圓滿. 其所造業力. 招後報者. 則牽引八識受生死苦. 故八識頌云. 界地從他業力生者此耳. 故楞伽. '不立七識. 但言眞識·現識·分別事識.' 足知此識過患最重也."
[246] 성철(2014), p.338.
[247] 각성(2000), p.740.

는 힘이 가장 강하다는 의미를 나타내고자 한 의도인 듯하다. 참고로 광익廣益스님의 『팔식규구찬석』[248]에서는 '업력을 부르고 제8 아뢰야식을 이끈다(能招業力牽)'에 대해 "〈제6 의식이〉 11개의 선심소와 함께 상응하면 선업이 그것(제8 아뢰야식)을 이끌어 인도人道와 천계에 가게 하고, 〈제6 의식이〉 근본번뇌와 수번뇌와 함께 상응하면 악업이 그것(제8 아뢰야식)을 이끌어 삼도三途(지옥·아귀·축생)에 가게 한다."라고 주석하는데, 선업을 11개의 선심소, 악업을 근본번뇌와 수번뇌라고 구체적으로 밝힌 것이 다른 주석과의 차이다.

단, 여기서 주목할 점은 제2장 각주 244번에서 언급하였듯이, 감산스님은 『능가경』을 인용하여 제7 말나식을 인정하지 않은 듯한 인상을 준다는 것이다. 그래서 성철스님도 『백일법문』에서는 제7 말나식의 존재를 인정하고 있지만, 『선문정로』에서는 다음과 같이 제7 말나식의 존재에 대한 입장의 변화를 보인다.

"부처님의 말씀인 『능가경』에서도 제7식은 본체가 없는 것이라 하였고, 명말 고승 중 한 분인 감산스님도 제7식은 본체가 없다고 하였다. 어디 거기에 그치겠는가? 8식설이 유식의 학설이기는 하지만 정작 법상종의 소의경전인 『해심밀경』에서는 제6과 제8식만 거론하였을 뿐 제7식은 나오지 않는다. 이런 여러 자료를 근거로 추론할 때 제7식설은 『해심밀경』 이후 호법 계통 유식학파의 학설이지 부처님의 말씀이라 단정할 수 없다."[249]

---

[248] 『팔식규구찬석』(X55, p.430b23-25), "能招業力牽者. 如與善位十一相應則爲善業牽之而往人天. 與根隨染位相應則爲惡業牽之而往三途."
[249] 성철(2015), p.324.

제7 말나식에 대한 성철스님의 입장 변화에 대해서는 〈강경구(2022), pp.120-123〉을 참조하기 바란다. 이상으로 성철스님의 법문과 감산스님의 주석을 참조하여 제2 게송을 번역하면 다음과 같다.

"〈제6 의식은〉 삼성·삼계·삼수〈와 함께 작용하여〉 항상 쉽게 변하며(轉易), 근본번뇌·수번뇌·신(선심소) 등이 총체적으로 서로 연관하여 〈함께〉 작용한다. 〈제6 의식은〉 몸이 움직이고(신업) 말을 하는 것(구업)이 홀로 가장 뛰어나며, 인업과 만업으로 업력을 부르고 〈제8 아뢰야식을〉 이끈다."

4. 제3 게송 : 제6 의식이 전환하면 묘관찰지이다

다음으로 제6 의식의 무루 부분이다. 이것은 제6 의식이 전변하여 묘관찰지를 이루는 것을 노래한 것이다. 묘관찰지妙觀察智란 제6 의식이 전변하여 오묘하게 관찰하는 지혜라는 뜻이다. 여기서 오묘하게 관찰한다는 것은 사실을 사실 그대로(여실지견) 관찰하는 지혜를 말한다. 여실지견하게 대상을 관찰하면 대상의 본질이 보이는데, 이른바 잘못된 견해인 상락아정常樂我淨을 진실한 견해인 무상無常·고苦·무아無我·부정不淨으로 보게 되는 것이다. 성철스님은 육식송(제6 의식) 제3 게송을 다음과 같이 해석[성철(2014), p.339]한다.

"초심初心250)의 환희지에서 지智가 발생하나 구생혹俱生惑은 여

---

250) 십지(열 가지의 수행단계) 중의 첫 번째 수행단계이기 때문에 환희지를 '초심'이라고 표현하였다.

전히 스스로 전纏과 면眠251)을 나타낸다. 원행지 후에 순수한 무루가 되어 묘관찰지로 두루 밝아 대천세계를 비춘다."252)

먼저 제1구(發起初心歡喜地)와 제2구(俱生猶自現纏眠)에 대해 성철스님은 다음과 같이 말한다.

"제6식은 무루지無漏智가 발생하는 초지 환희지에서 묘관찰지妙觀察智로 전환하여 아我와 법法에 대한 분별혹分別惑은 그치게 됩니다.(제1구) 그러나 구생혹俱生惑은 거기에서도 여전히 활동하고 있습니다. 구생혹이란 선천적으로 익혀 온 번뇌입니다. 그러므로 환희지에서는 의식작용 중 분별혹은 멈추지만 구생혹인 전纏과 면眠은 아직 남아서 활동하고 있는 것입니다. 전은 현행現行하는 번뇌를 말하고, 면은 잠재적 번뇌인 종자種子를 말하니,253) 초지에서는 구생혹의 현행과 종자가 활동하는 것입니다.(제2구)"254)

이것에 의하면, 제6 의식은 환희지에서 묘관찰지로 전환한다. 다시 말해 분별아집과 분별법집255)이 사라진다는 것이다.(제1구) 그러나 환희

---

251) 얽힐 전纏, 잠잘 면眠 자로서, 둘 다 '번뇌'를 뜻한다.
252) 『팔식규구통설』(X55, p.422c19-20), "發起初心歡喜地. 俱生猶自現纏眠. 遠行地後純無漏. 觀察圓明照大千."
253) 〈게송 제2구의〉 '전纏'이란 현행을 가리키고, '면眠'이란 종자를 가리킨다."[『팔식규구통설』(X55, p.423a3), "纏. 目現行. 眠. 目種子."]
254) 성철(2014), p.340.
255) 분별아집이란 두 종류의 아집(분별아집·분별법집) 중 하나로서, 자신에 대한 집착에서 생겨난 후천적인 집착이다. 또한 그릇된 가르침이나 생각에 의해 심어진 집착으로서, 제6 의식의 작용에 의해 생긴 것이다. 『성유식론』에서는 이것에 대해 다음과 같이 주석한다. "분별아집(후천적인 아집)은 역시 현재 외연의 힘으로 말미암기 때문에 신체와 함께하지 않는다. 반드시 그릇된 가르침과 그릇된 생각(분별)

지에서는 여전히 구생아집과 구생법집256)은 사라지지 않는다.(제2구) 이

을 만난 이후에 바야흐로 일어나기 때문에 분별아집이라고 이름한다. 오직 제6 의식에서만 작용한다."『성유식론』(T31, 2a18), "分別我執亦由現在外緣力故. 非與身俱. 要待邪敎及邪分別. 然後方起故. 名分別. 唯在第六意識中有."]
분별법집(후천적인 법집)은 법(존재)에 대한 집착에서 후천적으로 생긴 집착이다. 그릇된 가르침이나 생각에 의해 심어진 집착으로서, 8가지 식 중에서 오직 제6 의식의 작용에 의해 생긴 것이다. 『성유식론』에서는 이것에 대해 다음과 같이 주석한다. "분별법집은 역시 현재 외연의 힘으로 말미암기 때문에 신체와 함께하지 않는다. 반드시 그릇된 가르침과 그릇된 생각(분별)을 만난 이후에 바야흐로 일어나기 때문에 분별법집이라고 이름한다. 오직 제6 의식에서만 작용한다."[『성유식론』(T31, 7a5), "分別法執亦由現在外緣力故. 非與身俱. 要待邪敎及邪分別. 然後方起故. 名分別. 唯在第六意識中有."]

256) 『성유식론』에서는 구생아집과 구생법집에 대해 다음과 같이 주석한다. "구생아집(선천적인 아집)은 무시이래로 허망하게 훈습한 내부 원인(종자)의 세력이기 때문에 항상 신체와 함께한다. 삿된 가르침과 삿된 분별을 기다리지 않고, 자연스럽게 일어나기 때문에 구생아집이라고 이름한다. 여기(구생아집)에 두 종류가 있다. 첫째는 항상 상속하는 것으로, 제7 말나식이 제8 아뢰야식을 조건(대상)으로 자기 마음의 모습을 일으키고, 집착하여 참다운 자아로 삼은 것이다. 둘째는 단절됨이 있는 것으로, 제 6의식이 식의 소변인 오취온의 모습을 조건(대상)으로 혹은 총괄적으로 혹은 개별적으로 자기 마음의 모습을 일으키고, 집착하여 참다운 자아로 삼은 것이다."[『성유식론』(T31, 2a11-16), "俱生我執. 無始時來虛妄熏習內因力故恒與身俱. 不待邪敎及邪分別任運而轉. 故名俱生. 此復二種. 一常相續在. 第七識緣第八識起自心相執爲實我. 二有間斷在. 第六識緣識所變五取蘊相. 或總或別起自心相執爲實我."]
구생법집이란 존재의 구성요소인 법(존재)에 대한 집착 중에서, 선천적인 집착을 말한다. 이것은 제6 의식에 의한 법집과 제7 말나식에 의한 법집의 두 종류가 있다. 전자는 식이 전변하여 만들어 낸 마음속에 있는 오온을 마음 바깥에 있는 실체적 존재(실법)라고 생각하는 잘못된 의식이다. 후자는 심층에서 제7 말나식이 제8 아뢰야식을 대상으로 그것을 실체적 존재(실법)라고 생각하는 집착이다.
이것에 대해 『성유식론』에서는 다음과 같이 주석한다. "구생법집은 무시이래로 훈습한 내부 원인(종자)의 세력이기 때문에 항상 신체와 함께한다. 삿된 가르침과 삿된 분별을 기다리지 않고 자연스럽게 일어나기 때문에 구생법집이라고 이름한다. 여기에 두 종류가 있다. 첫째는 항상 상속하는 것으로, 제7 말나식이 제8 아뢰야식을 조건으로 자기 마음의 모습을 일으키고, 집착하여 실체의 법으로 삼은 것이다. 둘째는 잠시 단절됨이 있는 것으로, 제6 의식이 식의 소변인 오취온, 12처, 18계의 모습을 조건(대상)으로 혹은 총체적으로 혹은 개별적으로 자기 마음의 모습을 일으키고, 집착하여 실체의 법으로 삼은 것이다."[『성유식론』(T31, pp.6c27-7a3), "俱生法執. 無始時來虛妄熏習內因力故. 恒與身俱. 不待邪敎及邪分別. 任運

것은 감산스님의 다음 구절을 토대로 한 것이다.

"제6 의식은 생사의 흐름(유전)에 순응하여 분별(분별아집·분별법집)과 구생의 아법(구생아집·구생법집)이라는 두 가지 집착을 함께 갖추고 있다. 만약 역류하여 근원으로 돌아가면, 마찬가지로 이 식(제6 의식)에 기대어 아법의 두 공관(아공과 법공)을 일으킨다(닦는다). 지금 식(제6 의식)을 전변하여 묘관찰지를 이루는 것은 관행위觀行位(천태종의 오품위 중의 하나)로부터 생공관生空觀(=我空無漏觀)[257]에 들어가 칠신위七信位(十信[258] 중에 7번째 수행단계)에 이르러 비로소 분별아집을 부순다는 것이다. 〈그래서〉 천태(천태대사 지의)에서 말하기를, '사주번뇌[259]를 함께 제거하는 것이 이 자리에서 같아진다.'[260] 라고 한 것이다. 그리고 8신(10信 중의 8번째인 護法心)으로부터 법공관을 닦아 삼현위三賢位(十住·十行·十廻向)를 거쳐 초지(십지 중의 첫 번째 단계인 환희지)의 초심에 이르면 비로소 분별법집을 끊는다. 그래서 〈게송 제1구에서〉 '초심의 환희지에서 묘관찰지가 생기(발생)

而轉. 故名俱生. 此復二種. 一常相續在. 第七識緣第八識起自心相執爲實法. 二有間斷在. 第六識緣識所變蘊處界相. 或總或別起自心相執爲實法."]

257) 생공관은 아공무루관我空無漏觀, 즉 '아공의 무루를 관하는 것'을 말하는데, 보살은 아공무루관과 법공무루관을 닦아 아집을 없애야 한다.
258) 대승불교의 수행단계는 10신信·10주住·10행行·10회향回向·10지地·등각等覺·묘각妙覺의 52단계(位)이다. 그중에 10신이란 보살의 수행 중에서 최초 단계로서, 그것을 신심信心·염심念心·정진심精進心·정심定心·혜심慧心·계심戒心·회향심廻向心·호법심護法心·사심捨心·원심願心의 열 가지로 나눈 것이다. 여기서 7신위란 7번째의 수행단계인 회향심을 말하는 것이다.
259) 사주번뇌에 대해서는 〈김명우·구자상(2022), pp.330-332〉를 참조하기 바란다.
260) "同除四住. 此處爲齊."[『法華玄義』, 5권 ; 『천태사교의』(T46, p.774b6)]. 이 구절은 여러 논서에 인용되고 있는데, 특히 『종경록』(X48, 88권)에도 인용되어 있다.

한다'고 한 것이다."²⁶¹⁾

이것에 의하면, 제6 의식은 분별아집·분별법집과 구생아집·구생법집 모두를 갖추고 있다. 그렇지만 생공관에 들어가 칠신위에 이르면 끊어지고, 법공관을 닦아 삼현위를 거쳐 환희지에 이르면 분별법집마저도 끊어진다. 그런데 감산스님은『백법논의』에서 분별아집과 분별법집에 대해 다음과 같이 정의한다.

"분별아법의 두 가지 집착(분별아집·분별법집)이란 이른바 몸에 집착하는 것을 〈분별〉아집이라고 하고 감각기관과 대상에 집착하는 것을 분별법집이라고 한다. 이승(성문승·독각승)의 수행자는 단지 유신견을 부수어 분단생사²⁶²⁾에서 벗어난다. 〈즉 분별아집에서 벗

---

261) 『팔식규구통설』(X55, p.422c21-25), "以第六識. 順生死流. 具有分別·俱生我法二執. 若逆流還源. 亦仗此識作我法二空觀. 今轉識成智. 從觀行位. 入生空觀. 至七信位. 方破分別我執. 天台云. '同除四住此處爲齊.' 從八信起. 作法空觀. 歷三賢位. 至初地初心. 方斷分別法執. 故云發起初心歡喜地."
262) 분단생사란 두 종류의 생사(분단생사·변역생사) 중 하나로서, 수명의 길이에 한계(분단)가 있는 생사이다. 이 생사는 유루선·불선업(악업)을 원인으로 하고, 아집에서 생긴 번뇌장을 조건으로 하여 일어난다. 『성유식론』에서는 이것에 대해 다음과 같이 주석한다. "생사에는 두 가지가 있다. 첫째는 분단생사分段生死(pariccheda-cyuti)이다. 이른바 모든 유루선·불선업이 번뇌장의 조건을 돕는 세력으로 말미암아 감수한 삼계의 거친 이숙과를 말한다. 신체와 목숨은 길고 짧은 것이 있고, 인연의 힘에 따라서 반드시(定) 제한이 있기 때문에 분단이라고 이름한다."[『성유식론』(T31, p.45a12-14), "生死有二. 一分段生死. 謂諸有漏善不善業. 由煩惱障緣助勢力. 所感三界麤異熟果. 身命短長. 隨因緣力. 有定齊限. 故名分段."]
변역생사는 수명의 길이를 생각대로(자유자재) 길게 짧게 변화(변역)시킬 수 있는 생사의 상태를 말한다. 초지 이상의 보살이 실천할 수 있는 생사의 상태이다. 이 생사는 무루업을 직접적인 원인(因)으로 하고, 법집에서 생긴 소지장을 간접적인 원인(緣)으로 하여 일어난다. 부사의변역생사라고도 한다. 『성유식론』에서는 이것에 대해 다음과 같이 주석한다. "둘째는 부사의변역생사不思議變易生死(acintya-pāriṇāmikī-cyuti)이다. 모든 무루의 유분별의 업이 소지장을 조건으로 돕는 힘으

어난다.〉 그리고 분별법집은 처음 신심信心에서부터 삼현위(십주, 십행, 십회향)를 거쳐 바로 초지(환희지)[263]에 이르러, 비로소 이 〈분별법집의〉 집착을 없앨 수 있다."[264]

간단하게 말하면 제6 의식은 분별법집이 사라지는 환희지(초지)에 이르면 묘관찰지로 전변한다는 것이다. 그렇지만 구생아집과 구생법집은 여전히 남아 있다.[265] 그러면 구생아집과 구생법집은 언제 사라지는가? 이에 대해 제3구(遠行地後純無漏)와 제4구(觀察圓明照大千)에서 성철스님은 다음과 같이 제7 원행지에 이르러 무상정에 들어가면 후천적 번뇌인 분별아집과 분별법집뿐만 아니라 선천적 번뇌인 구생아집과 구생법집이 완전하게 사라져 묘관찰지로 전변한다고 한다.

로 말미암아 감수한 뛰어나고 미세한 이숙과를 말한다. 자비와 원력의 힘으로 말미암아 신체와 목숨을 다시 전환하여 반드시 제한이 없기 때문에 변역이라고 이름한다. 무루의 선정과 원력에서 진정으로 의지하고 감수되어, 승묘한 작용을 헤아리기 어렵기 때문에 부사의라고 이름한다."[『성유식론』(T31, p.45a17-21), "二不思議變易生死. 謂諸無漏有分別業, 由所知障緣助勢力, 所感殊勝細異熟果. 由悲願力, 改轉身命無定齊限, 故名變易. 無漏定願正所資感, 妙用難測, 名不思議."]

263) 십지(열 가지의 수행단계) 중의 첫 수행단계이기 때문에 환희지歡喜地를 초지라고 한다. 환희지는 처음으로 범부의 성품을 끊고 성자의 성품을 얻어서 아공과 법공의 두 가지 공을 깨달아 자신과 남을 이익 되게 하여(자리와 이타) 큰 기쁨이 생기는 단계이다. 그래서 극희지極喜地라고도 한다.

264) 『백법논의』(X48, p.311a15-18), "所言分別我法二執者. 以執身爲我執. 根塵爲法執. 二乘修行. 但破身見. 則出分段生死. 其分別法執. 從初信心. 歷三賢位. 直至初地. 方破此執."

265) 제1구와 제2구에 대해 지욱스님은 『팔식규구직해』(X55, p.437b10-16)에서 "發起初心者謂妙觀察智. 相應心品初發起時. 在于菩薩初歡喜地也. 蓋由資糧·加行位中用有漏聞思修慧. 漸伏我法二執現行. 亦復助熏無漏智種令其漸漸成熟. 故至初歡喜地頓斷分別我法二執種子. 得與妙觀察智相應. 然其俱生我法二執之現行纏繞及隨眠種子尚自未斷. 猶須數數修習之力乃能伏斷也."라고 주석한다.

"원행지遠行地는 제7지입니다. 이 칠지에 이르면 구생혹俱生惑도 없어져 번뇌가 완전히 없어집니다. 즉 원행지인 칠지에서 보살이 무상정無想定266)에 들어가면 의식의 여러 작용이 완전히 그쳐서 분별혹은 물론 구생혹(구생아집)까지 없어지고, 의식작용이 순수한 묘관찰지로 바꾸어 대천세계를 밝게 비추게 되는 것입니다."

---

266) 무상정無想定(asaṃjñā-samāpatti)이란 심소 중의 하나인 상想, 즉 대상이 무엇인지를 아는 지각작용이 없는 선정 상태(6가지 식의 작용을 멸한 선정)를 말한다. 무상등지無想等至라고도 한다. 무상정은 무상천에 태어나는 원인이 된다. 색계의 제3 정려의 마지막 단계인 변정천의 탐욕을 굴복시켰으나 여전히 제4 정려 이상의 탐욕을 굴복시키지 못한 외도나 범부는 제4 정려에 있는 무상천을 진정한 해탈이나 열반이라고 생각한다. 그래서 이곳에서 벗어나려고 생각함(出離想)으로써 제6 의식의 작용이 멸한 선정 단계이다. 이것은 외도나 범부가 수행하는 선정이다. 그래서 『오온론』(한역)에서는 "이미 (색계의 제3선 중의) 변정천遍淨天의 탐욕(貪)을 떠났지만, 아직 그 위의 탐욕을 떠나지 않았다. 출리상出離想의 작의(작동)를 먼저 함으로 말미암아 항상 현행現行하지 않는 마음과 마음의 법(심소)이 멸하는 것을 본성으로 한다."[『오온론』(T31, p.849c8-9), "謂已離遍淨貪. 未離上貪. 由出離想作意爲先. 不恒現行心·心法滅爲性."]라고 하고, 범본에서는 "어떤 것을 개념화(想)가 없어진 선정이라고 하는가? 〈그것은 제3 정려의〉 변정천에서의 탐욕貪慾(rāga)을 떠났지만, 그 이상의 탐욕을 떠나지 않은 상태이며, 〈제4 정려의 무상유정천이야말로 진정한 해탈이라고 생각하여, 그곳에서〉 탈출하고 싶다고 원하는 마음(出離想)의 작동(作意)이 선행하여 언제나 현재화顯在化하지 않는 (asthāvaraṇa) 심(제6 의식)이나 〈그것에 동반한〉 심소법이 멸한 상태이다."[Li and Steinkellner(p.14, 7-9), "śubhakṛtsnavīta-rāgasya nordhvam niḥsaraṇasaṃjñāpūrvakeṇa manasikāreṇāsthāvaraṇām cittacaitasikānam dharmaṇām yo nirodhaḥ//"]라고 설명한다. 참고로, 무상등지에서 등지等至는 사마빳티(samāpatti)의 번역어로 삼매三昧(samādhi) 등과 같은 선정 상태를 나타낸다. 색계의 제3 정려에 변정천이 있지만, 이곳에서의 수행을 달성하면 제4 정려에 올라간다. 제4 정려는 전체적으로 제6 의식이 남아 있지만, 무상유정천에서는 제6 의식이 없어진다. 불교 이외의 수행자 중에는 이것을 최고의 경지라고 생각하는 사람들이 있었다. 그리고 '언제나 현재화顯在化하지 않는(asthāvaraṇa) 심(citta)'이란 언제나 현행하지 않는 식이라는 의미이다. 안식 등도 언제나 현행하지 않지만, 이것들은 제2 정려에서 전부 멈추기 때문에 여기서는 관계가 없다. 그러나 제6 의식은 거의 끊어지지 않고 현행하지만, 기절했을 때는 없어지므로 여기서 말하는 '언제나 현재화하지 않는 마음'에 해당한다.[김명우·구자상(2022), p.218]

감산스님은 이것에 대해 다음과 같이 주석한다.[267]

"제7 원행지[268]에 이르면 제6 의식은 항상 둘의 공관(아공과 법공)에 머문다. 그리하여 바로 구생아집과 구생법집을 깨뜨려 영원히 항복시켜(永伏, 영원히 제압하여) 활동을 멈추게 한다. 이 제6 의식에 이르면 비로소 순수하게 청정한 무루를 얻는다. 그러면 제6 의식과 함께 상응하는 심소도 또한 동일하게 전변하여 묘관찰지를 이룬다. 만약 이 식(제6 의식)이 묘관찰지를 이루면 일상에서 6근(안근·이근·비근·설근·신근·의근)의 입구(門頭)가 밝아지고 차원이 달라져 모든 말과 행위가 깨달음의 바탕이 되고 완전하게 작용한다."[269]

이와 같이 성철스님은 무상정에 들어가면 제6 의식이 사라진다고 매우 압축적으로 법문하는데, 감산스님은 제7 원행지에 이르면 구생아집과 구생법집이 영원히 멈추어 제6 의식이 순수한 무루지(묘관찰지)로 전변하여 우리의 삶이 달라진다고 주석한다. 또한 제6 의식뿐만 아니라 제6 의식과 함께 작용하는 51심소도 전변하여 묘관찰지를 이룬다고 주석한다. 이상으로 성철스님의 법문과 감산스님의 주석을 참조하여 제3

---

[267] 제3구와 제4구에 대해 지욱스님은 『팔식규구직해』(X55, p.437b18-20)에서 "此明菩薩第七地後俱生我執永伏. 雖有俱生微細法執. 或時現起而非有漏. 故能觀察諸法圓滿明淨. 普照大千世界機緣. 隨應說法化度也."라고 주석한다.
[268] 무상·공·무아를 증득한 지혜의 마지막 단계로서, 이른바 세간과 이승의 지혜를 멀리 떠났다는 말이다.
[269] 『팔식규구통설』(X55, p.423a5-9), "至第七遠行地. 六識恒在雙空觀. 方破俱生我執. 俱生法執永伏不起. 至此六識方得純淨無漏. 相應心所亦同轉成妙觀察智也. 若此識成智. 則日用現前六根門頭. 放光動地. 一切云爲. 皆大機大用矣."

게송을 번역하면 다음과 같다.

"초심의 환희지에서 〈묘관찰지가〉 생기發起하더라도 구생아집과 구생법집은 여전히 스스로 현행하는 번뇌(纏)와 잠복한 번뇌인 종자(眠)로 나타난다. 제7 원행지 이후에 순수하고 〈청정한〉 무루지가 되어 관찰(묘관찰지)이 두루 밝게 대천세계를 비춘다."

이어서 성철스님은 제6 의식의 종류에 대해 법문하고 있지만, 앞서(제6 의식-감각에 한정되는 마음이다) 설명했기에 여기서는 생략한다.

5. 『유식삼십송』에 나타난 제6 의식 법문

다음으로 성철스님은 『유식삼십송』의 게송을 인용하여 제6 의식과 함께 작용하는 심소 및 제6 의식이 소멸하는 단계 등에 대해 법문한다.[270] 먼저 성철스님은 다음과 같이 『유식삼십송』과 『팔식규구』의 8가지 식의 설명 순서가 다르다고 하고, 『팔식규구』의 순서에 따라 전오식부터 시작하여 제8 아뢰야식을 설명하는 방식을 취한다.

"유식학에서 마음의 주체를 파악하는 방법으로 두 가지가 있는데, 하나는 심식을 팔식八識으로 분류하여 마음이 표층에서 심층을 향하여 중첩된 구조를 가지고 있음을 설명하는 것이고, 또 하나는 삼능변三能變으로 파악하여 마음이 심층에서 표층을 향하여

---

270) 성철(2014), pp.340-344.

능동적으로 작용하는 면을 보인 것입니다. 삼능변의 초능변은 제8 아뢰야식이고, 제2 능변은 제7 말나식이며, 제3 능변은 전5식과 제6식입니다. 『팔식규구』는 전5식부터 시작하여 최후로 제8식을 설명하여 올라가며 해설하지만, 『유식삼십송』은 초능변인 제8 아뢰야식부터 시작하여 마지막으로 제6식과 전5식으로 내려가며 설명하고 있습니다."

이어서 성철스님은 『유식삼십송』의 제8 게송[271]을 해석하면서 제3 능변(전오식·제6 의식)을 나누면 6종류라고 한다.

"다음으로 세 번째 능변은 차별하여 여섯 종류가 있다. 경계를 요별하는 것으로 성性과 상相을 삼으니 선善과 불선不善과 무기無記이다."[272]

여기서 6종류란 안식·이식·비식·설식·신식의 전오식과 제6 의식을 말한다. 부연하자면 이 식의 특징은 각각의 대상을 인식하는 마음, 즉 요별경식了別境識이다. 앞서 설명했지만, 제3 능변은 자신의 감각 능력에 의해 우리의 인식 범위를 한정하는 마음이다. 그리고 게송에서 "제3 능변은 대상을 인식하는 것을 본성과 현상으로 삼는다."라고 하였는데, 제3 능변은 여섯 종류이며, 이것들은 각각 별도로 대상을 구별하여 확실하게 인식한다는 공통점을 가진다. 예컨대 안식은 색경, 이식은 성경,

---

[271] 범본을 해석하면 다음과 같다. "제3 능변은 여섯 종류의 대상 영역을 지각하는 것이고, 경우에 따라서는 선(kuśala), 불선(akuśala) 또는 (그) 어느 쪽(둘)에도 작용한다.(8b-d)"["ayaṃ tṛtīyaḥ ṣaḍvidhasya yā/viṣayasyopalabdhiḥ sā kuśalākuśaladvayā//"(8bcd)]
[272] 『유식삼십송』(T31, p.60b17-18), "次第三能變 差別有六種 了境爲性相 善不善俱非."

비식은 향경, 설식은 미경, 신식은 촉경, 의식은 법경을 대상으로 삼는다. 그리고 전오식과 제6 의식은 선·악·무기의 삼성에 모두 통하는 것이다. 이어서 제9 게송273)을 성철스님은 다음과 같이 해석한다.

"이 마음의 작용은 변행과 별경과 선과 번뇌와 수번뇌와 부정이니 모두 삼수三受와 상응한다."274)

이것에 의하면, 제6 의식은 51가지 심소 전부 작용하며, 고·락·사의 삼수와 상응하는 것이다. 계속해서 성철스님은 제6 의식이 소멸하는 단계에 대해 법문하면서 『유식삼십송』 제16 게송을 다음과 같이 해석한다.

"의식이 항상 일어나지만 무상천에 태어나는 것과 무심의 두 가지 선정과 수면과 민절은 제외한다.275)"

이어서 다음과 같이 말한다.

"무상천無想天에서는 모든 의식이 다 떨어집니다. '무심의 두 가지 선정'이라 한 것은 무상정無想定과 멸진정滅盡定입니다. 무상정은 칠지보살의 선정이고, 멸진정은 팔지 이후의 선정입니다. 칠지

---

273) 범본을 해석하면 다음과 같다. "이것은 보편적인 마음의 작용(변행), 대상을 특정화시킨 마음작용(별경), 선이라는 마음작용, 번뇌, 부차적인 번뇌를 수반하고, 3종류(樂·苦·非樂非苦)의 대상의 감수를 가진 것이다."["sarvatragair viniyataiḥ kuśalaiś caitasair asau/saṃprayuktā tathā kleśair upakleśais trivedanā//"(9abcd)]
274) 『유식삼십송』(T31, p.60b19-20), "此心所遍行 別境善煩惱 隨煩惱不定 皆三受相應."
275) 『유식삼십송』(T31, p.60c6-7), "意識常現起 除生無想天 及無心二定 睡眠與悶絕."

의 무상정까지는 무심은 무심이지만 가행加行, 즉 계속적인 정진 노력이 있습니다. 그런데 팔지 이후인 색자재色自在의 멸진정에 들어서면 무행無行, 즉 색에 자재하여 노력이 필요하지 않은 무공용無功用이 됩니다. 제6식은 칠지의 무상정에 들어갔을 때나 팔지 이상의 멸진정에 들어갔을 때에 완전히 끊어져서 활동을 하지 못한다는 것입니다."

이것에 의하면, 제6 의식은 지속적으로 일어나지만, 오위무심五位無心, 즉 무상천·무상정·멸진정·수면·민절(기절)의 단계에서는 사라지는 것이다. 여기서 오위무심이란, 먼저 무상천은 색계色界 제4선第四禪 중의 광과천廣果天에 있다고 한다. 이곳에 태어나면 제6 의식은 작용하지 않는다. 구체적으로 무상천이란 대상이 무엇인지 아는 지각작용(想)이 없는(無) 천天을 말한다. 외도나 범부가 진정한 해탈이나 열반이라고 생각하여 무상정을 닦아 태어나는 천天이다. 무상정을 원인으로 한 결과이기 때문에 무상이숙, 무상보, 무상사, 무상생, 무상유정천, 무상소유라고도 한다. 제6 의식이 멸한 것에 임시로 세운 것(가립)이다. 그래서 『오온론』(한역)에서도 "무상등지의 결과이다. 무상유정천에 이미 태어나 항상 현행하지 않는 마음과 심소법을 본성으로 하는 것이다."[276] 라고 하고, 범본에서는 "어떤 것을 개념화(想)가 없는 장소에서의 생존(무상소유, asaṃjñika)이라고 하는가? 〈그것은〉 개념화가 없어진 선정(무상등지·asaṃjñī-samāpatti)의 결과이다. 무상유정천에 태어나 언제나 현재화하지 않는 마음(제6 의식)이나 〈그것에 동반하는〉 심소법이 멸한 상태이

---

[276] 『오온론』(T31, p.849c13-14), "云何無想所有. 謂無想等至果. 無想有情天中生已. 不恒現行心·心法滅爲性."

다."²⁷⁷⁾라고 해설한다. 무상정은 무상천에 태어나기 위해 수행하는 선정이다. 이때에도 제6 의식은 작용하지 않는다. 그리고 멸진정은 제7 말나식과 제6 의식의 작용이 사라지는 깊은 선정의 단계이다. 이상의 3단계는 우리가 이해하기 힘든 수행의 단계이다. 그리고 수면(숙면상태)과 민절(기절상태)에서도 제6 의식은 사라진다고 한다. 성철스님은 수면을 '잠이 꽉 든 숙면위'라고 하고, 민절을 '사람이 까무러치듯이 잠겼다', 즉 병이 크게 나거나 낭떠러지에서 떨어져서 정신을 잃은 것이라고 한다. 이처럼 다섯 단계를 제외하고 제6 의식은 언제나 활동하고 있다.²⁷⁸⁾ 참고로 필자는 『유식삼십송』 제8 게송-제9 게송과 제16 게송²⁷⁹⁾을 다음과 같이 해석한다.

다음은 제3 능변이다. 차별하면 여섯 종류가 있다. 대상(境)을 인식(了)하는 것을 본질과 현상(相)으로 삼는다. 선·불선, 그 어느 쪽(무기)에도 작용한다.(8게송) 〈제6 의식과 함께 작용하는〉 심소는 변행·별경·선·번뇌·수번뇌·부정이다. 제6 의식은 삼수(苦·樂·捨)와 전부 상응한다.(9게송) 제6 의식은 항상 현기하지만, 무상천에 태어날 때와 무심이정(무상정·멸진정) 수면, 그리고 기절한 때는 제외된다.(16게송)²⁸⁰⁾

---

277) Li and Steinkellner(p.15, 1–3), "asaṃjñika kamat/samāpattiphalam/asaṃjñisattveṣu deveṣū–papannasyāvaraṇām cittacaitasikānam dharmaṇām yo nirodhaḥ/"
278) 김명우(2009), p.201.
279) 범본을 해석하면 다음과 같다. "의意의 인식작용(의식)은 항상 생긴다. 다만 무상천에 태어났을 경우와 심이 없는 상태인 이정(無想定, 滅盡定), 수면, 실신失神한 경우는 제외된다."["manovijñānasaṃbhūtiḥ sarvadāsaṃjñikād ṛte/samāpattidvayān middhān mūrcchanād apy acittakāt//"(16abcd)]
280) 김명우(2009), p.147.

V. 『백일법문』과 제7 말나식

먼저 세친보살의 『유식삼십송』 및 성철스님의 『백일법문』과 감산스님의 『팔식규구통설』을 바탕으로 제7 말나식의 본질과 작용에 대해 간략하게 정리하면 다음과 같다.

- 제7 말나식은 모든 일에 언제나 집요하게 자기중심적으로 생각하는 이기적인 마음(항심사량심)이다.
- 제7 말나식은 '나(자신)'라는 생각에 더럽혀진 마음(염오의)이다.
- 제7 말나식은 제8 아뢰야식에 의지하고 제8 아뢰야식을 대상으로 삼는 마음이다.
- 제7 말나식은 가치론적으로 선도 불선(악)도 아닌 무기이다. 특히 유부무기이다.
- 제7 말나식은 4가지 번뇌(아치·아견·아만·아애)와 언제나 함께 작용하는 마음이다.
- 제7 말나식은 자신이 생존하는 장소에 구속되는 마음이다.
- 제7 말나식은 깊은 수면이나 기절해도 사라지지 않고 작용하지만, 아라한·멸진정·출세도의 수행단계에서는 사라지는 마음이다.

그러면 이제 성철스님이 『백일법문』에서 제7 말나식에 대해 어떻게 법문하는지 감산스님의 『팔식규구통설』과의 비교를 통해서 알아보자.

1. 제1 게송 : 제7 말나식의 작용(1)

『팔식규구』 칠식송(제7 말나식) 제1 게송을 성철스님은 다음과 같이 해석[성철(2014), p.344]한다.

"대질경을 반연하고 유부무기이며 정情과 본질에 통하니 인연을 따라 아我에 집착하여 헤아리는 것이 비량非量이다. 여덟 가지 큰 번뇌와 변행과 별경 중의 혜慧와 탐욕과 어리석음과 아견과 아만이 서로 따른다."[281]

『팔식규구』의 제1 게송은 제7 말나식과 함께 작용하는 인식대상(境), 인식수단(量), 성품(性), 심소(마음작용)에 대한 것이다. 예컨대 제7 말나식은 삼경三境 중에서 오직 대질경과 통하고, 사성(선·악·유부무기·무부무기) 중에서는 유부무기에 포섭되고, 삼량三量 중에서는 오직 비량非量과 함께 작용할 뿐이다. 그리고 제7 말나식은 5변행, 별경 중의 혜, 8개의 대수번뇌, 아탐·아치·아견·아만의 4번뇌와 언제나 함께 작용한다. 즉 제7 말나식과 함께 작용하는 심소는 18개이다.

1) 제7 말나식은 대질경을 대상으로 삼는 마음이다

모든 마음은 반드시 그 대상이 있다. 그렇다면 제7 말나식은 무엇을 대상으로 삼는 마음인가? 제7 말나식은 대질경帶質境을 대상으로 삼는

---

[281] 『팔식규구통설』(X55, p.423a11-12), "帶質有覆通情本. 隨緣執我量爲非. 八大遍行別境慧. 貪癡我見慢相隨."

마음이다. 『팔식규구』 칠식송(제7 말나식) 제1 게송 제1구(帶質有覆通情本) 중의 첫 구절인 대질경에 대해 성철스님은 『백일법문』에서 다음과 같이 말한다.

"대질경帶質境이란 주관과 객관 사이에 놓여 있는 중간적 대상으로 비량比量, 즉 유추하여 분별하는 것입니다. 이것은 진대질경眞帶質境과 사대질경似帶質境으로 나눌 수 있습니다. 진대질경은 제7식이 제8식의 견분을 자아로서 반연하는 것입니다. 이것은 마음으로 마음을 반연하는 것(以心緣心)이어서 객관적인 경계를 반연하는 것이 아닙니다. 그러므로 진대질경은 제7식에 해당하는 것입니다. 사대질경은 마음으로 경계를 반연하는 것(以心緣境)입니다. 따라서 진대질경은 전적으로 주관에 그치지만, 사대질경은 주관에서 객관을 반연하는 것입니다. (…) 여기 칠식송(제7 말나식)에서 말하는 대질경은 곧 진대질경이며, 사대질경은 외경을 반연하는 것이기 때문에 제6의식에 속합니다."[282]

상기 법문을 요약하면, 대질경은 진대질경과 사대질경으로 구분된다. 그중에 진대질경은 제7 말나식이 제8 아뢰야식의 견분을 자아라고 착각하는 것으로, 마음이 마음을 조건으로 삼은 것(以心緣心)이다. 반면 사대질경은 마음이 대상(경계)을 조건으로 삼은 것(以心緣境)이다. 다시 말해 진대질경의 대상은 제8 아뢰야식, 사대질경의 대상은 제6 의식이다.

감산스님도 "이 식(제7 말나식)은 오직 대질경만을 대상으로 삼는다.

---

[282] 성철(2014), p.345.

〈대질경 중에서〉 마음이 마음을 대상(조건)으로 삼는 것을 진대질경이라고 한다."[283]라고 하여, 제7 말나식은 대질경 중에서 마음(제7 말나식)이 마음(제8 아뢰야식의 견분)을 대상(조건)으로 삼는 것(以心緣心), 즉 진대질경을 대상으로 삼는다고 주석한다. 반면 사대질경이란 "마음(제6 의식)이 외적 대상(外境)을 조건으로 삼아 간별하는 것(揀)이라고 한다(以六識緣外境)."[284] 즉 제7 말나식은 진대질경, 제6 의식은 사대질경을 조건으로 삼는다는 것이다.

그런데 감산스님은 제7 말나식의 대상(상분)을 '중간상분'[285]이라고 한다. 이 말은 실상분實相分인 성경을 대상으로 삼는 제8 아뢰야식과 가상분假相分인 독영경을 대상으로 삼는 제6 의식의 중간이라는 의미이다. 이에 대해 성철스님은 "대질경帶質境이란 주관과 객관 사이에 놓여 있는 중간적 대상으로 비량比量, 즉 유추하여 분별하는 것입니다."[286]라고 하는데, 여기서 주관이란 가상분, 객관은 실상분, 중간적 대상은 중간상분을 말하는 것으로 생각된다. 그리고 제7 말나식은 삼량 중에서 유추하여 분별하는 비량比量이라고 한다. 이처럼 대질경에 대한 성철스님의 법문은 감산스님의 주석을 바탕으로 이루어진 것임을 확인할 수 있다.

2) 제7 말나식은 유부무기이다

다음으로 제1구 중의 두 번째 구절인 유부有覆에 대해 살펴보자. 유부란 제7 말나식은 선·불선(악)·무기의 삼성 중에서 무기, 특히 유부무

---

283) 『팔식규구통설』(X55, p.423a13-14), "此識唯緣帶質境. 以心緣心. 名眞帶質."
284) 『팔식규구통설』(X55, p.423a14-15), "以揀六識緣外境爲似帶質也."
285) 『팔식규구통설』(X55, p.423a16), "中間相分."
286) 성철(2014), p.334.

기에 포섭된다는 말이다. 이에 대해 성철스님은 무기를 유부무기와 무부무기로 나누어 법문한다.

"선·악·무기의 삼성三性 중 무기는 선·악 어디에도 속하지 않으며, 유부무기有覆無記와 무부무기無覆無記로 구분됩니다. 유부무기는 제7식의 열여덟 가지 마음작용이 먼지가 덮여 있듯이 덮여서 수행을 방해하기 때문에 유부라고 하며, 무부무기는 무엇이 덮여 있기는 하지만 제8식에서 다만 오변행五遍行만을 수반하고 있기 때문에 무부라고 합니다. 실제로는 진여자성을 깨친 대원경지에서 볼 때는 제8식도 무부무기라고는 할 수 없지만, 중생의 차원에서 볼 때는 제7식은 열여덟 가지 마음작용에 덮인 것이 심하기 때문에 쉽게 그 덮인 것을 알 수 있어서 유부무기라 하고, 제8식은 <u>오변행만이 작용하여 미세하므로 알기가 어렵기 때문에 무부무기</u>라고 하는 것입니다."[287]

상기 법문에 대해 부연하면, 무기란 선·악 어디에도 속하지 않은 것이며, 먼지가 덮여 있듯이 덮여서 수행을 방해하기 때문에 유부무기라고 한다. 여기서 먼지는 더러움(염오)을 말하는데, 쉽게 말하면 번뇌를 가리킨다. 그런데 성철스님의 무부무기에 대한 법문(오변행만이 작용하여 미세하므로 알기가 어렵다)은 이해하기 어려운 점이 있지만, 제8 아뢰야식에 대한 "작용이 미세하여 알기 어려우며, 수행에 장애가 되지 않기 때문에 무부라고 한다."[288]라는 법문은 비교적 이해하기 쉽다. 무부무기에

---

[287] 성철(2014), p.345.
[288] 위의 책, p.351.

대해서는 제8 아뢰야식을 설명할 때 다시 언급할 것이기 때문에 여기서는 생략한다. 이에 대해 감산스님은 다음과 같이 주석한다.

"〈제7 말나식은〉 삼성(선, 악, 무기) 중에 오직 유부무기만 있다.(함께 작용한다) 이 식(제7 말나식)은 비록 선악은 없지만 4가지 혹(4번뇌)인 아견 등과 〈언제나〉 상응하여 일어난다. 〈제7 말나식은 중생의 청정하고 순수한〉 진여의 본성(眞性)을 덮고 가리기 때문에 유부무기라고 한다."289)

감산스님은 제7 말나식이 '오직' 유부무기와 함께 작용할 뿐이라고 하고, 제7 말나식이 유부무기有覆無記인 이유를 진여의 본성을 덮고 가리기 때문[蓋覆眞性. 故名有覆無記]이라고 주석한다. 필자는 앞의 구절을 '제7 말나식은 청정하고 순수한 진여의 본성을 덮고 가리기 때문에 유부무기'라고 해석하는데, 앞서 성철스님이 '먼지가 덮여 있듯이 덮여서'라고 한 것은 아마도 진여의 성품(본성)을 덮는다는 의미일 것이다. 또한 지욱스님은 "구생아집으로 말미암아 진리(진여)를 은폐하기 때문에 유부"290)라고 주석하고, 진가스님도 "유부란 진여의 성품(眞性)을 은폐하고 장애한다."291)라고 주석하는데, 여기서 유부란 우리의 청정한 마음(깨달음)을 은폐하고 장애한다는 뜻이다. 그러므로 유부무기란 선·악(불선)에 속하지는 않지만 깨달음으로 나아가고자 하는 우리의 청정한 마

---

289) 『팔식규구통설』(X55, p.423a16-18), "三性之中. 唯有覆無記. 謂此識雖無善惡. 而有四惑我見. 相應而起. 蓋覆眞性. 故名有覆無記."
290) 『팔식규구직해』(X55, p.437b24-c1), "此識雖非善惡性惟無記. 而由俱生我執隱眞理故名有覆."
291) 『팔식규구송해』(X55, p.418b3), "有覆者. 障蔽眞性."

음을 더러움으로 은폐하고 방해한다는 말이다. 그래서 제7 말나식을 염오의染汚意라고도 하는 것이다.

여기서 삼성(선·악·무기)에 대해 잠시 설명하고자 한다. 먼저 지욱스님은 선이란 "이 세상과 저 세상에서 이로움(順益)이 되는 것"이며, 반대로 불선(악)은 "이 세상과 저 세상에서 거스르고 해로움(違損)이 되는 것"[292]이라고 한다.『성유식론』에서도 "이 세상과 저 세상에서 〈중생을〉 이익되게 하기 때문에 선이라고 한다."[293] 반대로 "이 세상과 저 세상에서 거스르고 해로움(違損)이 되기 때문에 불선이라고 한다."[294]라고 한다. 여기서 차세는 현재, 타세는 과거와 미래, 순익은 〈타인과 자신에〉 이익이 된다는 의미이다. 선이란 일반적으로 선·악 중에서 도덕적으로 옳은 것을 말한다. 그러나 여기서 말하는 선은 일상적인 윤리도 포함하지만, 이른바 수행과 관련된 것으로서 세상의 상식과 반드시 일치하는 것은 아니다. 그리고 무기란 이 세상이나 저 세상에서 이익도 손해도 가져다주지 않는 마음이나 행위[295]로서, 호법보살은『성유식론』에서 "선과 불선의 이롭고 해로운 뜻 중에서 기별記別, 즉 선인지 악(불선)인지 별도(別)로 나타낼 수(記) 없기(無) 때문에 무기無記라고 이름한다."[296]라고 한다. 실제로 우리의 행위는 선, 불선(악)의 이분법적으로 구별되기보다는 선도 불선도 아닌 무기인 경우가 많다. 예를 들어 걸어가다가

---

292)『팔식규구직해』(X48, p.343a2).
293)『성유식론』(T31, p.26b12), "能爲此世他世順益故名爲善."
294)『성유식론』(T31, p.26b14), "能爲此世他世違損故名爲不善."
295)『성유식론』(T31, p.26b12-15), "此六轉識何性攝耶. 謂善不善俱非性攝. 俱非者謂無記. 非善不善故名俱非. 能爲此世他世順益故名爲善. 人天樂果雖於此世能爲順益非於他世. 故不名善. 能爲此世他世違損. 故名不善. 惡趣苦果雖於此世能爲違損非於他世. 故非不善."
296)『성유식론』(T31, p.26b16), "於善不善益損義中不可記別. 故名無記."

개미를 밟아 죽였다면 불선이지만, 그냥 걷고 있는 행위는 선도 불선도 아닌 무기이다. 이처럼 우리의 행위는 선, 불선보다는 무기인 경우가 훨씬 많다.

그런데 우리가 일상생활을 할 때 유념해야 할 것이 있다. 바로 현재 자기가 아무리 행복(즐거움)하거나 불행(괴로움)하더라도 이 행복과 불행은 지금 세상(현세)에만 영향을 미치지만, 선·불선·무기는 현실세계뿐만 아니라 미래세에도 영향을 미친다는 사실이다. 다시 말해 재산이 많아 현세에서 행복하더라도 또는 재산이 없어 불행하더라도 그 행복이나 불행은 미래세까지 가지 않는다는 것이다. 반면 현세에서 돈이 없어 불행한 삶을 살았더라도 미래세에서는 행복하게 살 수 있다는 것이다. 즉 행복과 불행은 현세에서 끝난다. 그러나 착한 일(선)을 하거나 혹은 나쁜 짓(불선)을 하면 그것은 현재세뿐만 아니라 미래세에도 영향을 미친다는 것이다. 너무나 당연한 말일지도 모르겠지만, 그렇기 때문에 우리는 자신의 삶을 열심히 살면서 선한 일은 많이 하고 악한 짓은 하지 말아야 하는 것이다. 그래서 불교에서는 수선단악修善斷惡, 즉 선을 닦고 악을 끊는다는 것을 강조하는 것이다.

3) 제7 말나식은 정과 본에 통한다

제1 게송 제1구 마지막 구절(通情本)에서 제7 말나식은 '정과 본에 통한다'고 노래한다. 이에 대해 성철스님은 다음과 같이 법문한다.

"정본情本의 정情은 제8식의 견분을 말하고, 본本은 본질을 뜻합니다. 제7식은 바로 이 정과 본에 모두 통하여 작용하는 것입니다. 따라서 정과 본질에 통한다는 것은 제7식이 제8식의 견분을 반연함을 지적하는 것입니다."[297]

여기서 성철스님은 정을 제8 아뢰야식의 견분, 본을 본질이라고 한다. 그런데 필자는 정이란 제6 의식, 본은 제8 아뢰야식의 견분을 말한다고 생각한다. 즉 제7 말나식은 제6 의식과 제8 아뢰야식과 통한다는 것이다. 다시 말해 제7 말나식은 분별심이 가장 강한 제6 의식(情)과 통하고, 본질(本)인 제8 아뢰야식과도 통한다는 것이다. 이런 의미에서 제7 말나식을 제6 의식과 제8 아뢰야식의 중간식中間識 또는 전송식傳送識이라고도 한다. 왜냐하면 제7 말나식은 항상 자기중심적으로 생각하는 더러운 마음이지만, 제6 의식과 제8 아뢰야식을 연결시켜 주는 매개체 역할을 하는 마음이기 때문이다. 화엄종의 실질적인 창시자라고 할 수 있는 현수스님은 제7 말나식을 단순히 전송하는 역할만 하기 때문에 필요 없는 마음이라고 한다. 나아가 감산스님은 『백법논의』에서 "제7 말나식은 비어 있고 임시적인 것(虛假)"이라고 했다. 그래서 『대승입능가경』에서 "제7 말나식은 유전流轉하지 않는다. 그러므로 생사의 원인이 되지 않는다."[298]라고 주석한다. 이 구절(제7 말나식은 비어 있고 임시적인 것)은 "제7 말나식은 별도의 자체가 없다."라는 의미로서, 감산스님은 그 근거로 『대승입능가경』의 경문을 인용한 것이다. 성철스님의 표현을 빌리자면 말나식은 실체가 없는 것이다. 이처럼 감산스님과 성철스님은 제7 말나식을 단지 전송식으로 파악하고 있는데, 이것은 현수스님의 입장에 동조한 듯하다.

다시 게송 해설로 돌아오자. 제1 게송 제1구에 대해 다른 주석서에도

---

297) 성철(2014), p.345.
298) 『대승입능가경』(T16, p.14c22).

대체로 성철스님의 입장과 동일하게 주석한다. 반면 필자는 앞서 말했듯이 정은 제6 의식, 본은 제8 아뢰야식으로 해석한다. 이것은 "〈제7 말나식은〉 제6 의식인 정과 통한다. 본은 제8 아뢰야식이다. 그러므로 〈제7 말나식은〉 정·본에 통한다."299)라는 진가스님의 주석에 근거한 것이다.

참고로 여기서 잠시 전송식에 대해 살펴보고자 한다. 전송傳送이란 이쪽에서 저쪽으로 사람이나 물건을 보내거나 전하는 것을 말한다. 전송식은 곧 제7 말나식을 말하는데, 이른바 전송하는 역할을 하는 마음이라는 뜻이다. 다시 말해 제7 말나식은 제8 아뢰야식과 제6 의식의 중간에 위치하면서 심층으로는 제8 아뢰야식, 표층으로는 제6 의식에 전달하는 역할을 한다는 것이다. 이처럼 제7 말나식은 심층(제8 아뢰야식)과 표층(제6 의식)으로 전송하는 역할을 하기 때문에 두 마음을 연결하는 마음이기도 하다. 그래서 중국 화엄종의 실질적인 개창자라고 할 수 있는 현수스님(643-712)도 "제7 말나식은 위로는 제8 아뢰야식과 합하고, 아래로는 제6 의식과 합한다.(上合第八, 下合第七.)"라고 하여 제7 말나식이 두 식(제8 아뢰야식과 제6 의식) 사이에서 전송자의 역할을 한다고 정의한 것이다. 그리고 이처럼 제7 말나식이 중간의 전송자 역할만을 하기 때문에, 현수스님은 다른 식(마음)과 달리 정확한 자기 역할이 없는 마음이라고 규정하여 필요 없는 마음이라고 주장한다.

그런데 성철스님은 『백일법문』에서 현수스님의 "〈제7 말나식은 별도로 자체가 없어〉 위로는 제8 아뢰야식과 합하고, 아래로는 제6 의식과 합하기 때문에 〈별도로 세우지 않는다〉[〈別無自體〉 上合第八, 下合第六 〈不別立也〉.]"라는 구절을 인용하며, "이것도 일리가 있는 말이지만 엄격하게 우리의 정신상태를 분석해 보면 제7식을 두는 것이 논리상 더 적합하

---

299) 『팔식규구송해』(X55, p.418b3), "通六識情. 故本八識也. 通情本故."

다고 볼 수 있습니다."³⁰⁰⁾라고 하여 현수스님의 입장에 대해 비판적 입장을 취한다. 다만 이 구절[上合第八, 下合第六.]의 출처를 『백일법문』에서는 현수스님의 『대승기신론의기大乘起信論義記』 권2로 표기하고 있지만, 필자가 조사한 바로는 확인되지 않는다. 아마도 성철스님이 『대승기신론의기』에 나타난 현수스님의 입장을 요약, 정리하여 "上合第八, 下合第六."이라고 표현한 것 같다. 만약 그것이 아니라면 성철스님이 〈대총상법문〉의 구절을 인용한 것일 수도 있다. ³⁰¹⁾ 그런데 1981년에 출간한 『선문정로』에서는 현수스님의 입장에 따라 제7 말나식의 존재 자체에 대한 회의적 입장을 취한다. ³⁰²⁾

"부처님의 말씀인 『능가경』에서도 제7식은 본체가 없는 것이라 하였고, 명말 고승 중 한 분인 감산스님도 제7식은 본체가 없다고 하였다. 어디 거기에 그치겠는가? 8식설이 유식의 학설이기는 하지만 정작 법상종의 소의경전인 『해심밀경』에서는 제6과 제8식만 거론하였을 뿐 제7식은 나오지 않는다. 이런 여러 자료를 근거로

---

300) 성철(2014), 상권, pp.371-372.
301) 다만 대총상법문에 "若依賢首意인댄 三細는 八識이요, 智相·相續·執取·計名은 六識이로되, 七識은 別無自體하야 上合第八하고 下合第六故로 不別立也니라."라고 하여, 현수스님의 입장을 소개하고 있다. 또한 현수스님은 삼세육추를 설명하면서 "묻기를, 삼세는 제8 아뢰야식에 속하고, 육추는 제6 의식에 속하는데, 무엇 때문에 제7 말나식은 설하지 않는가? 답하기를, 두 가지 의미가 있다. 첫째, 앞에서 이미 제8 아뢰야식을 설하였는데, 제7 말나식은 〈제8 아뢰야식을〉 집착해 상응하기 때문에 〈제7 말나식에 대한〉 별도의 설명은 필요 없다."[『대승기신론의기』(T44, p.263a1-4), "問三細屬賴耶. 六麤屬意識. 何故不說末那識耶. 答. 有二義意. 一前既說賴耶. 末那必執相應. 故不別說."]라고 하여, 제7 말나식의 존재에 대해 부정적 입장을 취한다.
302) 성철스님이 제7 말나식에 대해 입장을 바꾼 것에 대해서는 〈강경구(2022), pp.120-123〉을 참조하기 바란다.

추론할 때 제7식설은 『해심밀경』 이후 호법 계통 유식학파의 학설이지 부처님의 말씀이라 단정할 수 없다."303)

"이처럼 성철스님은 3가지 이유를 들어 제7 말나식은 부처님의 가르침이 아니라 호법 계통의 유식학파(유상유식)의 주장이라고 한다. 그렇지만 성철스님은 제7 말나식의 존재 자체를 부정하지 않는다." 그러면 현수스님의 말처럼 정말 제7 말나식은 존재하지 않는 마음일까? 제7 말나식은 심층의 마음(潛在心)이기 때문에 우리의 의식 차원에서는 잘 알아차릴 수 없다. 왜냐하면 제7 말나식은 언제나 아주 집요하게 자기중심적으로 생각하고, 교묘하게 남을 위하는 척 하지만 내심으로는 은밀하게 자신을 위하거나 자신의 기쁨을 위해 작용하므로 우리의 제6 의식으로는 알 수 없기 때문이다. 쉽게 말하면 기절하든 깊은 수면에 빠져 있든 정말 집요하게 끊임없이 작동하는 것이다. 그래서 감산스님도 제7 말나식은 간단(間斷), 즉 끊어짐이 없다고 주석한 것이다. 일상생활에서 나(我)를 제거하고 무아의 경지에 갈 수 있을까? 이 무아에 경지에 이르지 못하도록 하는 최대 방해꾼이 바로 나에 대한 집착이다. 나에 대해 끊임없이 집착하는 것은 제7 말나식이 심층에서 끊어짐이 항상 작동한다는 것이다. 그러므로 제7 말나식이 없다고 쉽게 부정할 수 없는 것은 아닌가?

4) 제7 말나식은 제8 아뢰야식을 자아라고 집착하는 비량이다

계속해서 제2구(隨緣執我量爲非)에 대해 성철스님은 다음과 같이 말한다.

---

303) 성철(2016), p.324.

"제7식은 인연을 따라서 아我에 집착하니, 이것은 비량非量에 속합니다. 현량現量은 비치는 것과 같은 것을 말하고, 비량比量은 안개를 연기로 잘못 보듯이 분별하는 것을 말하며, 제7식이 비량非量이라는 것은 제8 아뢰야식을 자아로 잘못 보고 집착하는 것을 말합니다."

이 구절은 제7 말나식의 인식수단(量)에 대해 노래한 것이다. 성철스님은 제7 말나식에 대해 제8 아뢰야식을 자아라고 착각하여 집착하는 비량非量이라고 한다. 그래서 제1 게송 제2구에서도 제7 말나식은 상대하는 대상을 따라다니며 자아를 집착하는 것(隨緣執我)이 가장 강한 마음이라고 하고, 현량現量도 비량比量도 아닌 그릇된 착각인 비량非量이라고 한 것이다. 이 구절에 대한 감산스님의 주석을 다음과 같다.

"〈제7 말나식은〉 '대상을 따라다니며(상대하는 대상인) 〈제8 아뢰야식의 견분을〉 자아自我라고 집착하는 비량非量이다'라는 구절은 인식수단(量)을 가리기(간별) 위한 것이다. 대질경이 비량比量을 대상(所緣)으로 삼는 것이라면, 이것은 〈제7 말나식이〉 내부(제8 아뢰야식)의 견분을 아我라고 집착하는 것으로 말미암아 자아가 아닌 것(非我)을 '자아'라고 설정하여(計我) 언제나 잘못에 빠지고(謬) 집착하기(執) 때문에 비량非量이라고 하는 것이다."[304]

또한 지욱스님도 "자신(제7 말나식)이 태어난 곳인 제8 아뢰야식의 견

---

304) 『팔식규구통설』(X55, p.423a18-20), "隨緣執我量爲非. 此句揀量也. 若言帶質境. 則屬比量所緣. 今因執內見分爲我. 以非我計我. 恒謬執故. 故名非量."

분을 반드시 조건으로 삼아 자아라고 허망하게 집착하기 때문에 비량 非量이라고 한다."305)라고 주석한다. 그런데 제1 게송 제2구 중의 수연隨 緣에 대해 지욱스님은 수소생처필연隨所生處必緣, 즉 '자신이 태어난 장 소인 제8 아뢰야식의 견분을 반드시 조건으로 삼아(…)'라고 주석한다. 이것은 『유식삼십송』의 수소생소계隨所生所繫,306) 즉 '자신(제7 말나식)이 태어난 곳(제8 아뢰야식)에 속박된다'라는 구절을 바탕으로 한 듯한데, 제 7 말나식은 자기가 생존하는 장소에 구속된다는 것이다. 다시 말해 제7 말나식은 스스로 태어난 곳인 제8 아뢰야식에 구속된다는 것이다.

참고로 유식에서는 인간의 마음(식)을 8가지(팔식)로 나누어 설명한다. 그런데 어떤 마음이든 반드시 무언가를 대상으로 삼아 작용한다. 마음 이라면 반드시 대상이 있다는 것이다. 다시 말해 대상이 없는 마음은 없다. 앞서 언급했지만, 안식은 색경, 이식은 성경, 비식은 향경, 설식은 미경, 신식은 촉경, 제6 의식은 법경을 각각 대상으로 삼아 작용한다. 반면 제7 말나식은 제8 아뢰야식을 대상으로 하여 작용하고, 제8 아뢰 야식으로부터 생기한다. 그리고 제7 말나식은 제8 아뢰야식을 의지처 로 하며, 게다가 제8 아뢰야식을 대상으로 삼아 제8 아뢰야식을 자아 로 생각하고, 제8 아뢰야식에 애착을 가지고 계속하여 집착한다. 다시 말해 제7 말나식은 제8 아뢰야식을 '자아'라고 집착하는 마음이라는 것 이다.

구체적으로 말하면 제7 말나식은 자신이 생존하는 장소(제8 아뢰야식) 에 구속되는 마음이라고 할 수 있는데, 이것을 『유식삼십송』에서는 "〈제

---

305) 『팔식규구직해』(X55, p.437c2-3), "隨所生處必緣第八識之見. 妄執爲我. 故名爲非 量也."
306) 『유식삼십송』(T31, p.60b14).

7 말나식은 자신이〉 태어난 곳에 속박되게 한다."307)라고 한 것이다. 그러면 이 노래는 어떤 의미일까? 제7 말나식은 언제나 자신이 살고 있는 장소에 구속되는 마음이라는 뜻이다. 『유식삼십송』의 주석서인 『성유식론』에서 제7 말나식은 "언제나 자신이 있는 곳인 제8 아뢰야식(자기가 태어난 곳)을 조건으로 삼아 집착하여 내면의 자아라고 한다."308)라고 주석하는데, 말하자면 제7 말나식은 스스로 언제나 자신이 태어난 곳인 제8 아뢰야식을 대상으로 삼아 '자아'라고 착각하여 제8 아뢰야식에 애착을 가지고 계속하여 집착하는 마음이라는 뜻이다. 결국 제7 말나식은 제8 아뢰야식에 구속되는 마음이라는 것이다. 존재하는 모든 것은 자신이 태어난 곳, 예를 들면 욕계에 태어나면 욕계에 구속되고, 색계에 태어나면 색계에 구속되고, 지옥에 태어나면 지옥에 구속되고, 한국에 태어나면 한국이라는 나라에 구속된다. 이처럼 우리도 자신이 태어난 곳에 구속되는 존재이다.

제7 말나식의 작용을 잘 표현한 속담이 있다. 바로 "개구리, 올챙이 시절 모른다."라는 속담이다. 직장생활을 하는 사람을 예로 들어보자. 보통 직장인은 주임이나 대리였을 때는 주임이나 대리의 아집을 가지고 업무를 보고 직장생활을 한다. 그러나 세월이 흘러 과장이나 부장이 되었을 때는 과장이나 부장의 아집을 가지고 업무를 보고 직장생활을 한다. 이사로 승진하면 이사의 아집으로 직장생활을 한다. 다시 말해 대리·과장·부장·이사라는 자신이 맡은 직책(사는 장소나 위치)에 구속되어 생활한다는 것이다. 과장이 되면 대리 시절을 잊고 오로지 과장의 입장에서 모든 것을 판단하고 일을 처리한다. 부장이 되면 과장 시절이었던

---

307) 『유식삼십송』(T31, p.60b14), "隨所生所繫."
308) 『성유식론』(T31, p.23c14), "任運恒緣自地藏識執爲內我."

때를 잊어버리고 부장의 마음으로 근무한다. 이사가 되었을 때도 마찬가지이다.

사실 필자도 현재 내가 위치한 장소에 구속되는 존재라는 것을 자주 경험하곤 한다. 10년 전의 일이다. 필자가 근무하는 대학 입구는 도로가 좁았다. 그런데도 가게들이 많아 늘 혼잡했다. 지금은 일방통행으로 지정되어 조금 덜하지만, 당시에는 양방 통행이 가능하여 도로 양쪽에 주차된 자동차들로 인해 출퇴근 시간에는 매우 복잡했다. 그래서 아침 강의 시간에 쫓겨 어쩌다 차를 몰고 가면 보행하는 학생들(보행자)과 필자(운전자) 사이에 한바탕 실랑이가 벌어지기도 한다. 필자가 뒤에서 아무리 경적을 울려도 학생들은 길을 비켜주지 않는다. 이런 일을 반복하다 보면 아침부터 기분이 상해 길을 비켜주지 않은 학생에게 큰 소리로 화를 낸다.

그런데 시간적 여유가 있어 출근 시간에 대학까지 걸어가는 보행자가 되면 사정은 완전히 달라진다. 대학 입구의 좁은 도로 양쪽에 주차한 차로 인해 필자뿐만 아니라 보행자들은 도로 중앙을 걸을 수밖에 없다. 그러면 운전자는 경적을 울리면서 길을 비켜달라고 한다. 그러나 양쪽에 주차된 자동차 때문에 나를 포함해서 보행자는 비킬 수가 없다. 그래서 보행자는 경적을 무시하고 계속 도로 중앙을 걷게 된다. 이렇게 되면 운전자는 운전자대로 화가 나고, 보행자는 보행자대로 화가 난다. 그리고 그때부터 필자는 어제의 운전자 입장은 까맣게 잊고 보행자의 입장에서 "아침부터 왜 지랄이야!" 하며 운전자뿐만 아니라 내 자신이 듣기에도 민망한 아주 심한 욕설을 운전자에게 한다.

이처럼 인간은 누구나 자기가 처한 장소나 입장에 따라 상황을 파악하고 해석한다. 다시 말해 우리는 제7 말나식의 입장, 즉 철저하게 자신의 입장에서 세상을 판단하고 잣대질하며 살아간다는 것이다. 이런 역할을 하는 것이 바로 이기적이고 자기중심적인 마음인 제7 말나식이다. 우리가 살고 있는 삶의 현장을 한번 둘러보고 자신의 내면을 한번 살펴보길 바란다. 얼마만큼 제7 말나식에 둘러싸여 살아가고 있는지를 곧바로 알게 될 것이다.³⁰⁹⁾

5) 제7 말나식은 18개의 심소와 함께 작용한다

제3구(八大遍行別境慧)와 제4구(貪癡我見慢相隨)는 제7 말나식과 함께 작용하는 18개의 심소에 대해 노래한 것이다. 이에 대해 성철스님은 다음과 같이 말한다.

"제7식에는 51가지 마음작용 중에서 대수혹大隨惑 여덟 가지와 변행遍行 다섯 가지, 별경別境 다섯 가지 중에서 혜慧와 탐욕(貪)과 어리석음(癡)과 아견我見과 아만我慢의 열여덟 가지가 서로 상승작용을 하고 있습니다."³¹⁰⁾

이것에 의하면 제7 말나식과 상응하는 심소는 5변행, 별경 중의 혜, 8개의 대수번뇌, 근본번뇌 중의 탐·치·견·만(4번뇌)의 18개라는 것이다. 이 구절에 대해 성철스님과 지욱스님³¹¹⁾은 간단하게 주석하지만, 감산스님은 다음과 같이 아주 자세하게 주석한다.

---

309) 김명우(2011), pp.96-98.
310) 성철(2014), p.346.
311) 지욱스님은 『팔식규구직해』(X55, p.437c5-7)에서 "此明第七識相應之心所也. 大隨有八. 遍行有五. 別境惟慧. 根本則我貪·我癡·我見·我慢. 惟此十八恒得相應."["이것은 상응하는 심소를 밝힌 것이다. 대수번뇌 8개, 5변행, 별경 중의 혜, 근본번뇌인 아탐·아치·아견·아만이다. 즉 18가지 심소와 오직 상응한다."]라고 주석한다.

"이 식(제7 말나식)은 오직 18개의 심소(5변행, 별경 중의 혜, 8개의 대수번뇌, 4번뇌)만을 갖추고 있다.(함께 작용한다.) 〈제7 말나식은〉 비록 선악은 없지만, 염오의(더러운 마음)[312]이다. 그래서 대수번뇌 8개, 5변행 및 별경 중의 혜가 갖추어져 있다.(함께 작용한다.) 혜는 곧 아견인데, 탐·치·견·만과 아견이라는 점에 있어서 동일하기 때문이다. 〈제7 말나식과〉 기타 갖추어지지 않은 심소들(함께 작용하지 않는 심소)은 선으로서 청정법이다. 이 식(제7 말나식)은 오염되었지만, 거칠고(두드러지고) 맹렬한 것이 적다. 소수번뇌는 뚜렷하고 강력하지만, 이 식은 미세하다. 자세하게 살펴 단호하게(決) 보기 때문에 의심하는 것(疑)이 생기지 않는다. 또한 자아(자신)를 애착하므로 분노(瞋)가 생기지 않는다. 〈그래서 근본번뇌 중의 의疑와 진瞋 및 소수번뇌와는 함께 작용하지 않는다. 제7 말나식은〉 오직 4가지 혹(4번뇌)과 〈함께 작용한다.〉 그러나 별경의 4개 심소인 〈욕·승해·염·정과는〉 함께 작용하지 않는다.[313] 욕은 희망하는 것인데, 이 식은 오는 대로 맡겨 두고 희망하는 것이 없기 때문에 욕이 없다. 해는 결정되지 않은 경계(대상)를 잡아 기억하는 일이지만, 이 식은 결정된 일을 대상으로 삼는다. 그러므로 승해는 〈제7 말나식과 함께〉 작용하지 않는다. 염은 일찍이 익힌 일을 기억하는 일이지만, 이 식은 항상 현재 감수하는 대상을 상대하므로 기억하는 바가 없다.[314] 〈그러므로 제7 말나식은 별경심소 중에서 오직 혜와 함께

---

312) 요즈음 말로 '오염된 마음'이라는 뜻이다. 그래서 제7 말나식을 오염된 마음이라는 뜻의 염오의染汚意라고 하며 염오식染汚識이라고도 한다.
313) 별경심소 4개는 제7 말나식과 함께 작용하지 않지만 오직 '혜'심소만이 함께 작용한다.
314) 『성유식론』(T31, p.22b23–29)에도 동일한 내용이 등장한다, "謂欲希望未遂合事. 此識任運緣遂合境. 無所希望故無有欲. 勝解印持曾未定境. 此識無始恒緣定事. 經所印持故無勝解. 念唯記憶曾所習事. 此識恒緣現所受境無所記憶. 故無有念. 定

작용할 뿐이다.〉(…)"³¹⁵

　감산스님의 주석에 따르면, 제7 말나식은 더러운 마음(염오의)이다. 이어서 감산스님은 제7 말나식과 함께 상응하는 심소인 8개의 대수번뇌에 대해 주석하고, 소수번뇌가 제7 말나식과 상응하지 않는 이유를 설명하는데, 소수번뇌는 뚜렷하고 강렬하지만 제7 말나식은 미세하기 때문이라고 한다. 또한 4번뇌와는 언제나 함께 작용(상응)하지만, 근본번뇌 중에서 의疑는 자세하게 살펴 단호하게 보기 때문에 제7 말나식과 상응하지 않는다고 한다. 나아가 제7 말나식은 자아를 애착하기 때문에 분노함이 없어 진瞋과 상응하지 않는다고 주석하는데, 제7 말나식은 근본번뇌 중에서 탐·치·만·악견과는 함께 작용하지만, 의疑와 진瞋과는 함께 작용하지 않는다는 것이다.
　한편, 별경 중에서 혜慧만 제7 말나식과 상응하고, 나머지(욕·승해·염·정)와 상응하지 않는 이유를 설명하는데, 제7 말나식은 오는 대로 맡겨두고 희망하는 것이 없기 때문에 욕欲과 상응하지 않으며, 해解는 결정되지 않은 경계(대상)를 잡아 기억하는 것이지만, 제7 말나식은 결정된 것을 대상으로 삼기 때문에 상응하지 않는다고 한다. 또한 염念은 일찍이 익힌 일을 기억하는 것이지만, 제7 말나식은 항상 현재 감수하는 대상을 상대하므로 기억하는 바가 없기 때문에 상응하지 않는다고 한다.

　唯繫心專注一境. 此識任運剎那別緣. 既不專一故無有定. 慧即我見故不別説." 한글 해석은 〈김묘주 옮김(2000), p.172〉를 참조하기 바란다.
315) 『팔식규구통설』(X55, p.423a20-b4), "此識唯具十八心所. 以雖無善惡. 而爲染污意. 故具八大遍行并別境中慧. 慧即我見. 貪癡見慢. 同一我見故. 餘不具者. 以善是淨法. 此識染污. 小隨麤猛. 此識微細. 由見審決. 故疑無容起. 愛著我故. 瞋不得生. 故唯四惑. 然無別境四者. 以欲希望. 此識任運無所希望. 故無欲. 解者. 印持未定境. 此識恒緣定事. 故無勝解. 念乃記憶曾所習事. 此識恒緣現所受境. 無所記憶. (…)"

그런데 감산스님은 정定이 제7 말나식과 상응하지 않는 이유에 대해서는 주석하지 않는다. 아마도 주석을 빠뜨린 것 같다. 『성유식론』을 참조하면 정定은 하나의 대상에 집중하는데, 제7 말나식은 순간순간 자연스럽게(마음대로) 다른 대상을 조건으로 삼기 때문에 상응하지 않는다.316) 그래서 제7 말나식은 정의 심소와는 함께 작용하지 않는다. 이어서 감산스님은 제7 말나식이 부정심소(회·수면·심·사)와 상응하지 않는 이유를 다음과 같이 주석한다.

"〈제7 말나식에는〉 부정의 4가지 〈심소가〉 함께 작용하지 않는다. 〈4가지 부정심소 중에서〉 회悔는 〈좋은 일이든 나쁜 짓이든〉 전에 지었던 것을 후회하는 것이다. 이 식(제7 말나식)은 언제나 현재의 대상을 조건으로 삼기 때문에 악작惡作이 없다. 〈4가지 부정심소 중에서〉 수면은 몸과 마음의 무겁고 어두움에 의한 것으로서 여기에 외부의 여러 인연의 힘은 〈잠깐씩 일어날 때가 있을 뿐이다〉. 이 식(제7 말나식)은 한결같이 안으로 집착하며 밖의 인연을 빌리지 않기 때문에 수면은 없다. 〈그래서 수면은 제7 말나식과 함께 작용하지 않는다.〉 심尋·사伺의 두 가지 법 중에서 〈심은〉 거칠고 〈사는〉 미세하다고 한다(發言). 심·사 둘 중에서 〈심은〉 얕고, 〈사는〉 깊게 추론하고 헤아리는 것으로서 〈둘 사이에는 차이가 있다.〉 이 식(제7 말나식)은 오직 내부(제8 아뢰야식)의 문에 의지하여 전변한다. 오로지 자아에 집착하기 때문에 〈심·사〉가 없다."317)

---

316) 『성유식론』(T31, p.22b27).
317) 『팔식규구통설』(X55, p.423b4-8), "無不定四者. 悔者. 悔先所作. 此識恒緣現境. 故無惡作. 睡眠必依身心重昧. 外衆緣力. 此識一類內執. 不假外緣. 故無睡眠. 尋伺二法麤細發言. 淺深推度. 此識唯依內門而轉. 一類執我. 故皆無之."

참고로, 회(후회)는 좋은 일이든 나쁜 일이든 이전에 지었던 것을 후회하는 심소지만, 제7 말나식은 언제나 현재의 대상을 조건으로 삼기 때문에 함께 작용하지 않는다. 면(수면)은 몸과 마음이 잠시 무거울 뿐이지만, 제7 말나식은 한결같이 안으로 집착하며 밖의 조건에 의지하지 않기 때문에 수면은 제7 말나식과 함께 작용하지 않는다. 그리고 제7 말나식은 오직 제8 아뢰야식에 의지하지만, 심과 사는 자아에 집착하여 추론하고 헤아리기 때문에 심·사와는 함께 작용하지 않는다. 자세한 것은 3장(Ⅷ. 부정심소)에서 다시 설명할 것이다. 이상으로 성철스님의 법문과 감산스님의 주석을 참조하여 필자는 제1 게송을 다음과 같이 해석한다.

"〈제7 말나식은 삼경 중에서〉 대질경을 〈대상으로 삼고, 삼성(선·악·무기) 중에서〉 유부〈무기에 포섭되며〉, 정(제6 의식)과 본질(제8 아뢰야식의 견분)에 통한다. 〈제7 말나식은〉 상대하는 대상인 〈제8 아뢰야식의 견분을〉 자아自我라고 집착하는 비량非量이다. 〈제7 말나식은〉 8가지 대수번뇌와 5변행과 5별경 중의 혜와 아탐·아치·아견·아만의 〈4번뇌〉가 서로 따른다.(함께 작용한다) 〈그래서 오직 18개의 심소와 함께 작용할 뿐이다.〉"

3. 제2 게송 : 제7 말나식의 작용(2)

제2 게송도 제7 말나식의 힘과 작용에 대해 노래한 것이다. 이 게송을 성철스님은 다음과 같이 해석[성철(2014), p.346]한다.

"항상 심사하고 헤아려 아상我相이 따라서 중생이 밤낮으로 혼미에 빠진다. 네 가지 미혹과 여덟 가지 큰 번뇌[318]가 상응하여 일어나니 전육식轉六識이 오염과 청정의 근거라고 부른다."[319]

이것에 의하면, 제7 말나식[320]의 가장 큰 특징(본성과 작용)은 항심사량하는 마음이다. 그리고 제7 말나식과 언제나 함께 상응하는 심소는 대수번뇌 등의 18개이며, 제7 말나식은 6가지 식(전오식과 제6 의식)의 의지처이다.

1) 제7 말나식은 항심사량하는 마음이다

성철스님의 법문을 살펴보기에 앞서 항심사량의 의미부터 살펴보자. 『유식삼십송』의 주석서인 『성유식론』에 "제7 말나식은 어떻게 자신을 사량하는가?"라는 물음에 대해 "항심사량하는 것이 나머지 식(마음)보다 뛰어나다."[321]라고 주석한다. 여기서 항恒이란 항상 항恒 자이기 때문에 '언제나·항상'이라는 의미이다. 다시 말해 제7 말나식은 잠을 자거나 깨어 있거나 착한 일을 하거나 나쁜 일을 하거나 '언제나' 자기중심적으로 사량하는 마음이라는 것이다. 심審이란 '매사에 집요하다'는 뜻이다. 다

---

318) 『팔식규구직해』(X55, p.437c13-14), "四惑即我貪·我癡·我見·我慢. 八大即掉擧·惛沉等."
319) 『팔식규구통설』(X55, p.423b9-10), "恒審思量我相隨. 有情日夜鎭昏迷. 四惑八大相應起. 六轉呼爲染淨依."
320) 말나식末那識(manas-vijñāna)에서 말나란 범어 √man(사량하다·생각하다)에서 파생한 명사 마나스(manas)를 음사한 것이다. 간단하게 말하면 말나식이란 사량하는 마음이라는 뜻이다. 보다 자세하게 말하면 무조건 자기중심적으로 생각(사량)하는 마음이다.
321) 『성유식론』(T31, p.19b8-9), "恒審思量勝餘識故."

시 말해 무슨 일을 하든 깊고 깊은 심층에서 '언제나 집요하게 자아(자신)에 집착한다'는 것이다. 따라서 제7 말나식은 항심사량심(恒審思量心), 즉 언제나 집요하게 자기중심적으로 생각하는 마음이라고 정의할 수 있다. 우리는 비록 사랑하는 방식이 다를지라도 모두 자신을 사랑한다. 인간이 자신을 사랑하는 것은 너무나 자연스러운 행동이다. 그래서 우리는 자기에게 얽매이고 자기중심으로만 생각한다. 이처럼 우리는 오로지 자기에게만 관심을 갖고 타인에게는 관심이 없다. 바로 이런 역할을 하는 마음이 제7 말나식이다. 이런 제7 말나식은 언제나 자기중심적으로만 생각하고 집착하기 때문에 깨달음을 방해하는 최대 훼방꾼이다.

구체적인 예를 들어보자. 자원봉사자 중에는 내가 지금하고 있는 봉사가 정말로 그 사람을 위한 것인지, 아니면 나의 기쁨 때문이지 헷갈릴 때가 있다고 한다. 이런 고민을 하는 사람이 꽤 있다고 한다. 그러면 왜 그럴까? 사실 우리가 누군가를 위해 물질적이든 정신적이든 도와주고 나면 뿌듯하고 기분이 좋아진다. 왜 기분이 좋고 뿌듯할까? 바로 깊은 내면에 자기만족, 자신의 기쁨이 도사리고 있기 때문이다. 이처럼 제6 의식으로는 알아차릴 수 없지만 착한 일을 하든 나쁜 일을 하든 매사에 자기 위주로 생각하는 마음이 제7 말나식의 역할이다.

또 다른 예를 들어보자. 여러분이 어느 날 육교를 건너가고 있다고 가정해 보자. 그런데 그때 마침 초라한 노숙자가 구걸하고 있다. 불쌍한 마음이 들어 그 노숙자에게 천 원을 보시했다고 하자. 그런데 노숙자가 불쌍해서 천 원을 보시했다는 것은 표층의 마음인 제6 의식의 활동이다. 다시 말해 우리의 의식으로 생각하면 노숙자가 불쌍해서 천 원을 보시한 것이다. 그러나 심층의 마음 깊은 곳에서 제7 말나식이 은밀하게 작용하고 있다. 사실 그 노숙자가 오로지 불쌍해서 보시한 것이 아니라 나 자신의 기쁨을 위해 보시했다는 것이다. 왜냐고? 내 의식으로는 알아차릴 수 없지만, 심층의 어딘가에서 나의 기쁨이나 만족을 위해 보시했기 때문이다.

　요가를 실천하는 사람들은(유가행파) 이처럼 심층에서 언제나 집요하게 자기중심적으로 생각하는 마음을 발견하여, 그것을 제7 말나식이라고 이름 붙였다. 그러나 이 제7 말나식은 나쁜 마음이 아니다. 앞에서 언급한 바가 있지만, 제7 말나식은 선도 악도 아닌 무기, 특히 유부무기이다. 요즈음 말로 하면 더러운 마음이다. 그래서 제7 말나식을 더러운 마음이라는 뜻의 염오의染汚意라고 한다. 예를 들어 축구 경기 중에 더티 플레이(dirty-play)를 하는 선수가 있다고 하자. 그러면 관중이 야유를 보내지만 심판은 휘슬을 불지 않는다. 더티 플레이지만 반칙은 아니기 때문이다. 제7 말나식은 운동 경기로 치면 일종의 더티 플레이라고 할까!

　다시 본론으로 돌아가자. 『팔식규구』 제2 게송 제1구(恒審思量我相隨)에 대해 성철스님은 다음과 같이 말한다.

> "제7식은 제8식의 견분見分을 자아(我)라고 항상 심사하고 헤아립니다. 항상(恒)과 심사(審)에 네 가지 구별이 있습니다. 제8식은 항상하지만 심사하지는 않고(恒而非審), 제6식은 심사하지만 항상하지 않고(審而非常), 전5식은 심사하지도 항상하지도 않고(非恒非審), 제7식은 항상하고 심사합니다(亦恒亦審), 이처럼 제7식이 항상 자아를 집착하고 있기 때문에 이에 의해서 중생은 늘 미혹해서 삼계에 윤회한다는 것입니다."³²²⁾

성철스님은 제2 게송 제1구를 해석하면서 항심사량을 "항상 심사하

---

322) 성철(2014), p.347.

고 헤아립니다."³²³⁾라고 한다. 또한 항恒이란 항상 상속하는 것, 심審을 사량 또는 사량분별이라고 한다. ³²⁴⁾ 감산스님도 항심사량을 '항상 사찰(생각하여 살피고)하여 헤아리다(恒常思察量)'라고 주석하는데, 제1구에 대한 감산스님의 주석을 살펴보자.

"이 식(제7 말나식)은 항상 〈자기중심적으로〉 생각하여 살피고 헤아려(量度) 제8 아뢰야식의 견분을 자아라고 〈착각한다. 그래서 게송 제1구에서〉 '언제나 세심하게(집요하게) 사량하여 아상에 따른다'고 한 것이다. 〈계속해서 게송 제1구의 '항심'에 대해 주석한다.〉 그 항恒(언제나)과 심審(매사에 세심함)은 8가지 식과 어떻게 관계하는지 4구로 구분할 수 있다. 제8 아뢰야식은 항恒(언제나, 항상)이지만 심審(매사에 세심함)은 아니다(恒而非審). 〈왜냐하면 제8 아뢰야식은〉 자아에 〈집요하게〉 집착하지 않지만, 〈언제나 작용하여〉 끊어짐(間斷)이 없기 때문이다. 제6 의식은 심이지만 항은 아니다(審而非恒). 〈왜냐하면 제6 의식은〉 자아에 〈집요하게〉 집착하지만, 〈기절하거나 깊은 수면에 빠지면〉 끊어지기 때문이다. 전오식은 항도 아니고 심도 아니다(非恒非審). 〈왜냐하면 전오식은 단절이 있을 뿐만 아니라 세심하고 집요하게〉 자아를 집착하지 않기 때문이다. 오직 제7 말나식만이 항도 있고 심도 있다(亦恒亦審). 〈왜냐하면 제7 말나식은 언제나 집요(세심)하게〉 자아를 집착할 뿐만 아니라 끊임없이 지속하기 때문이다."³²⁵⁾

---

323) 앞의 책, p.346.
324) 성철(2006), 상권, p.370.
325) 『팔식규구통설』(X55, p.423b11-15), "此識恒常思察量度第八見分爲我. 故云恒審思量我相隨. 恒之與審. 八識中四句分別. 第八恒而非審. 不執我. 無間斷故. 第六審

감산스님에 따르면, 제7 말나식의 본성과 작용은 '사량'하는 마음이다. 특히 감산스님은 제7 말나식을 항상恒常 자기중심적(我執)으로 생각하여 살피고(思察) 헤아려(量度) 제8 아뢰야식의 견분을 자아라고 착각하는 마음(識)이다.

이어 8가지 마음이 어떻게 사량하는지에 대해 주석하는데, 제8 아뢰야식은 항이비심恒而非審, 제6 의식은 심이비항審而非恒, 전오식은 비항비심非恒非審이지만, 오직 제7 말나식만은 역항역심亦恒亦審이라고 한다. 즉 제7 말나식은 다른 마음과는 달리 언제나 집요(세심)하게 자기중심적으로 생각(사량)하는 것이 가장 강한 마음이라는 것이다.[326] 그래서 제2구(有情日夜鎭昏迷)에서 "이것(항심사량)으로 말미암아 유정의 생사는 길고 어둡다."[327]라고 주석한 것이다. 한편, 지욱스님은 "(…) 이런 이유에서 유정은 밤낮으로 혼미하여 스스로 벗어날 수 없다."[328]라고 주석한다.[329] 또한 성철스님도 "제7식이 항상 자아를 집착하고(我執) 있기 때문에, 이에 의해서 중생은 늘 미혹해서 삼계에 윤회한다."[330]라고 한다.

여기서 잠시 항심사량에 대한 필자의 생각을 덧붙이고자 한다. 필자는 항(언제나)과 심(세심하게)은 '사량'을 수식하는 것으로 보고 항심사량

而非恒. 以執我. 有間斷故. 前五非恒非審. 不執我故. 唯第七識亦恒亦審. 以執我無間斷故."

326) 지욱스님은『팔식규구직해』(X55, p.437c10-11)에서 "第八則恒而不審. 第六則審而不恒. 前五則不審不恒. 惟此第七末那于有漏位恒審思量."["제8 아뢰야식은 항이지만, 집요(세심)하지 않다. 제6 의식은 집요하지만 항상 하지 않는다. 오직 제7 말나식만이 유루의 단계에서 항심사량한다."]라고 주석한다.
327) 『팔식규구통설』(X55, p.423b16), "有情由此生死長夜."
328) 『팔식규구직해』(X55, p.437c12-13), "此妄執之我相無始隨逐無時暫捨. 所以有情日夜昏迷不能自拔也."
329) 명욱스님은『팔식규구보주증의』(X55, p.405a12-14)에서 "有情日夜鎭昏迷者. 鎭. 安也. 謂第七識. 恒執我故. 則令有情. 恒處長夜. 安於昏迷. 而不自覺."라고 주석한다.
330) 성철(2014), p.347.

을 '언제나 세심하게 사량하다'라고 해석한다. 앞서 언급했듯이 제7 말나식은 자기중심적으로 언제나 집요하게 '사량'하는 마음인데, 어떻게 사량하는가?에 대한 답이 "언제나 세심하게 사량하는 것이 나머지 식보다 뛰어나다."331)라고 『성유식론』에서도 주석하기 때문이다. 그리고 앞서 나머지 식과는 달리 제7 말나식만이 역항역심亦恒亦審이라고 하듯이, 제7 말나식은 언제나 집요하게 사량하는 마음(제7 말나식)이라고 했기 때문이다. 즉 '항'과 '심'은 사량을 수식하는 의미로 파악되기 때문이다.

2) 제7 말나식은 4번뇌와 함께 작용한다

다음으로 제3구(四惑八大相應起)는 제7 말나식과 함께 작용하는 18개의 심소 중에서 4번뇌와 대수번뇌에 대해 노래한 것이다. 이에 대해 성철스님은 다음과 같이 4번뇌뿐만 아니라 제7 말나식과 함께 작용하는 8개의 대수번뇌(대수혹)도 언급하고 있다.

"네 가지 미혹은 탐貪·치癡·아견我見·아만我慢의 네 가지 번뇌를 말하고, 여덟 가지 큰 번뇌는 도거掉擧·혼침昏沈·불신不信·해태懈怠·방일放逸·실념失念·산란散亂·부정지不正知의 여덟 가지 대수혹을 말하는데, 제7식에서는 이 네 가지 미혹과 여덟 가지 큰 번뇌가 항상 작용한다는 것입니다."

제3구에 대해 감산스님은 "〈제7 말나식을〉 스스로 자각하지 못하는

---

331) 『성유식론』(T31, p.19b8-9), "恒審思量勝餘識故."

것은 4번뇌와 8개의 대수번뇌와 함께 작용하기 때문이다."332)라고 주석하는데, 여기서 4번뇌는 아치·아견·아만·아애이며, 팔대八大는 8개의 대수번뇌를 말한다. 결국 우리가 언제나 집요하게 자기중심적으로 생각하는 제7 말나식을 자각하지 못하는 이유는 4번뇌와 8개의 대수번뇌가 함께 작용하기 때문이라는 것이다. 대수번뇌에 대해서는 제3장에서 자세하게 기술할 것이기 때문에 여기서는 4번뇌에 대해서만 잠시 설명하고자 한다. 앞서 말했듯이, 4번뇌란 4가지, 즉 아탐·아치·아견·아만의 번뇌라는 말이다. 번뇌란 자아(我)에 집착하고 자아에 구속된 마음의 활동을 말한다. 특히 4가지 번뇌에는 언제나 아我라는 글자가 붙는데, 이른바 제7 말나식은 아我를 근원으로 삼고 있다는 것이다.

　4번뇌의 첫 번째는 아치我癡(ātmamoha)이다. 아치에서 아我는 자아를 뜻하고, 치癡는 '어리석다'는 뜻으로서, 아치란 자아가 본래 공·무상·무아임에도 불구하고 그 진리에 대해 알지 못하는 것을 말한다. 여기서 공이란 자성이 없다는 것(無自性)이며, 무상無常이란 존재하는 모든 것은 시시각각으로 변화한다는 것이다. 그리고 무아無我란 모든 것은 스스로 존재하지 않으며 다른 것에 의지하여 존재(연기적 존재)하기 때문에 자기의 본질(자성)이 없다는 것이다. 따라서 아치는 공·무상·무아의 존재인 자기의 진실한 모습을 알지 못하는 것, 한마디로 말하면 자아의 본질에 대해 무명, 무지無知 또는 무지몽매無知蒙昧하다는 것이다.

　두 번째는 아견我見(ātmadṛṣṭi)이다. 아견은 범어 사뜨 까야-드리스띠(satkāya-dṛṣṭi)의 한역이다. 음사하여 살가야견薩迦耶見이라고도 한다. 법상종에서는 신체가 지금 여기에 실재한다는 의미로 유신견[sat(유)-

---

332) 『팔식규구통설』(X55, p.423b15-16), "有情由此生死長夜. 而不自覺者. 以與四惑八大相應起故."

kāya(신)-dṛṣṭi(견)] 또는 아견으로 한역하기도 한다. 아견이란 '자신이 존재한다고 본다'는 의미인데, 앞서 말했듯이 우리는 많은 조건에 의해 유지되며, 조건이 다하면 사라지는 존재이다. 하지만 그것을 알지 못하고 허위의 자아를 구상하며 고정화·실체화하여 그 자아(자신)에 집착한다. 이것을 아견이라고 한다. 그리고 아견은 자아에 집착한다는 의미에서 아집我執이라고도 한다. 우리는 일반적으로 무언가 '나'라고 하는 실체가 있다고 생각한다. 그리고 나는 다른 존재(타인)와 별개로 존재한다고 생각한다. 또한 그렇게 사는 것이 내 삶을 유지하는 데도 편리하다. 그러나 『반야심경』에서 말하듯이 '나'라고 하는 실체는 없는 것, 즉 인간은 공한 존재(오온개공)이다. 그리고 제7 말나식이 작용하면 아견의 심소가 늘 함께 활동하기 때문에 괴롭다.

셋째는 아만我慢(ātmamān)이다. 아만은 타인과 비교하여 자신을 높이고 타인을 낮추어 보려는 번뇌를 말한다. 다시 말해 나는 다른 사람보다 더 낫고 더 똑똑하고 더 훌륭하고 더 중요한 존재라고 생각하고 스스로 자신을 높이고 상대를 낮추는 번뇌이다. 특히 자존심·자랑 등이 고만한 것으로 변질되면 상대를 낮추어 보는 아만으로 발전하기 쉽다. 그런데 이 만심慢心은 우리가 좀처럼 자각하기 어려운 번뇌이다. 왜냐하면 만심이 있음에도 불구하고 만심이 없다고 착각하기 때문이다. 게다가 만심이 있다는 것을 알아차리고 수행을 통하여 만심을 없애면 이번에는 만심을 제거했다는 또 다른 만심이 생긴다. 이처럼 만심이 없어지더라도 또 다른 만심이 끊임없이 생긴다. 그래서 만심은 제거하기 힘든 번뇌이다. 유식의 대표적인 논서인 『유식삼십송석』[333]과 『성유식론술

---

333) 『유식삼십송석』(28, pp.28-29, 17).

기』334)에서는 만심을 7종류로 나누어 설명한다. 자세한 것은 제3장 근본번뇌 항목을 참조하기 바란다.

네 번째는 아애我愛(ātmasneha)이다. 아애는 무조건적으로 오로지 자기만을 계속해서 사랑하고 집착(愛着)하는 마음작용이다. 자기를 사랑하고 집착하기 때문에 아탐我貪이라고도 한다.335)

참고로 『유식삼십송』에서는 4번뇌의 순서가 아치·아견·아만·아애(아탐)이지만, 『팔식규구통설』과 『팔식규구직해』에서는 아탐·아치·아견·아만의 순서로 되어 있다. 게다가 『팔식규구』 제1 게송 4구에서는 탐치아견만貪癡我見慢이라고 하여 운율을 맞추기 위해 탐·치·만 앞에 '아'를 생략했는데, 성철스님도 4번뇌를 탐貪·치癡·아견我見·아만我慢의 순서로 법문한다.

그러면 4번뇌 중에서 가장 중심이 되는 번뇌는 무엇일까? 대부분의 사람들은 아탐(아견)이라고 생각하겠지만, 부처님의 핵심 가르침인 '나'와 '사물'의 도리인 공·연기·무상·무아를 모르는 치癡가 가장 중심적인 번뇌이다. 그래서 『유식삼십송』의 주석서인 『성유식론』에서는 "모든 번뇌가 생기할 때 반드시 '치'로 말미암는다."라고 주석한 것이다. 왜냐하면 자기 자신에 대해 모르는 것이 모든 번뇌의 시작이기 때문이다. 자아의 본질에 대해 알지 못하기 때문에, 자아는 인연에 의해 지탱되고 있는 존재라는 사실을 알지 못하고 허위의 자아상을 구상하여 고정화·실체화하는 아견이 생기한다. 그리고 아견에 집착하기 때문에 아만이 일어나고, 아치·아견·아만이 생기하므로 자기에게 애착愛着하는 아애(아탐)가 생기하는 것이다.

---

334) 『성유식론술기』(T43, p.444c1-12).
335) 김명우(2009), pp.131-135.

이처럼 제7 말나식은 깨어 있든 깊은 수면에 빠져 있든 착한 일을 하든 나쁜 일을 하든 언제나 집요하게 '나'의 본질을 모르게 하여 나를 높이고 무조건적으로 사랑하게 하는 번뇌의 마음이기 때문에 수행을 통해 극복해야 한다. 그렇지만 그것이 쉽지 않다. 마치 주전자 속에서 끓고 있는 뜨거운 물이 주전자 주둥이에서 부글부글 솟구치는 것처럼 마음 깊은 곳에서 '나'라는 생각이 늘 작용하기 때문이다. 상대와 비교하여 나를 높이는 생각(아만), 즉 자기의 본래 모습보다 자신을 높이는 것은 결국 자신을 속이는 것이다. 자신을 속이고 나면 나중에 후회와 회한이 몰려와 나를 괴롭게 만들어, 결국 그것은 번뇌로 발전하게 된다. 그래서 성철스님은 우리에게 "자기 마음을 속이지 말라.", 즉 불기자심 不欺自心이라는 가르침을 주었다고 생각한다. 물론 수행한다고 해서 이기적이고 더러운 마음인 제7 말나식을 완전하게 제거할 수는 없겠지만, "자기 마음을 속이지 말라."라는 성철스님의 가르침대로 우리 모두 부단한 정진을 통해 모든 것을 자기중심적으로 생각하는 이기적인 마음인 제7 말나식을 조금이라도 약화시켜 보면 어떨까!

3) 제7 말나식은 제6 의식의 의지처이다

계속해서 제4구(六轉呼爲染淨依)에 대해 성철스님은 다음과 같이 '육전', 즉 6가지 식은 제7 말나식에 의지하여 오염과 청정의 작용이 일어난다고 한다.

> "육전六轉이란 안·이·비·설·신·의의 육식六識 전체를 말하는데, 이 전6식은 제7 말나식을 의지하여 오염과 청정의 작용을 일으키는 것입니다. 그러므로 제7식은 전적으로 전6식의 오염과 청

정의 근본이 된다는 것입니다. 제7식을 전송식傳送識이라고 하는 것도 이런 점에서 나온 말입니다."³³⁶⁾

여기서 제7 말나식을 전송식이라고 하는데, 앞서 필자도 성철스님의 법문에 따라 육전을 '전오식과 제6 의식'이라고 해석했다. 이에 대해 감산스님은 다음과 같이 주석한다.

"이것(제7 말나식)에 의지하여 제6 의식(第六)이 염정(더러움·청정함)의 의지처로 삼는다는 것은 무슨 의미인가? 이 식(제7 말나식)으로 말미암아 생각할 때마다(念念) 자아를 집착하기 때문이다. 그래서 제7 말나식이 6식(6가지 식)으로 하여금 생각할 때마다 염(더러움)에 빠지게 한다(成). 〈반대로〉 이 식(제7 말나식)이 생각할 때마다 항상 무아를 생각하면 6식이 생각할 때마다 청정하게(淨) 된다(成). 그래서 6식은 이것(제7 말나식)을 더러움과 청정함(染淨)의 의지처(依)로 삼는다고 한 것이다. 〈제7 말나식은〉 6식의 근본(根)이 된다. 그러므로 이 식(제7 말나식)은 생사의 근본이다. 이런 이유에서 참선을 공부하는 자는 먼저 반드시 4혹(4번뇌)을 끊는 것에 뜻을 두어야 하며, 안으로는 아견을 벗어나야 한다. 그래야 비로소 조금이라도 〈진리와〉 상응할 수(한 몸처럼 만날 수) 있을 것이다."³³⁷⁾

감산스님의 주석에 따르면, 제7 말나식은 6가지 식의 의지처이다. 그

---

336) 성철(2014), p.347.
337) 『팔식규구통설』(X55, p.423b17-21), "**第六依此爲染淨者**. 由此識念念執我. 故令六識念念成染. 此識念念恒思無我. 令六識念念成淨. 故六識以此爲染淨依. 是爲意識之根. 以此識乃生死根本. 故參禪做工夫. 先要志斷四惑. 內離我見. 方有少分相應."

런데 감산스님은 게송 제4구를 인용하면서 육전六轉을 '제6第六'이라고 하고, 주석에서는 6식六識(6가지 식)이라고 한다. 즉 육전六轉을 '6가지 식(六識)'과 '제6 의식'으로 혼용해서 주석하는 것이다. 반면 지욱스님은 "전육전식수시前六轉識修施…"338)라고 하여, 육전六轉을 '전(전오식)'과 '육(제6 의식)'이라고 명확하게 주석한다. 참고로 게송에서 전轉이란 전이轉易·전변轉變이라는 의미이다. 그래서 전칠식前七識(제8 아뢰야식의 앞에 있는 식)을 칠전식七轉識이라고 하는 것이다. 또한 주석 중의 의依는 소의所依 또는 소의처所依處라는 뜻으로서 근根, 즉 근본이라고 할 수 있다. 이렇게 보면 제7 말나식은 6가지 식(육전식)의 근본이 된다.

감산스님의 주석에서 주목할 점은, 참선 수행자는 제7 말나식과 늘 함께 작용하는 4번뇌를 반드시 끊어야 하며, 아견에서 벗어나야 한다는 것이다. 왜냐하면 제7 말나식은 언제나 집요하게 '자기중심적'으로 생각하고 헤아리는 마음이기 때문이다. 그래서 탐貪·치癡·견見·만慢에 아我를 첨가하여 아탐我貪·아치我癡·아견我見·아만我慢의 4번뇌와 항상 함께 작용한다고 한 것이다. 이런 이유에서 유정은 생사윤회에서 스스로 벗어날 수 없는 것이다. 또한 성철스님의 법문에서 주목할 점은 제7 말나식을 전송식이라고 표현한 것이다. 전송식에 대해서는 앞서 이미 기술하였기에 생략한다. 성철스님의 법문과 감산스님의 주석을 참고하여『팔식규구』칠식송(제7 말나식) 제2 게송을 필자는 다음과 같이 해석한다.

〈제7 말나식은〉 언제나 세심하게(집요하게) 사량하여(恒審思量) 아상에 따르므로, 유정은 밤낮으로 혼미함에 머문다(鎭). 〈제7 말나

---

338) 『팔식규구직해』(X55, p.437c14-18), "前六轉識修施. 戒等諸善行時. 由此第七念念執我. 令所修善不能亡相. 故名染依. 若此識轉爲平等性智. 則前六識所修諸行皆成無漏. 名爲淨依. 所以前六轉識呼此第七識爲染淨依也."

식은〉 4혹(4번뇌), 대수번뇌 8개와 함께 작용하며(상응하여 일어나며), 6전식(6가지 식)이 〈제7 말나식을〉 염정(汚染·清淨)의 의지처(依)로 삼는다.

이상으로 유루有漏 부분(章)에 대한 해설을 마치고, 이어서 무루無漏 부분(章)이다.

4. 제3 게송 : 제7 말나식이 전환하면 평등성지이다

1) 평등성지

제3 게송은 제7 말나식의 무루지에 대한 노래이다. 다시 말해 제7 말나식이 '식을 전변하여 지혜(地)를 이룬다'는 평등성지에 대해 말한 것이다. 먼저 평등성지란 무엇인지 간단하게 설명하고자 한다. 제7 말나식이 식을 전변하여 지혜(地)를 이루는 것을 평등성지平等成智라고 한다. 평등성지란 제7 말나식을 변화(전변)시켜 성취한 지혜로, 자타뿐만 아니라 존재하는 모든 것을 평등하게 보는 지혜이다. 우리는 자신과 타인, 남자와 여자 등을 구별하고 차별한다. 때로는 전쟁이나 살인도 불사한다. 그러나 제7 말나식을 변혁하면 모든 것을 평등하게 보는 지혜(평등성지)를 획득할 수 있다. 다시 말해 평등성지는 이런 차별의 세계를 벗어난 지혜이다. 구체적으로 말하면, 초심인 극희지(제7 환희지)에서는 평등성지이고 무공용행(제8 부동지)에서 자아는 항상 사라진다. 왜냐하면 제7 환희지에서 제7 말나식은 평등성지로 전변하지만, 구생아집과 구생법집은 여전히 남아 있기 때문이다. 그러나 둘(구생아집·구생법집)은 제8 부동지(무공용행)에서 완전히 사라진다. 제3 게송을 성철스님은 『백일법문』에서 다음과 같이 해석[성철(2014), p.347]한다.

"환희지의 초심에서는 평등성이고, 무공용행에서는 아집我執을 완전히 부순다. 여래가 타수용신을 나투니 십지보살이 가피를 받는다."³³⁹⁾

먼저 제3 게송을 요약하자면, 초심은 초지인 제7지 환희지를 말한다. 이 제7지 환희지에서 제7 말나식은 평등성지로 전변하지만, 구생아집과 구생법집은 여전히 남아 있다. 그러나 둘은 제8지 부동지(무공용행)에서 완전히 사라진다. 이에 대해 성철스님은 다음과 같이 말한다.

"초심은 초지初地를 말하고, 무공용행無功用行은 인위적인 공용功用이 필요 없는 팔지를 말합니다. 환희지인 초지에서는 제7식이 전환하여 평등성지平等性智를 이루지만, 팔지의 멸진정에 가서야 아我라는 분별 집착이 완전히 없어집니다. 거기에서는 자아라는 것을 완전히 떨쳐 버립니다."³⁴⁰⁾

이것에 의하면, 제7지 환희지에서 제7 말나식은 평등성지로 전변하지만, 제8지 부동지에 도달하면 구생아집과 구생법집도 사라져 완전한 평등성지를 이룬다. 계속해서 감산스님의 주석을 살펴보자. 우선 감산스님은 제1구(極喜初心平等性)에 대해 다음과 같이 주석한다.

---

339) 『팔식규구통설』(X55, p.423b22-23), "極喜初心平等性. 無功用行我恒摧. 如來現起他受用. 十地菩薩所被機."
340) 성철(2014), p.348.

"분별과 구생의 아와 법의 두 가지 집착(분별아집·분별법집, 구생아집·구생법집)은 제6 의식과 제7 말나식이 각각 집착한다. 〈후천적 번뇌인〉 분별의 이집(분별아집·분별법집)은 초발심지로부터 제6 의식 차원의 아공관을 닦아 7신위(10信 중의 7번째 수행단계)에 이르면 분별아집은 끊어진다. 이어서(隨) 법공관法空觀에 들어가 삼현위(十住·十行·十廻向)를 거쳐 〈십지의 첫 번째 수행단계인〉 초지(환희지)에 이르면 비로소 〈분별법집은〉 끊어진다. 〈분별아집과 분별법집이 끊어지면〉 이것은 곧 제7 말나식이 마땅히 평등성지로 전변한 것이다. 〈그러나 선천적 번뇌인〉 구생의 이집(구생아집·구생법집)이 〈여전히 남아〉 있음으로 아직 청정하지 않다. 그러므로 이 식(제7 말나식)은 순수하고 청정한 무루를 아직 얻지 못한 것이다. 그래서 〈게송 제1구에서〉 '초심인 극희지(환희지)에서는 평등성지이다'라고 말한 것이다."341)

갑산스님의 주석에 따르면, 후천적 번뇌인 분별아집은 제7 환희지로부터 제6 의식 차원의 아공관을 닦아 7신위에 이르면 끊어진다. 또한 분별법집은 법공관에 들어가 삼현위를 거쳐 제7 환희지에 이르면 끊어진다. 이처럼 제7 환희지에서 분별아집과 분별법집이 끊어지면 제7 말나식이 전환하여 평등성지를 이룬다. 하지만 여전히 선천적 번뇌인 구생아집과 구생법집은 남아 있다. 이어서 제2구(無功用行我恒摧)에 대해 감산스님은 다음과 같이 주석한다.

---

341) 『팔식규구통설』(X55, p.423b24-c3), "分別俱生我法二執. 乃六七識各有所執. 分別二執. 從初發心. 六識修生空觀. 至七信位. 斷分別我執. 隨入法空觀. 歷三賢位. 至初地方斷. 此則七識當轉平等性智. 因有俱生二執未淨. 故此識未得純淨無漏. 故曰極喜初心平等性."

"〈그러면 구생아집과 구생법집은 어떤 단계에서 끊어지는가?〉 게송 제2구의 '무공용행(부동지)에서는 자아는 항상 꺾인다'342)란 이른바 제6 의식이 항상 둘(雙)의 공관(아공관과 법공관) 중에 머물러 〈십지의 7번째 수행단계인〉 제7 원행지에 이르면 비로소 장식(제8 아뢰야식)을 버리고 구생아집을 부수게 된다는 의미이다. 그리고 〈십지의 8번째 수행단계인〉 제8지 무공용행(부동지)에 이르면 〈구생〉아집은 영원히 멈춘다. 그러나 구생법집은 간간이 일어나기 때문에 〈게송 제2구 후반부에서〉 '항상 꺾인다(恒摧)'고 말하는 것이다."343)

감산스님의 주석에 따르면, 무공용행(제8 부동지), 즉 멸진정에 들어가면 구생아집은 영원히 멈춘다.344) 그러나 심층에서 제7 말나식이 제8 아뢰야식을 대상으로 그것을 실체적 존재(실법)라고 생각하는 집착을 계속해서 일으킨다. 그래서 구생법집은 간간이 일어난다. 계속해서 게송 제3구(如來現起他受用)와 제4구(十地菩薩所被機)에 대해 성철스님은 다음과 같이 말한다.

---

342) 이것에 대해 성철스님은 "무공용행에서는 아집을 완전히 부순다."[성철(2014), p.348]라고 해설한다.
343) 『팔식규구통설』(X55, p.423c5-7), "無功用行我恒摧. 謂六識恒住雙空觀中. 至第七遠行地. 方捨藏識. 破俱生我執. 至八地無功用行. 則我執永伏. 法執間起. 故云恒摧."
344) 지욱스님은 『팔식규구직해』(X55, p.437c20-24)에서 "謂此第七末那無始妄執我法直行. 菩薩初歡喜地. 第六意識入二空觀. 斷盡分別二執種子. 亦伏俱生二執現行. 此第七識方初得與平等性智相應. 然由俱生我執未斷. 所以出觀之後仍復執我. 直入八地無功用行. 方不復起現行我執也."라고 하여, 제8지 무공용행에 바로 들어가면 다시는 구생아집은 현행하여 일어나지 않는다고 한다.

"불과위佛果位 중에서는 여래가 타수용신他受用身을 나타내어 일체중생을 제도하게 되는데, 십지 보살도 여기에서 그 가피를 받아 전체가 다 이익을 보게 되는 것입니다. 타수용신은 초지初地 이상의 성인을 교화하기 위하여 나타내는 불신佛身입니다."345)

이에 대해 감산스님은 다음과 같이 주석한다. 346)

"만약 이 제7 말나식이 전변하여 무루 평등성지를 이룬다면 불과위(부처님의 깨달음)에 있으면서 10종류의 타수용신347)을 나타내어 십지보살을 〈위해〉 설법한다. 〈그러면 십지〉보살은 근기에 따라 가피를 받는다. 348) 수행자(行人)가 이 식(제7 말나식)을 한번 전변하면

---

345) 성철(2014), p.348.
346) 지욱스님은 『팔식규구직해』(X55, p.438a2-4)에서 "謂四智菩提皆是如來自受用執身所攝. 而用各不同. 若爲地上菩提所現他受用報身. 則是平等性智之用. 其所被機唯是十地菩薩也."라고 주석한다.
347) 부처님의 몸은 법신·보신·화신 또는 수용신(보신)·변화신(화신)·자성신(법)의 삼신으로 나타난다. 이 가운데 화신은 생략한다. 먼저 보신은 수용신이라고도 하는데, 오랜 기간에 걸쳐 수행을 거듭하여 그 과보로 받은 결과를 향수享受하는 부처를 말한다. 수용신은 다시 타수용신과 자수용신으로 나눈다. 자수용신이란 다른 모습으로 나타나지 않고 획득한 진리의 즐거움을 자신만이 수용하는(즐기는) 부처이다. 반면 타수용신은 누구나 볼 수 있는 것이 아니라 10지 이상의 보살만이 볼 수 있다. 즉 10지 이상의 보살에게만 교화를 통해 진리의 즐거움을 향유하게 하는 부처이다. 그래서 게송 제4구에서 "여래가 타수용신을 나타내어(현기) 십지보살이 그 가피를 받는다."라고 한 것이다. 또는 '수용 받은 몸'이라고 번역할 수 있기 때문에 중생이 '부처의 몸을 수용하여 성불할 수 있다'는 의미도 된다.[『성유식론』(T31, pp.57c21-58a4), "一自性身. 謂諸如來眞淨法界. (…) 二受用身. 此有二種. 一自受用. 謂諸如來三無數劫修集無量福慧資糧所起無邊眞實功德. 及極圓淨常遍色身. 相續湛然盡未來際恒自受用廣大法樂. 二他受用. 謂諸如來由平等智示現微妙淨功德身. 居純淨土爲住十地諸菩薩衆現大神通轉正法輪決衆疑網令彼受用大乘法樂. 合此二種名受用身. 三變化身. 謂諸如來由成事智變現無量隨類化身.(…)"]
348) 감산스님은 소피기所被機를 소피지기야所被之機也, 즉 '근기에 따라 그(부처님의 가

제8 부동지가 생각마다(念念) 나타나며(현전), 원만하고 밝은 진리세계(법계원명)에 고요하게 언제나 머물 것이다."³⁴⁹⁾

감산스님의 주석에 따르면, 제7 말나식이 평등성지를 이루면 불과위 중에서 부처님께서 타수용신을 나타내어 십지보살도 그 가피를 받는다. 또한 일체중생(行人)도 원만하고 밝은 진리세계(법계원명)에 고요하게 언제나 머물게 된다. 즉 일체중생도 제도濟度 받게 된다는 것이다. 그런데 성철스님은 이 구절에 대해 다음과 같이 법문한다.

"여기에서 문제가 되는 것은 제8지에서 말나식이 근본적으로 없어지고, 제7지에서 육식이 없어지는데, 육식이 무루가 되면 그 중간인 제7식의 존재가 필요 있느냐는 것입니다. 보통은 제7지에 말나식을 배당합니다. 이에 대하여 원효스님은 그의 『기신론소』에서도 칠지보살은 순전히 말나식에 머물러 있다고 분명히 말하고 있습니다. 하지만 <u>현수스님은 의견을 달리해서 말나식을 제8식에 합하고, 아래로는 제6식에 합하여 본래 그 자체가 없다고 하며 배당하지 않습니다.</u> 유식의 본뜻에 입각해서 보면 원효스님의 주장이 옳다는 견해가 지배적입니다."³⁵⁰⁾

르침)의 가피를 받는다'라고 주석한다. 성철스님은 소피기所被機를 '가피를 받다'라고 해석하는데, 게송의 번역은 성철스님의 해석에 따랐다. 그런데 명욱스님은 『팔식규구통설』(X55, p.405b23)에서 "所被之機. 機者. 會也. (…) 名爲機會."라고 하여, 기機를 기회機會로 주석하고 있다. 그러므로 '보살은 가피를 받는 계기(기회)가 된다'라고도 해석할 수도 있다.

349) 『팔식규구통설』(X55, p.423c7-11), "若此七識轉成無漏平等性智. 在佛果位中. 現十種他受用身. 爲十地菩薩說法. 菩薩所被之機也. 行人此識一轉. 則不動智念念現前. 法界圓明. 湛然常住矣."
350) 성철(2014), p.348.

상기의 법문에 따르면, 성철스님은 원효스님의 입장에 근거하여 제7 말나식의 존재를 인정하고 있다. 성철스님의 표현을 빌리자면 제7지, 다시 말해 몽중일여에 제7 말나식을 배당하고 있다. 다만 성철스님은 『선문정로』에서 "7식은 실체가 없다."라고 하여 제7 말나식의 존재를 부정하는 입장을 취하는 듯하다. 필자의 추측에 불과하지만, 입장의 변화는 "『능가경』에서 제7 말나식은 세우지 않고 단지 진식(여래장식·암말라식), 현식(제8 아뢰야식), 분별사식(제6 의식·여러 가지 일을 분별하는 식)만을 말한다."[351]라고 주석한 감산스님의 입장에 따른 것으로 생각된다.[352] 앞서 언급했듯이 이것에 대해서는 강경구 교수가 『정독 선문정로』(2022, p.121)를 통해서 자세히 논한 바 있기 때문에 생략한다. 이상으로 성철스님의 법문과 감산스님의 주석을 참조하여 『팔식규구』 칠식송 제3 게송을 필자는 다음과 같이 해석한다.

"초심인 극희지(제7 환희지)에서는 평등성지이고 무공용행(제8 부동지)에서 자아는 항상 꺾인다. 여래가 타수용신을 나타내어(현기) 십지보살이 〈그〉 가피를 받는다."

---

351) 『팔식규구통설』(X55, p.422c16), "故楞伽. 不立七識. 但言眞識·現識·分別事識."
352) 필자가 원고를 완성 후, 우연히 장경각에 들르신 성철스님의 상좌이자 하남 정심사 회주스님이신 원영스님께서 필자의 제7 말나식에 대한 원고를 보시고, "성철스님께서는 원효스님의 입장을 받아들여 제7 말나식의 존재를 부정한 적이 없다."고 하시면서 성철스님께서 제7 말나식을 부정하지 않은 몇 가지 일화를 말씀해 주시고 더불어 당신 자신의 의견을 주셨다. 그래서 제7 말나식의 존재 여부에 대해 『백일법문』과 『선문정로』에서 성철스님의 입장이 달라졌다는 필자의 주장을 재고할 필요가 있다고 생각했다. 이에 대해서는 추후의 과제로 남기고 싶다.

2) 제7 말나식은 언제 사라지는가?

제7 말나식은 깊은 잠에 빠져도 심지어 기절해도 사라지지 않는 마음이다. 그러면 제7 말나식은 어떤 수행단계에서 사라지는 마음일까? 성철스님은 다음과 같이 『유식삼십송』을 근거로 제7 말나식이 아라한·멸진정·출세도의 단계에서는 사라진다고 한다.

> "제7식은 삼계의 구지九地에 따라서 생기며 거기에 계박되지만, 아라한과 멸진정과 출세도에서는 존재하지 않습니다. 아라한과阿羅漢果를 증득하면 그것이 바로 멸진정이기 때문입니다. 칠지 이상의 성인을 출세도出世道라고 합니다."[353]

이것은 『유식삼십송』의 "〈제7 말나식은〉 유부무기에 포섭되고 태어난 곳에 구속된다. 〈제7 말나식은〉 아라한·멸진정·출세도에는 존재하지 않는다."라는 제7 게송에 근거한 것이다. 3가지 수행단계를 좀 더 자세하게 살펴보자.

먼저 제7 말나식은 아라한의 단계에서는 사라진다. 아라한의 단계는 삼승무학과三乘無學果의 단계라고도 하는데, 삼승(성문·연각·보살)의 무학과無學果에 도달하여 더 이상 배울 것이 없는 단계이다. 초기불교에서는 수행의 단계(향向=위位)와 그 결과(과果)를 사향사과四向四果라고 하는데, 이른바 예류향預流向·예류과預流果, 일래향一來向·일래과一來果, 불환향不還向·불환과不還果, 아라한향阿羅漢向까지의 단계는 아직 배움이 필요한 유학有學의 단계지만, 아라한의 수행 결과인 아라한과阿羅漢果는 수

---

[353] 성철(2014), p.350.

행을 완성하여 모든 번뇌를 끊었기 때문에 더 이상 배움이 필요 없는 무학과(무학도)의 단계(位)이다. 『유식삼십송』의 주석인 『성유식론』에 의하면 아라한의 단계에서는 종자도 현행도 모두 영원히 사라지는데, 이것을 영단멸永斷滅, 즉 '영원히 단절되고 소멸한다'라고 표현한다.

제7 말나식은 멸진정의 단계에서도 사라진다. 멸진정滅盡定(nirodha-samāpatti)이란 최고의 선정을 닦아 마음의 편안함에 대한 기쁨도 떠났으며, 더 이상 미혹의 세계에 되돌아오는 것이 없는 경지에 들어간 성자聖者, 즉 불환과不還果(anāgāmin)의 단계이다. 멸진정이란 마음(전오식·제6 의식·제7 말나식)과 수·상의 마음작용이 멸진滅盡한 선정상태(定)를 말한다. 또한 멸진정을 멸수상정滅受想定, 즉 '수와 상을 멸한 정'이라고도 한다. 왜냐하면 심소 중의 고락을 감수하는 작용인 수受와 외부로부터 들어온 센스데이터를 분석하여 언어로써 개념을 구성하는 마음작용인 상想을 멸하였기 때문이다. 그리고 멸진정의 단계는 팔식八識 중에서 칠전식七轉識(전오식·제6 의식·제7 말나식)의 작용은 멸하지만, 제8 아뢰야식은 멸하지 않은 상태이다. 그래서 『오오론』(한역)에서도 "이미 무소유처의 탐욕을 떠나서 제1의 존재有(비상비비상처)로부터 다시 수승한 나아감을 구하여, 지식상止息想(적정한 경지에 이르고자 생각하는 것)의 작의(작동)를 먼저 함으로 말미암아 항상 현행하지 않거나 또는 항상 현행하는 일부분의 마음과 마음의 법(심소법)을 소멸하는 것을 본질로 하는 것이다."354) 라고 한 것이다.355) 참고로 멸진정은 무색계의 최상위 단계로, 제6 의식

---

354) 『오오론』(T31, p.849c10-11), "云何滅盡等至. 謂已離無所有處貪, 從第一有更求勝進, 由止息想作意爲先, 不恒現行及恒行一分心心法滅爲性."
355) 범본에서는 "〈그것은〉 어떤 것도 존재하지 않는 경지(무소유처)의 욕망을 떠나 최고의 존재(第一有=비상비비상처)로 나아가 적정하게 되고 싶다고 바라는 마음(止息想)의 작동(작의)이 선행하여, 언제나 현재화顯在化하지 않는 마음(제6 의식)이나 언제나 현재화하고 있는 일부분의 마음(제7 말나식), 〈그것에 동반하

과 제7 말나식이 사라진 선정의 단계이다. 그리고 '언제나 작용하는(현재화) 마음'이란 제7 말나식과 제8 아뢰야식이다. 그러나 멸진정(멸진등지)에 이르더라도 제8 아뢰야식은 소멸하지 않으므로 '일부'라는 말로써 제7 말나식을 나타낸 것이다.[356] 이처럼 아라한의 단계처럼 영원히 제7 말나식이 사라지는 것이 아니다. 『성유식론』에서는 제7 말나식이 영원히 사라지는 것이 아니라 잠시 사라진다고 한다. 이것을 잠복멸暫伏滅, 즉 잠시 동안 활동하지 않는 것이라고 한다.

부연하자면 깊은 선정 단계에는 무상정無想定과 멸진정이 있다. 이 두 단계를 일반적으로 이무심정二無心定이라고 한다. 그런데 이 둘은 약간의 차이가 있다. 무상정은 안식·이식·비식·설식·신식·제6 의식의 6가지 식이 사라진 단계이지만, 멸진정은 6가지 식뿐만 아니고 제7 말나식까지 사라지는 단계이다.

제7 말나식이 잠시 동안 사라지는 또 다른 단계는 출세도이다. 출세도란 인간의 본질은 무아라는 진리를 직관하여 세간적 존재를 초월한 수행도를 말하는데, 즉 유식의 진리를 초월하여 보살의 십지(열 가지의 수행단계) 중에서 초지(환희지)에 도달한 견도見道에서 수도修道,[357] 구경도究竟道(부처님의 경지)의 단계에서는 제7 말나식이 사라진다. 이때는 근본지根本智와 후득지後得智라는 두 개의 무루지가 활동한다. 근본지는 진

는〉 마음에 관련하는 법(심소법)이 멸한 상태이다."[Li and Steinkellner(p.14, 10–13), "ākiṃcanyāyatanavītarāgasya bhavāgrāduccalitasya śāntavihārasaṃjñāpūrvakeṇa manasikāreṇāsthāvaraṇāmekatyānām ca sthāvarāṇām cittacaitasikānam dharmaṇām yo nirodhaḥ//"]라고 한다.

356) 김명우·구자상(2022), p.219.
357) 수도란 오도五道(자량도·가행도·견도·수도·구경도) 중에 4번째 수행단계이다. 견도에서 더욱 수행을 정진하여 모든 일에 수단혹修斷惑(수도에서 끊어지는 번뇌)을 점차로 끊는 단계이다. 십지의 초지(住心)에서 제10지의 금강유정의 무간도까지를 말한다. 유식에서는 수습위修習位라고 한다.

리와 하나가 되는 청정한 지혜이고, 후득지는 그 청정한 지혜가 구체적인 생활 속에서 나타나는 지혜이다. 근본지는 진여(승의제)를 조건으로 삼기 때문에 진지眞智이다. 정체지正體智, 근본무분별지, 무분별지, 정체무분별지라고도 한다. 후득지는 세속제를 조건으로 삼기 때문에 가지假智이다. 후득차별지, 여량지如量智, 분별지, 속지俗智, 세속지라고도 한다.

지금까지의 내용을 정리해 보면, 아라한의 단계에서는 제8 아뢰야식·제7 말나식·제6 의식의 모든 마음이 사라진다. 그리고 멸진정의 단계에서는 제6 의식과 제7 말나식이 사라진다. 무상정의 단계에서는 제6 의식만이 사라진다.

5. 『유식삼십송』에 나타난 제7 말나식 법문

『백일법문』에서 『팔식규구』와 『팔식규구통설』을 바탕으로 제7 말나식에 대한 법문을 마친 후, 성철스님은 『유식삼십송』의 게송을 인용하면서 제7 말나식에 대해 또다시 법문한다. 왜냐하면 『유식삼십송』은 유식의 핵심 사상을 가장 간결하고 압축적으로 기술하고 있을 뿐만 아니라, 유식사상을 집대성하여 유식 논서를 대표하는 저작이라고 성철스님은 생각했기 때문일 것이다. 먼저 제7 말나식에 대해 노래한 『유식삼십송』 제5 게송-제7 게송을 성철스님은 다음과 같이 해석한다.

"다음으로 제2 능변은 이 식을 말나식이라 이름하니 저 아뢰야
식을 의지하여 전변하고 저것을 반연하며 사량으로 성性과 상相을
삼는다. 네 가지 번뇌와 항상 함께하니 아치와 아견과 아만과 아애

이며 나머지 촉 등과 함께하니 유부무기에 포섭된다. 생기는 곳에 따라 계박되나 아라한과 멸진정과 출세도에는 존재하지 않는다."[358]

이어서 게송(제5 게송–제7 게송)에 대해 성철스님은 다음과 같이 법문한다.

"제2 능변, 즉 제7 말나식은 아뢰야식을 의지하고 아뢰야식을 인연으로 하며 사량으로써 성性과 상相을 삼는 것입니다. 원문(依彼轉緣彼)에서 '저(彼)'는 아뢰야식을 가리킵니다. 제7식은 바로 이 아뢰야식의 근본 종자를 의지하여 활동하며 제8식의 견분을 반연하는 것입니다. 즉 그것이 의지하는 근본도 제8식이며, 활동하는 상대도 제8식의 견분을 반연하는 것입니다. 또 여기에서 말하는 사량思量은 제6식의 사량과 구별되는 사량입니다. 제6식의 사량은 완전히 드러나게 이것저것을 의식적으로 분별하는 것이지만, 제7식의 사량은 잠재적으로 분별하는 사량입니다.

제7식에는 네 가지의 근본번뇌, 즉 아치我癡·아견我見·아만我慢·아애我愛와 오변행심소의 촉觸 등이 수반되어 덮여 있기 때문에 제7식은 유부무기에 속하는 것입니다. 이러한 성질을 가진 제7식은 삼계의 구지九地에 따라서 생기며 거기에 계박되지만, 아라한과 멸진정과 출세도에서는 존재하지 않습니다. 아라한과阿羅漢果를 증득하면 그것이 바로 멸진정이기 때문입니다. 칠지 이상의 성인을 출세도出世道라고 합니다. 제6식은 칠지에 와서 완전히 무루가

---

[358] 『유식삼십송』(T31, p.60b10-15), "次第二能變. 是識名末那. 依彼轉緣彼. 思量謂性相.(제5 게송) 四煩惱常俱. 謂我癡我見. 幷我慢我愛. 及餘觸等俱.(제6 게송) 有覆無記攝. 所生所繫. 阿羅漢滅定. 出世道無有.(제7 게송)"

되며, 팔지 이상에서는 말나식이 활동하지 못하기 때문에 그 중간의 제7지는 말나식이 되지 않을 수 없습니다. 그러므로 제7식의 존립 여부에 대한 견해는 원효스님의 말씀이 더 타당하다고 생각됩니다."

상기의 내용을 요약하면, 제7 말나식은 제8 아뢰야식을 조건으로 삼아 활동하며, 사량하는 것이 본질과 작용이며, 4번뇌와 늘 함께 작용하며, 유부무기이다. 그리고 제7 말나식은 아라한·멸진정·출세도에서는 사라진다. 여기서 성철스님은 사량을 '잠재적으로 분별하는 사량'이라고 하여 제7 말나식이 '잠재의식'임을 분명하게 밝히고 있다. 반면 제6 의식은 '의식적으로 분별하는 사량'이라고 한다. 또한 이것에 의하면, 성철스님은 제7 말나식의 존립 여부를 인정하는 원효스님의 입장을 따르고 있는 듯하다. 즉『백일법문』에서는 제7 말나식의 존재를 인정하고 있다. 이것은 세친보살의 저작인『유식삼십송』의 입장에 따른 것으로 생각된다. 하지만 앞에서 이미 언급했듯이『선문정로』에서는 제7 말나식을 부정하는 현수스님의 입장에 동조하고 있다. 참고로 필자는『유식삼십송』제5 게송-제7 게송을 다음과 같이 해석한다.[359]

---

[359] 범본을 해석하면 다음과 같다. "그것(제8 아뢰야식)을 기반으로 하여 기능을 발휘하며, 그것(제8 아뢰야식)을 대상으로 하는 것이 마나스라고 불리는 인식작용(식)이고, 사고思考를 본질로 삼고 있다.(5b-d) (마나스 식은) 궁극적인 이상의 실현을 방해하지는 않지만, 선악으로 결정되지 않은 것(유부무기, 즉 윤리적으로 선·악이라고 규정 지을 수 없는 것), (즉) 네 종류의 번뇌를 그것(마나스 식)은 항상 동반하고 있다. 즉 자아는 실재한다라고 하는 생각(아견), 자아에 대한 무지(아치), 이것은 자아라고 하는 착각(아만), 자아에 대한 애착(아애)이라고 하는 것(사번뇌)과 그리고 〈마나스 식은〉 그것 이외의 대상과의 접촉 등으로 생을 받은 것(색계·욕계·무색계)에 대응하는 것을 항상 동반하고 있다.(6-7b1) 그것(마나스 식)은 아라한(이라는 최고의 성자)에서는 존재하지 않고, 또한 멸진정(nirodha-samāpatti)에서도 존재하지 않고, 출세간도(인간에게는 자아가 없다는 진리를 직관하여 세간적 존재를 초월

"다음은 제이능변이다. 이 식을 말나라고 이름한다. 〈제7 말나식은〉 저것(제8 아뢰야식)에 의지하여 전변하고, 저것(제8 아뢰야식)을 대상으로 한다. 〈제7 말나식은〉 사량을 본질과 현상으로 삼는다.(제5 게송)

〈제7 말나식은〉 언제나 4번뇌와 함께 〈작용〉한다. 즉 〈4번뇌라고 하는 것은〉 아치, 아견, 아만, 아애이다. 또한 그 이외의 촉觸 등과 함께 〈작용〉한다.(제6 게송).

〈제7 말나식은〉 유부무기에 포섭되고 태어난 곳에 구속된다. 〈제7 말나식은〉 아라한, 멸진정, 출세도에는 존재하지 않는다.(제7 게송)"

한편, 『유식삼십송』은 『성유식론』으로 발전하며, 『성유식론』의 팔식설을 게송으로 압축하여 풀이한 현장스님의 『팔식규구』에로 계승된다. 그리고 『팔식규구통설』이 『팔식규구』에 대한 주석이라는 점에서 보면 『유식삼십송』(세친)-『성유식론』(호법)-『팔식규구』(현장)-『팔식규구통설』(감산)은 밀접한 관계 속에 있다고 할 수 있다.

한 수행도)에서도 존재하지 않는다.(7b2-d) 이것이 제2의 전변이다.(8a)"["tad āśritya pravartate/tadālambaṃ manonāma vijñānaṃ mananātmakaṃ//(5bcd) kleśaiś caturbhiḥ sahitaṃ nivṛtāvyākṛtaiḥ sadā/ātmadṛṣṭy-ātmamoha-ātmamān-ātmasneha-saṃjñitaiḥ//(6abcd) yatrajas tanmayair anyaiḥ sparśādyaiś ca arhato na tat/na nirodhasamāpattau mārge lokottare na ca//(7abcd) dvitīyaḥ pariṇāmo 'yam/(8a)"]

VI. 『백일법문』과 제8 아뢰야식

1. 제로, 요가, 아힘사, 제8 아뢰야식

성철스님의 『백일법문』에 나타난 제8 아뢰야식에 대해 살펴보기에 앞서 유식과 관련하여 몇 개의 중요한 개념을 소개하고자 한다. 인도인이 세계에 발신한 최고의 지적유산은 무엇일까? 이런 질문을 받으면 대부분의 사람은 요가(yoga)와 아힘사(ahiṃsā=불해·비폭력)라고 대답할 것이다. 맞는 말이다. 그런데 누군가 필자에게 이런 질문을 하면, 요가와 아힘사뿐만 아니라 제로(0=空=śūnya)와 제8 아뢰야식阿賴耶識(ālaya-vijñāna)을 추가할 것이다. 왜냐하면 이 두 개념은 인류의 정신세계에 엄청난 영향을 미쳤을 뿐민 아니라, 불교 특히 대승불교는 이 두 개념이 없었다면 성립 불가능했을 것이기 때문이다. 앞서 언급한 이 4가지 개념이 인류 정신세계에 미친 영향에 대해서는 지면 관계상 생략하고, 불교에 미친 영향에 한정해서 살펴보기로 하자. 특히 제로·요가·아힘사·제8 아뢰야식은 '유식'과도 깊은 관계가 있다.

1) 제로

인류의 위대한 발견이라고 한다면 바로 제로(0)일 것이다. 이 제로를 발견한 민족은 인도인이다. 제로는 플러스와 마이너스 사이에서 중심 역할을 하는 숫자이다. 만약 숫자에 제로가 없었다면 인류 문명이 이

정도까지 발전할 수는 없었을 것이다. 게다가 제로=공空은 대승불교의 사상적 토대이다. 만약 제로, 즉 공空이라는 개념이 없었다면, 대승불교는 탄생하지 않았을 것이다. 왜냐하면 대승불교는 '공'을 바탕으로 성립한 중관사상에서 출발하기 때문이다. 여러분도 잘 알고 있듯이, 우리가 법회 때마다 독송하는 『반야심경』이나 대한불교조계종의 소의경전인 『금강경』의 핵심 내용은 바로 공=제로이다. 이처럼 제로(공)는 대승불교권인 한국불교도에게 깊숙이 스며들어 있다.

참고로, 『반야심경』에는 오온개공, 색불이공 공불이색 색즉시공 공즉시색, 제법공상 등 반복해서 '공'이라는 말이 등장한다. 그런데 여기서 공이란 '이 세상에 존재하는 모든 것은 실체가 없는 공한 존재'라는 뜻이지만, '부처님의 입장, 깨달은 자의 입장, 반야의 지혜에 의해 비친 경지에서 보면'이라는 전제가 생략된 말이다. 다시 말해 깨달은 자의 입장에서 보면 오온개공이라는 것이다. 만약 현상세계에서도 부처님의 가르침(연기·사성제 등)을 포함하여 존재하는 모든 것은 공하다고 한다면, 허무주의에 빠지게 된다. 너무나 당연한 말이겠지만, 주의할 필요가 있다.

2) 요가

최근 유엔의 주도 아래 인도 정부에서 세계 요가의 날(6월 21일)을 제정하여 널리 홍보하고 있다. 물론 정치적인 의도가 있어 순수한 마음으로 환영할 수 없는 측면도 있지만, 거꾸로 생각하면 요가가 세계적으로 널리 유행하고 있다는 것을 방증하는 것으로서 단지 정치적인 쇼로만 치부할 수는 없을 듯하다.

우선 요가의 의미를 설명하자면, 요가(yoga)란 동사원형 √yuj(묶다·매다)에서 파생한 말로, 소나 말이 도망가지 못하도록 '매다'라는 뜻이다.

이 말은 다시 '정신(마음)이 도망가지 못하도록 매다', 즉 '정신을 한곳에 집중하다'는 의미로 변한다. 구체적으로 말하면 마음을 대상에 결합시키는 것(=의식의 집중)이다. 그래서 요가를 정신집중이라고 번역한다. 그런데 요즈음 요가를 몸을 유연하게 하는 스트레칭이나 살 빼는 운동쯤으로 생각하는 사람도 있는데, 이것은 분명한 오해임을 유념할 필요가 있다. 요가(하타요가)의 아사나(āsaṇa=동작)는 요가 수행(정신집중)을 하던 수행자들이 동물이나 식물의 모습을 보고 흉내낸 것인데, 그 목적은 요가 수행(정신집중)을 잘하기 위한 예비단계의 훈련에 불과하다. 다시 말해 요가의 궁극적 목적은 정신집중이라는 것이다.

우리의 중심 주제인 유식을 성립시킨 학파를 유가행파 또는 유식학파라고 한다. 그리고 유가행파의 범어가 요가차라 와딘(yogacāra-vādin), 즉 '요가(유가)를 실천하는 사람들의 모임(派)'임을 고려하면, 요가와 유가(유식)는 같은 말이 된다. 즉 전자는 범어를 발음대로 읽은 것이고, 후자는 한자로 음역한 것이다. 둘 다 마음 수행을 통한 심신心身의 안정을 목표로 하는데, 특히 유식학파(유가행파)의 위대성은 마음 수행을 통해 심층의 마음인 제8 아뢰야식을 발견한 것이다. 제8 아뢰야식에 대해서는 해당 부분에서 자세하게 설명할 것이기 때문에 여기서는 생략한다.

3) 아힘사

아힘사(ahiṃsā)를 일반적으로 비폭력이라고 번역하지만, 불교에서는 불해不害·불살생不殺生 등으로 번역한다. 우리에게 이 말이 알려진 것은 아마도 인도의 위대한 지도자 마하트마 간디(Mohandas Karamchand Gandhi, 1869-1946) 때문일 것이다. 간디는 인도의 독립운동을 전개할 때 철저하게 비폭력을 실천해서 인도인뿐만 아니라 세계인의 존경을 받았다. 우리가 비폭력으로 번역한 말이 바로 '아힘사'이다.

이 아힘사라는 말은 유식에서도 그대로 사용하는데, 특히 선善한 심소(마음작용) 중의 하나로 설명한다. 아힘사(불해)는 '다른 존재를 위협하거나 해치지(危害) 않는다'는 뜻인데, 필자는 인도인이 인류에게 준 가장 위대한 선물이 아힘사라고 생각한다. 아힘사는 살아 있는 모든 생물에게 무한한 자비심을 가질 때만 실천할 수 있는 것이다. 다만 인간은 육체를 가진 존재이고, 육체를 유지하기 위해서는 다른 생물을 해쳐야만 하기 때문에 사실상 아힘사를 온전히 실천하기는 어렵다. 따라서 최소한 인간에게만이라도 연민과 자비심을 가진다면 타인을 함부로 살해하거나 상해를 가하지는 않을 것이다.

필자는 불교를 아힘사(불해)의 역사라고 생각한다. 불교의 역사를 보면, 다른 종교를 박해하거나 파괴하는 행위를 한 적이 없다. 또한 불교에는 자신의 종교를 바꾸는 말인 개종改宗이라는 말 자체도 없다. 이런 아힘사의 정신은 불교 내부에 복류수伏流水처럼 흐르고 있다. 그리고 마하트마 간디의 비폭력 사상이나 자이나교의 철저한 불살생계는 아힘사(불해)의 마음작용이 구체적으로 드러난 행위이다.

지금도 자이나교도는 출가자와 재가자에게도 철저하게 아힘사의 실천을 요구한다. 재가자에게 농사보다 상업에만 종사하도록 하는데, 씨를 뿌리기 위해 땅을 쟁기로 파면 자연히 생물을 해치게 되기 때문이다. 또한 육식도 철저하게 금지하고 식물 중에서도 토마토 등의 열매만 먹게 하는데, 뿌리에서 나는 식물의 섭취는 생명을 해치는 것이라고 생각하기 때문이다. 반면 불교는 동물의 살생(육식)은 금지하지만, 식물은 윤회하지 않는 존재이기 때문에 금지하지 않는다. 이처럼 불교의 육식 금지나 자이나교의 불살생도 바로 아힘사를 바탕으로 성립한 것이다. 자세한 내용은 3장 선심소 중의 '불해'를 설명할 때 다시 언급할 것이다.

4) 제8 아뢰야식

필자는 제로의 대발견에 버금가는 것이 제8 아뢰야식의 발견이라고 생각한다. 무엇 때문에 제8 아뢰야식의 발견이 '위대한 발견'일까?

첫째, 불교 외에는 마음의 심층에 있는 제8 아뢰야식의 존재를 알아차린 사람이나 사상이 전혀 없었다는 것이다. 특히 뇌 과학의 발달에 따라 뇌의 구조와 작용이 많이 해명되었지만, 여전히 마음의 존재는 과학적으로 증명하지 못하고 있다. 게다가 정신분석학에서 무의식無意識(unconsciousness)을 설명하고는 있지만, 무의식과 제8 아뢰야식은 전혀 별개이다.

둘째, 불교가 심층의 마음인 제8 아뢰야식을 발견함으로써 마음과 바르게 접촉하는 방법을 제시할 수 있게 되었다는 사실이다. 우리의 삶은 괴롭다. 그렇지만 '마음'과 바르게 사귀면 분노·미움·절망과 같은 부정적인 마음작용은 자연히 사라져 살아가는 즐거움으로 충만하게 된다. 다시 말해 유식은 마음의 구조를 근본적으로 해명하여 마음을 대변혁시키는 방법을 제시하고 있는 것이다.[360]

여기서는 제8 아뢰야식이라는 글자의 의미만을 간단하게 설명하고 해당 부분에서 다시 자세하게 설명하도록 하겠다. 제8 아뢰야식이란 내(인간)가 행한 결과물인 종자種子(bīja)를 저장하는 마음이다. 다시 말해 우리가 어떤 행위를 하던 그 행위는 종자가 되어 제8 아뢰야식에 차곡차곡 저장되어 우리의 삶에 영향을 미치는 것이다. 제8 아뢰야식은 아뢰야阿賴耶라는 말과 식識이라는 말로 이루어진 합성어인데, 아뢰야란

---

360) 요코야마 코이츠 지음·허암 옮김(2015), p.6.

'저장하다'라는 뜻의 범어 알라야(ālaya)를 음역音譯한 것이다. 독자의 이해를 돕기 위해 알라야(ālaya)라는 말의 예를 하나 들어 보겠다. 여러분은 인도와 네팔에 걸쳐 있는 히말라야(himālaya)라는 산을 들어 보았을 것이다. 여기서 히마(hima)는 눈(雪), 알라야(ālaya)는 저장·창고라는 뜻인데, 이른바 사시사철 눈이 저장된 곳이라는 말이다. 이와 같이 알라야(아뢰야)는 기본적으로 '저장'을 뜻하는 말이다.

그리고 식識이란 범어 위즈냐나(vijñāna)의 번역인데, 위(vi:나누다)'라는 접두어에 동사원형 √jñā(알다)로 이루어진 것으로서 '둘(견분·상분)로 나누어 알다'라는 뜻이다. 이렇게 보면 식識은 마음(心=識)의 또 다른 표현이라고 할 수 있는데, 이런 이유에서 현장스님도 제8 아뢰야식을 저장할 장藏과 알 식識, 즉 창고와 같은 마음이라는 장식藏識 또는 집 택宅과 알 식識, 즉 택식宅識으로 한역한 것이다. 그리고 영어로 제8 아뢰야식을 store consciousness라고 번역한 것도 이와 같은 이유이다. 그러면 요가 수행자들은 수행을 통해 발견한 심층의 마음을 왜 제8 아뢰야식(저장하는 마음)이라고 이름 붙였을까? 아마도 요가 수행 중에 자신이 행한 결과인 종자가 마음의 심층 어딘가에 저장된다는 것을 발견했기 때문일 것이다. 그리고 그 종자를 '저장하는 장소'를 제8 아뢰야식이라고 이름 붙인 것으로 생각된다.

여기서 또 하나 주목할 것이 있다. 혹자는 프로이트가 말한 무의식과 비교하기도 하지만, 제8 아뢰야식과 무의식은 근본적으로 다르다. 무의식은 신경증 등 환자의 말과 행동을 통해 '무의식이 존재한다'는 임상적인 추측의 결과로써 주장된 것이다. 반면 제8 아뢰야식은 요가 수행자가 마음의 심층에 침잠하여 스스로 발견한 것이다. 제8 아뢰야식은 심식설 중에서 가장 핵심적인 마음인데, 심층의 마음인 제8 아뢰야식을 발견함으로써 유식사상이 불교 내부에서 독자적인 학파로 성립하기 때문이다.361) 이제 제8 아뢰야식에 대해 성철스님의 『백일법문』과 현장스님의 『팔식규구』 및 이에 대한 주석인 『팔식규구통설』과의 비교를 통해 살펴보자.

2. 제1 게송 : 제8 아뢰야식의 작용(1)

성철스님은 『팔식규구』 팔식송(제8 아뢰야식) 제1 게송362)을 다음과 같이 해석한다.

"성性은 오직 무부무기이며 다섯 가지 변행이니 계界와 지地에서 다른 업력에 따라서 생긴다. 이승은 요해하지 못함으로 인하여 미혹하여 집착하니, 이로 말미암아 능히 논주들의 쟁론을 흥기시켰다."363)

제1 게송은 제8 아뢰야식의 작용에 대한 것인데, 제8 아뢰야식은 무부무기이며, 51가지 심소 중에서 오직 5변행과 함께 작용할 뿐이다. 그리고 제8 아뢰야식은 삼계구지에서 업력에 따라 생기며, 이승은 제8 아뢰야식을 이해하지 못해 논주들의 논쟁이 일어났다고 한다.

---

361) 김명우(2019), 『고경』, 제76호.
362) 『팔식규구통설』(X55, p.423c13-14), "性唯無覆五遍行. 界地隨他業力生. 二乘不了因迷執. 由此能興論主諍."
363) 성철(2014), p.350.

1) 제8 아뢰야식은 무부무기이다

먼저 제1구(性唯無覆五遍行)는 성성과 심소에 대한 것으로, 제8 아뢰야식은 무부무기無覆無記와 작용하며, 51가지 심소법 중에서 오직 5변행과 상응할 뿐이라고 한다. 먼저 제1구의 첫 구절(性唯無覆)은 제8 아뢰야식은 선인가 악인가 아니면 무기인가?라는 가치판단의 문제를 다루고 있는데, 결론적으로 말하면 제8 아뢰야식과 그것과 함께 작용하는 5변행은 무기이다. 구체적으로 말하면 제8 아뢰야식은 무부무기이다. 그러면 제8 아뢰야식은 왜 무기, 특히 무부무기일까?

성철스님은 제8 아뢰야식에 대해 "작용이 미세하여 알기 어려우며 수행에 장애가 되지 않기 때문에 무부"364)라고 한다. 그러면 성철스님은 제8 아뢰야식에 대해 왜 "작용이 미세하여 알기 어렵다"고 했을까? 뒤에 언급하겠지만, 감산스님도 제8 아뢰야식의 작용은 미세유주微細流注(미세한 흐름)라고 주석한다. 여기서 미세유주는 성철스님의 『선문정로』나 『백일법문』에서 제8 아뢰야식을 설명할 때마다 등장하는 아주 중요한 개념이다. 결국 참선 수행자가 제8 아뢰야식의 미세한 흐름을 알아차리기 어렵다는 것이다. 그래서 필자는 이 표현을 참선 수행자가 제8 아뢰야식의 미세한 흐름을 경계하고 또 단멸해야 한다는 것을 상기시키기 위한 것이라고 보고 있다.

다음으로 성철스님은 제8 아뢰야식이 "수행에 장애가 되지 않기 때문에 무부"365)라고 법문한다. 그러면 성철스님이 무부무기를 '수행에 장애가 되지 않기 때문'이라고 한 이유는 무엇일까? 그 이유를 알려면 무

---

364) 성철(2014), p.351.
365) 위의 책, p.351.

부무기라는 말 자체에 대한 이해가 필요하다. 유식에서는 무기를 무부무기無覆無記(anivṛtākhyākṛta)와 유부무기有覆無記(nivṛtākhyākṛta)로 구분한다. 먼저 무기란 선인지 악인지 별도(別)로 나타낼 수(記) 없다(無)는 의미이다. 즉 비선비악非善非惡이다. 그리고 부복는 '무엇을 덮다'라는 의미로서, 『성유식론』에서는 "깨달음으로 나아가는 것(聖道)을 장애하고, 또한 〈우리 자신의 무색無色한〉 마음을 은폐하여 청정하지 않기 때문이다."366)라고 주석한다. 즉 유부有覆란 성도나 청정한 마음을 가리는 더러운 마음의 상태로서, 제7 말나식은 더러운(染汚) 마음이지 불선(不善=惡)한 마음은 아니다. 반면 무부無覆란 성도나 자심을 가리지 않는 상태, 즉 깨달음에로 나아가는 것을 장애하거나 청정한 마음을 은폐하지 않는다는 것이다. 이런 이유로 성철스님도 제8 아뢰야식을 "수행에 장애가 되지 않기 때문에 무부"라고 한 것으로 생각된다. 여기서 또 하나 주목할 것은 성철스님이 '수행'이라는 말을 사용했다는 점이다. 이에 대해 필자는 제8 아뢰야식에 대한 성철스님의 법문이 참선 수행자를 위한 것임을 드러낸 것이라고 보고 있다.

그러면 무엇 때문에 제8 아뢰야식은 무기, 특히 무부무기여야만 하는가? 만약 제8 아뢰야식이 선·악으로 이미 결정되어 있다면 이른바 한 번 나쁜 놈은 영원히 나쁜 놈일 수밖에 없고, 우리의 선한 행위도 전혀 필요 없게 된다. 그러므로 제8 아뢰야식은 선·악의 양면성을 가진 무기일 수밖에 없다. 다시 말해 제8 아뢰야식은 선·악 어느 쪽도 아니기 때문에 선한 행위의 의지처가 되기도 하고 악한 행위의 의지처가 되기도 한다는 것이다. 그리고 제8 아뢰야식은 우리의 모든 행위(선·악)를 종자로 받아들여 축적한다. 다시 말해 우리가 어떤 행위를 하면 반드시

---

366) 『성유식론』(T31, p.12a26-27), "障聖道故. 又能蔽心令不淨故."

그 행위는 종자로 우리의 인격 속에 남는다. 그래서 우리의 행위인 종자를 훈습하는 제8 아뢰야식은 선도 악도 아니다. 만약 제8 아뢰야식이 선이라면 악의 종자는 받아들일 수 없고, 악이라면 선한 종자를 받아들일 수 없게 된다. 따라서 선·악의 종자를 모두 받아들이려면 제8 아뢰야식은 무기일 수밖에 없다. 이처럼 우리는 선과 악의 가능성을 동시에 가지고 있기 때문에 아무리 많은 선행을 쌓더라도 한순간에 악인으로 전락할 수도 있고, 반대로 아무리 극악무도하더라도 한순간에 선인으로 전향할 수도 있는 것이다.[367]

다음으로 성철스님은 "대원경지에서 진여본성을 증득하고 보면 무부가 아니라 유부이지만, 무부라고 한 것은 작용이 <u>너무나 미세하고 미약하기 때문</u>"[368]이라고 법문한다. 이에 대해 필자는 앞서 언급했듯이 제8 아뢰야식의 작용이 '미세'하다는 표현은 적절하다고 생각한다. 다만 '미약'하다는 표현은 동의하기 어려운 점이 있다. 왜냐하면 제8 아뢰야식의 작용은 미세하지만 마치 폭류처럼 끊임없이[369] 움직이고 멈추지 않기 때문이다. 필자의 추측이지만 성철스님이 제8 아뢰야식의 작용을 '미약'하다고 한 것은 '미세'하다는 것을 강조하려고 덧붙인 것으로 생각된다.

제1구 두 번째 구절(五遍行)은 제8 아뢰야식과 함께 작용하는 5변행에 대한 것인데, 성철스님이나 감산스님도 특별히 언급한 내용이 없다. 추측건대 성철스님은 『백일법문』(pp.313-320)에서, 감산스님은 별도의 저작인 『백법논의』에서 자세하게 주석했기 때문에 생략한 것으로 생각된다. 이제 제1구에 대한 감산스님의 주석을 살펴보자.

---

[367] 김명우·구자상 (2022), p.347.
[368] 성철(2014), p.351.
[369] 『유식삼십송』(T31, p.60b7), "恒轉如瀑流."

"이 식(제8 아뢰야식)은 한결같이 순수하고 밝아 본래 선과 악이 없다. 그래서 4가지 성(선·악·유부무기·무부무기) 중에서 오직 무부무기와 〈함께 작용한다.370) 또한 제8 아뢰야식은〉 모든 심소 중에서 오직 5변행(촉·작의·수·상·사)과 상응할 뿐이다."371)

앞서 말했듯이, 제8 아뢰야식은 4성, 즉 선·악·유부무기·무부무기 중에서 오직 무부무기와 함께 작용하는데, 그 이유로 제8 아뢰야식은 '한결같이(唯一) 순수하고 밝아(精明) 본래 선악이 없기' 때문이라고 한다. 즉 제8 아뢰야식은 유일정명唯一精明하기 때문에 무부무기라는 것이다. 필자로서는 이렇게 주석한 이유를 정확히 알기 어려운데, 추측건대 제9식인 아말라식(amala-vijñāna)을 주장하는 진제스님의 섭론종 계통과는 달리 제9식을 인정하지 않는 법상종의 입장을 반영한 것이 아닐까 생각된다. 왜냐하면 성철스님은 제8 아뢰야식을 제8 마계魔界 또는 흑암黑闇이라고 하지만, 감산스님은 제8 아뢰야식을 정명精明이라고 주석하기 때문이다. 이처럼 감산스님은 제8 아뢰야식의 진망화합眞妄和合의 측면 중에서 진眞의 측면만을 강조하지만, 성철스님은 망妄의 측면만을 강조하고 있다. 그렇다면 제8 아뢰야식에 대한 성철스님과 감산스님의 입장은 다른 것인가? 그렇지 않다. 자세한 것은 뒤에 다시 설명할 것이다.

---

370) 제1구에 대해 지욱스님은 『팔식규구직해』(X55, p.438a7-8)에서 "謂第八識非善非惡亦非有覆. 故其性但是無覆無記."라고 주석한다. 다시 말해 지욱스님은 제8 아뢰야식의 성품은 선도 악도 아니기 때문에 무기이고, 유부가 아니므로 무부라는 것이다. 즉 제8 아뢰야식은 무부무기라고 주석한다.
371) 『팔식규구통설』(X55, p.423c15-16), "此識唯一精明. 本無善惡. 故四性中唯無覆無記. 諸心所中. 唯與遍行五法相應."

2) 제8 아뢰야식은 생사윤회의 주체이다

계속해서 제2구(界地隨他業力生)에 대해 성철스님은 다음과 같이 법문한다.

"제8식은 삼계구지372)에서 각기 다른 업력을 따라서 생기는 것

---

372) 대승불교에서는 삼계(욕계·색계·무색계)를 구지九地로 나눈다. 이것을 삼계구지三界九地라고 한다. 삼계를 다시 구지로 나누면 욕계를 1지, 색계·무색계를 각각 4지로 나눈다. 구지는 다음과 같다.
(1) 오취잡거지五趣雜居地 : 욕계의 다섯 세계(五趣)에 섞여 머무는(雜居) 단계(地)라는 의미이다. 오취는 지옥·아귀·축생·인·천의 미혹한 생존을 말한다. 여기서 취趣(gati)는 '달릴 취' 자이므로, '목적지로 향하여 달려가다'라는 뜻이다. 다시 말해 업에 의해 사후로 향하여 가는 곳·가는 장소라는 의미로서, 도道라고도 번역한다. 오취는 천天에서 지옥으로 갈수록 고통이 심해진다. 지옥에 대해서는 김명우(허암)의 〈49재와 136지옥〉을 참조하기 바란다.
(2) 이생희락지離生喜樂地 : 색계의 초선初禪의 경지이다. 욕계를 떠남으로써(離) 생기는 기쁨과 즐거움(喜樂)을 느끼는 수행단계(地)이다. 감산스님이 '초선의 천인은 선열을 주식으로 삼는다(初禪天人以禪悅爲食)'고 하듯이, 이곳에서는 냄새를 맡는 설식과 맛을 보는 비식이 필요 없다. 따라서 이곳은 안식, 이식, 신식만이 작용하는 수행단계이다.
(3) 정생희락지定生喜樂地 : 색계의 제2선의 경지이다. 선정禪定이 깊어져 기쁨과 즐거움(喜樂)이 생기는(生) 수행단계(地)이다.
(4) 이희묘락지離喜妙樂地 : 색계의 제3선의 경지이다. 제2선의 기쁨(喜)을 떠남으로써(離) 묘한 즐거움(妙樂)을 느끼는 수행단계(地)이다.
(5) 사념청정지捨念淸淨地 : 색계의 제4선의 경지이다. 행사行捨(마음이 들뜬 상태인 도거나 지나치게 가라앉은 혼침에서 벗어난 평온한 경지)와 염(생각)이 청정한 수행단계이다. 여기서 행사는 고락사의 사수捨受와는 다르다. 그래서 사捨와 구별하기 위해 행사行捨라고 한 것이다.
(6) 공무변처지空無邊處地 : 무색계의 첫 번째 경지이다. 허공이 무한하다고 체득하는 수행단계이다.
(7) 식무변처지識無邊處地 : 무색계의 두 번째 경지이다. 마음의 작용이 무한하다고 체득하는 수행단계이다.
(8) 무소유처지無所有處地 : 무색계의 세 번째 경지이다. 무소유의 경지를 체득하는 수행단계이다.

입니다. 삼계구지는 미혹에 빠진 유정들이 윤회하는 세계를 말합니다. (…) 모든 생류들은 각자의 업력에 따라서 이 삼계구지의 어느 곳엔가 태어나며, 그때의 주체가 바로 제8식입니다."373)

위의 인용문에서 '각기 다른 업력에 따라서 생긴다'라는 것은 성철스님의 법문과 감산스님의 주석에 따르면, '제6 의식의 업력에 이끌려 생겨난다'는 의미이다. 왜냐하면 육식송(제6 의식) 해당 구절에 대해 성철스님은 "〈제6 의식은〉 몸을 움직이고 말을 하는 데에 홀로 가장 뛰어나서 업을 이끌고 과보를 만족하여 능히 업력을 부르고 팔식을 이끈다."374)라고 법문하고 있기 때문이다. 앞의 법문에서 성철스님이 인업因業을 '업을 이끌고', 만업滿業을 '과보를 만족하여'라고 번역한 것은 감산스님의 주석에 따른 듯하다. 예컨대 감산스님은 이 구절을 "인이란 모든 식을 이끌어 업을 짓게 한다."라고 하고, 만업을 "만滿이란 능히 이숙과보를 원만하게 한다."라고 육식송(제6 의식)375)에서 주석하고 있기 때문이다. 앞서 말했듯이 성철스님은 초업력견招業力牽을 "업력을 부르고 팔식을 이끈다."라고 번역하는데, 이 구절도 감산스님의 주석을 반영한 듯하다. 예컨대 감산스님은 "업력을 지은 바대로 후에 과보를 초래한다(招)는 것은 팔식을 끌어당겨(牽引) 생사의 고통을 받게 한다."376)라고 하여 '팔식'을 삽입하여 주석하는데, 성철스님은 감산스님의 '팔식을 끌어당겨'(牽引)라는 주석을 보고 '팔식을 이끈다'로 해석한 듯하다.

---

(9) 비상비비상처지非想非非想處地 : 무색계의 네 번째 경지이다. 생각이 있는 것도 아니고(非想) 생각이 없는 것도 아닌(非非想) 경지를 체득하는 수행단계이다.
373) 성철(2014), p.351.
374) 위의 책, p.338.
375) 『팔식규구통설』(X55, p.422c12-13), "引者. 能引諸識作業. 滿者. 能滿異熟果報."
376) 『팔식규구통설』(X55, p.422c14-15), "其所造業力. 招後報者. 則牽引八識受生死苦."

제6 의식을 설명할 때 언급한 바가 있지만 각성스님은 게송 중의 능초能招를 '강하다'[377]라고 번역하는데, 이것은 아마도 제6 의식이 다른 식(제7 말나식·제8 아뢰야식)보다 인업과 만업으로 업력을 끄는 힘이 가장 강하다는 의미를 나타내고자 한 의도인 듯하다. 그리고 인업이란 결과를 생기시키는 업 중에서 총체적으로 결과를 생기시키는(디자인) 것이 인업이고, 그것에 채색하는 것이 만업이다. 유식에서 보면 이것은 전생의 업에 의해 금생에 생을 받을 때 금생의 과보로써 생긴 제8 아뢰야식을 말하는데, 인간으로서의 제8 아뢰야식은 총체적인 존재 방식을 띤 것이므로 총보總報, 이숙의 본체이기 때문에 진이숙眞異熟이라고 한다. 반면 현명함, 어리석음, 추함, 아름다움 등의 존재 방식은 개별적인 과보이기 때문에 별보別報이며, 진이숙의 입장에서 보면 2차적인 것이기 때문에 이숙생異熟生이라고 한다. 전생의 업 중에 제8 아뢰야식(총보, 진이숙)을 생기시키는 업을 인업, 제6 의식(별보, 이숙생)을 생기시키는 업을 만업이라고 한다. 또는 인업을 견인업牽引業·초인업招引業이라고 하며, 만업을 원만업圓滿業이라고도 한다.[378]

성철스님은 제8 아뢰야식을 삼계구지에서 선악의 과보를 받는 주체이자 생사윤회의 주체라고 하고, 또한 미세하여 알아차리기 어렵기 때문에 제8 아뢰야식을 반드시 끊어내야 하는 '마계魔界'[379]라고 한다. 다시 말해 제8 아뢰야식의 흐름이 극히 미세하여 범부나 이승이 알아채지 못하고, 오히려 그 고요함을 궁극의 안락한 차원이라고 생각하여

---

377) 각성(2000), p.740.
378) 김명우·구자상(2022), p.327 ; 요코야마 코이츠 지음·허암 옮김(2010), p.933 ; 『성유식론』(T31, p.7c).
379) 성철(2014), p.357.

안주해 버리는 경우가 많다는 것이다.[380]

3) 제8 아뢰야식을 이승은 알지 못한다

계속해서 제3구(二乘不了因迷執)에 대해 성철스님은 "제8 아뢰야식의 행상(작용)은 극히 미세하기 때문에 이승인 성문과 연각은 잘 모른다."[381]라고 법문하는데, 제8 아뢰야식은 그 작용이 심오하고 미세하여 성문과 연각은 이해하지 못한다는 뜻이다. 그리고 그로 인해 그들은 "제8 아뢰야식을 근본진여로 집착(미혹)한다."라고 한다. 나아가 "『해심밀경』에서 부처님이 이승들은 잘 모르기 때문에 아뢰야식을 이승에게는 설명하지 못한다고 한 것은 아뢰야식의 행상이 너무나 미묘하기 때문에 이승들은 그것을 이해하지 못하고 진여라고 집착하므로 그것을 지적한 말씀입니다."[382]라고 한다. 다만 여기서 필자는 성철스님의 '제8 아뢰야식을 근본진여와 진여로 집착한다'라는 표현에는 동의하기 어려운 점이 있다. 왜냐하면 강산스님이 인용한 『해심밀경』(T16, 692c)에 "저것(제8 아뢰야식)을 분별하여 자아라고 집착할까 두렵기 때문이다."라는 구절 때문인데, 따라서 필자는 '진여'라는 용어보다는 '자아'라고 표현하는 것이 적절하지 않을까 생각한다. 지욱스님도 "망집위아忘執爲我"[383]라고 주석하고 있다. 또한 성철스님은 『선문정로』에서 『해심밀경』의 게송을 인용하면서 "(…) 내가 우매한 범부에게 이 아타나식阿陀那識을 (…) 피등

---

380) 강경구(2022), p.514.
381) 성철(2014), p.352.
382) 위의 책, p.352.
383) 『팔식규구직해』(X55, p.438a13), "佛恐愚法聲聞妄執爲我."

彼等이 분별하여 진아眞我라고 오집誤執할까 두려워하는 까닭이다."384)라고 하는데, 이것 역시 근본진여 또는 진여보다는 오히려 '진아'라고 표현하는 것이 적절하지 않을까 생각한다. 지금까지의 논의를 정리하면 성문·연각이든 범부이든 참선 수행자이든 제8 아뢰야식을 자아·진아라고 집착해서는 안 된다는 것이다. 다음으로 제2구(界地隨他業力生)에 대한 감산스님의 주석을 살펴보자.

"미세유주의 생멸이 있기 때문에 〈게송 제2구 초반에서 말하기를, 제8 아뢰야식은〉 삼계구지 내지 육도(지옥·아귀·아수라·축생·인간·천계)를 생사윤회하는 〈주체라고〉 한 것이다. 즉 이 식(제8 아뢰야식)은 〈중생이 전생에서 지은 선악의 과보를 받는〉 총괄적인 과보總報의 주체이다. 그 당체에는 비록 선악이 없지만, 제6 의식의 업력에 이끌려 생겨난다. 앞의 제6 의식을 〈설명한〉 게송(육식송)에서 '인업과 만업으로 업력을 부르고 〈제8 아뢰야식을〉 이끈다'라고 한 것은 바로 이것〈을 말하는 것이다.〉"385)

이것에 의하면 제8 아뢰야식은 미세유주하게 생멸을 거듭하며, 삼계구지에서 육도세계를 생사윤회하는 주체이자 선악의 과보를 받는 총괄적 과보의 주체이다. 그리고 그 본질은 선악이 없는 무부무기이지만, 제6 의식의 업력에 이끌려 생겨나는 것이다. 이어서 제3구(二乘不了因迷執)에 대해 감산스님은 다음과 같이 주석한다.

---

384) 성철(2006), p.73.
385) 『팔식규구통설』(X55, p.423c17-19), "以有微細流注生滅故. 三界九地. 乃生死六道. 此識爲總報主. 當體雖無善惡. 而被他六識業力牽引而生. 前六識頌引滿能招業力牽者. 此也."

"이 식(제8 아뢰야식)은 심오하고 미세하여 세존께서 일상(尋常)에서 설하신 것은 아니다. 〈밀의(비밀스러운 가르침)로써 설하셨다.〉 그래서 〈세존께서〉 '아타나미세식陀那微細識(=제8 아뢰야식)은 습기가 폭류를 이룬다. 〈중생들이〉 참과 거짓에 미혹될까 두려워 나는 항상 시작(開演, 펼쳐 설명하다)386)하지 않았다'387)고 말씀하신 것이다.

---

386) 『명추회요』(p.384)에서는 개연開演을 '연설'로 번역한다. 이에 필자는 어떤 일을 '열고 설명하다'는 의미를 살려 '시작'이라고 번역하였다.
387) 이 게송은 『수능엄경』(T19, p.124c)의 가르침으로서, 영명연수 스님의 『종경록宗鏡錄』에도 인용되고 있다. 영명연수 스님은 이것에 대해 다음과 같이 풀이한다. "물음 : 이 제8식은 진인가, 가인가? 답함 : '이것은 진이다', '이것은 가이다'라고 결정할 수 없다. 『수능엄경』에서 "아타나의 미세한 식(阿陀那微細識=제8 아뢰야식)은 습기가 폭포수를 이루는데, '진이다', '진이 아니다'라고 미혹할까 염려되어 나는 항상 자세히 연설開演하지 않는다."라고 하였다. 풀이하면 다음과 같다. 범어인 '아타나'는 한어漢語로는 '집지식執持識'이라 한다. 이 식의 체體는 청정하나, 무명의 훈습을 받아 물과 우유처럼 분간하기 어려워져서 오직 부처님만이 알 수 있다. 모르는 사이에 망령되이 오염되기 때문에 곧 습기가 되어 전7식의 폭류와 파랑을 전변해 일으켜서 생사의 바다를 요동치게 한다. 그러나 크게 깨달아 단박에 알아차린다면 무루의 정식淨識이 되어 끊임없이 집지執持하여 미래세가 다하도록 대불사大佛事를 일으켜 지혜의 바다를 이룰 수 있다. '진이다', '진이 아니다'라고 미혹할까 염려스럽다는 것에 대해 부처님의 뜻은 다음과 같다. "내가 만약 한결같이 진이라고만 하면 중생들은 더 이상 닦아 나아가지 않고 증상만에 떨어질 것이다. 왜냐하면 오염되지 않으면서도 오염되어 객진번뇌가 없지는 않기 때문이다. 또 외도들은 제8식을 아我라고 주장하는데, 만약 '이것이 바로 불성인 진아眞我이다'라고 말하면 그 삿된 집착을 부여잡고 참된 수행을 어지럽힐 것이다. 내가 만약 한결같이 진이 아니라고만 말하면 중생들은 또 자신에게는 불성이 전혀 없다고 여겨 단견斷見을 일으킬 것이므로 성불할 기약이 없다. 그러므로 범부와 이승을 상대해서는 결코 자세히 연설하지 않는다. 이것은 미혹된 전도를 일으켜 여래의 비밀스러운 종지를 알기 어렵기 때문이다."[『종경록』(T48, p.708a7-21), "夫此第八識. 爲定是眞. 是假. 答. 是眞. 是假. 不可定執. 首楞嚴經云. '陀那微細識. 習氣成瀑流. 眞非眞恐迷我常不開演'. 釋曰. 梵語阿陀那者. 此云執持識. 此識體淨. 被無明熏習. 水乳難分. 唯佛能了. 以不覺妄染故. 則爲習氣. 變起前之七識瀑流波浪. 鼓成生死海. 若大覺頓了故. 則爲無漏淨識. 執持不斷. 盡未來際. 作大佛事. 能成智慧海. 眞非眞恐迷者. 佛意. 我若一向說眞. 則衆生不復進修. 墮增上慢. 以不染而染. 非無客塵垢故. 又外道執此識爲我. 若言卽是佛性眞我. 則扶其邪執. 有濫眞修. 我若一向說不眞. 則衆生又於自身撥無. 生斷見. 故無成佛之期. 是以對凡夫二乘前. 不定開演. 恐生迷倒. 不達如來密旨. 以此根本識.

이승二乘을 위해서는 단지 제6 의식만을 설하여 오염과 청정함의 근본을 세웠다. 이승들은 들은 적이 없기 때문에 '이해하지 못한다'고 한 것이다. 또한 〈세존께서〉 말씀하시기를, '아타나식(ādāna-vijñāna)은 심오하고(甚深) 미세하여(細) 습기종자가 폭류를 이룬다. 나는 어리석은 범부에게 이것을 시작(開演)할 수 없었다.(이것을 펼쳐 설하지 않았다.) 저것(제8 아뢰야식)을 분별하여 자아라고 집착할까 두렵기 때문이다.'388)라고 한 것이다. 그래서 〈게송 제3구에서 제8 아뢰야식을 이승은〉 '미혹하고 집착하기 때문이다(因迷執)'라고 말한 것이다."389)

微細難知故."] ; 회당조심 엮음, 벽해원택 감역(2015), p.384 ; 김명우·구자상(2022), p.360

388) 이 구절은 『해심밀경』(T16, p.692c)과 『섭대승론』에도 등장한다. 『성유식론』에서는 『해심밀경』을 인용하는데(解深密經亦作是說), 그 게송은 다음과 같다. "아타나식(ādāna-vijñāna)은 심오하고 미세하다. 일체종자는 폭류와 같다. 나는 어리석은 범부에게 시작할 수 없다. 저것(아타나식)을 분별하여 자아라고 집착할까 두렵기 때문이다."[阿陀那識甚深細. 一切種子如瀑流. 我於凡愚不開演. 恐彼分別執爲我."] 그런데 감산스님이 인용한 게송과 『해심밀경』 등에 등장하는 게송에는 조금 차이가 있다. 예컨대 『해심밀경』에서는 일체종자여폭류一切種子如瀑流라고 하는데, 감산스님의 게송에서는 습기종자성폭류習氣種子成瀑流라고 한다. 성철스님도 『선문정로』(p.73)에서 『해심밀경』의 이 게송을 인용하며 다음과 같이 번역한다. "아타나식阿陀那識이 극심히 심세深細하여 일체 생멸의 종자가 폭포같이 유동한다. 내가 우매한 범부에게 이 아타나식阿陀那識을 <u>개연開演하여 설명하지 않는 것</u>은, 피등彼等이 분별하여 진아眞我라고 오집誤執할까 두려워하는 까닭이다." 여기서 성철스님은 개연을 '개연開演하여 설명하지 않는 것'이라고 번역하는데, '개연'이나 '설명'은 동일한 의미이기 때문에 이중 번역에 해당한다. 이것은 아마도 대중이 알아듣기 쉽게 반복해서 법문한 녹취록을 그대로 옮겨 적었기 때문이 아닐까 한다. [김명우·구자상(2022), p.361]

389) 『팔식규구통설』(X55, p.423c19-24), "以此識深細. 世尊尋常不說. 故云陀那微細識. 習氣成瀑流. 眞非眞恐迷. 我常不開演. 向爲二乘. 但說六識建立染淨根本. 二乘一向未聞. 故不了耳. 又云. '阿陀那識甚深細. 習氣種子成瀑流. 我於凡愚不開演. 恐彼分別執爲我.' 故云因迷執."

이것에 의하면, 제8 아뢰야식은 그 작용이 심오하고 미세하여(아타나미세식), 세존이 일상의 가르침이 아니라 비밀스러운 가르침인 밀의로써 설한 것이다. 감산스님은 그 증거로 『수능엄경』(T19, p.124c)과 『해심밀경』(T16, p.692c)을 인용하는데, 이른바 제8 아뢰야식을 들은 적이 없는 이승은 이해하지 못할 뿐만 아니라 범부나 이승은 제8 아뢰야식(아타나식)을 '자아'라고 미혹하고 집착할까 염려해서 설법하지 않았다는 것이다. 이처럼 제2구와 제3구에 대한 성철스님의 법문과 감산스님의 주석을 비교하면, 성철스님의 법문은 감산스님의 주석을 알기 쉽게 요약해서 법문한 것임을 알 수 있다.

3) 제8 아뢰야식을 5교 10리로 논증하다

제4구(由此能興論主諍)에서 소승은 제8 아뢰야식이 존재한다는 것을 믿지 않기 때문에 대승논사들이 5교敎 10리理로써 제8 아뢰야식이 있다는 것을 증명하였지만, 여전히 논주들의 논쟁을 불러일으켰다고 한다. 이에 대해 성철스님은 다음과 같이 말한다.

"인도에서도 이승들은 아뢰야식의 존재성을 이해하지 못했기 때문에 없다고 주장했지만 대승논사들은 분명히 있다고 주장하면서 갖가지 증거를 보이고 있습니다. 『유식론唯識論』 등을 보면 상세하게 열거되어 있습니다. (…)"[390]

위의 인용문에서 '이승들'은 소승, 즉 성문과 연각을 말하고, '대승논

---

390) 성철(2014), p.352.

사들'이란 무착·세친·호법·안혜 등의 유식논사를 말한다. 『유식론』이란 구체적으로 호법보살의 저작인 『성유식론』을 말한다. 그리고 '상세하게 열거했다'는 것은 감산스님도 주석하고 있듯이 '5교(경전에 근거한 5가지 논증) 10리(세상의 이치에 근거한 10가지 논증)'를 말한다. 이어서 성철스님은 현대 실험심리학에서 윤회(전생)가 입증되었기에 제8 아뢰야식 존재도 자연스럽게 입증되었다고 한다. 또한 역대 선지식들이 제8 아뢰야식에 대해 이론적으로 존재를 증명하였지만 철저하지 못해 후세 학자들도 존재 입증이 어려운데, 그것은 도리어 제8 아뢰야식의 존재가 깊고 미묘하다는 것을 반증한다고 한다. 이에 대해 감산스님은 다음과 같이 주석한다.[391]

"소승에서는 〈제8 아뢰야식을〉 알지 못하기 때문에, 이 식(제8 아뢰야식)이 존재한다는 것을 믿지 않는다. 그래서 대승논사(호법보살)께서 대승과 소승의 3경, 4송(3개의 경전과 4개의 논서)을 끌어와서 5교(경전에 근거한 5가지 논증) 10리(세상의 이치에 근거한 10가지 논증)로써 이 식(제8 아뢰야식)이 있다는 것을 증명하였다. 그래서 〈게송 제4구에서〉 '이것으로 인해 능히 논주들의 논쟁을 불러일으켰다'라고 한 것이다. 〈제8 아뢰야식이 존재한다는〉 10가지 논증의 의미는 논서(『성유식론』) 중에 널리 밝혀져

---

[391] 제3구와 제4구에 대해 지욱스님은 『팔식규구직해』(X55, p.438a12-16)에서 "第八識之行相甚爲微細. 難可了知. 佛恐愚法聲聞妄執爲我. 故于阿含諸經姑未顯說. 而二乘迷於佛旨. 執于**權教**. 不了此識是有情總報之主. 生死涅槃之依. 妄撥爲無. 故大乘論主廣引聖教. 備顯正理. 以與之爭. 蓋欲破彼妄執故也."라고 주석한다. 사족이지만 보충 설명을 하자면, 권權이란 '잠시·임시'라는 의미로서 가假와 통하는데, 권교란 이른바 부처님이 사부대중을 대승의 가르침으로 이끌기 위해 사용하신 방편적인 가르침을 말한다. 반대말이 실교實敎이다. '실'은 방편이나 가설이 아니라 진실의 의미이기 때문에 실교란 대승의 진실한 가르침을 말한다. 두 개념은 권교와 실교, 권지와 실지, 권경과 실경 등으로 사용한다.

있다."392)

이것에 의하면, 소승에서는 제8 아뢰야식의 존재를 믿지 않기 때문에 유식논사들이 5교 10리로써 『성유식론』 등에서 논증하였지만,393) 여전히 논사들의 논쟁을 불러일으켰다고 한다. 이상으로 성철스님의 법문과 감산스님의 주석을 참조하여 『팔식규구』의 제1 게송을 해석하면 다음과 같다.

"〈제8 아뢰야식은 4가지〉 성(선·악·유부무기·무부무기) 중에서 오직 무부〈무기와 함께 작용하며, 제8 아뢰야식과 상응하는 심소는〉 5변행뿐이다.(1구) 〈제8 아뢰야식은〉 삼계구지에서 〈각자〉 다른 (제6 의식) 업력에 따라서 생기한다.(2구) 〈제8 아뢰야식을〉 이승(성문승·연각승)은 이해(了)하지 못하므로 미혹하고 집착한다.(3구) 이것으로 인해 논주들(대승논사들)의 논쟁을 불러일으켰다.(4구)

3. 제2 게송 : 제8 아뢰야식의 작용(2)

『팔식규구』 팔식송 제2 게송도 제8 아뢰야식의 작용에 대한 것인데, 구체적으로 제8 아뢰야식의 체상(현상과 본질)의 힘과 작용에 대해 말한 것

---

392) 『팔식규구통설』(X55, pp.423c24-424a3), "以小乘不知. 故不信有此識. 是故大乘論師. 引大小乘三經四頌. 五教十理. 證有此識. 故云由此能興論主諍. 十證之義. 論中廣明."
393) 5교 10리에 대해서는 〈『성유식론술기』(T43, p.347a) ; 深浦正文(1954), pp.271-275 ; 김묘주 옮김(2000), pp.17-18〉을 참조하기 바란다.

이다. 성철스님은 제2 게송을 다음과 같이 해석[성철(2014), pp.352-353]한다.

"광대한 세 가지 장(三藏)은 끝을 다 알 수가 없으며, 근원이 깊어서 전7식은 물결이며 경계는 바람이 되며, 훈습을 받아 종자와 근신과 기계器界를 지녀서, 갈 때는 나중에 가고 올 때는 먼저 와서 주인공이 된다."[394]

1) 제8 아뢰야식은 종자를 저장하는 마음이다

먼저 제1구(浩浩三藏不可窮) 중의 호호浩浩는 바로 뒤에 등장하는 삼장三藏을 수식하는 말로, 성철스님은 '광대한'[395]이라고 번역한다. 사실 호호란 호호탕탕浩浩蕩蕩의 줄임말로, 바다와 같이 깊고 끝없이 넓고 넓은 것을 표현한 말이다. 이른바 제8 아뢰야식의 저장하는 기능인 3가지(三藏)[396]가 '광대'하다는 것이다.

다음으로 장藏이란 아뢰야阿賴耶(ālaya)로서, 현재 우리가 한 행위의 결과를 저장하는 마음이라는 것이다. 여기서 아뢰야阿賴耶란 여러 가지 물건을 '저장하다·축적하다·보존하다'라는 의미의 범어 알라야(ālaya)

---

394) 『팔식규구통설』(X55, p.424a4-5), "浩浩三藏不可窮. 淵深七浪境爲風. 受熏持種根身器. 去後來先作主公."
395) 성철(2014), p.352.
396) 법상종의 소의 논서인 『성유식론』에는 삼장三藏에 대해 다음과 같이 말한다. "초능변식(아뢰야식)은 대승과 소승의 가르침에서 아뢰야식(저장하는 식)이라고 한다. 왜냐하면 이 식은 능장·소장·집장의 의미가 있기 때문이다. 〈능장과 소장의 의미는〉 잡염법(선·악·무기)과 더불어 서로 조건이 되기 때문이고, 〈집장의 의미는〉 유정이 〈아뢰야식을〉 자기 내면의 자아라고 집착하기 때문이다."[『성유식론』(T31, p.7c20-22), "初能變識大小乘教名阿賴耶. 此識具有能藏所藏執藏義故. 謂與雜染互爲緣故. 有情執爲自內我故."]

의 음역音譯이다. 그래서 아뢰야식을 장식藏識이라고도 번역한다. 그러면 아뢰야식은 어떤 것을 저장하고 보존하는가? 제8 아뢰야식은 바로 우리의 행위 결과인 종자種子(bīja)를 저장한다. 그래서 제8 아뢰야식은 일체의 모든 것(종자)을 저장하고 보존하는 마음이라고 하는 것이다. 이 저장에는 능장·소장·아애집장[397]이라는 3가지 기능이 있다. 성철스님은 능장能藏을 "제8 아뢰야식과 종자와의 관계에서 아뢰야식이 일체 만법을 낳는 종자를 간직하기 때문에 붙여진 이름"[398]이라고 한다. 참고로 이것은 제8 아뢰야식이 행위의 결과인 종자를 보존하고 유지하는 측면을 나타낸 것이다. 여기서 제8 아뢰야식이 종자를 품는(간직) 주체라면 종자는 제8 아뢰야식에 품어지는(간직되는) 객체(대상)이다. 이것을 능能(작용하는 쪽)과 소所(작용 받는 쪽)로 나누면, 제8 아뢰야식이 능이고 종자는 소가 된다. 인간은 자신의 소질·능력·경험을 인격의 근저에 새겨 계속해서 보존하고, 그 보존·유지되고 있는 종자를 바탕으로 다양한 인생을 전개하게 되는데, 이 측면을 성철스님은 '만법을 낳는 종자를 간직한다(능장)'라고 한 것이다. 다시 말해 성철스님은 저장(藏)이라는 말을 '간직'이라는 말로 바꾼 것이다. 또한 이처럼 제8 아뢰야식은 인간의 행위 결과인 종자를 보존·유지·간직·저장하기 때문에 지종의持種義라고도 한다.

다음으로 성철스님은 소장所藏을 "만법의 종자가 아뢰야식에 갖추어져 있다는 측면에서 붙여진 이름"이라고 한다. 이것은 제8 아뢰야식이 수동적인 것으로 전변한 측면을 말한다. 여기서 작용하는 측면인 능能의 위치에 있는 것은 칠전식七轉識(전오식·제6 의식·제7 말나식)이고, 수동적

---

[397] 성철(2014), p.353.
[398] 위의 책, p.353.

인 위치인 소所에 있는 것은 제8 아뢰야식이다. 구체적으로 말하면, 활동하는 칠전식은 그의 움직임(종자)을 전부 인격의 심층으로 던져 넣는다. 즉 칠전식이 능能의 입장에 서게 되는 것이다. 반대로 제8 아뢰야식은 칠전식으로부터 던져지는 종자를 받아들이는 위치에 있기 때문에 소所가 된다. 이처럼 던져지는 것을 종자라고 하고, 그것을 받아들여 인격의 근저에 머물게 하는 것을 훈습熏習된다고 한다.[399] 이런 기능을 성철스님이 '만법의 종자가 아뢰야식에 갖추어져 있다'라고 표현한 것이다. 그리고 이처럼 종자가 제8 아뢰야식에 훈습되는 것(수훈)을 '갖추어져 있다'라는 점에서 수훈의受熏義라고도 한다.

그리고 성철스님은 아애집장我愛執藏을 "아뢰야식이 끊임없이 계속 이어져서 중생의 주체가 되므로 제7 말나식이 이것을 잘못 알고 '나'라고 집착하기 때문에 붙여진 이름"이라고 한다. 이것은 제8 아뢰야식이 '집착'되는 기능을 가졌다는 말로, 제8 아뢰야식이 제7 말나식에 의해 자아라는 집착의 대상이 된다는 것이다. 그래서 집아의執我義이라고도 한다. 집착하는 능能의 위치에 있는 것은 제7 말나식이고, 반대로 집착되는 측면인 소所의 위치에 있는 것은 제8 아뢰야식이다. 제8 아뢰야식을 능能·소·所 측면에서 보면 제8 아뢰야식은 소所의 측면이 강하다고 할 수 있다.

이와 같이 성철스님은 능장·소장·아애집장의 3가지 기능을 가진 제8 아뢰야식이 "그 뜻이 깊고 넓기 때문에 그 궁극을 범부로서는 가히 측량할 수 없다(不可窮)."[400]라고 한 것이다. 이제 제1구(浩浩三藏不可窮)에 대한 감산스님의 주석을 살펴보자.

---

399) 김명우(2010), p.95.
400) 성철(2014), p.353.

"'호호'란 광대하고 끝이 없는 모습을 〈나타낸 말이다.〉 장식의 성품 바다가 부사의한 훈습으로 업의 바다가 되었다는 뜻이다. 그래서 이 식(제8 아뢰야식)의 본체는 광대하고 끝이 없다고 한 것이다."[401]

앞서 말했듯이 호호란 호호탕탕浩浩蕩蕩의 줄임말이다. 그래서 감산스님도 제8 아뢰야식의 저장하는 기능을 광대무애廣大無涯, 즉 '광대하고 끝이 없다'라고 주석한 듯하다. 왜냐하면 장식(바다)에 헤아릴 수 없는 수많은 종자가 훈습되어 그 본체가 광대하고 끝이 없기 때문이다. 계속해서 삼장에 대해 감산스님은 다음과 같이 주석한다.

"〈제8 아뢰야식은〉 3가지를 저장(三藏)한다는 의미를 갖추고 있기 때문에 '장식'이라고 한다. 〈게송 제1구의〉 '삼장'이란 능장·소장·아애집장을 말한다. 앞의 칠전식七轉識[402](전오식·제6 의식·제7 말나식)이 무량의 시간 동안 선업과 악업을 행한 종자습기를 오직 이 식(제8 아뢰야식)만이 저장할 수 있다. 〈이처럼 제8 아뢰야식이 능동적으로 행위한 결과물인 종자를 저장하기 때문에 능장이라고 한다. 또한〉 칠전식이 지은 이숙의 과보는 오직 제8 아뢰야식만이 저장되는(所藏) 장소(處)이다. 〈즉 제8 아뢰야식이 칠전식에서 던져지는 종자를 수동적으로 받아 저장한다는 의미로 소장이라고 한다. 또한〉 제7 말나식이 이것(제8 아뢰야식)을 자아라고 집착하기 때문에 아애집장이라고 한다. 그래서 『성유식론』에서 말하기를 '제

---

401) 『팔식규구통설』(X55, p.424a6-8), "浩浩者. 廣大無涯之貌. 謂藏識性海. 不思議熏變 而爲業海. 故此識體廣大無涯."
402) 지욱스님의 주석에 따라 칠전식七轉識이라고 표기하였다.

법(칠전식)은 식(제8 아뢰야식)에 〈저장되고〉, 식(제8 아뢰야식)도 제법(칠전식)에 대해 그러하다. 서로 번갈아가며 과성果性(결과)이 되고, 또한 언제나 인성因性(원인)이 된다.'403)라고 한 것이다. 〈왜냐하면 제8 아뢰야식은〉 무량한 시간 동안(積劫) 그 인과가 없어지지도 파괴되지도 않기 때문에 〈게송 제1구에서 제8 아뢰야식은〉 '끝을 다 알 수가 없다(不可窮)'고 한 것이다."404)

감산스님의 주석을 요약하면, 제8 아뢰야식은 3가지의 저장하는 기능을 가졌기 때문에 장식이라고 하며, 그 3가지 저장하는 기능(삼장)이란 능장·소장·아애집장이다. 다시 말해 제8 아뢰야식은 선악업의 결과인 습기종자를 저장하는 기능, 이숙의 과보가 저장되는 기능, 제7 말나식이 제8 아뢰야식을 자아라고 집착하는 기능을 가진 마음이라는 것이다. 그리고 감산스님은 제8 아뢰야식과 칠전식의 관계를 『성유식론』 구절을 인용하여 설명하는데, 제8 아뢰야식은 무량한 시간 동안 서로 원인과 결과가 되어 그 인과가 없어지지도 파괴되지도 않기 때문에 그 끝을 다 알 수가 없다고 한다. 앞서 제8 아뢰야식과 칠전식이 서로 인과가 된다는 말은 마치 심지와 불 또는 갈대와 갈대가 서로 의지한다는 뜻일 것이다.

지욱스님도 제8 아뢰야식을 "호호浩浩하기 때문에 그 넓이의 끝을 알 수 없으며, 깊고 깊어서 그 깊이의 끝(근원)을 알 수 없다."라고 주석하는

---

403) 『성유식론』(T31, p.8c5-6). 이 게송은 『아비달마경』과 『섭대승론』(2권)에도 인용되어 있다.[김묘주 옮김(2002), p.79]
404) 『팔식규구통설』(X55, p.424a8-13), "三藏者. 能藏·所藏·我愛執藏. 以前七識. 無量劫來善惡業行種子習氣. 唯此識能藏. 前七識所作異熟果報. 唯八識是所藏之處. 由第七識執此爲我. 故云我愛執藏. 論云. '諸法於識藏. 識於諸法爾. 更互爲果性. 亦常爲因性.' 積劫因果不失不壞. 故云不可窮."

데,405) 이른바 삼장의 기능을 가진 제8 아뢰야식이 '깊고 넓기' 때문에 그 끝을 범부와 이승은 알 수 없다는 것이다. 앞서 성철스님의 법문 중에 제8 아뢰야식의 저장 기능을 '깊고 넓기(深廣)406) 때문에'라고 한 것은 아마도 지욱스님의 이 주석을 참조한 듯하다.

2) 제8 아뢰야식은 바다와 같은 마음이다

계속해서 제2구(淵深七浪境爲風)에 대해 성철스님은 "제8식의 근원은 매우 깊어서 전7식인 제7식과 제6식과 전5식은 제8식의 바다에서 파도와 같고, 그 경계는 바람과 같이 작용하는 것"407)이라고 한다. 이것은 깊고 깊은 바다를 제8 아뢰야식, 파도(물결)를 7가지 식(전오식·제6 의식·제7 말나식), 바람을 대상(경계)에 비유하여 설명한 것인데, 이에 대해 감산스님은 다음과 같이 주석한다.

"본래 심연湛淵한 〈바다와 같은〉 마음(제8 아뢰야식)은 경계(대상)의 바람에 출렁이므로 7가지 식의 파도와 물결이 일어나 갖가지 업을 짓는다. 그래서 경(『능가경』)에서 말하기를, '장식藏識의 바다는 상주하면서 경계境界의 바람에 움직인다. 큰 파도(洪波)가 바다(冥壑)를 때리는 것처럼 단절되는 때가 없다.'라고 한 것이다. 이 때

---

405) 지욱스님은 제1구(浩浩三藏不可窮)에 대해『팔식규구직해』(X55, p.438a19~22)에서 "此第八識其有能藏·所藏·執藏義故. <u>所以浩浩而不可窮其邊際. 淵深而不可得其源底也</u>. 此識持一切轉識種子. 故名能藏. 受轉識所熏成種. 故名所藏. 被第七識執之爲我. 故名執藏."라고 주석한다.
406)『팔식규구보주증의八識規矩補註證義』(X55, p.407c9)에서도 "浩浩者. 深廣義."라고 주석한다.
407) 성철(2014), p.353.

문에 〈게송 제2구에서 '비유하면 제8 아뢰야식은〉 근원이 깊어서 〈바다가 되고〉, 7가지 식(칠전식)은 물결이며, 경계는 바람이 된다'고 한 것이다."⁴⁰⁸⁾

여기서 감산스님은, 제8 아뢰야식은 근원이 깊어서 바다가 되고, 나머지 7가지 식인 전오식·제6 의식·제7 말나식은 파도이며, 대상은 바람이 된다고 비유적으로 표현한다.⁴⁰⁹⁾ 그리고 그 근거로 경전(『능가경』)⁴¹⁰⁾을 인용하는데, 아마도 "마치 큰 바다의 파도가 거센 바람으로 일어나 거대한 파도가 바다(冥壑)를 두드려 끊어질 때가 없는 것처럼, 장식藏識의 바다는 항상 머물러 있으며 경계境界의 바람에 움직여서 갖가지 모든 식識의 파도가 치솟아 오르며 끊임없이(轉) 생기한다."⁴¹¹⁾ 또는 "마치 큰 바다의 파도가 거센 바람으로 일어나 거대한 파도가 바다(冥壑)를 두드려 끊어질 때가 없는 것처럼, 〈아〉려야식(장식) 역시 이와 같다. 경계(대상)의 바람이 불면 움직여 갖가지 모든 식의 파도가 치솟아 올라 단절할 때가 없다."⁴¹²⁾라는 구절을 인용한 듯하다. 이와 같이 제2구에 대한 성철스님의 법문도 감산스님의 주석을 바탕으로 아주 간략하게 축약한

---

408) 『팔식규구통설』(X55, p.424a13-16), "本是湛淵之心. 爲境風鼓動. 故起七識波浪. 造種種業. 經云. '藏識海常住. 境界風所動. 洪波鼓冥壑. 無有斷絕時.' 故云淵深七浪境爲風."
409) 지욱스님은 『팔식규구직해』(X55, p.438a22-24)에서 "此識如水. 前七轉識依此得起猶如波浪. 此識所現境界之相. 能與轉識作增上緣. 猶如猛風."라고 주석한다.
410) 참고로 『능가경』은 북위 보리유지의 『입능가경入楞伽經』과 당나라 실차난타實叉難陀의 『대승입능가경大乘入楞伽經』이 전한다. 『능가경』은 여래장 사상을 기반으로 성립한 경전이다.
411) 『대승입능가경』(T16, p.594c11-14), "譬如巨海浪. 斯由猛風起. 洪波鼓冥壑. 無有斷絕時. 藏識海常住. 境界風所動. 種種諸識浪. 騰躍而轉生."
412) 『입능가경』(T16, p.523b19-22), "譬如巨海浪. 斯由猛風起. 洪波鼓冥壑. 無有斷絕時. 黎耶識亦爾. 境界風吹動. 種種諸識浪. 騰躍而轉生."

것임을 알 수 있다.

3) 제8 아뢰야식의 대상은 유근신·기세간·종자이다

제3구(受熏持種根身器)에 대해 성철스님은 다음과 같이 법문한다.

> "'훈습을 받는다'는 것은 아뢰야식이 전7식의 모든 훈습을 받는다는 뜻입니다. 제6식 등이 죄를 지으면 자연히 제8식에 훈습이 되어서 제8 아뢰야식에 영향을 미치게 됩니다. 그것이 '종자'가 됩니다. 이 종자가 제8 아뢰야식에 계속 뿌리를 박게 됩니다. 그리하여 그에 상응하는 종자와 신체(根身)와 자연계(器界)가 나타나 전체가 제8 아뢰야식에 지속이 됩니다."[413]

여기서 '훈습을 받다(受熏)'라는 것은 7가지 식(칠전식)이 활동을 하면 그 행위의 결과물인 종자가 제8 아뢰야식에 훈습된다는 말이다. 참고로 훈습은 수훈受熏과 가훈可熏으로 나눌 수 있는데, 둘은 제8 아뢰야식과 종자와의 관계를 설명한 것이다. 제8 아뢰야식은 일체종자식이라고도 하는데, '일체종자를 가진 마음'이라는 뜻이다. 제8 아뢰야식은 현행하고 있는 마음인 제6 의식이나 제7 말나식으로부터 던져지는 종자를 받아 보존하고 유지하는 마음이다. 이것을 현행훈종자現行熏種子[414]라고 한다. 이 의미를 『팔식규구』의 게송에서는 수훈受熏이라고 간단하게 표현한다. 그래서 성철스님도 수훈을 "아뢰야식이 전7식의 모든 훈

---

413) 성철(2014), p.354.
414) 현재 활동하는(현행) 7가지 식의 결과로 생긴 종자가 제8 아뢰야식에 훈습된다는 말이다.

습을 받는다."라고 한 것이다. 앞서 말했듯이 제8 아뢰야식은 수동적으로 종자를 받아들이는 훈습, 즉 수훈의 역할과 제8 아뢰야식 안에서 훈습된 종자가 조건이 맞아 제7 말나식이나 제6 의식으로 나타나게 하는 능동적인 역할, 즉 가훈可熏의 기능을 동시에 가지고 있다. 여기서 능동적인 역할을 종자생현행種子生現行[415]이라고 한다. 그리고 제7 말나식이나 제6 의식이 행위한 결과물인 종자는 제8 아뢰야식에 저장되어 가만히 있는 것이 아니라 스스로 성장 변화하는데, 이것을 종자생종자種子生種子라고 한다. 성철스님의 표현을 빌리자면, 제8 아뢰야식에 '훈습된 종자가 뿌리를 박아 지속하는 것'이다.

다음으로 제3구 후반부의 지종근신기持種根身器에서, 종種이란 종자種子, 근신이란 유근신(신체), 기器란 기세간(자연계)을 말한다. 먼저 종자란 범어 비자(bīja)의 번역어로, 식물의 씨앗을 가리키는 상징적인 의미이다. 식물의 종자는 땅속에 묻혀 있다가 적당한 온도나 물과 햇빛 등의 조건을 만나면 잎을 내고 꽃을 피우듯이, 인간도 자신의 경험을 인격의 근저에 보존하고 있다가 조건을 만나면 행위로써 표출한다. 이와 같이 보존된 경험의 축적을 종자라고 한다. 『성유식론』에서는 종자를 "본식 중에서 친히 결과를 생기시키는 공능차별"[416]이라고 정의하는데, 여기서 본식은 곧 제8 아뢰야식을 가리킨다. 그리고 공능功能(śakti)이란 힘 또는 작용 등의 의미이며, 차별이란 '특별'을 뜻하기 때문에 공능차별이란 '결과를 나타내는 특별한 힘' 또는 '결과를 창출하는 특별한 작용'이라고 해석할 수 있다. 그러나 종자라는 말 때문에 식물의 씨앗과 같은 것으로 생각해서는 안 된다. 종자는 어디까지나 정신적인 힘·활동·

---

[415] 제8 아뢰야식에 저장된 종자가 조건이 맞으면 7가지 식으로 현행하여 생긴다는 말이다.
[416] 『성유식론』(T31, p.8a5-6), "謂本識中親生自果功能差別."

에너지로서, 우리가 선한 행위를 하면 인격의 근저에 선한 행위가 축적되어 점점 선한 행위를 생기시키는 힘이다. 그래서 필자는 종자를 물리적 에너지(힘)와 대비되는 '정신적 에너지'라고 번역한다.

유근신有根身이란 근根(감각기관)을 가지고 있는(有) 신체(身)라는 의미이다. 이 유근신은 오색근五色根과 근의처根依處로 나뉜다. 이처럼 감각기관을 근根이라고 하는 것은 사물을 생성시키는 강력한 힘을 가지고 있기 때문이다. 근根은 범어로 인드리야(indriya)라고 하는데, 인드리야는 인드라(indra) 신의 강력한 힘을 형용화한 것이다. 이 근을 안근·이근·비근·설근·신근의 다섯 가지로 구분하여, 오색근 또는 정근正根이라고도 한다. 그리고 근의처는 '색근을 돕는다'는 의미로 부근扶根 또는 부진근扶塵根이라고도 한다. 예를 들어 눈(眼)의 각막이나 수정체 등은 감각기관에 해당하는데, 불교에서는 이러한 감각기관을 2차적인 것으로 보고 보다 깊은 곳에 진정한 감각체가 있다고 본다. 이것을 색근 또는 정근이라고 한다. 이 색근은 직접 확인할 수는 없으나, 요가차라들은 요가 수행에 의해 이 감각기관의 존재를 확인하였는데, 그들은 어떤 자극에 의해 사물이 보이는 것이 아니라, 자기 자신이 어떤 에너지를 발산하여 사물을 본다고 생각하였다. 이처럼 오색근과 근의처가 합쳐진 것을 유근신이라고 한다.

기세간器世間(bhājana-loka)이란 우리를 둘러싸고 있는 세계를 말한다. 문자상으로는 유정을 넣는 물건·용기(器)로서의 세간(세계)이라는 뜻이다. 일반적으로 산하대지 등의 유정이 활동하는 장소나 환경세계를 말한다. 존재하는 모든 것은 유정세간(sattva-loka)과 기세간의 둘로 분류된다. 그중에 기세간은 유정들의 공업에 의해 만들어진 것이다.

한편, 제3구 중의 지持를 성철스님은 '지녀서'라고 번역했는데, 필자는 '대상으로 삼아'라고 번역한다. 왜냐하면 이 구절은 제8 아뢰야식의 대상에 대한 것이기 때문이다. 그리고 제8 아뢰야식의 대상은 종자·유근신·기세간이기 때문에, 필자는 가질 지持 자를 '대상으로 삼아'라고 번역한다. 이에 대한 감산스님의 주석을 살펴보자.

"〈계속해서 게송 제3구의 수훈을 주석한다.〉 칠전식이 현행할 때 역으로 이 제8 아뢰야식을 훈습한다. 〈제8 아뢰야식은〉 그 본체가 굳건히 머물면서 훈습하는 성품이 있으므로 〈게송 제3구에서 제8 아뢰야식은〉 '훈습을 받는다(受熏)'고 말한 것이다. 칠전식이 〈작용하여 남긴〉 선악의 종자를 오직 이 식(제8 아뢰야식)만이 지니며(대상으로 삼는다),[417] 또한 유신근·기세간을 능히 대상으로 삼아서(지녀서) 한 생명이 유지되는 기간(一期)[418] 동안 흩어지거나 파괴되지 않도록 하는 것은 이 상분이 바로 인식대상(所緣境)이기 때문이다."[419]

이것에 의하면, 제8 아뢰야식은 나머지 7가지 식이 현행하여 남긴 선악의 종자(행위)를 훈습하여(受熏) 저장하는 마음이다.[420] 또한 제8 아뢰야식의 대상(所緣境)은 종자·유근신·기세간이며, 이것들은 생명이 유지되는 동안 지속되는 것이다.

---

417) 전오식·제6 의식·제7 말나식이 작용한 결과물인 종자를 저장하는 마음은 오직 제8 아뢰야식뿐이라는 뜻이다. 다시 말해 우리의 모든 행위의 결과물인 종자를 제8 아뢰야식만이 저장할 수 있다는 것이다.
418) 지욱스님의 주석에 따라 '一期生死'로 해석했다.
419) 『팔식규구통설』(X55, p.424a17-19), "前七現行. 返熏此識. 以其體有堅住可熏性. 故云受熏. 前七善惡種子唯此識能持. 又能持根身器界. 一期令不散壞者. 以是此相分. 乃所緣之境故."
420) 지욱스님은 제2구에 대해 『팔식규구직해』(X55, p.438a24-b1)에서 "此識一味無記恒時相續. 故受前七轉識之所熏習."라고 주석한다.

1장(I.)에서 이미 언급했지만, 재차 설명하자면 훈습이란 종자가 제8 아뢰야식에 축적되는 것을 말한다. 훈습은 범어 바사나(vāsanā)의 번역으로, '보존하다', '두다·머무르다'라는 의미의 동사어근 √vas로부터 파생한 것이다. 훈습이란 경험한 모든 것이 인격의 근저(제8 아뢰야식)에 축적되는 것인데, 반복해서 한 행위의 결과가 점차 쌓이는 것이다. 그리고 그 행위의 결과가 훈습되는 장소는 제8 아뢰야식이다. 예를 들면 우리가 절에 오랜 시간 머물면 향 내음이 자신도 모르게 옷에 스며들고, 새벽에 안개 속을 걸으면 자신도 모르게 코드가 촉촉하게 젖는다. 이처럼 훈습이란 언제부터인지 알 수도 없고 또 명확하지도 않지만 확실하게 우리의 인격 속에 침투하여 우리의 인격과 세계를 형성하는 것이다. 다시 말해 인격의 근저(제8 아뢰야식)에 새로운 경험이 쌓임으로써 인격이 새롭게 되며 또한 자기를 생기시킨다는 것이다.

또한 훈습을 습기라고도 하는데, 습習이란 본래 '반복하다·익히다'라는 의미로, 어미 새의 날아오르는 모습(羽)을 보고 새끼 새가 날갯짓을 반복하는 것(日)을 말한다. 이처럼 반복적으로 행한 행위가 심층의 마음에 심어진 기분氣分을 습기라고 한다.

4) 제8 아뢰야식은 생사윤회의 주인공이다

계속해서 제4구(去後來先作主公)에 대해 성철스님은 다음과 같이 법문한다.

"'갈 때'란 죽을 때를 말하고, '올 때'는 새로 몸을 받아서 태어날 때를 말하므로, 이것은 곧 생사윤회할 때를 가리키는 것입니다. '갈 때는 나중에 간다'는 것은 사람이 죽을 때는 의식이 다 걷히고 제7식도 작용을 못 하지만, 제8 아뢰야식이 최후까지 남아 있기 때문에, 윤회를 할 때 가장 최후까지 남아서 따라간다는 말입니다. '먼저 와서 주인공이 된다'는 것은 중생이 윤회를 할 때 몸을 바꾸어 입태入胎를 하면 의식이나 말나식의 작용이 없으므로 아뢰야식이 제일 먼저 와서 주인이 된다는 것입니다. 아뢰야식이 갈 때는 제일 나중에 가고 올 때는 제일 처음 오니, 생사윤회를 계속하는 그 중생의 주인이 되는 것입니다."[421]

이것에 의하면, 제8 아뢰야식은 갈 때는 제일 나중에 가고 올 때는 제일 먼저 오기 때문에 생사윤회를 거듭하는 중생의 주인이 된다. 즉 우리가 생사윤회를 지속하는 한 제8 아뢰야식이 생사윤회의 주체라는 말이다. 이에 대해 감산스님은 다음과 같이 주석한다.[422]

"그러므로 제8 아뢰야식은 삼계의 총보(총체적 과보)의 주인공이다. 이런 이유로 〈제8 아뢰야식은〉 죽을 때는 뒤에 가고 태아에 들어갈 때는 먼저 들어가 중생의 명근命根이 된다. 그래서 〈게송 제4구에서〉 '주인공이 된다(作主公)'라고 한 것이다."[423]

---

[421] 성철(2014), p.354.
[422] 지욱스님은 제3구와 제4구에 대해 『팔식규구직해』(X55, p.438b1-4)에서 "持一切法之種子. 持內根身. 持外器界. 若于死位. 此識最後捨去. 若于生位. 此識最先來執. 雖非實我實法. 而一期生死必以此爲總報主也."["〈제8 아뢰야식은〉 일체법의 종자, 내근신(유근신), 외기계(기세간)를 대상으로 삼아(지녀서), 죽음의 단계에서 이 식(제8 아뢰야식)은 가장 나중에 버려지고 사라진다. 생의 단계에서는 가장 먼저 와서 집착한다. 비록 실아·실법은 아니지만 한 번의 생사가 유지되는 동안(一期生死) 필히 이것(제8 아뢰야식)은 총보의 주인이 된다."]라고 주석한다.
[423] 『팔식규구통설』(X55, p.424a19-20), "以爲三界總報主. 故死時後去. 投胎先來. 爲衆生之命根. 故云作主公."

이것에 이하면, 제8 아뢰야식은 삼계에서 총체적 과보(총보)의 주인공이기 때문에 죽을 때 가장 먼저 가고, 태어날 때는 가장 먼저 오는 것이다. 여기서 '과보'와 '명근'에 대해 잠시 살펴보자. 먼저 과보에는 총보總報와 별보別報가 있다. 그중에 총보란 업에 의해 초래된 과보의 총체적인 모습으로서, 유식의 입장에서 말하면 전생의 업에 의해 현세의 생을 받을 때 그 현세의 과보로써 생긴 제8 아뢰야식을 말한다. 다시 말해 인간으로서의 제8 아뢰야식은 총체적인 모습(상태)을 이루고 있는 것이기 때문에 총보이며, 이숙의 본체이기 때문에 진이숙眞異熟이라고 하는 것이다. 반면 현명·우아함·아름다움·추함 등의 모습은 개별적인 과보이기 때문에 별보라고 한다. 그리고 명근命根(jīvita-indriya)이란 생명(命)을 지탱하는 힘(根), 즉 신체의 따뜻함(煖)이나 마음의 인식작용(識)을 유지시켜 생명을 존속시키는 힘을 말한다. 유부有部에서는 그 본체가 수壽(āyus)이며 실체로서 존재하는 것(실유)이라고 한다. 『구사론』에서는 '생명력(명근)이란 수명이다'라는 정의에 덧붙여 '수명이란 체온과 식을 유지하는 것이다'[424]라고 한다. 반면 경량부에서는 신체를 한순간 존속시키는 세력에 임시로 이름 붙인 것으로서 가유(임시로 존재하는 것)라고 한다. 유식에서는 제8 아뢰야식의 명언종자가 식識으로서 현재 머물게 하는 힘에 임시로 세운 것으로 역시 가유라고 한다. 한편, 『오온론』(한역)에서는 "무엇을 명근이라고 하는가? 이른바 중동분[425] 중에서 과거의 업(先

---

424) 『구사론』(T29, p.311a1), "命根體卽壽, 能持煖及識."
425) 중동분衆同分(nikāya-sabhāga)이란 인간이면 인간, 코끼리면 코끼리 동일한 종류라는 것을 성립시키는 원리적인 힘을 말한다. 유정동분有情同分이라고도 한다. 그래서 『오온론』(한역)에서는 "모든 중생이 자류自類의 서로 비슷함(相似)을 본성으로 한다."[『오온론』(T31, p.849c13), "謂諸有情類相似爲性."]라고 하고, 범본에서는 "〈그것은〉 살아 있는 것(유정)의 신체(ātmabhāva)의 유사성類似性(tulyatā)이다."[Li and Steinkellner(p.15, 6), "yā sattvānātmabhāva-tulyatā/"]라고 설명한다. 그리고 지욱

業)에 이끌려 머무를 때가 결정되는 것을 본성으로 하는 것이다."⁴²⁶⁾라고 하고, 범본에서는 "어떤 것을 생명력(명근)이라고 하는가? 〈그것은 어떤 특정의〉 동류성(중동분) 중에서 그 이전의 행위〈의 힘〉에 이끌려 존속하는 기간이 결정되는 것(수명이 있음)이다."⁴²⁷⁾라고 한다. 지욱스님도 "색과 심에 의지하여 연속적으로 유지해서 끊어지지 않는 것을 가립한 것이다."⁴²⁸⁾라고 주석하고 있다.

이상으로 성철스님의 법문과 감산스님의 주석을 바탕으로 제2 게송을 해석하면 다음과 같다.

"〈제8 아뢰야식의〉 광대한(浩浩) 삼장(능장·소장·집장)은 끝을 다 알 수가 없으며, 〈비유하면 제8 아뢰야식은〉 근원이 깊어서 〈바다이고〉, 7가지 식(전오식·제6 의식·제7 말나식)은 물결(파도)이며, 경계(대상)는 바람이 된다. 〈제8 아뢰야식은〉 훈습된 종자⁴²⁹⁾와 유근신과 기세간을 대상으로 삼아(지녀서), 갈 때는 나중에 가고 올 때는 먼저 와서 주인공이 된다."

스님도 "마치 사람과 사람이 같고, 하늘과 하늘이 같은 것처럼, 저것에 의지하여 이것이 서로 비슷함을 가립하는 것이다."[『직해』(X48, p.344c20), "如人與人同. 天與天同. 依于彼此相似假立."]라고 주석하고 있다.

426) 『오온론』(T31, p.849c14), "云何命根. 謂於衆同分中, 先業所引, 住時決定爲性."
427) Li and Steinkellner(p.15, 4), "nikāyasabhāgeṣu pūrvakarmāviddho yaḥ saṃskārāṇaṃ sthiti-kālaniyam/"
428) 『직해』(X48, p.344c19), "依于色心連持不斷假立."
429) 성철스님은 수훈을 '훈습을 받은 종자'라고 해석하는데, 게송에서 수훈이란 '제8 아뢰야식에 훈습된 종자'라는 의미이기 때문에 필자는 '훈습된 종자'라고 번역하였다.

4. 제3 게송 : 제8 아뢰야식이 전환하면 대원경지이다

『팔식규구』팔식송 제3 게송430)을 성철스님은 다음과 같이 해석한다.

"부동지 이전에 장식藏識을 버리자마자 금강도 이후에 이숙식이 공空해지며 대원경지와 무구식이 동시에 발생하여 시방의 모든 세계를 널리 비춘다."431)

제3 게송은 제8 아뢰야식이 전변하여 대원경지를 이룬다는 것이다. 대원경지大圓鏡智란 제8 아뢰야식이 변화(전변)하여 얻은 지혜로, 크고(大) 원만한(圓) 거울(鏡)과 같은 지혜(智)라는 뜻이다. 이른바 궁극적 깨달음을 비유적으로 표현한 것인데, 크고 완전한 거울에 모든 형상이 담기는 것같이 깨달음의 지혜는 만법을 남김없이 비춘다432)는 뜻이다. 구체적으로 말하면 대원경지란 마음(제8 아뢰야식) 속에 있는 분별아집과 분별법집 및 구생아집과 구생법집, 번뇌장과 소지장과 같은 모든 번뇌를 깨끗하게 제거한 상태이다.

먼저 제1구(不動地前纔捨藏)에 대해 성철스님은 "팔지 부동지 앞의 칠지가 되면 훈습된 번뇌 종자를 함장하고 있다는 의미에서 이름 붙여진 장식藏識이란 명칭을 버리게 됩니다. 그렇게 되면 부동지에서부터는 장식 대신 이숙식異熟識이라고 불리게 됩니다."433)라고 법문한다. 다시 말

---

430) 『팔식규구통설』(X55, p.424b3-4), "不動地前纔捨藏. 金剛道後異熟空. 大圓無垢同時發. 普照十方塵刹中."
431) 성철(2014), p.354.
432) 강경구(2022), p.506.
433) 성철(2014), p.135.

해 초지(환희지)를 거쳐 제7 원행지[434]에 이르면 훈습된 번뇌 종자를 저장하고 있다는 뜻의 장식(제8 아뢰야식)이 사라지고, 제8 부동지에 이르면 이숙식이라는 이름을 얻게 된다는 것이다. 즉 제8 아뢰야식의 명칭이 장식에서 이숙식으로 바뀐다는 것이다. 뒤에 다시 언급하겠지만 마지막으로는 무구식으로 전환되는데, 성철스님은 이것을 무구백정식이라고 한다. 이에 대한 감산스님의 주석을 살펴보자.

"이 식(제8 아뢰야식)을 제7 말나식이 자아라고 집착하기 때문에 무시이래로부터 긴 시간(長劫) 동안 상속하여 〈중생은〉 생사윤회한 것이다. 원교보살[435]은 처음으로 발심 수행하여 점차로 습기〈종자〉를 끊고 삼현위(십주·십행·십회향)를 거쳐 초지初地(환희지)에 오른 이후 제7 원행지에 이르러 구생아집[436]을 끊는다. 그리하여 비로소 이 식(제8 아뢰야식)이 장식이라는 이름을 버리게 된다. 드러나는 과오가 가장 무거우므로 〈게송 제1구에서 '제8〉 부동지[437] 전에 겨우(纔) 장식을 버린다'고 한 것이다."[438]

---

[434] 제7 원행지란 공·무상·무아를 증득한 마지막 단계로서, 세간과 이승의 지혜를 멀리 벗어났다는 것이다.
[435] 원교보살은 어떤 보살인지 알 수 없지만, 글자대로 해석하면 '충만하고 완전한 가르침을 설하는 보살'이라는 뜻일 것이다.
[436] 감산스님은 제7 말나식을 주석하는 부분에서 "〈그러면 구생아집은 어떤 단계에서 끊어지는가?〉 게송 제2구의 '무공용행(부동지)에서는 자아는 항상 꺾인다'란 이른바 제6 의식이 항상 둘(雙)의 공관(아공관과 법공관) 중에 머물러 〈십지의 7번째 수행단계인〉 제7 원행지에 이르면 비로소 장식(제8 아뢰야식)을 버리고 구생아집을 부수게 된다는 의미이다. 그리고 〈십지의 8번째 수행단계인〉 제8지 무공용행(부동지)에 이르면 〈구생〉아집은 영원히 멈춘다."『팔식규구통설』(X55, p.423c5-7), "無功用行我恒摧. 謂六識恒住雙空觀中. 至第七遠行地. 方捨藏識. 破俱生我執. 至八地無功用行. 則我執永伏. (…)"]라고 한다.
[437] 무분별지가 작용하여 어떤 상相, 공용이나 번뇌에도 움직이지 않는 단계이다.
[438] 『팔식규구통설』(X55, p.424b5-9), "謂此識因七識執爲我. 故從無始時來相續長劫.

감산스님에 의하면, 십주·십행·십회향 및 초지初地(환희지)를 거쳐 제7 원행지에 이르면 태어나면서 갖추고 나온 아집(俱生我執)을 타파함으로써 그 전환(전변)은 시작된다. 이때 제8 아뢰야식이 장식이라는 이름을 버리게 된다. 다시 말해 제8 부동지에 도달하기 전인 제7지 원행지에서 장식의 버림이 일어난다는 것이다.

다음으로 제2구(金剛道後異熟空) 중의 금강도에 대해 성철스님은 "금강도金剛道는 등각보살이 금강대정金剛大定에 들어간 것을 뜻합니다. 그러나 이숙식은 여전히 남아 있으며, 금강도 이후 대원경지가 현발할 때에 비로소 이숙식이 완전히 공해집니다."[439]라고 법문한다. 다시 말해 등각의 경지에서는 여전히 이숙식이 작동한다는 것이다. 그리고 이숙공異熟空(이숙이 공하다)에 대해 성철스님은 다음과 같이 법문한다.

"이숙식이란 선악의 업으로 인하여 받게 되는 과보입니다. 이숙식이란 명칭은 범부로부터 금강도의 보살에 이르기까지 적용되며, 오직 불과佛果인 묘각妙覺에서만 그 명칭이 사라집니다. 그러므로 대원경지에 이르러서야 제8 아뢰야식의 근본이 완전히 공해진다는 말이 됩니다. 그만큼 제8 아뢰야식은 행상이 미묘하고 깊어서 알기 어렵고 벗어나기 어렵기 때문에 등각 이후인 묘각妙覺에 가서야 이숙식이 공함을 성취할 수 있다는 것입니다."[440]

이것에 의하면, 이숙식은 부처의 경지인 묘각에 이르면 사라지는데,

沉淪生死. 圓教菩薩從初發心修行. 漸斷習氣. 歷過三賢登地以去. 至第七地破俱生我執. 此識方得捨藏識名. 顯過最重. 故云不動地前纔捨藏."
[439] 성철(2014), p.355.
[440] 위의 책, p.355.

이것이 바로 대원경지이다. 이에 대해 감산스님은 다음과 같이 주석한다.

"그러나 미세한 〈구생〉법집[441]과 유루선의 종자가 간간이 일어나 오히려 뒤의 결과(과보)를 이끌기 때문에 이숙식이라고 한다. 금강심[442]에 이른 후 해탈도를 증득하여 이숙식이 비로소 없어지기 때문에(空), 〈게송 제2구에서 '금강도 이후 이숙식이 없어진다'고 말한 것이다.〉 만약 이숙식이 공하다면(없어진다면) 인과를 초월하여 〈제8 아뢰야식이〉 비로소 전변하여 대원경지를 이룬다."[443]

참고로 이후에도 구생법집과 유루선(좋은) 종자가 간간이 일어나 과보를 이끌어내는데, 이것을 이숙식이라고 한다. 그러나 금강심에 이른 후 해탈도를 증득함과 동시에 이숙식은 사라진다. 이숙식이 사라지면 제8 아뢰야식이 전변하여 대원경지로 전환한다.[444]

계속해서 제3구(大圓無垢同時發)를 살펴보자. 먼저 성철스님은 대원을 '대원경지'라고 한다. 여기서 대원경지란 유루의 제8 아뢰야식이 전환될 때 나타나는 청정하고 원만한 지혜[445]인데, 성철스님은 육조스님의 「사지송四智頌」 중의 "대원경지는 자성이 청정한 것이다.[大圓鏡智는 性淸淨이

---

[441] 제2장 각주 255)를 참조하기 바란다.
[442] 모든 것을 깨뜨리는 금강(다이아몬드)처럼, 모든 번뇌를 끊어 없애는 힘이 강한 선정의 단계를 말한다. 비상비비상천(유정천)에서 마지막 제9품의 의혹을 끊는 무간도無間道, 즉 제9 무간도에서 일어나는 선정이다. 이것은 마지막까지 남은 미세한 번뇌마저 끊고 부처가 되는 선정으로, 금강정, 금강유정, 금강유사마지라고도 한다.
[443] 『팔식규구통설』(X55, p.424b9-14), "以微細法執. 及有漏善種間起. 尙引後果. 名異熟識. 至金剛心後. 證解脫道. 異熟方空. 故云爾也. 異熟若空. 則超因果. 方才轉成大圓鏡智. 謂鏡智相應法身顯現. 圓明普照十方塵刹. 故結云普照十方塵刹中."
[444] 지욱스님은 『팔식규구직해』(X55, p.438b8-10)에서 "此名至不動地前我執永伏即便先捨. 二名爲異熟識. 以是善惡漏無漏業至成熟時所招感故."라고 주석한다.
[445] 성철(2014), p.355.

요.]"⁴⁴⁶⁾이라는 구절을 인용하면서 다음과 같이 법문한다.

"대원경지는 제8식의 자성이 청정한 것입니다. 제8식을 끊고 제8식을 전환하여 대원경지를 증득하는 것이 아니라 제8식의 자성이 청정한 그대로가 대원경지라는 것입니다. 그러므로 '대원경지성청정大圓鏡智性淸淨'이라는 구절을 '대원경지의 성性은 청정하다'고 새기면 육조스님 뜻과는 반대가 됩니다. 대원경지는 원래 청정한 것인데 청정하다는 말을 다시 할 필요가 없습니다. 그러므로 이 구절은 '대원경지의 성은 청정하다'는 말이 아니고, '대원경지는 제8식의 자성이 청정한 것'이라고 이해해야 합니다. 육조스님의 입장에서 볼 때는 대원경지의 성품은 본래 청정한 것이기 때문에, 그것을 청정하게 한다고 반복하여 말할 필요가 없습니다."⁴⁴⁷⁾

감산스님도 "다시 전변할 필요 없이 단지 제8 아뢰야식의 자성청정을 깨달으면 바로 그 본本체가 대원경지(완전한 지혜)라는 뜻이다."⁴⁴⁸⁾라고 주석한다.

다음으로 무구에 대해 성철스님은 "무구란 유루의 아뢰야식이 무구식無垢識 또는 백정식白淨識이 되는 것, 즉 진여를 뜻합니다. 이 둘은 동시에 발생하는 것입니다. 제8 아뢰야식이 무구식, 즉 백정식이 될 때 대원경지가 나타나며, 대원경지가 나타날 때 바로 무구백정식이 되는 것

---

446) 『팔식규구통설』(X55, p.424c6).
447) 성철(2014), p.361.
448) 『팔식규구통설』(X55, p.424c8), "更不須轉. 只是悟得八識自性淸淨. 當體便是大圓鏡智矣."

입니다."⁴⁴⁹⁾라고 법문한다. 이것에 의하면, 무구식=백정식으로서, 이것을 성철스님은 무구백정식無垢白淨識이라고 표현한 것이다. 이어서 '동시발同時發(동시에 발생한다)'에 대해 "대원경지와 무구식이 서로 다른 것이 아니니, 이 둘은 말만 다를 뿐 그 자체는 하나라는 것입니다. 그리고 이 둘이 발생할 때 부처님의 경지인 묘각의 자리에 오르는 것입니다. 대원경지와 무구식이 같이 발생해서 결국은 자성을 바로 깨치게 된다는 것입니다."⁴⁵⁰⁾라고 법문한다. 다시 말해 대원경지=무구식이며, 둘이 동시에 발현될 때 부처의 경지인 묘각에 오르게 된다는 것이다. 이것이 바로 '자성을 깨치는 것'으로서, 이것을 성철스님은 견성성불이라고 한다. 이에 대해 감산스님은 다음과 같이 주석한다.

"'무구식이 동시에 발현한다(일어난다)'고 말한 것은 불과위(부처님의 깨달음)에서 그것을 무구식이라고 부르기 때문이며, 이것은 바로 청정한 진여이다."⁴⁵¹⁾

감산스님은 제8 아뢰야식의 또 다른 이름인 무구식을 청정진여淸淨眞如라고 하는데, 앞서 말했듯이 성철스님은 무구백정식이라고 한다. 이것은 감산스님의 청정진여淸淨眞如와 지욱스님의 무구정식無垢淨識⁴⁵²⁾이라는 말을 종합한 것이 아닐까 생각된다. 아무튼 섭론종에서는 진여정식眞如淨識, 즉 제9식인 아말라식(암마라식)으로 간주하는데, 이 무구식

---

449) 성철(2014), p.355.
450) 위의 책, p.356.
451) 『팔식규구통설』(X55, p.424b12-13), "言無垢同時發者. 以佛果位中. 名無垢識. 乃清淨眞如."
452) 지욱스님은 『팔식규구직해』(X55, p.438b13-14)에서 "以其一切有漏種子及一分劣無漏種皆永斷故. 名之爲無垢淨識."라고 주석한다.

을 감산스님의 청정진여〈식〉이라고 하든, 지욱스님의 무구정식無垢淨識이라고 하든, 성철스님의 무구백정식이라고 하든, 표현만 다를 뿐 같은 의미일 것이다. 그렇다면 이것은 제9 아마라식을 인정하지 않는 법상종의 입장과는 다르다고 할 수 있다. 왜냐하면 법상종의 소의 논서인 『성유식론』453)에서는 이숙식이나 무구식은 제8 아뢰야식의 또 다른 명칭으로 기술하고 있기 때문이다. 이에 대한 성철스님의 입장을 『정독 선문정로』에서 강경구 교수는

"현장스님은 제9식 암마라식을 따로 설정하는 진제스님의 주장에 비판적 입장을 취한다. 그것이 제8 아뢰야식의 청정한 측면을 가리키는 명칭일 뿐이지 제9식이라 할 별도의 식이 따로 있지 않다는 것이다. (…) 원효스님 역시 통섭적 입장에서 진제스님의 설에 기초하여 제9식을 설명한다. 성철스님은 제8뢰야를 근본무명으로 보는 입장에 있으므로 추호의 오염도 없는 본래 깨달음, 그러니까 순수 진여로서의 제9식을 별도로 설정하여 설명하는 원효스님의 설을 취하고 있다. 다만 그것은 제9식의 타당성 여부를 논의하기 위한 것이 아니다. 제8 미세유주를 영단해야 궁극적 깨달음에 도달할 수 있다는 논의를 전개하는데 제9식의 설정이 편리한 점이 있기 때문이다. (…)"454)

라고 설명한다.

참고로 무구식無垢識(amala-vijñāna)이란 제8 아뢰야식의 별칭으로 일

---

453) 『성유식론』(T31, p.13c7-17).
454) 강경구(2022), p.609.

체의 번뇌가 없어지고 청정한 마음의 의지처이기 때문에 붙여진 이름으로 여래만이 가진 마음이다. 무구의 범어는 a-mala로 '때나 먼지(垢, mala)가 없다(無, a)', 즉 번뇌가 없다는 뜻이다. 음사하여 아말라식阿末羅識, 아마라식阿摩羅識이라고도 한다. 진제스님 계통의 섭론종에서는 이식을 제9식이라고 한다. 반면 법상종에서는 제9식을 인정하지 않는다. 제9식은 단지 제8 아뢰야식의 청정한 측면을 나타낸 것에 불과하다는 것이다. 왜냐하면 제8 아뢰야식에 진망화합眞妄和合의 성격이 있기 때문인데,**455)** 이른바 제8 아뢰야식은 청정한 진여(眞)의 측면과 부정한 집착(妄)의 측면을 동시에 가지고 있다는 것이다. 앞서 설명했지만, 그래서 성철스님은 제8 아뢰야식에 대해 후자의 측면을 강조해서 제8 마계라고 한 것이다.

계속해서 제4구(普照十方塵刹中)에 대해 성철스님은 "금강도金剛道를 넘어서 묘각을 성취할 때 이숙식이 공해지고, 아뢰야식이 전환하여 대원경지를 이루며, 그때에 무구백정식이 발생하여 그 광명이 시방세계를 비춥니다."라고 법문한다. 이것을 정리하면 묘각(구경각)=무구백정식=대원경지=견성성불이다. 이에 대해 감산스님은 다음과 같이 주석한다.

---

455) 『성유식론』에서는 제8 아뢰야식의 별칭을 기술하고 있는데, 심, 아타나식, 소지의, 유재이생유학, 종자식, 아뢰야식, 이숙식, <u>무구식</u>이 그것이다. 여기서 무구식은 제8 아뢰야식의 또 다른 명칭일 뿐이다.[『성유식론』(T31, p.13c7-17), "第八識雖諸有情皆悉成就. 而隨義別立種種名. 謂或名<u>心</u>. 由種種法熏習種子所積集故. 或名阿陀那. 執持種子及諸色根令不壞故. 或名所知依. 與染淨所知諸法爲依止故. 或名種子識. 能遍任持世出世間諸種子故. 此等諸名通一切位. 或名阿賴耶. 攝藏一切雜染品法令不失故. 我見愛等執藏以爲自內我故. 此名唯在異生有學. 非無學位不退菩薩有雜染法執藏義故. 或名<u>異熟識</u>. 能引生死善不善業異熟果故. 此名唯在異生二乘諸菩薩位. 非如來地猶有異熟無記法故. 或名無垢識. 最極清淨諸無漏法所依止故."]

"〈제8 아뢰야식이〉 대원경지에 상응하여 법신[456]이 드러나 원만하고 밝게 시방의 미진(무수) 세계를 두루 비추기 때문에〈게송 제4구에서〉마무리로 '시방의 미진(塵)[457] 세계(刹)를 두루 비춘다'라고 한 것이다."[458]

이것에 의하면 완전하게 더러움에서 벗어났기 때문에(무구식) 대원경지와 상응하고 법신이 현현한다. 그러면 감산스님과 성철스님은 무엇을 깨달음(견성성불)이라고 했을까? 다시 물을 수밖에 없다. 이에 대해 감산스님은 다음과 같이 제8 아뢰야식을 타파해야 진정한 깨달음(견성성불)이라고 한다.[459] 다시 말해 제8 아뢰야식을 타파하지 않고서는 깨달음

---

[456] 전오식을 전식득지하면 성소작지, 제6 의식을 전식득지하면 묘관찰지, 제7 말나식을 전식득지하면 평등성지, 제8 아뢰야식을 전식득지하면 대원경지를 얻는다. 그리고 이것을 삼신불에 대입시키면 전오식은 변화신(화신), 제6 의식은 변화신과 보신(타수용신), 제7 말나식은 보신(자수용신), 제8 아뢰야식은 법신(자성신)에 해당한다.
[457] 미진微塵이란 '먼지만큼 작고 많다', 즉 무수無數라는 의미이다. 찰刹은 국토를 의미하기 때문에 '세계'라고 번역하였다.
[458] 『팔식규구통설』(X55, p.424b13-14), "謂鏡智相應法身顯現. 圓明普照十方塵刹. 故結云普照十方塵刹中."
[459] 성철스님도 감산스님의 이 구절[성철(2014), p.356, 21-25]을 인용하면서, 제8 아뢰야식을 타파해야 견성이라고 한다. 또한 『선문정로』(pp.241-242)에서도 이 구절을 인용하며 다음과 같이 해석한다. "제8인 이숙식이 만약에 공멸空滅하면, 곧 인과를 초월하여 바야흐로 대원경지를 전성轉成한다. 무구無垢가 동시에 발현한다 함은 불과위 중에서는 경지鏡智를 무구라 하니, 이것은 청정진여淸淨眞如인 까닭이다. 경지鏡智로 상응相應하면 법신法身이 현현顯現하여서 시방진찰十方塵刹을 보조普照하여 리와 지가 일여하므로, 바야흐로 구경인 일심의 본체를 증득하는 것이니, 이는 유식의 극칙極則이며 여래의 극과이다. 밝게 관찰하니 이 제8식이 심잠深潛하여 난파하니, 차식此識을 사호絲毫라도 투과透過하지 못하면 끝까지 생사안두生死岸頭에 체재滯在한다. 고덕古德과 제조諸祖가 차식팔식此諸八識을 타파하지 않고서는 초불월조의 현담玄談을 하지 않았거늘, 금인今人들은 생멸심生滅心도 미망未忘하여 심지心地에 잡염雜染의 번뇌종자를 섬호纖毫도 정결淨潔케 하지 못하고서 문득 오도悟道라고 사칭邪稱하니 어찌 미득未得을 득이라 하고 미증未證을 증이라 함이 아니리요. 참으로 두렵지 않은가."["異熟이 若空則超因果하야 方

을 논할 수 없다는 것이다.

"이 식(제8 아뢰야식)을 샅샅이(諦) 살펴보아도(觀) 깊게 잠겨 있어서(深潛) 깨뜨리기 어렵다. 이 식(제8 아뢰야식)을 조금(絲毫)[460]이라도 뚫고 지나지 못하면 끝내 생사의 언덕에 머물게 된다. 덕 높은 옛 선지식과 모든 조사가 이 제8 아뢰야식을 타파하지 않고서 부처를 초월하고 조사를 넘어섰다는 말을 한 적이 없다. 〈그러나〉 요즘 사람들은 생멸심도 벗어나지 못하고, 마음자리(心地)에 잡염의 종자를 털끝만큼도 정결케 하지 못하고도 문득 도를 깨쳤다고 사칭한다. 어찌 얻지 못하고 얻었다고 하는 것이 아니겠으며, 깨닫지 못하고 깨달았다고 하는 〈대망어가〉 아니겠는가? 참으로 두렵지 않는가!"[461]

才轉成大圓鏡智니 言無垢가 同時發者는 以佛果位中을 名無垢니 乃淸淨眞如니라. 爲鏡智로 相應하면 法身이 顯前하야 圓明普照十方塵刹하야 以理智가 一如하야 方證究竟一心之體니 此唯識之極則이며 乃如來之極果也라. 諦觀하니 此識이 深潛難破하니 此識을 絲毫未透하면 終在生死岸頭事니라. 古德諸祖가 未有不破此識而有超佛越祖之談이어늘 今人은 生滅도 未忘하야 心地에 雜染種自도 未淨纖毫하고 便稱悟道하니 豈非未得을 謂證이리오. 可不懼哉아"] 성철스님의 인용문에는 누락이 있는데, 밑줄 친 부분이 그것이다. 먼저 '무구無垢가 동시에 발현한다[言無垢同時發者]'라는 구절은, 감산스님이『팔식규구』의 게송을 주석하면서 인용한 것이다. 그리고 여기서 성철스님은 무구라고 하여 식識을 생략하고 있지만, 감산스님은 단순히 '무구'(더러움, 먼지 즉 번뇌가 없다)가 아니라 '무구식', 즉 제8 아뢰야식임을 분명하게 밝히고 있다. 또한 성철스님은 "보조普照하여" 다음 구절에서도 감산스님이 인용한『팔식규구』의 게송 "故結云普照十方塵刹中[그러므로 시방의 미진 세계를 두루 비춘다]"을 생략한다. 물론 성철스님의 생략이 의미론적으로 특별히 문제가 될 것은 없지만, 나름대로 이유는 있지 않을까 한다. 이것에 대해서는 〈강경구(2022), p.532〉를 참조하기 바란다.

460) 실 사絲, 터럭 호毫란 '실오라기'라는 의미이지만, 극히 적은 양(추호)을 비유적으로 표현한 말이다.
461) 『팔식규구통설』(X55, p.424b16-19), "諦觀此識深潛難破. 此識絲毫未透. 終在生死岸頭. 古德諸祖未有不破此識而有超佛越祖之談. 今人生滅未忘. 心地雜染種子. 未淨纖毫. 便稱悟道. 豈非未得謂得. 未證謂證. 可不懼哉."

성철스님도 다음과 같이 제8 아뢰야식을 타파해야 견성성불이라고 한다. 다시 말해 "제8 아뢰야식의 근본무명까지 완전히 구경의 묘각(불과위)을 성취한 것이 견성이지 그러기 전에는 견성이라 할 수 없다."[462]는 것이다.

"고불고조古佛古祖 중에 옳게 공부를 해서 참으로 조사 노릇한다는 분들은 제8 아뢰야 근본식의 뿌리가 빠진 데에서 견성했다고 합니다. 단 한 사람도 아뢰야 근본이 빠지기 전에 견성했다고 한 사람은 없습니다."[463]

이상과 같이 감산스님이 참선 수행의 핵심을 유식으로 설명할 뿐만 아니라 제8 아뢰야식을 타파해야 깨달음이라고 한다는 점에서 성철스님의 주장과 통한다고 할 수 있다. 그래서 앞서 말했듯이 감산스님을 '만고의 표본이 될 대선지식'이라고 평가했을 것으로 생각된다. 이상으로 성철스님의 법문과 감산스님의 주석을 참고하여 제3 게송을 해석하면 다음과 같다.

"〈제8〉 부동지 전에 겨우 장식藏識을 버리고, 금강도 이후에 이 숙식이 없어진다(空). 대원경지와 무구식이 동시에 일어나 시방의 미진(塵) 세계(刹)를 두루 비춘다."

이상으로, 성철스님과 감산스님은 제8 아뢰야식이 대원경지로 전환

---

[462] 성철(2006), p.19.
[463] 성철(2014), p.356.

되는 것을 유식 수행의 궁극적 목적으로 보고, 철저하게 제8 아뢰야식을 타파하기 전에는 참선 수행을 멈추지 말라고 경책하고 있다.

5. 『유식삼십송』에 나타난 제8 아뢰야식 법문

제8 아뢰야식에 대한 법문을 마친 후, 성철스님은 『유식삼십송』에 나타난 제8 아뢰야식에 대해 법문한다. 먼저 『유식삼십송』 제2 게송(4구)-제4 게송을 다음과 같이 번역한다.

> "처음은 아뢰야식이니 이숙식이며 일체 종자이며 가히 알 수 없는 집수執受와 처處이며 요了이니 항상 촉·작의·수·상·사와 상응한다. 오직 사수捨受이며 무부무기이니 촉觸 등도 또한 이와 같아서 항상 전변함이 폭포수가 흐르는 것과 같아 아라한의 지위에서 버린다."[464]

성철스님에 의하면, 제8 식은 아뢰야식·이숙식·종자식이라고 하는데, 여기서 제8 아뢰야식이란 일체의 종자를 함장(저장)하기 때문이다. 그리고 제8 식을 인과 상속의 관계에서 보면 이숙식, 일체 제법과의 관계에서 보면 종자식이라고 한다. 또한 제8 아뢰야식은 무몰식이라고 하듯이 없어지지 않고, 일체의 원인과 결과를 갖추고 있으며, 근본 장소 또는 중심체로서 미세하게 활동하기 때문에 우리는 알기가 어렵다. 다

---

[464] 『유식삼십송』(T31, p.60b5-8), "初阿賴耶識 異熟一切種,(2게송 4구) 不可知執受 處了 常與觸 作意受想思. 相應唯捨受.(3게송) 是無覆無記 觸等亦如是 恒轉如瀑流 阿羅漢位捨.(4게송)"

음으로 성철스님은 불가지집수처不可知執受處에 대한 법문을 생략하는데, 그 뜻은 다음과 같다. 먼저 불가지不可知(asaṃviditaka)란 분명하게 '알 수 없다'는 뜻으로 뒤에 등장하는 집수執受(upādāna), 처處(sthāna), 요了(vijñapti)를 수식하는 말이다. 『성유식론』에서는 집수, 즉 신체와 종자(소질·경험)는 미세하기 때문에 불가지이고, 처處(기세계)는 크고 헤아릴 수 없기(광대무량) 때문에 불가지이고, 요별了別 즉 '구별하여 아는 것'은 미세하기 때문에 불가지라고 한다.[465] 그런데 성철스님은 요了를 "무의식 중의 분별"이라고 하는데, 그 의미는 분명하지 않다. 다음으로 집수처에 대해 살펴보자. 제8 아뢰야식의 대상은 집수(자기 자신에게 관여하는 내적인 것)와 처(외적인 것)이다. 여기서 집執은 집섭執攝이나 집지執持, 수受는 수령受領의 의미로서, 이른바 집수란 우리의 인격을 유지시키고 통일시켜 주는 것이다. 구체적으로 말하면 종자와 유근신有根身인데, 제8 아뢰야식은 종자와 유근신을 수령하여 그것을 대상으로 하고 유근신에 감각이나 마음의 작용을 일으킨다는 것이다. 다음으로 요了는 요별了別, 즉 '어떤 것을 구별하여 아는 것'으로서, 범어 비즈냐프띠(vijñapti)의 번역이다. 이것(了=識)을 『성유식론』에서는 4개로 파악하여 사분의四分義라고 하는데, 이른바 상분·견분·자증분·증자증분이다.[466] 사분의에 대해서는 앞서 설명한 까닭에 여기서는 생략한다.

다음으로 상여촉작의수상사常與觸作意受想思에 대해 성철스님은 제8 아뢰야식의 심소가 오변행의 다섯 가지만 활동하고 그 밖의 심소는 활동을 멈춘다고 한다. 그래서 오직 사수이며(相應唯捨受), 무부무기라고 한다. 그러면서 제8 아뢰야식은 고락과 선악이 다 떨어진 곳이라고 한

---

[465] 『성유식론』(T31, p.11b3-5), "不可知者. 謂此行相極微細故難可了知. 或此所緣內執受境亦微細故. 外器世間量難測故. 名不可知."
[466] 김명우(2009), p.107.

다. 또한 제8 아뢰야식에서는 생사를 받더라도 삼계의 분단생사分段生死를 면했기 때문에 변역을 자재하게 하는 변역생사變易生死라고 한다. 이어서 항전여폭류恒轉如瀑流 아라한위사阿羅漢位捨에 대해 성철스님은 제8 아뢰야식이 중생의 근본이면서 작용이 미세하기 때문에 알 수 없지만, 폭포물(폭류)이 끊어짐이 없이 흐르듯이 끊임없이 작용하며, 아라한의 수행단계에서는 사라진다고 한다. 다만 아라한의 단계에서는 장식(제8 아뢰야식)이라는 이름만 버릴 뿐 이숙식은 그대로 남아 있어 제8식의 근본이 모두 다 없어진 것은 아니라고 한다. 이에 대해서도 앞서 설명했기에 생략한다. 참고로 필자는 『유식삼십송』 제2 게송(4구)-제4 게송을 다음과 같이 해석한다.

"초(능변)는 제8 아뢰야식이다. 이숙식이라고도 하고, 일체종자식이라고도 한다.(2cd) 〈제8 아뢰야식의 대상(소연)은〉 불가지의 집수(종자·유근신)와 불가지의 처(기세간)이다. 〈제8 아뢰야식의 능연은〉 불가지의 요별(인식작용)이다. 〈제8 아뢰야식은〉 언제나 촉·작의·수·상·사(오변행의 심소)와 함께 활동한다. 〈제8 아뢰야식은〉 오직 사수(非苦非樂)와 상응하고,(3)**467)** 무부무기이다. 촉 등도 이와 같다. 그리고 〈제8 아뢰야식은〉 항상 폭류와 같이 변화한다. 그렇지만 아라한의 단계에서는 〈제8 아뢰야식을〉 버릴 수 있다.(4)"**468)**

---

467) 성철스님은 "항상 촉·작의·수·상·사와 상응한다. 오직 사수捨受이다."라고 번역했는데, 필자는 〈제8 아뢰야식은〉 언제나 촉·작의·수·상·사와 함께 〈작용한다〉. 〈그리고 제8 아뢰야식은〉 오직 사수와 상응한다."라고 번역했다.
468) 범본을 해석하면 다음과 같다. "그중에서 이숙이라고 하는 것은 아라야라고 불리는 인식(식)이고, 〈이 세계에 존재하는〉 모든 것의 종자를 가지고 있다(2cd). 그것(제8 아뢰야식)은 〈내재적인〉 소재素材에 관한 인과관계와 〈외래적인〉 장소의 인식을 명확히 알 수가 없다. 그리고 그것(제8 아뢰야식)은 언제나 ① 대상과의 접

그러면 앞서 『팔식규구』와 『팔식규구통설』을 기반으로 제8 아뢰야식에 대한 법문을 마쳤는데, 성철스님은 무엇 때문에 또다시 『유식삼십송』을 인용하여 제8 아뢰야식에 대해 부언한 것일까? 그것은 『유식삼십송』이 팔식설에 대해 가장 압축적으로 핵심을 노래하고 있기 때문일 것이다. 그래서 필자는 앞서 유식공부는 『유식삼십송』에서 시작하여 『유식삼십송』으로 끝난다라고 말한 것이다.

이상과 같이 성철스님은 『유식삼십송』을 인용하여 제8 아뢰야식의 작용이 미세하여 중생이 알기 어렵기 때문에 참선 수행자는 열심히 수행 정진하여 제8 마계(제8 아뢰야식)를 완전히 끊어야 한다고 강조한다. 반복해서 말하지만, 이것을 성철스님은 견성이라고 한다.

촉(촉), ② 대상으로의 지향(작의), ③ 대상의 감수(수), ④ 대상의 표상(상), ⑤ 대상에 대한 심적인 움직임(사)을 동반한다(3abcd). 다만 그곳(제8 아뢰야식)에 있는 ③ 대상의 감수는 〈감성적으로 즐거움도 아니고 괴로움도 아닌〉 무기無記이다. 또한 이것(제8 아뢰야식)은 궁극적인 이상의 실현을 방해하지 않는 무부무기이다. 똑같이 (이것은) ① 대상과의 접촉(촉) 등에도 적용된다. 그리고 그것(제8 아뢰야식)은 강의 급류와 같이 항상 변화를 계속한다(4abcd). 그것(제8 아뢰야식)은 아라한에 도달했을 때, 그 기능을 잃는다(5a)."[TV(13), "tatrālayākhyaṃ vijñānaṃ vipākaḥ sarvabījakam(2cd)//asaṃviditaka–upādi–sthānavijñaptikaṃ ca tat/sadā sparśa–manaskāra–vit–saṃjñā–cetanānvitam(3abcd)/upekṣā vedanā tatra–anivṛtākhyākṛtaṃ ca tat/tathā sparśādayas tac ca vartate srotasaughavat(4abcd)//tasya vyāvṛtir arhatve(5a)"]

Ⅶ. 사지송

　성철스님은 8가지 식에 대한 법문 다음에, 별도로 전식득지轉識得智 또는 전식성지轉識成智에 대한 혜능스님의 '육조대사의 전식득지에 대한 게송 해설(六祖大師識智頌解)' 즉 「사지송四智頌」을 바탕으로 법문한다. 이제 「사지송」[469]에 대한 성철스님의 법문과 이에 대한 감산스님의 주석을 비교해 보자.
　먼저 성철스님은 "육조스님은 여덟 가지 식을 전환하는 것이 목적이 아니라 여덟 가지 식의 자성이 본래 청정한 것을 바로 깨달으면 여덟 가지 식 그대로가 네 가지 지혜라고 하였습니다."라고 하는데, 이 법문은 사지송의 게송 전체를 관통하는 결론이라고 할 수 있다. 이어서 「사지송」[470]의 게송을 인용하면서 대원경지부터 순서대로 법문하는데, 혜능스님의 대원경지에 대한 게송을 인용한 후 다음과 같이 말한다.

> "대원경지大圓鏡智는 제8식의 자성이 청정한 것입니다. 제8식을 끊고 제8식을 전환(전변)하여 대원경지를 증득하는 것이 아니라 제8식의 자성이 청정한 그대로가 대원경지라는 것입니다."

　그리고 감산스님의 다음 주석에 따르면 두 사람의 입장이 같다는 것

---

469) 「사지송」의 번역은 〈강경구(2020)〉를 참조하였다.
470) 성철(2014), p.361, "대원경지는 자성이 청정한 것이며[大圓鏡智는 性淸淨이요]"

을 알 수 있다.

"다시 전변할 필요 없이 단지 제8 아뢰야식의 자성청정을 깨달으면 바로 그 본체가 대원경지(완전한 지혜)라는 뜻이다."[471]

계속해서 성철스님은 평등성지에 대한 게송[472]을 인용하며 다음과 같이 말한다.

"제7 말나식의 병이 없으면 그대로가 평등성지일 뿐, 제7식을 전환해서 평등성지를 이룰 필요가 없습니다. (…) 평등성지는 제7식을 전환해서 이루는 것이 아니라 제7 말나식에 미혹과 집착의 아무런 병이 없는 상태가 바로 평등성지입니다."

감산스님도 다음과 같이 마음(제7 말나식)의 병은 염오와 무지라고 주석하고, 염오의 병이 없는 것이 곧 평등성지라고 한다.

"이것은 제7 말나식의 염오와 무지가 바로 마음의 병이라는 말이다. 만약 염오의 병이 없다면, 곧 평등성지가 생각마다 나타날 것이다."[473]

---

471) 『팔식규구통설』(X55, p.424c7-8), "更不須轉. 只是悟得八識自性淸淨. 當體便是大圓鏡智矣."
472) 성철(2014), p.362, "평등성지는 마음에 병이 없는 것이며[平等性智는 心無病이요]"
473) 『팔식규구통설』(X55, p.424c10-11), "此言七識染污無知. 乃心之病也. 若無染污之病. 則平等性智念念現前."

이어서 성철스님은 제6 의식이 전변하여 얻은 지혜인 묘관찰지[474]를 인용하고, 대상에 공용이 없는 것을 묘관찰지라고 한다.

"제6 의식은 경계를 대하여 힘쓰는 것(功用)이 있으면 곧 집착을 일으킵니다. 이런 공용이 없는 것을 비공非功이라 하고 곧 무심無心을 의미합니다. 무공용이 되면 제6식 그대로가 묘관찰지가 되는 것입니다."

이에 대한 감산스님의 주석은 다음과 같다.

"〈제6 의식이〉 경계(대상)와 접촉(應)할 때, 그 공덕을 자신의 것으로 자부한다면 〈그것은〉 곧 아견에 집착하는 것이며, 이것을 식으로 삼은 것이다. 만약 그 공덕을 자기 것으로 자부하지 않는다면, 일상에서 외적 대상을 상대하는 일들이 순수한(純一) 묘관찰지가 된다."[475]

계속해서 성철스님은 전오식이 전변하여 얻은 지혜인 성소작지[476]를 인용하고, 다음과 같이 본래 청정한 8가지 식 그대로가 바로 4가지 지혜(대원경지·평등성지·묘관찰지·성소작지)라고 한다.

"성소작지成所作智는 청정한 전5식을 뜻하는데, 이것이 대원경지

---

474) 성철(2014), p.362. "묘관찰지는 견에 공용이 없는 것이며[妙觀察智는 見非功이요]."
475) 『팔식규구통설』(X55, p.424c13-15), "(…) 於應境之時. 若以功自居. 則執我見. 此則 爲識. 若不居功. 則日用應緣. 純一妙觀察智矣."
476) 성철(2014), p.362. "성소작지는 대원경지와 같다.[成所作智는 同圓鏡이로다.]"

와 같다고 했습니다. 전5식 스스로 전환하는 것이 아니라 본래 제8식을 의지해 있기 때문에 제8식이 대원경지가 될 때 함께 성소작지가 된다는 것입니다. 이런 뜻을 내포해서 대원경지와 같다고 한 것입니다. 결국 전5식의 자성이 청정하다는 것을 바로 알면 그대로 대원경지와 마찬가지가 되므로 전5식을 전환(전변)해서 성소작지를 이룬다고 하면 틀린다는 말입니다. 전5식의 자성청정 그대로가 성소작지라는 것입니다."[477]

이에 대한 감산스님의 주석은 다음과 같다.

"이것도 반드시 전변할 필요 없이 단지 제8 아뢰야식이 청정하고 두루 밝다(청정원명)는 것을 깨닫기만 하면, 오근(안근 등의 다섯 가지 감각기관)의 입구가 밝아지고 차원이 달라져 행위가 모두 대원경지의 작용이 될 것이다."[478]

다음으로 성철스님은 「사지송」의 게송을 인용[479]하며, 전오식과 제8 아뢰야식은 과상果上[480]에서 전변하고, 제6 의식과 제7 말나식은 인중因中에서 전환하여 끊어진다고 법문한다. 그리고 제8 아뢰야식이 전변

---

477) 성철(2014), p.362.
478) 『팔식규구통설』(X55, p.424c17-19), "(…) 此亦不必轉. 但悟八識淸淨圓明. 則於五根門頭放光動地. 一切作爲. 皆鏡智之用矣."
479) 성철(2014), pp.363-365, "전5식과 제8식은 과상果上에서 전환하고 제6식과 제7식은 인중因中에서 전환하나, 단지 전환이라고 말할 뿐 진실한 성품은 없다. 만약 전환하는 곳에서 정념情念을 두지 않으면 흥성하여 영원히 나가정那伽定에 머무를 것이다."["五八六七이 果因轉하나 但用名言無實性이니 若於轉處에 不留情하면 繁興永處那伽定하리라."]
480) 자세한 것은 오식송(전오식) 제3 게송 제3구에서 자세하게 설명하였기에 생략한다.

하여 대원경지가 되었다고 하지만, 사실은 이름을 바꾼 것이지 제8 아뢰야식이 바꾼 것은 아니라고 한다. 다시 말해 단지 이름만 전변한 것이지 그 본체는 전변하지 않는다는 것이다. 즉 단지 말로만 전변할 뿐이지 실체(實性)가 전변한 것은 아니라는 것이다. 그리고 감산스님도 「사지송」 마지막 구절을 주석하면서 다음과 같이 상종, 즉 법상종의 가르침과 참선(성종)의 목표인 깨달음으로 가는 길은 같다고 한다.

"어떻게 뒤집어 바뀌는 것이 전변이겠는가? 6조 혜능스님의 이 게송을 관찰해 보면 전식득지의 오묘함이 잘 드러난다(發揮). 마치 타는 듯한 갈증(焦渴)에 〈시달리는〉 목구멍에 감로수를 붓는 것과 같다. 이처럼 깊이 관찰하면 상종이 참선의 깨달음(向上)으로 가는 길이 아니겠는가?"[481]

별도의 법문은 없지만, 아마도 성철스님도 감산스님과 같은 입장일 것이라는 것은 충분히 짐작할 수 있다. 이상으로 『백일법문』에 나타난 성철스님의 8가지 식에 대한 법문을 마친다.

---

[481] 『팔식규구통설』(X55, p.425a4-6), "(…) 豈是翻轉之轉耶. 觀六祖此偈. 發揮識智之妙. 如傾甘露於焦渴喉中. 如此深觀. 有何相宗不是參禪向上一路耶. (…)"

제3장

『백일법문』과 51심소

I. 『백법논의』란

　3장에서는 8가지 식과 언제나 함께 작용하는 51가지 심소(마음작용)에 대한 성철스님의 법문을 고찰하고자 한다. 구체적으로 말하면 세친보살의 『대승백법명문론』과 그 주석서인 감산스님의 『백법논의』와 지욱스님의 『직해』를 바탕으로 성철스님의 6위 51심소에 대한 법문을 살펴볼 것이다. 특히 성철스님의 51가지 심소에 대한 법문은 감산스님의 『백법논의』를 중요한 근거로 삼고 있다. 그래서 먼저 감산스님의 『백법논의』는 어떤 저작인지 살펴보고자 한다.

1. 『백법논의』는 참선 수행자를 위한 것이다

　『백법논의』는 1권으로 이루어진 짧은 저작으로, 유식사상을 완성한 세친보살의 저작인 『대승백법명문론』에 대한 감산스님의 주석서이다. 『대승백법명문론』은 존재하는 모든 것(萬法)을 5위백법으로 분류한 유식 논서인데, 유식의 창시자인 미륵보살의 『유가사지론』에서 존재하는 모든 것을 660법으로 분류한 것을 세친보살이 다시 백법百法으로 축약한 것이다. 『대승백법명문론』이란 '백법이 대승으로 들어가는 문이 되는 것을 밝힌 논서'라는 뜻이다. 이것을 현장스님이 황제의 명으로 한역(奉 詔譯)하였는데, 이후 중국 법상종의 창시자 자은대사 규기스님의 『대승백법명문론해大乘百法明門論解』를 필두로 수많은 주석서가 나왔다. 다만 앞서 밝혔듯이 여기서는 『대승백법명문론』에 대한 주석서 중에서 감산스님의 주석인 『백법논의』 및 지욱스님의 주석인 『직해』와 성철스님의 『백일법문』을 비교하여 51심소에 대해 고찰할 것이다. 감산스님은 삼계유심三界唯心의 가르침인 성종(화엄종·천태종)과 만법유식萬法唯識의 가르침인 상종(법상종)을 『백법논의』의 주석을 통해 『대승기신론』의 일심一心 사상으로 통합하고자 시도한다. 특히 감산스님은 『백법논의』를 주석한 이유에 대해 인무아人無我와 법무아法無我를 깨달아 진실로 현상(相)에서 본성(性)으로 돌아가기를 바라는 마음과 참선에 뜻이 있는 자가 올바르게 수행하기를 바라는 간절함 때문이라고 한다. 이렇게 보면 감산스님의 『백법논의』는 결국 참선 수행자를 위한 것이라고 할 수 있다. 그래서 필자도 참선을 수행하는 사부대중에게 조금이나마 도움이 되고자 하는 간절한 마음으로 『백법논의』와 『백일법문』을 비교하여 51심소에 대해 살펴보고자 하는 것이다.[1]

2. 『백법논의』는 어떻게 구성되어 있는가?

이제 『백법논의』는 어떻게 구성되어 있는지 살펴보자. 『백법논의』의 전체 구성을 크게 나누면 다음과 같다.

   I. 서문: 『대승기신론』으로 유식의 핵심 내용을 개관하다
     1. 삼계유심·만법유식
     2. 백법이란 만법유식(상종)의 가르침이다

---

[1] 김명우·구자상(2022), pp.18-19.

3. 5위백법이란
  Ⅱ. 6위 51심소
     변행(5법)
     별경(5법)
     선심소(11법)
     근본번뇌(6법)
     수번뇌(20법)
     부정(4법)
  Ⅲ. 색법(11법)
  Ⅳ. 심불상응행법(24법)
  Ⅴ. 무위법(6법)
  Ⅵ. 무아(인무아·법무아)

　먼저 감산스님은 『백법논의』의 서문에서 『대승기신론』의 일심一心에 근거하여 존재하는 모든 것은 오직 식뿐임(만법유식)을 기술한다. 그러면서 『대승기신론』에서는 일심-심진여문·심생멸문-본각·불각-근본불각·지말불각-삼세·육추의 종적인 방식으로 설명(수설)하지만, 유식 논서에서는 심(심왕)과 심소(마음작용)를 횡적인 관계로 설명(횡설)하는 차이가 있다고 한다. 다시 말해 유식에서는 심왕과 심소를 서로 상응하는 관계로 설명하고 있다는 것이다.
　이어서 백법 중에 6위 51심소를 주석한다. 6위란 51심소를 크게 나눈 것으로서 변행, 별경, 선, 근본번뇌, 수번뇌, 부정을 말한다. 6위를 다시 세분하면 변행은 작의·촉·수·상·사의 5개이다. 그래서 5변행심소라고 한다. 별경은 욕·승해·염·정·혜의 5개이다. 그래서 5별경심소라고 한다. 그런데 변행과 별경은 선과 불선(악)의 양쪽으로 작용한다. 반면 선으로만 작용하는 선심소는 신·참·괴·무탐·무진·무치·근·경안·불방일·행사·불해의 11개이다. 또한 우리를 괴롭히는 번뇌는 근본번뇌와 수번뇌(근본번뇌로부터 파생한 번뇌)로 나눈다. 근본번뇌는 탐·진·치·만·의·부정견(사견)을 말한다. 수번뇌는 근본번뇌에서 파생한 것으로서 다시 대수번뇌, 중수번뇌, 소수번뇌로 분류한다. 소수번뇌는 분·한·뇌·복·광·첨·교·해·질·간의 10개이고, 중수번뇌는 무참·무괴의 2개이며, 대수번뇌는 불신·해태·방일·혼침·도거·실념·부정지·산란의 8개이다. 그리고 선인지 불선(악)인지 정해지지 않은 부정심소는 회(악작)·수면·심·사의 4개이다. 감산스님은 이 6위 51심소를 순서대로 주석하는데, 다만 5변행심소, 5별경심소, 근본번뇌, 부정심소에 대해서는 비교적 자세히 주석하지만, 근본번뇌에서 파생한 수번뇌에 대해서는 명칭만 언급할 뿐이다. 또한 성철스님도 수번뇌에 대해 별도로 법문하지 않고 명칭만을 언급하고 있기에, 지욱스님의 『직해』를 중심으로 수번뇌에 대해 살펴볼 것이다.

계속해서 색법인 안근·이근·비근·설근·신근의 오근, 색경·성경·향경·미경·촉경의 오경 및 법처소섭색의 11개를 총괄적으로 주석한다. 그리고 색에도 마음에도 속하지 않는 24종류의 심불상응법인 득, 명근, 중동분, 이생성, 무상정, 멸진정, 무상보, 명신, 구신, 문신, 생, 주, 노, 무상, 유전, 정이, 상응, 세속, 차제, 방, 시, 수, 화합성, 불화합성에 대해서는 너무 세세하게 논하면 참선 수행에 방해가 된다고 하여 명칭만 언급한다. 이것으로 96종류의 유위법에 대한 주석을 마무리하고, 이어서 6종류의 무위법인 허공무위, 택멸무위, 비택멸무위, 부동멸무위, 수상멸무위, 진여무위에 대해 비교적 자세하게 주석한다.

이것이 바로 5위백법이다. 앞서 말했듯이 5위란 백법을 크게 나눈 것으로서 심법, 심소법, 색법, 심불상응행법, 무위법의 5개를 말하고, 이

5위법을 다시 자세하게 나눈 것이 백법이다. 다만 심법(심왕)인 8가지 식(전오식, 제6 의식, 제7 말나식, 제8 아뢰야식)에 대해서는 별도의 저작인 『팔식규구통설』에서 주석하고 있어 백법 가운데 심법(심왕)인 8가지 식에 대해서는 주석하지 않는다.

그런데 감산스님은 5위백법을 간략하게 설명한 『대승백법명문론』의 주석인 『백법논의』를 먼저 저작한 다음 8가지 식을 게송으로 압축하여 설명한 『팔식규구』의 주석서인 『팔식규구통설』을 저술한다. 이것은 심법(심왕)을 먼저 설명하고 이에 부수하는 심소를 나중에 설명하는 일반적인 방식과는 다르다. 특별한 의도가 있는 것인지 그 이유를 정확히 알 수는 없지만, 주석에서의 "유식을 알고자 하면 반드시 먼저 이 백법을 밝혀야 한다."[2]라는 구절을 통해 어느 정도는 짐작할 수 있다. 또는 사부대중이 참선 수행을 할 때 심층의 마음인 제8 아뢰야식보다는 심소(마음작용)를 즉각적으로 알아차릴 수 있기 때문에 먼저 주석했을 것이라는 추측도 가능하다.

마지막으로 인무아와 법무아에 대한 주석으로 마무리하는데, 인무아人無我란 범어 뿌드갈라 니르아뜸야(pudgala-nirātmya)의 한역이다. 여기서 먼저 뿌드갈라는 생명이 있는 존재, 곧 인간을 말한다. 니르아뜸야는 부정어 nir와 자아라는 뜻의 아뜸야(ātmya)의 합성어로, 음사하여 보특가라무아補特伽羅無我라고도 한다. 결국 인무아란 생명이 있는 존재, 즉 인간은 수많은 조건(인연)에 의해 생기한 것으로서 고정적이고 실체적이지 않다는 말이다. 법무아法無我(dharma-nirātmya)란 존재(법)의 구성요소가 고정적이고 실체적이지 않다는 뜻이다. 즉 사물은 실체가 없다는 것이다. 인무아와 법무아는 부파불교와 대승불교의 가르침을 구분

---

[2] 『백법논의』(X48, p.308c5), "故欲知唯識, 要先明此百法."

하는 중요한 용어로서, 부파불교는 인무아만을 주장하고, 대승불교는 인무아와 법무아를 함께 주장한다. 결론적으로 말하면 존재하는 모든 것은 다른 것에 의지하여 생긴 것, 즉 연기적 존재이기 때문에 실체가 없는 공空한 존재라는 것이다.[3]

3. 『백법논의』와 『백일법문』

감산스님은 『백법논의』를 저술하면서 번잡한 내용은 참선 수행자에게 도움이 되지 않는다고 보고 간추리거나 주석을 생략한 경우가 있다. 앞서 말했듯이 특히 수번뇌(대수번뇌·중수번뇌·소수번뇌) 20가지에 대해서는 그 명칭만을 언급하고 있을 뿐이다. 또한 성철스님도 감산스님의 주석에 따른 것인지 명칭만을 언급한다.

다만 필자는 독자의 이해를 돕기 위해 감산스님의 손상좌인 지욱스님의 주석시인 『직해』의 입장을 함께 제시히고자 한다. 지욱스님은 법상종의 소의 논서인 『성유식론』과 감산스님의 입장을 충실하게 반영하면서도 핵심 내용을 매우 간명하게 주석하고 자신의 입장도 분명하게 밝히고 있기 때문이다.

근대 한국 선불교를 대표하는 성철스님은 "감산스님은 선교(선종·교종)에 해통한 명말明末의 거장이다. (…) 감산스님·위산스님 같은 분들은 만고의 표본이 될 대선지식들이다. 이런 분들의 간절한 경책의 말씀을 귀감으로 삼지 않는다면 도대체 누구의 말을 따르겠다는 것인가?"[4]라고

---

3) 김명우·구자상(2022), pp.19-22.
4) 성철(2006), pp.242-243.

하여, 감산스님을 자신이 깨달은 경지의 의지처로 삼고 있다. 이와 같이 성철스님의 유식사상은 감산스님의 『백법논의』와 『팔식규구통설』을 토대로 전개한다. 예컨대 『백일법문』을 통해 유식(법상종)의 핵심 사상인 8가지 식(팔식), 51심소, 사분설, 삼량, 삼류경(삼경) 등에 대해 법문하는데, 그 가운데 6위 51심소에 대한 해설에서 감산스님의 유식사상을 계승하면서 자신의 입장을 밝히고 있다. 이후 자세하게 설명하겠지만, 성철스님은 5변행심소를 해설하는 부분에서 "작의는 마음을 처음으로 움직여서 대상에 향하도록 하는 마음작용이며, 촉은 마음을 이끌어 대상에 나아가게 하는 마음작용, 수는 대상을 품고 받아들이는 마음작용, 상은 스스로 대상을 세워 언어를 부여하는 마음작용, 사는 마음을 부려서 선·악업을 짓게 하는 마음작용"이라고 정의한다. 또한 5별경심소에 대해 "욕은 좋아하는 것을 하고자 하는 마음작용, 승해는 뛰어난 지해知解이고 대상을 알게 하는 마음작용, 염이란 분명한 기억, 정이란 오로지 집중하는 것, 혜란 아주 교묘한 지혜"라고 정의하고 있다. 해당 부분에서 자세하게 설명하겠지만, 성철스님은 감산스님의 주석을 이어받으면서도 독창적인 해설을 가한다. 특히 "지금부터 내가 해설하는 것은 감산스님과 지욱스님의 주해를 위주로 하였습니다."5)라고 하여 감산스님의 『백법논의』와 지욱스님의 『직해』를 중심으로 6위 51심소에 대한 자기의 입장을 개진하면서 법문한다. 다만 51심소 중에서 수번뇌에 대해서는 성철스님과 감산스님이 명칭만을 언급하였기에, 지욱스님의 『직해』와 『성유식론』을 함께 제시하여 감산스님과 지욱스님뿐만 아니라 성철스님의 유식사상(6위 51심소)에 대한 독자의 이해를 돕고자 했다. 6)

---

5) 성철(2014), p.327.
6) 김명우·구자상(2022), pp.22-24.

II. 6위 51심소

    3장에서는 5위백법 중에서 6위 51심소에 한정해서 살펴볼 것이다. 51심소에 대한 설명에 앞서 먼저 6위 51심소란 무슨 의미인지 살펴보자. 유식에서는 마음을 크게 심心(citta)과 심소心所(caitta)로 나눈다. 한역(법상종)에서는 심에 왕王 자를 붙여 심왕心王이라고 하는데, 심왕이란 마음의 주체를 마음(心)의 임금(王)이라고 비유적으로 표현한 것이다. 여기에는 8종류가 있는데, 즉 전오식(안식·이식·비식·설식·신식)·제6 의식·제7 말나식·제8 아뢰야식이 그것이다. 반면 심소란 마음(심왕)에 소유된 것, 즉 심소유법心所有法의 줄임 말이다. 비유하면 심소는 왕(심)의 권속(신하)으로서, 마음의 주체를 임금, 마음의 주체에 부수하여 작용하는 심소를 신하에 빗댄 것이다. 이런 이유로 심왕과 심소의 관계를 『성유식론』에서는 "항상 심왕에 의지해서 일어나고 심왕과 상응하며 심왕에 계속 繫屬(다른 것에 매이고 구속되는 것)되기 때문에 심소라고 이름한다."[7]라고 한 것이다. 또는 심왕과 심소의 관계를 화가(밑그림)와 화가의 제자(채색)로 비유하여 설명하기도 한다. 필자는 성철스님의 법문에 따라 심소를 '마음작용'과 혼용해서 사용할 것이다.

    감산스님은 『백법논의』에서 "심소라고 이름하는 것은 '마음의 집에 소유된 것(법)'이라는 의미이다. (…) 심소법은 심수心數, 심적心迹, 심로心

---

[7]   『성유식론』(T31, p.26c15-16), "恒依心起與心相應. 繫屬於心故名心所."

路라고도 이름한다."⁸⁾라고 주석한다. 또한 심소에 대해 "51개의 심소를 또 다른 이름으로 마음의 심부름꾼(心使)이라고도 한다. 〈예를 들면〉 세상 사람의 집에서 〈부리는〉 하인(奴僕)처럼 주인이 한결같이 선善하더라도 하인이 악을 지으면 주인에게 누가 되는 것과 같다."⁹⁾라고 정의하기도 한다.

앞서 언급한 바가 있지만, 심소를 대략적으로 나누면 8가지의 마음 모두와 상응하는 변행 5개, 각각 별도의 대상을 가진 별경 5개, 선한 마음작용인 선 11개, 우리의 마음을 괴롭히고 어지럽히는 근본번뇌 6개, 근본번뇌로부터 파생한 수번뇌 20개, 선한 마음에도 불선한 마음에도 작용하여 정해지지 않은 부정심소 4개를 말한다. 이 6위를 자세하게 나눈 것이 51심소이다. 이것을 6위 51六位五十一 심소라고 한다. 성철스님은

"육위심소는 중생의 심리상태를 전체적으로 여섯 가지로 나누어서 유식에서 해석한 것입니다. 육위심소는 중생의 망식妄識 전체인데, 전오식에서 시작해서 제8 아뢰야식까지를 총괄해서 여섯 가지로 심소를 나눈 것입니다."¹⁰⁾

라고 법문한다. 6위 51심소를 정리하면 다음과 같다.

---

8) 『백법논의』(X48, p.310b24-c3), "名心所者. 乃心家所有之法也. (…) 心所法. 又名心數. 亦名心迹. 亦名心路."
9) 『백법논의』(X48, pp.308c24-309a1), "又名心使. 如世人家之奴僕. 主人固善. 而奴僕作惡累及主耳."
10) 성철(2014), p.313.

■ 변행遍行(sarvatraga)—5

작의作意(manaskāra, 대상에 집중하는 마음작용)

촉觸(sparśa, 대상과 접촉하는 마음작용)

수受(vedanā, 대상을 감수하는 마음작용)

상想(saṃjñā, 대상을 표상하는 마음작용)

사思(cetanā, 대상을 의지意志하는 마음작용)

■ 별경別境(viniyata)—5

욕欲(chanda, 바람, 의욕)

승해勝解(adhimukti, 대상을 확신하고 단정하는 마음작용)

염念(smṛti, 과거에 경험한 것을 잊지 않는 마음작용)

정定(samādhi, 대상에 집중하는 마음작용)

혜慧(prajñā, 대상을 판단하여 선택하는 마음작용)

■ 선善(kuśala)—11

신信(śraddhā, 믿음)

참慚(hrī, 스스로 부끄러워하는 것)

괴愧(apatrāpya, 타인을 의식한 부끄러움)

무탐無貪(alobha)

무진無瞋(adveṣa)

무치無癡(amoha)

근勤(vīrya, 정진)

경안輕安(praśrabdhi, 가볍고 편안한 상태)

불방일不放逸(apramāda, 청정함을 닦고 더러움을 끊는 것에 게으르지 않은 것)

행사行捨(upekṣā, 마음의 평정)

불해不害(avihiṃsā, 불살생)

■ 번뇌煩惱(kleśa)-6

    탐貪(rāga, 탐욕)

    진瞋(dveṣa, 분노)

    치癡(moha, 어리석음)

    만慢(māna, 타인과 비교하는 자신을 높이려는 마음작용)

    의疑(vicikitsā, 진리를 의심하는 마음작용)

    악견惡見(dṛṣṭi, 진리에 대한 나쁜 견해)

■ 수번뇌隨煩惱(upakleśa)-20

- 소수번뇌-11

    분忿(krodha, 격렬하게 분노하는 것)

    한恨(upanāha, 한을 품는 것)

    뇌惱(pradāśa, 폭언하는 것)

    복覆(mrakṣa, 자신의 잘못을 숨기는 것)

    광誑(māya, 자신의 이익을 위해 남을 속이는 것)

    첨諂(śathya, 아첨하는 것)

    교憍(mada, 속으로 잘난 체하는 것)

    해害(vihiṃsā, 남을 해치고자 하는 마음작용)

    질嫉(īrṣyā, 질투)

    간慳(mātsarya, 인색)

- 중수번뇌-2

    무참無慚(āhrīya, 스스로에게 비추어 부끄러움이 없는 것)

    무괴無愧(anapatrāpya, 남에게 비추어 부끄러움이 없는 것)

- 대수번뇌-8

    불신不信(āćraddhya, 진리를 믿지 않는 것)

    해태懈怠(kausīdya, 선을 닦고 악을 멈추는 것에 게으른 것)

방일放逸(pramāda, 깨끗함을 닦고 더러움을 끊는 것에 게으른 것)

혼침惛沈(styāna, 지나치게 의기소침한 것)

도거掉擧(auddhatya, 지나치게 들뜬 상태)

실념失念(muṣitā, 진리를 기억하지 못하는 것)

부정지不正知(asaṃprajanya, 바른 지知가 아닌 것)

산란散亂(vikṣepa, 집중력이 없는 것)

■ **부정不定**(aniyata)-4

악작惡作(kaukṛtya, 선·불선을 행한 후에 후회하는 것)

수면睡眠(middha)

심尋(vitarka, 대략적으로 사색하는 것)

사伺(vicāra, 자세하게 사색하는 것)[11]

이 둘(심왕과 심소)은 늘 함께 작용하는데, 이 중에 제8 아뢰야식(심왕)과 함께 작용하는 심소는 5변행심소인 작의·촉·수·상·사뿐이다. 그리고 제7 말나식과 함께 작용하는 심소는 5변행심소(작의·촉·수·상·사), 5별경심소 중의 혜慧, 대수번뇌인 불신·해태·방일·혼침·도거·실념·산란·부정지의 8개, 더불어 아치·아견·아만·아애의 4번뇌로 모두 18개이다. 그리고 51개의 심소가 모두 함께 작용하는 것은 제6 의식뿐이다. 전오식과 함께 작용하는 것은 5변행심소인 작의·촉·수·상·사, 5별경심소의 욕·승해·염·정·혜, 번뇌인 탐·진·치, 수번뇌인 무참·무괴(중수번뇌)·불신·해태·방일·혼침·도거·실념·부정지·산란(대수번뇌)의 34개이다.

51개의 심소를 가치론적으로 구분하면 3가지로 나눌 수 있다. 즉 선善한 심소(11), 번뇌심소(20), 내가 어떤 마음을 먹느냐에 따라 선으로도

---

11) 김명우·구자상(2022), pp.45-46.

번뇌로도 작용할 수 있는 심소(변행, 별경의 10개)이다. 이 중에 번뇌심소는 근본번뇌(6)와 부차적인 번뇌인 수번뇌로 나눈다. 그리고 수번뇌는 다시 소수번뇌(10), 중수번뇌(2), 대수번뇌(8)의 3종류로 구분한다.

그렇다면 우리가 용맹정진하는 이유는 무엇인가? 바로 우리의 마음을 선으로 이끌어 악을 끊기(修善斷惡) 위해서이다. 그래서 칠불통계게七佛通戒偈에서는 부처님(과거 7불)의 모든 가르침을 "제악막작 제선봉행 자정기의 시제불교諸惡莫作 諸善奉行 自淨其意 是諸佛敎"[12]라고 한 것이다. 이처럼 불교(유식)의 핵심은 우리의 마음을 청정하게 하고 번뇌를 제거하기 위한 것인데, 유식 수행자들은 수행을 통해 자신이 알아차린 심소(마음작용)를 하나하나씩 문자로 남긴다. 이러한 유식 수행자의 수행 결과물이 바로 51가지 심소이다. 물론 수행이 동반되어야 하지만, 우리도 제6의식이 작동하는 일상생활에서 51가지 심소 전부를 알아차릴 수 있다.

이제 구체적으로 성철스님의 『백일법문』을 중심으로 51심소의 작용과 그 특징을 살펴보자. 특히 성철스님의 법문은 감산스님의 『백법논의』를 바탕으로 한 것이기 때문에 두 분의 입장을 비교하면서 살펴보고자 한다. 다만 앞서 언급했듯이 성철스님과 감산스님은 수번뇌에 대해서는 그 명칭만 언급하고 있어, 이것에 대해서는 지욱스님의 『직해』와 호법보살의 『성유식론』을 중심으로 살펴볼 것이다. 또한 필요할 경우 『오온론』(한역·범본), 『잡집론』(한역·범본), 『집론』(한역·범본), 『유식삼십송석』(범본) 등을 참조하여 그 근거를 제시할 것이다.

---

12) 『증일아함경』(T2, 551a13) ; *Dhamma-pada*(183게송), "sabba-pāpassa akaraṇaṃ kusalassa upasampadā sacitta-pariyodanaṃ etaṃ buddhānusāsam//"

Ⅲ. 모든 마음과 함께 작용하는 변행심소

변행遍行(sarvatragā)심소란 작의作意, 촉觸, 수受, 상想, 사思의 5가지를 말한다. 그래서 숫자 5를 첨가하여 법상종에서는 5변행심소라고 한다. 먼저 변행이란 어떤 의미인지 살펴보면, 변행에서 변遍은 두루 변遍 자로 '언제 어디서나'라는 뜻이다. 본래 한자음은 편遍으로 읽지만, 여기서는 변遍으로 읽는다. 행行은 여기서는 '작용'이라는 의미이다. 종합하면 변행심소란 두루 작용하는 심소(마음작용)라고 할 수 있다. 먼저 변행에 대한 성철스님의 법문을 살펴보면, 변행이란 "모든 심식에서 발생하는 마음의 작용"이라고 하면서,

"변행은 삼성과 팔식과 구지와 일체의 시간에 두루 한 것이다."[13]

라고 정의한다. 이어서

"삼성三性은 선·악·무기를 말하고, 팔식八識은 전5식·제6식·제7식·제8식을 말합니다. 구지九地는 삼계구지三界九地라고 하는데, 중생이 삼계에 생사윤회를 할 때 삼계구지를 단계적으로 윤회하는 것입니다. 변행이란 언제든지 현행을 하고 있는 것입니다. 항상 식識이 활동을 하고 있는데, 이것이 식의 근본이 됩니다."[14]

---

13) 성철(2014), p.313.
14) 앞의 책, p.313.

상기 법문에서 '삼성에 두루한다'란 5변행심소는 선·불선·무기에 두루 함께 작용한다는 말이다. 다시 말해 전오식과 제6 의식은 선·불선과 함께 작용하며, 제7 말나식은 유부무기와 함께 작용하는데, 특히 5변행심소는 무기 중에서도 무부무기와 함께 작용한다는 것이다. 또한 '8식에 두루한다'란 '심왕인 제8 아뢰야식·제7 말나식·제6 의식·전오식이 작용하면 5변행심소는 반드시 동반해서 함께 작용한다'는 의미이다. 이와 같이 5가지 변행심소는 유일하게 제8 아뢰야식과 함께 작용하는 것이다. 구지란 삼계구지三界九地를 말한다. 삼계구지에 대해서는 〈제2장, Ⅵ.『백일법문』과 제8 아뢰야식〉에서 설명했기에 생략한다. 그리고 '일체 시간에 두루 한다'에 대해 성철스님은 '언제든지 현행하는 것'이라고 간략하게 법문했지만, 지욱스님의 주석에 따르면 5변행심소는 '유루·무루·세간·출세간에서 두루 함께 작용한다'는 말이라고 한다.

성철스님의 변행심소에 대한 법문은 감산스님의 "변행이란 4종류가 모든 마음에 두루 작용하기 때문에 이런 명칭이 붙었다. 이른바 삼성(선·악·무부무기), 8가지 식, 삼계구지, 모든 시간이라는 4종류와 두루 작용한다는 것이다. 즉 〈변행은 앞에서 말한 4종류와〉 항상 함께 작용하는 심소이다."[15]라는 주석을 바탕으로 한 것이다. 한편, 지욱스님은 『직해』에서 변행의 의미를 자세하게 설명하는데, "4개의 일체를 갖추었기 때문에 변행이라고 한다. 이른바 선·악·무부무기의 삼성에 두루 〈함께 작용하고〉, 삼계구지에 두루 〈작용하며〉, 유루·무루·세간·출세간에 두루 〈작용하며〉, 8식의 심왕과 두루 상응한다."[16]라고 하여, 변행의

---

15) 『백법논의』(X48, p.309b16-18), "言遍行者. 謂遍四一切心得行故. 謂遍三性. 八識. 九地. 一切時也. 是爲恒行心所."
16) 『직해』(X48, p.342c4-6), "具四一切. 名爲遍行. 謂遍於善惡無記三性. 遍於三界九地. 遍於有漏無漏世出世時. 遍與八識心王相應也."

의미를 4가지로 구분하여 주석하는데, 이른바 5변행심소는 삼성, 삼계구지, 유루·무루·세간·출세간, 8가지 심왕과 늘 함께 작용한다는 것이다. 계속해서 성철스님은 변행에 대해 다음과 같이 법문한다.

"변행은 중생이 성불해서 진여자성을 깨치기까지는 어느 때, 어느 곳을 막론하고 언제든지 끊어지지 않고 이어집니다. 그 때문에 변행이라고 합니다. 그래서 우리가 성불하니 견성하니 하는 데 있어 이 근본 오변행이 완전히 뿌리가 빠져 버려야 구경각을 성취하고 진여본성을 볼 수 있습니다. 만약 이 오변행을 끊지 못하면 언제든지 미세혹이 남아 있는 중생일 뿐, 자성을 보았다든가 성불을 했다든가 할 수 없습니다."[17]

상기의 법문에 의하면, 제8 아뢰야식 및 제8 아뢰야식과 오직 함께 작용하는 5변행심소는 언제 어디서나 작용하기 때문에 5변행심소를 끊지 않고서는 성불한 것이 아니다. 다시 말해 5변행심소를 완전하게 끊어야만 구경각, 진여본성, 견성성불이라는 것이다. 또한 성철스님은 5변행심소에 대해 "총체적으로 일념이니, 현행現行이 극히 미세하다."라고 하고, 총체적 일념에 대해 "이것(5변행심소)은 전체가 일념입니다. 자세하게 분석하니 이렇게 분류를 하는 것이지 실제로는 무념의 일념입니다."[18]라고 한다. 그리고 '현행이 극히 미세하다'라는 구절에 대해서는 "이것(5변행심소)의 현행은 아주 미세해서 자재보살이나 등각等覺도 이 미세한 행상을 모릅니다."[19]라고 하여, 5변행심소는 그 작용이 미세

---

17) 성철(2014), pp.314-315.
18) 위의 책, pp.315-316.
19) 위의 책, p.316.

하기 때문에 부처의 경지인 묘각의 단계에서만 그 작용을 알 수 있다고 한다. 이어서 다음과 같이 제8 아뢰야식과 동일하게 5변행심소의 작용은 미세유주, 즉 그 작용이 극히 미세하여 팔지 이상의 보살도 알 수 없으며 오직 자성을 깨쳐 성불한 사람만이 그 작용을 알 수 있다고 한다.

"이 오변행은 보통 중생의 생멸하는 분별심으로는 절대로 알 수 없습니다. 근본 제8 아뢰야식 미세유주微細流注에 속하지 제6 의식인 분별식에 속하는 것이 아니기 때문입니다. 아주 미세하기 때문에 중생이 알 수 없을 뿐만 아니라, 팔지보살 이상이 되었더라도 이런 망식 가운데 있는 것을 모릅니다. 오직 자성을 깨쳐서 성불한 사람이라야 확실히 이런 식이 있다는 것을 알게 됩니다. 그러기 전에는 정말로 미세한 이 식은 모릅니다."[20]

이제 5변행심소에 대해 구체적으로 살펴보자.

1. 작의作意

어떤 경우에도 인식(앎)이 성립하기 위해서는 가장 먼저 마음의 자각이 있어야 한다. 이어서 대상에 대한 관심이 일어나야 한다. 이처럼 대상에 관심을 일으키게 하는 것이 작의이다. 작의作意(manaskāra)란 지을 작作, 뜻 의意 자로 '생각을 짓다'는 말이다. 작의의 범어 마나스까라 manaskāra는 √man(생각하다)에서 파생한 manas(생각)와 √kṛ(만들다)에

---

[20] 앞의 책, p.314.

서 파생한 kāra의 합성어로 '생각을 만들다, 생각을 짓다'는 뜻이다. 그래서 작의라고 한역한 것이다. 필자는 작의에 대해 '마음을 움직여서 처음으로 대상에 집중하게 하는 마음작용'이라고 정의한다. 필자가 작의를 이렇게 정의한 근거를 살펴보자.

먼저 작의에 대한 성철스님의 법문부터 살펴보자. 성철스님은 작의를 의意라고 줄여서 정의하면서 "마음이 생기고 생각이 움직이는 시작이다."[21]라고 한다. 그러면 '생각이 움직이는 시작이다'란 무슨 의미일까? 성철스님의 작의에 대한 다음 법문을 보면 어느 정도 그 의문이 해소된다.

> "작의는 최초의 생각이 일어날 때를 말하는 것입니다. 한 생각이 일어났다고 해서 중생이 알 수 있는 그런 생각이 아닙니다. 자재보살 이상의 보살들도 이것을 무심인 줄 알지 실제로는 모릅니다. 그 정도로 미세하기 때문에 저 깊은 데에서 하는 말입니다."[22]

여기서 '생각이 움직이는 시작이다'란 '최초의 생각이 일어날 때'를 말한다. 또한 그 작용이 미세하기 때문에 중생은 그 생각이 움직이는 것을 알지 못한다고 한다. 이것은 감산스님의 주석 일부를 발췌하여 인용한 것으로 생각되는데, 그러면 이제 성철스님이 인용한 감산스님의 주석을 살펴보자.

> "이것(작의)은 마음이 생기고 생각이 작동하는(움직이는) 시작이다. 중생은 무시이래로 일찍이 생각(念)을 떠난 적이 없었다. 지금

---

21) 『백법논의』(X48, p.309b7-8), "生心動念之始."
22) 성철(2014), p.313.

참선을 하고 화두를 관찰하여(看) 의식이 〈선으로 흐르게 하여 불선으로〉 작동하지 않도록 막고 끊어야 한다."²³⁾

이것에 의하면, 성철스님이 감산스님의 주석을 간략하게 인용하여 법문한 것임을 알 수 있다. 감산스님의 주석에 의하면, "지금 참선을 하고 화두를 관찰하여, 의식이 선으로 흐르게 하여 불선으로 작동하지 않도록 막고 끊어야 한다."라고 하듯이, 작의의 역할은 선한 쪽으로 마음을 이끌 것인가, 아니면 불선 쪽으로 마음을 이끌게 할 것인가가 중요하다. 다시 말해 작의는 우리 또는 참선 수행자의 마음을 선한 방향으로 향하게 할 수도 있고, 불선한 방향으로 향하게 할 수도 있다는 것이다. 그러므로 우리는 참선이나 수행을 통해 마음을 불선한 쪽으로 작동하지 않도록 막고 끊어 선한 쪽으로 이끌어야만 하는 것이다. 다음으로 지욱스님의 작의에 대한 주석을 살펴보자. 지욱스님의 주석은 『성유식론』²⁴⁾의 입장을 반영한 것이다.

"마음의 종자를 경각시켜 현행을 일으키는 것을 본성(체성)으로 하며, 현기하는 마음을 이끌어 소연경(현재 나타난 대상)에 나아가게 하는 것을 작용으로 한다."²⁵⁾

---

23) 『백법논의』(X48, p.309b8-9), "此生心動念之始也. 由眾生無始以來. 未嘗離念. 故今參禪看話頭. 堵截意識不行. 便是不容作意耳."
24) 『성유식론』(T31, p.11c6-7), "作意謂能警心爲性. 於所緣境引心爲業. 謂此警覺應起心種引令趣境故名作意."["작의란 마음을 경각警覺시키는 것(警心)을 본성으로 하고, 마음을 대상에 이끄는 것을 작용으로 한다. 이것은 마땅히 일으켜야 할 마음의 종자를 경각시키고(깨워서) 이끌어서 대상으로 가게 하기 때문에 작의라고 한다."]
25) 『직해』(X48, p.342c6-7), "警覺心種. 令起現行. 以爲體性. 引現起心. 趣所緣境. 以爲業用."

그러면 지욱스님의 주석에서 현기하는 '마음을 이끈다(引心)'란 무슨 의미일까? 세친보살의 또 다른 저작인 『오온론』(범본)에서 "〈작의는 대상에〉 마음(cetasa)을 유도(發悟, ābhoga)하는 것이다."[26]라고 하듯이, 범어 아보가(ābhoga)는 특정한 대상(ālambana)으로 '마음을 유도하다·이끌다'는 의미이다. 그래서 지욱스님도 아보가를 '이끈다'로 한역한 것 같다. 이처럼 마음을 어떤 대상으로 향하여 오로지 이끈다는 것은 마음을 특정한 대상에 오로지 집중시키는 것이다. 그 역할을 작의가 한다는 것인데, 달리 말하면 작의에 의해 마음이 소연(대상)에 향하게 된다는 것이다. 그래서 유도(ābhoga)를 발오發悟, 경각警覺이라고 한역한 것이다.

그런데 『집론』(범본)에서는 "작의란 무엇인가? 〈특정한 대상에〉 마음을 유도하는 것(ābhoga)이다. 대상에 대해 마음을 유지하게(dhāraṇa) 하는 작용을 한다."[27]라고 정의한다. 이처럼 『집론』에서는 작의에 대해 '마음을 유도하는 것(ābhoga)'과 '마음을 유지하게 하는 것(dhāraṇa)'의 2가지 의미로 정의한다. 『집론』 한역에서는 이것을 발동심發動心과 지심持心으로 설명하는데, 이른바 대상에 대해 마음을 유도하는 것(ābhoga)이 발동심이며, 유지하는 것(dhāraṇa)이 지심持心이다.[28] 부언하자면 지심이란 외계 대상으로 분산된(흩어진) 마음을 그 안에 머물게 하여 유지시키는 것, 즉 삼매의 상태를 말한다. 참고로 『잡집론』[29]에서는 지심持心을 소연경(인식대상)에 대해 '마음을 자주(數數) 이끈다(引)'라고 정의한다.

---

26) Li and Steinkellner(p.5, 5), "cetasa ābhogaḥ//"
27) Gokhale(p.15, 17), "manaskāraḥ katamaḥ/cetasa ābhogaḥ/ālambane cittadhāraṇakarmakaḥ//"
28) 『집론』(T31, p.664a25-26), "何等作意. 謂發動心爲體. 於所緣境持心爲業."["무엇을 작의라고 하는가? 마음을 발동하는 것을 본성으로 한다. 소연의 대상에 대해 마음을 지니도록 하는 것(유지하도록 하는 것)을 작용으로 삼는다."]
29) 『잡집론』(T31, p.697a29), "(…) 於所緣境持心者, 謂即於此境數數引心. (…)"

앞서 언급한 경각(발동·발오)이란 잠자고 있는 마음, 다시 말해 제8 아뢰야식에 저장되어 있는 종자(행위의 결과)를 놀라게 하고 깨워서, 깨어난 그 마음을 대상인 새소리나 노을 등에 향하게 한다(유도한다)는 뜻이다. 그래서 중국에서는 경각심(경각시키는 마음) 또는 경심(일깨우는 마음)을 발동發動, 동動, 발오發悟, 경각警覺, 경警, 경동警動 등으로 한역한다.[30] 이처럼 작의는 마음속에 저장된 종자를 깨워서 특정한 방향으로 향하여 대상에 집중하게 하는(心一境性) 마음작용으로서, 그래서 필자도 작의를 '마음을 처음으로 움직여서 대상에 향하도록 하여 집중(attention)하게 하는 마음작용'이라고 정의한다. 또한 이런 이유에서 감산스님이나 성철스님도 작의를 '생각이 움직이는 시작이다'라고 정의하고, 5변행심소 중에서 가장 먼저 배열한 것으로 생각된다.

참고로, 『성유식론』과 『직해』에서 작의란 제8 아뢰야식에서 잠자고 있는 마음의 종자를 놀라게 하여 깨우는 것이 성性·체성體性이라고 했다. 그리고 마음을 특정한 대상으로 향하여 집중하게 하는 것(心一境性), 다시 말해 동일한 대상에 대해 언제나 반복해서 마음을 고정하게 하는 것이 작의의 업業·업용業用이라고 했다. 여기서 성·체성이란 1차적 성질(본성)이며, 업·업용은 2차적 성질(작용)을 말한다. 예를 들면 불의 본성은 뜨거움이고, 작용은 사물을 태우는 것이라고 할 수 있다. 앞으로 필자는 성性·체體·체성體性을 본질(본성), 업業·업용業用을 작용으로 번역할 것이다.

또한 세친보살의 저작인 『유식삼십송』과 『오온론』 및 호법보살의 『성유식론』 등에서는 촉→ 작의→ 수→ 상→ 사의 순서인데, 미륵보살의

---

[30] 『구사론』(T29, 19a21), "作意爲能令心**警覺**."; 『대승광오온론』(T31, p.851c11-12), "云何作意, 謂令心**發悟**爲性. 令心·心法現前**警動**. 是憶念義任持攀緣心爲業."; 『잡집론』(T31, p.697a28-29), "作意者. **發動心**爲體. 於所緣境**持心**爲業. (…)"

『유가사지론』, 무착보살의 『현양성교론』 및 세친보살의 또 다른 저작인 『대승백법명문론』과 감산스님의 주석서인 『백법논의』에서는 작의→ 촉 → 수→ 상→ 사의 순서로서 작의를 첫 번째로 배열한다.[31] 성철스님도 작의부터 법문하기에 필자도 그 순서에 따라 작의부터 해설했다.

2. 촉觸

촉觸(sparśa)이란 범어 √spṛś(~닿다, ~을 만지다)에서 파생한 것이다. 그리고 한자로 닿을 촉觸 자이기 때문에 일반적으로 '피부에 접촉하다' 또는 '물건을 손으로 만지다(觸境)'라고 하는 영어의 터치(touch)로 생각하기 쉽다. 그러나 촉 심소는 단순히 물리적인 '접촉'의 의미가 아니다. 우리는 사물이 보이는 것을 '눈에 띄다' 또는 사람 만나는 것을 누구와 접촉하다(contact)라고 표현하는데, 촉이란 이런 뉘앙스에 가깝다고 할 것이다. 다시 말해 촉이란 바깥의 대상과 만나 일어나는 마음작용으로, 마음을 대상에 접촉하게 하는 작용이다. 나중에 설명하겠지만, 『집론』(범본)에서는 촉을 samnipāta·samavāya(결합하다·연결하다), 즉 삼자의 화합 和合으로 해석한다.[32] 그래서 필자도 촉을 화합·만남·결합으로 해석한

---

31) 작의와 촉의 순서에 대해서는 〈박재용(2020)〉을 참조하기 바란다.
32) Gokhale(p.15, 18-p.16, 1), "sparśaḥ katamaḥ/trikasamnipāta indriyavikāra paricchedaḥ/vedanāsamniśrayadānakarmakaḥ//"["촉이란 무엇인가? 〈감각기관·인식대상·인식작용의〉 3자가 화합할 때 감각기관의 변이(변화)의 판별이다. 감수작용(수)의 의지처를 작용으로 삼는다."] ; 『집론』(T31, p.664a26-27), "何等爲觸. 謂依三和合諸根 變異分別爲體. 受所依爲業."["무엇을 촉이라고 하는가? 세 가지(근·경·식) 화합에 의지하여 모든 근의 변이를 분별하는 것을 본성으로 한다. 수의 의지처가 되는 것을 작용으로 한다."] ; 『현양성교론』(T31, p.481c21-23), "觸者 謂三事和合. 分別爲體. 受依爲業. (…) 又說 眼色爲緣能起眼識. 如是三法聚集合故能有所觸. 又說 觸爲受緣."[촉은

다. 그러면 무엇과 무엇의 만남(화합)을 촉이라고 할까? 그 대답은 잠시 미루고, 필자가 촉을 '마음을 대상에 접촉하는 작용'이라고 정의한 이유를 성철스님의 법문을 통해 살펴보자. 성철스님은 촉을 "마음을 끌어당겨 경계(대상)에 나아간다."[33]라고 정의하고, 촉을 다음에 등장하는 수와 능소能所 관계로 설명한다.

"마음을 끌어서 경계에 나아가는 것입니다. 여기에서 능·소가 벌어집니다. 촉은 능能의 입장에서 말하는 것이고, 소所의 입장에서 말하면 수受입니다. 수는 대상의 모양을 받아들이는 것입니다. 사실 이것은 능소가 떨어진 무분별지에서 하는 설명이기 때문에 보통 중생이 말하는 능·소나 촉·수가 아닙니다. 그렇지만 진여무분별지가 아니고, 아뢰야식의 미세식입니다."[34]

상기의 법문을 요약하면, 촉에서 일어나는 감각기관의 변이(변화)의 결과로써 감수작용인 수受가 일어난다는 것이다. 다시 말하면 촉은 감수작용(수)을 생기게 하는 근거(기반)가 되는 것이다.[35] 그래서 『성유식론』과 『유식삼십송석』에서는 촉은 "수受·상想·사思 등의 의지처가 되는

세 가지가 화합하는 것을 말한다. 분별을 본성으로 하며, 수의 의지처가 되는 것을 작용으로 한다. (…) 또한 안근, 색경을 조건으로 삼아 안식을 일으킨다. 이와 같은 세 가지 법(근·경·식)이 모여서 화합하여 촉이 있게 된다고 한다. 또한 촉은 수의 조건이 된다고 한다."] ; 『대승광오온론』(T31, p.851c8-10), "云何觸. 謂三和合. 分別爲性. 三和謂眼色識如是等. 此諸和合心心法生故名爲觸.與受所依爲業."["무엇을 촉이라고 하는가? 세 가지가 화합하여 분별하는 것을 본성으로 한다. 세 가지의 화합이란 안근·안경·안식 등을 말한다. 이 모든 화합으로 마음(心)과 심소법이 생기므로 촉이라고 한다. 수의 의지처가 되는 것을 작용으로 한다."]

33) 성철(2014), p.313, "引心趣境."
34) 위의 책, p.315.
35) PSV(p.35, 3).

것"36)이라고 하고, 나머지 모든 심소가 발생하는 근거가 된다고 하는 것이다. 이런 이유에서 세친보살은『대승백법명문론』과 달리『유식삼십송』에서는 촉을 작의보다 먼저 배치했다고 생각한다. 이처럼 촉은 앎(인식)을 생기게 하는 근거가 되는 중요한 마음작용이다.

그러면 성철스님이 촉을 '마음을 끌어당겨 대상에 나아간다'라고 한 근거는 무엇인가? 그 근거 역시 감산스님의 주석인데,『백법논의』에서 감산스님은 "촉은 마음을 이끌어 대상(境)에 나아가게(향하게) 하는 것이다."37)라고 하고 있다. 그래서 필자도 앞서 촉을 '마음을 대상에 접촉시키는 마음작용'이라고 정의한 것이다. 그러면 촉에서는 구체적으로 무엇과 무엇의 만남(접촉)이 일어날까? 감각기관(根), 인식대상(境), 인식작용(識)=마음(心)이라는 삼자의 만남(三和)이 일어난다. 이에 대해 지욱스님은『직해』에서 다음과 같이 주석하는데, 이것도『성유식론』38)의 입장을 반영한 것이다.

"근·경·식의 삼화가 일어날 때, 심과 심소를 대상에 접촉시키는 것을 본성(體性)으로 삼고, 수·상·사 등의 의지처가 되는 것을 작용으로 삼는다."39)

---

36)『성유식론』(T31, p.11b17) ; TV(p.20, 3).
37)『백법논의』(X48, p.309b9-10), "觸則引心趣境."
38)『성유식론』(T31, p.11b16-17), "觸謂三和. 分別變異. 令心·心所觸境爲性. 受想思等所依爲業." ["촉이란 삼(근·경·식)이 화합하여(三和) 변이變異로 분별(판별)한다. 심과 심소를 대상에 접촉하게 하는 것을 본성으로 하고, 수·상·사 등의 의지처가 되는 것을 작용으로 한다."]
39)『직해』(X48, p.342c7-9), "于根境識三和之時. 令心·心所觸境. 以爲體性. 受想思等所依. 以爲業用."

지욱스님의 주석에 의하면, 삼화三和(trika-samnipāta)란 감각기관(indriya, 根), 인식대상(viṣaya, 境), 인식작용(vijñāna, 識)의 3가지 조건(三)을 가리키며, 이 3가지의 조건이 접촉하는 것(和合)을 말한다. 그리고 이 삼자의 만남(삼화)에 의해 우리 인식에 변화(변이)가 일어난다. 예를 들어 한증탕에 들어가면 더운 열기(인식대상)가 피부(감각기관)에 닿아 피부가 열기를 감지한다. 그리고 피부(감각기관)의 변화에 따라 덥다는 것(인식작용)을 느끼게 된다. 다시 말해 우리가 어떤 것을 안다(인식)는 것은 감각기관(피부)·인식대상(열기)·인식작용(덥다)의 3가지 조건이 만나는 것(접촉)에 의해 성립한다는 것이다. 만약 감각기관·인식대상·인식작용 중 하나라도 결여되면 우리들의 앎은 성립하지 않는다.

또 다른 예를 들어보자. 인식대상은 감각기관·인식작용과의 만남에 의해 변한다. 예컨대 누구에게도 보이지 않고 산속에서 피는 한 송이 들국화(인식대상)도 누군가의 감각기관, 인식작용과의 만남에 의해 들국화가 된다. 그래서 김춘수 시인도 〈꽃〉이라는 시에서 "내가 그의 이름을 불러주기 전에는 그는 다만 하나의 몸짓에 지나지 않았다. 내가 그의 이름을 불러주었을 때, 그는 나에게로 와서 꽃이 되었다."라고 하였는지 모른다. 그래서 『성유식론』에서는 '삼(근·경·식)이 화합하여(三和) 변이變異(vikāra)로 분별한다'라고 주석한 것이다.

또한 그래서 『직해』, 『성유식론』, 『유식삼십송석』에서 촉은 "수受·상想·사思 등의 의지처가 되는 것"이라고 하여, 나머지 모든 심소가 발생하는 근거가 된다고 한 것이다. 앞서 언급했듯이, 이런 이유에서 『대승백법명문론』과 달리 『유식삼십송』에서는 작의보다 촉 심소를 가장 먼저 배치했다고 생각한다. 이처럼 촉이라는 마음작용은 우리의 인식의 단초가 되는 중요한 역할을 하는 것이다.

경각한 마음작용(작의)이 대상에 접촉하는 하는 것(촉)에 의해 인식

(앎)이 순서대로 성립해 가는데, 그 구체적인 작용이 수·상·사이다. 먼저 수受에 대해 살펴보자.

3. 수受

수受(vedanā)란 범어 동사원형 √vid(알다·이해하다)에서 파생한 여성명사이다. 한자로는 받을 수受 자이므로, '받아들인다' 뜻이다. 그런데 범어 웨다나(vedanā)를 무엇 때문에 수受로 한역했을까? 아마도 우리가 무엇을 받아들인다는 것은 알고서(이해하고서) 받아들이기 때문일 것이다.

요즈음 말로 하면, 수란 대상을 감수하는 마음작용이라고 할 수 있다. 그러나 대상을 '받아들인다'고 해서 대상을 단순히 있는 그대로 받아들인다는 의미는 아니다. 지금부터 그 이유를 살펴보자.

먼저 성철스님은 수受를 어떻게 정의하고 있는지 알아보자. 성철스님은 수受에 대해 함수경상含受境相, 즉

"경계의 모습을 품어 받아들인다."[40]

라고 법문한다. 그러면 '경계의 모습을 품어 받아들인다'란 무슨 의미일까? 근根·경境·식識의 화합으로 인해 생긴 촉의 대상을 받아들인다는 뜻이다. 참고로 성철스님은 경상境相을 '경계의 모습'이라고 하는데, 요즈음 말로 하면 대상의 특징(viṣaya-nimitta)이라는 의미이다. 그리고 앞서 언급한 성철스님의 법문은 감산스님의 주석인 "(…)즉위순구비경상 함수

---

40) 성철(2014), p.313.

불사(…)則違順俱非境相. 含受不捨"라는 구절에서 발췌한 것이다. 그러면 이제 감산스님의 주석을 살펴보자. 감산스님은 『백법논의』에서

"이 허망한 대상이 한번 나타나면 좋아하거나(順) 싫어하거나(違) 좋아하지도 싫어하지도 않는(俱非) 대상의 모습을 받아들이고 품어서 버리지 않기 때문에 수受라고 한다."[41]

라고 주석한다. 감산스님의 주석에서 순順이란 심신에 순응하는 대상(樂), 위違란 심신에 대립하는 대상(苦), 구비俱非는 좋지도 싫지도 않은 대상(非苦非樂)이라는 뜻이다. 다시 말해 우리가 대상을 받아들일 때 좋아하거나 싫어하거나 좋지도 싫지도 않은 3가지로 나누어 감수한다는 뜻인데, 이것을 삼수三受라고 한다. 삼수란 낙수樂受, 고수苦受, 사수捨受를 말한다. 삼수를 요즈음 말로 설명해 보자. 우리는 외부로부터 센스데이터를 받아들이는 경우 사물을 있는 그대로, 다시 말해 객관적으로 받아들이지 않는다. 자신의 주관적인 감각이나 감정(싫어함·좋아함·취미)을 가지고 받아들인다. 예컨대 아빠, 엄마, 딸이 드라마를 보고 있다고 가정하자. 아빠는 슬퍼서 울고, 엄마는 담담하게 보고 있고, 딸은 전혀 슬픈 기색이 없다고 하자. 동일한 현상에 똑같이 반응해야 하는데, 왜 세 명의 반응이 다를까? 그것은 세 명 모두 객관적으로 받아들이는 것이 아니라 자신이 주관적인 관점에서 받아들이기 때문이다. 그래서 불교에서는 수의 작용에 의해 인간의 '개성'이 나타난다고 한다.

유식에서는 수를 다섯 가지로 구분하기도 한다. 이것을 오수五受라고 하는데, 오수는 낙수·고수·우수憂受·희수喜受·괴로움도, 즐거움도, 슬

---

[41] 『백법논의』(X48, p.310b12-13), "此妄境一現. 則違順俱非境相. 含受不捨. 是名爲受."

픔도, 기쁨도 아닌 사수捨受이다. 오수 중에서 고수와 낙수는 감각의 영역이고 우수와 희수는 정신적인 영역에 속하는데, 식識과의 관계로 말하면 고수와 낙수는 전오식, 우수와 희수 그리고 사수는 제6 의식의 활동에 속한다. 이 중에서 제8 아뢰야식과 상응하는 것은 오직 사수捨受뿐이다. 그래서 세친보살도 『유식삼십송』에서 제8 아뢰야식은 "오직 사수와 상응한다."[42]라고 한 것이다. 이처럼 수受는 우리의 인식 성립 과정에서 매우 큰 역할을 한다. 지욱스님은 수에 대해 다음과 같이 주석하는데, 이것은 『성유식론』[43]의 입장을 반영한 것이다.

"순順과 위違와 비순비위非順非違(순과 위도 아닌 것)의 대상境의 상相을 영납領納[44]하는 것을 본질(體性)로 하고, 〈즐거운 대상과〉 결합하기를 바라거나(欲合) 〈싫어하는 대상에서〉 벗어가기를 바라거나(欲離) 결합하기도 벗어나기도 원하지 않는 것(欲不合不離)에 대해 애愛를 일으키는 것을 구체적인 작용으로 삼는다."[45]

---

42) 『유식삼십송』(T31, p.60b5), "相應唯捨受."
43) 『성유식론』(T31, p.11c11-12), "受謂領納順違俱非境相爲性. 起愛爲業."["순順(좋아함)과 위違(싫어함)와 구비俱非, 〈즉 좋아하지도 싫어하지도 아닌 것〉의 대상(境)을 영납領納하는 것을 본질(性)로 하고, 애愛를 일으키는 것을 작용으로 삼는다."]
44) 『유가사지론』(T30, p.291b28), "受云何謂領納.";『현양성교론』(T31, p.481a23-24), "受者謂領納爲體. 愛緣爲業."["수란 영납을 본성으로 하고, 애욕의 조건이 되는 것을 작용으로 한다."];『잡집론』(T31, p.695c1-4), "問受蘊何相. 答領納相是受相. 謂由受故領納種種淨不淨業所得異熟. 若淸淨業受樂異熟. 不淸淨業受苦異熟. 淨不淨業受不苦不樂異熟."["묻기를, 수온은 무슨 특징(相)이 있는가? 답하기를, 영납의 특징이 수의 특징이다. 수로 말미암아 갖가지의 청정한 업, 청정하지 못한 업을 영납하여 이숙(과보)을 얻게 한다. 청정한 업은 낙수의 이숙, 청정하지 못한 업은 고수의 이숙, 청정한 업도 청정하지 않은 업은 불고불락의 이숙을 받는다."]
45) 『직해』(X48, p.342c9-11), "領納順違非順非違境相. 以爲體性. 起於欲合欲離欲不合不離之愛. 以爲業用."

지욱스님의 주석에 의하면, 먼저 대상의 상(境相)이란 앞서 성철스님의 법문에서 언급했듯이, 대상의 특징(viṣaya-nimitta)이라는 뜻이다. 그리고 영납領納이란 국어사전에도 없는 말인데, 먼저 영령이란 '받다·영수領收하다'라는 뜻으로 쉽게 말하면 영수증領收證이라고 할 때의 영領 자이다. 그리고 납納이란 '받다·받아들이다'라는 뜻으로 쉽게 말하면 '납품納品하다'고 할 때의 납納 자로, 둘 다 '받아들인다'는 의미이다. 그래서 필자도 영납을 '받아들임'이라고 번역하였다. 이것을 범어로는 anubhava(경험)라고 한다.[46] 다음으로 욕합欲合이란 '안락이 지속되기를 바란다'는 의미이고, 욕리欲離란 '괴로움으로부터 벗어나기를 바란다'는 의미이다. 욕불합불리欲不合不離란 안락함이 지속되기를 바라지도 괴로움에서 벗어나기를 바라지도 않는다는 뜻이다. 그리고 지욱스님은 수를 '애욕을 일으키는 원인(의지처)'이라고 주석하는데, 이처럼 욕망(애욕)의 원인이 되어 집착하기 때문에 수는 윤회의 중요한 원인이 되는 것이다.

4. 상想

수의 작용에 의해 대상을 받아들인 후에, 이어서 어떤 마음작용이 일어날까? 상이라는 마음작용이 작동한다. 상想(samjñā)이란 접두사 sam(함께)-√jñā(알다)로 합성어로 '함께 알다'라는 뜻이다. 범어 상즈냐(samjñā)를 생각 상想 자로 한역하였는데, 다만 이것은 단순히 '생각하다'는 말은 아니다. 조금 어려울 수 있지만, 이른바 상이란 '대상을 분석하

---

[46] Li and Steinkeller(p.3, 10), "/trividho anubhavaḥ/"

여 언어를 부여하는 마음작용'이다. 다시 말해 상想은 대상을 단지 정리하면서 이해할 뿐만 아니라 동시에 그 대상에 언어를 부여한다는 것이다. 필자가 상을 이렇게 정의한 근거를 살펴보자. 먼저 성철스님의 법문을 살펴보자.

"자신의 경계를 세워서 명언을 시설한다."[47]

성철스님의 법문에 의하면, '자신의 경계를 세우다'란 스스로 대상을 인식하는 것, 즉 대상이 무엇인가를 지각하는 작용을 말한다. 예를 들면 '이것(대상)은 흰색이지 노란색이 아니다'라고 하여 대상을 한계 짓는 것을 말한다. 요즈음 말로 하면 '대상을 분석하다·파악하다'는 의미일 것이다. 그리고 '명언을 시설하다'에서 명언이란 요즈음 말로는 언어·말을 의미하며, 시설이란 '임시로 세우다'는 뜻이다. 결국 '명언을 시설하다'란 대상을 분석하고서 '이것은 자동차다' 또는 '이것은 제네시스이지 그랜저가 아니다'라고 하는 것처럼 대상을 확실하게 언어(명언)로 파악하여 인식하는 작용이다. 다시 말해 상이란 외부로부터 들어온 감각 자료인 센스데이터(대상)를 분석하고서 언어를 사용하여 개념을 구성하는 마음작용이다. 요즈음 말로 하면 표상작용(perception)이라고 할 수 있다. 그래서 필자는 앞에서 상을 '대상을 분석하여 언어를 부여하는 마음작용'이라고 정의한 것이다.

앞에서 언급한 성철스님의 상에 대한 정의는 감산스님의 주석을 발췌한 것으로 생각되는데, 그러면 이제 감산스님의 주석을 살펴보자.

---

47) 성철(2014), p.314, "安立自境. 施設名言."

"대상의 바람이 휘몰아쳐도 스스로 대상을 안립하고, 명언(언어)을 시설48)하기 때문에 상想이라고 한다."49)

즉 상이란 수의 작용에 의해 받아들여진 수많은 감각자료를 분석하여 언어로 파악한다는 것이다. 이것에 의하면, 성철스님의 상에 대한 법문은 감산스님의 주석을 바탕으로 한 것임을 확인할 수 있다. 그리고 지욱스님의 상에 대한 주석은 『성유식론』50)과 거의 일치한다.

"대상에 대해 상像을 취하는 것(取)을 본질(體性)로 삼고, 갖가지의 명언名言을 시설施設하는 것을 작용으로 삼는다."51)

지욱스님의 주석에 의하면, 대상의 '상을 취한다(取像, nimitta-udgrahana)'란 취상取相과 같은 의미로 현재 존재하는 대상(境·viṣaya)의 특징(相·nimitta)을 파악하는 것(取)을 말한다. 52) 앞서 말했듯이, 이에 대해 성철스님은 '경계를 세우다'라고 법문하고, 감산스님은 '대상을 안립하다'라고 주석하고 있다. 이처럼 상은 대상의 특징을 파악한 후에, 그

---

48) 시설(임시적으로 세움)과 안립은 같은 의미이다. 왜냐하면 "건립하여 발기發起하는 것을 또한 시설하는 것이라고 이름한다."[『성유식론술기』(T43, p.332a)]라고 했기 때문이다.
49) 『백법논의』(X48, p.309b13-14), "境風飄鼓. 安立自境. 施設名言. 故名爲想."
50) 『성유식론』(T31, p.11c22-23), "想謂於境取像爲性. 施設種種名言爲業."
51) 『직해』(X48, p.392c11-12), "於境取像. 以爲體性. 施設種種名言. 以爲業用."
52) 『유가사지론』(T30, p.291b28-29)에서는 "想云何. 謂了像."["상이란 무엇인가? 상을 요하는 것이다."], 즉 요상了像이라고 하는데, 료了는 '이해하다, 파악하다(取)'는 뜻일 것이다. 현장스님은 『유가사지론』에서는 요상了像, 『성유식론』에서는 취상取像, 『현양성교론』에서는 취상取相으로 각각 한역하고 있지만, 범어는 nimitta-udgrahana이기 때문에 같은 의미로 사용한 것 같다.

대상에 대해 구별짓기 위해서 언어를 부여한다. 그래서 감산스님이나 지욱스님, 성철스님은 공통적으로 상의 작용을 '명언을 시설하다'라고 한 것이다.

5. 사思

5변행심소의 마지막은 사이다. 사思(cetanā)란 범어 √cint(생각하다·~에 주의를 기울이다)에서 파생한 여성명사이다. 그래서 한역에서도 생각(思)으로 번역하지만, 여기서는 '생각하다'는 의미가 아니라 후자인 '~에 주의를 기울이다'로 해석하는 것이 타당하다. 왜냐하면 무언가에 주의를 기울인다는 것은 무엇을 하려는 의도를 드러내는 것이기 때문이다. 범어 쩨따나(cetanā)란 요즈음 말로 하면 무언가를 하려고 하는 의지(volition) 또는 의지를 일으켜 행위를 하게 하는 마음작용인데, 간단하게 말하면 의지작용이라 할 수 있다. 성철스님은 사에 대해 다음과 같이 법문한다.

"자신의 마음을 부려서 선·악업을 짓게 한다."[53]

여기서 '자신의 마음을 부려서 선·악업을 짓게 한다'란 무슨 의미일까? 또한 성철스님이 사에 대해 이렇게 법문한 근거는 무엇일까? 이에 대한 답은 잠시 미루자. 왜냐하면 감산스님의 주석에서 그 답을 알 수 있기 때문이다. 성철스님의 사에 대한 법문은 감산스님의 주석 일부를 발췌한 것인데, 이제 감산스님의 주석을 살펴보자.

---

53) 성철(2014), p.314 ; 『백법논의』(X48, p.309b20), "驅役自心. 令造善惡."

"미세하여 끊지 못하며, 자신의 마음을 몰고 부려서 선·악을 짓게 하기 때문에 사思라고 한다."[54]

감산스님의 주석에 의하면, 먼저 사는 제8 아뢰야식과 동일하게 그 작용이 미세하기 때문에 없애기 어려운 것이다. 그러면 감산스님의 주석 중에 자신의 마음을 '부린다' 또는 '몰고 부린다(驅役)'란 어떤 의미일까? 아마도 '마음을 작동하다·조작하다'라는 뜻일 것이다. 결국 사란 마음을 움직여서(작동하게 하여) 선업·악업·무기업을 짓게 만드는 마음작용이라는 것이다.[55] 그래서 성철스님도 사를 '자신의 마음을 부려서 선·악업을 짓게 한다'라고 법문한 것이다. 그리고 이런 이유에서 지욱스님도 사를 다음과 같이 주석한 것 같다.

"마음을 조작시키는 것을 본질로 삼고, 선·악·무기에게로 마음을 부리는 것을 작용으로 삼는다."[56]

상기 주석에 의하면, '마음을 조작시키는 것'이란 마음을 작동(citta-abhisaṃkāra)하게 한다는 뜻이다. 그리고 '마음을 부리다'란 사고思考에 의한 행위(manaskrama)를 생기게 한다는 뜻이다.[57] 다른 말로 하면 '의

---

54) 『백법논의』(X48, p.309b14-15), "微細不斷. 驅役自心. 令造善惡. 故名爲思."
55) 『유가사지론』(T30, p.602a2), "思爲何業. 謂發起尋伺身語業爲業."["사는 어떤 작용을 하는가? 〈부정심소인〉 심·사, 신업과 어업을 생기시키는 것을 작용으로 한다."]
56) 『직해』(X48, p.342c12-13), "令心造作. 以爲體性. 於善惡無記之事役心. 以爲業用."
57) Li and Steinkeller(p.5, 6-7), "(…) anubhayataś citta-abhisaṃkāro manaskarma//"; Gokhale(p.15, 37), "cetanā katamā/cittābhisaṃskāro manaskarma/ kuśalākuśalāvyākṛteṣu cittapreraṇakarmikā//"["사란 무엇인가? 마음의 작동(형성)이고, 의업意業이다. 선·불선·무기에 대해 마음을 움직이게 하는 것을 작용으로 삼는다."] ; 『집론』(T31, p.664a24-25), "何等爲思. 謂於心造作意業爲體. 於善不善無記品中役心

업意業을 조작造作하다'는 말이다. 이처럼 사란 우리의 마음을 움직여서 선·악 또는 무기로 물들이는 마음작용이다. 다시 말해 선한 의지로 마음을 작용시키면 선업이 생기게 하고, 악한 의지로 마음을 작용시키면 악업이 생기게 하는 것이 사思의 역할이다. 지욱스님의 주석은 『성유식론』[58]과 내용이 일치하는데, 이처럼 지욱스님은 법상종의 주장을 충실하게 반영하여 주석하고 있다.

참고로 사에는 심려사審慮思, 결정사決定思, 동발사動發思[59]의 3종류가 있다. 심려사는 작의·촉·수·상의 마음작용에 의해 인식된 대상에 대해 구체적인 행위(업)를 할지 말지 이리저리 무언가를 하려고 하는 의지이고, 결정사는 대상에 대해 구체적인 행위를 취하려고 결정하려는 의지이다. 동발사는 결정된 내용에 대해 구체적인 행동, 즉 신업(신체적 행위)과 구업(언어적 행위)을 일으키는 의지를 말한다. 이 3가지 사를 삼업三業으로 구분하자면, 신업과 구업은 발동사이고, 의업은 심려사와 결정사일 것이다.

이상으로 5변행심소에 대해 기술했는데, 초기 유식논서인 미륵보살의 『유가사지론』에서는 5변행심소의 작용(業)을 종합적으로 정리하고 있기에, 부연 설명하고자 한다.

작의는 어떤 작용(업)을 하는가? 마음을 끌어당기는 작용으로 삼는다. 촉은 어떤 작용을 하는가? 수·상·사의 의지처(소의)가 되

爲業."["무엇을 사라고 하는가? 마음을 조작하고, 의업意業을 본질로 삼는다. 선, 불선, 무기품에 대해 마음을 부리는 것을 작용으로 삼는다."]
58) 『성유식론』(T31, p.11c24-25), "思謂令心造作爲性, 於善品等役心爲業."
59) 『유가사지론』(T30, p.600a7)에서는 각각 가행사加行思, 결정사決定思, 등기사等起思라고 한다.

는 것을 작용으로 삼는다. 수는 어떤 작용을 하는가? 애욕을 생기게 하는 의지처가 되는 것을 작용으로 삼는다. 상은 어떤 작용을 하는가? 대상(소연)에 대해서 마음이 갖가지 언설을 생기게 하는 것을 작용으로 삼는다. 사는 어떤 작용을 하는가? 〈부정심소인〉 심·사와 신업·구업 등을 생기게 하는 것을 작용으로 삼는다."[60]

앞에서 살펴보았듯이, 『유가사지론』 이후 저작된 거의 모든 유식 논서에서는 『유가사지론』을 그대로 계승한 것임을 알 수 있다.
그리고 성철스님은 5변행심소에 대해 다음과 같이 마무리한다.

"이것이 다섯 가지 변행인데, 이것 전체가 일념입니다. 자세하게 분석하니 이렇게 분류를 하는 것이지 실제로는 무념의 일념입니다. 이것의 현행現行이 아주 미세해서 자재보살이나 등각等覺도 이 미세한 행상을 모릅니다. 그러니 중생이 어떤 것이 상想이고 어떤 것이 사思이며, 어떤 것이 의意인지 알 수 있겠습니까? 참으로 진여본성을 깨치면 분명히 이 다섯 가지 변행, 즉 무분별의 분별심이 작용을 해서 중생의 정신상태의 기본이 된 것을 알게 됩니다."[61]

상기 법문에 의하면, 앞서 말했듯이 5변행심소는 일념이지만, 분류

---

60) 『유가사지론』(T30, p.291c8-12), "作意作何業. 謂引心爲業. 觸作何業. 謂受想思所依爲業. 受作何業. 謂愛生所依爲業. 想作何業. 謂於所緣令心發起種種言說爲業. 思作何業. 謂發起尋伺身語業等爲業."
61) 성철(2014), p.313.

하자면 5가지라는 것이다. 그리고 그 작용이 미세하여 등각마저도 알 수 없기에 중생은 그것이 어떤 것인지 전혀 알 수 없다고 한다. 단, 진여본성(무분별의 분별심)을 깨치면 5변행심소는 마음 상태의 기본이라는 것을 알 수 있다고 한다. 이것으로 5변행심소에 대한 해설은 마치고, 다음으로 별경심소에 대해 살펴보자.

IV. 대상에 따라 다르게 작용하는 별경심소

먼저 별경別境(viniyata)이란 별도 별별, 대상 경境 자로, '별도의 대상에 작용한다'는 뜻이다. 별경은 욕欲·승해勝解·염念·정定·혜慧의 5가지이다. 그러면 유식에서는 이 5가지 심소에 대해 왜 별경이라는 명칭을 붙였을까? 그것은 욕欲 심소가 자신이 좋아하고 원하는 것만을 대상(所樂境)으로 삼기 때문이다. 또한 승해는 자기 자신이 확실하게 결정한 것만을 대상(決定境)으로 삼고, 염念은 일찍이 자기가 경험한 것만을 대상(曾習境)으로 삼고, 정은 자신이 집중한 것만을 대상(所觀境)으로 삼기 때문이다. 다시 말해 욕의 대상은 승해나 염의 대상이 될 수 없고, 승해의 대상은 욕이나 염의 대상이 될 수 없다는 것이다. 이처럼 각각 별도의 대상을 가지고 작용하기 때문에 별경심소라고 하는 것이다. 그래서 성철스님도 별경을 "변행처럼 모든 경우에 반드시 일어나는 것이 아니라 어떤 특정한 대상을 대할 때 발생하는 마음의 작용"[62]이라고 했던 것이다. 참고로 별경은 보는 마음이 대상을 보지만 보는 마음이 보이는 그 대상에 의해 변화한다는 것인데, 이른바 자기가 좋아하는 것을 볼 때와 싫어하는 것을 볼 때가 다르다는 것이다. 이것을 『유식삼십송』에서는 "소연사부동所緣事不同"[63]이라고 한다. 여기서 소연이란 능연(인식하는 주체)의 반대말로, '인식되는 것', 즉 인식대상을 말한다. 그래서 '소연사부

---

[62] 성철(2014), p.330.
[63] 『유식삼십송』(T31, p.60b23).

동', 즉 '인식대상이 같지 않다'는 것이다.

이제 별경에 대한 성철스님의 법문을 살펴보자.

"변행은 생각뿐이고 아직 업을 짓지 않는 것이지만, 별경은 각각 경계를 반연하여 선악업을 짓는 마음이다."[64]

먼저 성철스님은 변행과 별경의 차이를 언급하는데, 변행은 선업과 악업을 짓지 않지만, 별경은 '각자의 대상을 조건으로 선악업을 짓는다'고 한다. 그리고 변행과 별경의 차이에 대한 해설을 추가한다.

"변행은 미세해서 생각이 있기는 하지만 무념의 염念입니다. 중생이 분별하는 그런 유념有念이 아닙니다. 그렇지만 아직까지 작용은 하지 못하기 때문에 행동을 취하지 못해서 무기식이라고 합니다. 별경은 경계를 반연하여 선악업을 짓기 때문에 분별이 생긴 데에서 하는 말입니다."[65]

이것에 의하면, 5변행심소는 행동을 취하지 못하기 때문에 무기이지만, 5별경심소는 대상을 조건으로 선·악(불선) 양쪽으로 작용하여 선·악업을 짓게 하는 것이다. 이제 5별경심소에 대해 자세하게 살펴보자. 그 첫 번째는 욕 심소이다.

---

64) 성철(2014), p.316, "但念而未作. 則(謂)別別緣境. 作善作惡之心也."
65) 위의 책, p.316.

1. 욕欲

욕欲(chanda)이란 바랄 욕欲 자로, 무언가를 바라거나 원한다는 뜻이다. 그러면 욕은 무엇을 바라고 원하는 마음작용일까? 좋아하는 대상을 바라거나 원한다는 것이다. 그래서 필자도 욕을 '좋아하는 대상을 바라는 마음작용'이라고 정의한다. 욕은 범어 √chad(바라다)라는 동사 원형에서 파생한 범어 찬다(chanda)의 한역인데, 현장스님이 찬다를 욕欲이라고 번역했기에 나쁜 의미로 생각하기 쉽지만, 요즈음 말로 하면 희구·바람·의욕·희망 등으로 번역하기 때문에 반드시 부정적인 것으로 이해하면 안 된다. 부언하자면, 욕이란 우리가 어떤 행위를 하기 위한 바람·희망 등의 대상을 향하여 나아가도록 하는 원인이 되는 마음작용이다. 성철스님은 『백일법문』에서 욕을 다음과 같이 법문한다.

"좋아하는 것을 하고자 하는 것"(樂欲)[66]

이것에 의하면, 욕은 자신이 좋아하고 원하는 것(대상)을 하고자 하는 마음작용이다. 이것은 감산스님의 주석 일부를 발췌한 것으로 생각된다. 그러면 감산스님의 주석을 살펴보자.

"욕이란 좋아하는 것을 하고자 하는 것이다. 이른바 좋아하는 대상(所樂境)에 대해 하고자(欲) 희망(희구)하는 것이다. 그래서 이것은 바로 반드시 그렇게 하고자 하는 마음이다."[67]

---

66) 앞의 책, p.316.
67) 『백법논의』(X48, p.309c1-2), "欲者. 樂欲. 謂於所樂境. 希望欲作. 此正必作之心也."

감산스님의 주석에 의하면, 욕이란 어떤 대상이든 희망하는 것(바람)이 아니라 반드시 자신이 좋아하는 대상만을 희망하는 것이다. 이른바 욕은 좋아하는 대상에만 작용하는 심소라는 것이다. 그래서 한역에서도 욕을 좋아하는 대상이라는 뜻인 소요경所樂境[68]이라고 한 것이다. 그리고 지욱스님의 다음 주석은 『성유식론』[69]의 입장을 반영한 것으로 생각된다.

"좋아하는 대상에 대해 <u>희구하고 바라는 것</u>(希求冀望)을 본성으로 하고, <u>정근</u>은 이것(욕)에 의지하여 생긴다."[70]

참고로 『성유식론』에서는 희망希望이라고 하는데, 지욱스님은 희구기

---

[68] 『성유식론』(T31, p.28a21 이하)에서는 좋아하는 대상(所樂境)에 대해 3가지 입장을 제시한다. 그 3가지는 가흔경可欣境·중용경中容境·가염경可厭境이다. 첫째, 가흔경이란 허가·가능하다는 가可, 기뻐(좋아함)할 흔欣, 대상 경境 자이므로 '기쁘게 구하는 대상'이라는 의미이다. 오직 좋은 대상에 희망을 일으킨다는 것이다. 둘째, 가염경을 설명하자면 희망이라는 것은 싫어하는 대상이 없어지기를 바라는 희망도 있다. 좋은 것만을 희망한다고 단정할 수 없다. 즉 병이 낫기를 기원하거나 가난에서 벗어나기를 기원하는 것도 희망이라고 할 수 있다. 다시 말해 가난에서 '벗어나기'를 기원하는 것이기 때문에 가흔可欣의 대상(境)이 될 수 있다. 그러므로 가염의 대상(싫어하는 대상)에서 벗어나고자 하는 것도 희망이라고 할 수 있다. 즉 가염의 대상(可厭境)도 희망이라고 한다. 셋째, 중용경이란 '좋아하지도 싫어하지도 않는 대상'을 말하는데, 이것은 호법보살의 입장이다. 다시 말해 욕(희망)은 중용경에서도 일어난다는 것이다. 예를 들어 많은 사람이 모여 무언가를 구경하고 있다고 하자. 그러면 자연스럽게 무슨 구경을 하고 있는지 그것을 보고 싶어진다. 다시 말해 '보고 싶다는 것'은 좋은 것도 싫어하는 것도 아니다. 즉 이것은 중용의 대상이다. 이처럼 중용의 대상도 희망을 일으킨다. 그러므로 좋아하는 대상(所樂境)은 3가지를 전부 포함한다고 주장하는 것이다.[仲野良俊(1985), p.276.]
[69] 『성유식론』(T31, p.28a21-22), "云何爲欲. 於所樂境希望爲性. 勤依爲業."["좋아하는 대상에 대해 희망하는 것을 본성으로 하며, 근의 의지처를 작용으로 삼는다."] ; 『현양성교론』(T31, p.481b6-7), "欲者. 謂於所樂境. 希望爲體. 勤依爲業."
[70] 『직해』(T48, p.342c16-17), "於所樂境希求冀望. 以爲體性. 精勤依此而生. 以爲業用."

망希求冀望이라고 다시 주석한다. 희구기망希求冀望에서 희구는 바랄 희希, 구할 구求 자로 '바라고 구한다'는 뜻이고, 기망은 바랄 기冀, 바랄 망望 자로 '바람'이라는 의미이다. 결국 욕은 보고 싶어 하거나 듣고 싶어 하는 것 등의 좋아하는 대상에 대해 희구하고 바라는(希求冀望) 마음작용이라는 것이다. 다음으로 정근은 욕(희망)에 의지하여 생긴다고 주석하는데, 여기서 정근精勤이란 선심소 중의 하나인 근勤(vīrya)을 말하며, '부지런하게 노력·정진한다'는 의미이다. 다시 말해 노력하고자 하는 마음작용(근)은 좋아하는 것을 하고자 하는 욕(희망)에서 생긴다는 것이다.[71] 앞서 말했듯이, 이런 이유로 성철스님은 욕을 '좋아하는 것을 하고자 하는 마음작용'이라고 정의한 것이다.

여기서 한 가지 더 부언하면, 우리가 욕欲이라고 하면 일반적으로는 나쁜 의미로만 사용하는 경우가 많은데, 유식에서는 좋은 바람인 선법욕善法欲과 나쁜 바람인 불선욕不善欲의 둘로 구분한다. 이처럼 바람(욕)은 좋은 바람과 나쁜 바람의 양쪽으로 다 작용하기 때문에 우리의 마음이 좋은 바람(선법욕)으로 작용할 수 있게 부단한 수행이 필요한 것이다.

그런데 선법욕에 대해 『유가사지론』[72]에서는 4가지(증득욕·청문욕·수집자량욕·수순유가욕)로 나누어 기술한다.

첫째, 증득욕證得欲이란 간단하게 말하면 고(괴로움)로부터의 해방, 즉

---

71) Gokhale(p.16, 1-2), "īpsite-vastuni tattadupasaṃhatā karttṛkāmatā/vīryā[rambha]sanniśrayadānakarmkaḥ//"["원하는 사물, 그것들에 강하게 이끌여 그렇게 하려고 하는 것이며, 근(정진)의 의지처를 작용으로 한다."]；『집론』(T31, 664a27-29), "何等爲欲. 謂於所樂事彼彼引發所作希望爲體. 正勤所依爲業."["욕이란 무엇인가? 좋아하는 것들에 대해 이끌여(引發) 희망을 하는 것을 본질로 한다. 정근(正勤)의 의지처가 되는 것을 작용으로 한다."]
72) 『유가사지론』(T30, p.436a21-23), "欲有四種. 何等爲四. 一爲證得欲. 二爲請問欲. 三爲修集資糧欲. 四爲隨順瑜伽欲."

해탈하려고 하는 바람을 말한다. 다시 말해 미혹이나 괴로움(생노병사 등)으로부터 벗어나 깨달음을 얻고 싶다는 바람 또는 희망이다.

둘째, 청문욕請問欲이란 선지식(스승)으로부터 좋은 가르침을 듣고자 바라는 것이다. 그래서 불교공부는 바른 법문을 해줄 선지식을 만나는 것이 무엇보다도 중요한 것이다. 또한 이런 의미에서 좋은 선지식을 만나기 위해 찾아다니는 것은 부처님의 가르침을 실천하기 위한 중요한 토대가 되는 것이다.

셋째, 수집자량욕修集資糧欲이란 깨달음에 이르기 위해 식량(자량)이 되는 것을 익히려고 바라는 것이다. 여기서 자량資糧이란 식물이 자라기 위한 영양이나 비료에 해당하는 말이다. 식물이 열매를 맺기 위해서는 영양이 필요하듯이 인간도 영양 공급이 필요하다. 다시 말해 인간이 수행을 통해 깨달음을 얻으려면 장시간 동안 영양이나 비료가 필요한 것이다. 수행에 필요한 영양이나 비료를 자량이라고 하는데, 우리가 깨달음을 얻는 자량(영양)이 되는 것은 계율을 지키거나 잠을 줄이고 식사를 조절하는 것 등이다. 이처럼 수집자량욕이란 게 등을 지키려고 하는 바람이다.

넷째, 수순유가욕隨順瑜伽欲이란 요가를 닦으려고 하는 바람이다. 즉 산란한 마음(散心)을 가라앉혀 집중하는 마음(定心)이 되려고 노력하고자 하는 바람이다.[73]

---

[73] 『현양성교론』(T31, p.513c29-p.514a10)에서도 선법욕을 4종류로 구분한다. 첫째, 증득욕證得欲이란 깨달음을 얻고 싶다는 바람이다. 둘째, 문론욕問論欲이란 문답논의問答論議를 하고 싶다는 바람이다. 셋째는 증자량욕證資糧欲인데, 여기서 자량은 수행의 첫 단계로, 마음의 양식(깨달음을 얻기 위한 양식)을 키우고 싶다는 바람이다. 넷째, 방편수욕方便修欲이란 여러 사람에게 법(붓다의 가르침)을 설하기 위한 방법을 생각해 가고자 하는 바람이다. 예를 들면 어떻게 가르침을 설할 것인가? 어떻게 마음을 닦을 것인가?

지금까지의 말을 정리하면, 욕이란 부처님의 가르침대로 열심히 배우고 수행 정진하고자 하는 선법욕이라고 정의할 수 있다.

2. 승해勝解

승해勝解(adhimokṣa)란 뛰어날 승勝, 풀 해解 자로, 글자 그대로 해석하면 '뛰어난 이해'라고 할 수 있다. 그러면 뛰어난 이해란 무슨 의미일까? 또한 승해란 어떤 역할을 하는 마음작용일까? 필자는 승해를 움직이지 않는 대상(결정된 대상)에 대해 그것을 확실하게 이해하고서 확신하고 단정하는 마음작용이라고 정의한다. 그러면 필자가 승해를 이렇게 정의한 근거와 뛰어난 이해란 어떤 의미인지 살펴보자.

먼저 성철스님은 『백일법문』에서 해(승해)를 '수승한 지해(勝解)'[74]라고 법문한다. 아마도 뛰어날 승勝, 풀 해解, 즉 '뛰어난 이해'라는 글자의 의미에 따른 해석이라고 생각된다. 요즈음 말로 하면 '확실하게 이해하다'는 의미일 것이다. 나아가 성철스님은 승해를 '무엇을 안다'는 의미라고 해설하는데, 아마도 감산스님의 주석인 지기가작知其可作에서 지知를 '무엇을 안다'라고 해석한 것 같다. 그러면 무엇을 아는 것일까? 결정된 대상(決定境)에 대해 실천할 수 있다는 것(可作)을 '안다(知)'는 것이다. 이른바 '무엇을 알고서' 그 앎을 바탕으로 확신하고 단정한다는 것이다. 그러면 결정(확정)된 대상이란 무슨 의미인가? 결정(확정)된 대상이란 바른 추론으로 얻어진, 즉 비량比量에 의해 확정된 대상이나 신뢰할 수 있는 성전의 가르침, 즉 성언량聖言量에 의해 의심 없이 확정된 대상을 말한

---

[74] 성철(2014), p.316.

다. 참고로 여기서 비량이란 현실세계에서 통용되는 이치나 도리를 말한다. 그리고 성언량이란 신뢰할 수 있는 부처님의 가르침인 사성제·연기·삼법인·무상·무아 등을 말한다.

이와 같이 성철스님이 승해를 '수승한 지혜'라고 법문한 것은 감산스님의 주석에서 발췌한 것으로 생각된다. 그러면 성철스님이 인용한 감산스님의 주석을 살펴보자.

"해란 승해(뛰어난 이해)이다. 이른바 결정된 대상(決定境)에 대해 그렇게 실천할 수 있다는 것을 알기는 하지만 완전히 성취하지는 못한다."[75]

여기서 감산스님은 승해를 뛰어난 이해(수승한 지혜)라고 정의한 다음, 결정된 대상에 대해 확실하게 이해는 하지만 어떤 것을 성취하지는 못한다고 주석한다. 다시 말해 결정(확정)된 대상에 대해 실천할 수 있다는 것(가자)을 알지만, 그것으로 무언가를 이루지는 못한다는 것이다.

『오온론』(범본)에서는 "확정된 것(의심이 없는 것)에 대하여 있는 그대로 확실하게 이해하는 것이다."[76]라고 하였고, 한역본에서도 "결정된 것(존재)에 대하여 이해한 대로 인가(印可)하는 것을 본질로 한다."[77]고 설명하였다. 여기서 '확정(결정)한 것' 또는 '의심이 없는 것'이란 이치(도리) 또는 신뢰할 수 있는 성전의 가르침에 의해 '의심이 없어진 확정된 것'을 말한다. 그래서 안혜소[78]에서는 '확정된 것'이란 바른 추론으로 얻어진 지식

---

75) 『백법논의』(X48, p.309c2-3), "解者. 勝解. 謂於境決定. 知其可作. 不能已也."
76) Li and Steinkeller(p.3, 12), "niścite vastuni tathaiva avadhāraṇam//"
77) 『오온론』(T31, p.848c15-16), "謂於決定事卽如所了印可爲性."
78) PSV(p.37, 5).

(比量)이나 성전에 쓰인 것(聖言量)이라고 주석한 것이다. 그리고 무착보살의 저작인 『집론』(범본)에서도 "확정된 존재(niścite vastuni)에 대해 확정된 그대로 확실하게 이해하는 것(avadhāraṇā)"이라고 하였다. 그리고 "전향하지 않는 것(생각을 바꾸지 않는 것)을 작용으로 삼는다.(asaṃhāryatā)"고 설명하고 있으며, 한역본에서는 "결정한 것에 대해 결정된 것에 따라 인지하는 것을 본성으로 하고, 〈다른 것에〉 이끌려 전향하지 않는 것(생각을 바꾸지 않는 것)을 작용으로 삼는다."[79]라고 정의한다. 즉 확정된 대상을 확실하게 이해하고서 그것에 대해 생각을 바꾸지 않는 것을 승해라고 한다. 부언하자면 범어 dhāraṇā 또는 avadhāraṇā를 필자는 '확실하게 이해(파악)하다'로 번역했지만, 현장스님은 인지印持, 인가印可라고 한역했다. 이에 대해서는 이어지는 지욱스님의 『직해』에서 다시 설명하겠다.

또한 지욱스님은 『직해』에서 다음과 같이 법상종의 소의논서인 『성유식론』[80]의 입장을 반영하여 주석한다.

"승해란 결정된 대상을 유예하지 않고 인가(인정)하고 임지(마음 속에 지녀서)하는 것을 본질로 하고, 다른 조건(他緣)에 이끌리고 유혹되어(引誘) 바꿀 수 없는 것(不可改轉)을 작용으로 삼는다."[81]

여기서 지욱스님은 『성유식론』의 주석 내용을 이어받아 인印을 인가印可, 지持를 임지任持(마음에 지니는 것)라고 주석한다. 즉 인지印持를 '의심하지 않고(유예) 인정하고서 마음속에 지녀(새겨) 잊지 않는 것(인가임지)'

---

79) 『집론』(T31, p.664a29-b1), "謂於決定事隨所決定印持體性. 不可引轉爲業."
80) 『성유식론』(T31, p.28b10-11), "於決定境印持爲性. 不可引轉爲業."
81) 『직해』(X48, p.342c17-19), "於決定非猶豫境. 印可任持. 而爲體性. 不可以他緣引誘改轉. 而爲業用."

이라고 이해한 것이다. 반대로 '유예한다'는 것은 의심하기 때문에 그것을 마음속에 새겨 인정하고서 확정할 수 없다는 것이다. 그리고 불가개전不可改轉을 다른 조건(他緣)에 이끌리고(引) 유혹되어(誘) 자신의 생각을 바꾸거나(改) 변화하지(轉) 않는 것(不可)이라고 주석한다. 다시 말해 승해란 어떤 대상이나 상태를 의심하지 않고 확신하여 자신의 마음속에 그것을 각인하고 계속 유지하려고 하는 마음작용이라는 것이다. 또한 이것은 다른 조건(他緣)에 이끌려 자신이 가지고 있는 생각·신념·사고방식을 바꾸거나 버리지 않는 것이라고도 정의할 수 있다.

『직해』와 『성유식론』[82]에서는 결정된 대상에 대해 '유예하는 것'은 승해가 아니라고 정의한다. 앞서 말했듯이 '유예한다'는 것은 확신하지 못하고 '주저한다'는 뜻으로, A를 A, B를 B라고 확실하게 이해하여 단정하지 못해 '의심'하는 것이다. 그래서 신심信心이 없는 의심의 대상에는 결코 승해가 일어나지 않는다. 이런 이유로 승해勝解를 신해信解라고도 한다. 결국 불교에서의 믿음(信)이란 무조건 믿고 따르는 것이 아니라 이해(解)를 바탕으로 믿는 것(信)이다.

한 가지 부언하자면, 『성유식론』 등에서 승해의 본질(性)을 인지印持, 작용을 불가인전不可引轉이라고 주석하였듯이, 승해는 선악 모두에게 작용하는 심소이다. 왜냐하면 부처님의 가르침인 진리에 대해 버리지 않고 계속해서 유지하는 것은 좋은 승해라고 할 수 있다. 그렇지만 잘못된 것인 줄 알면서도 관행처럼 지켜오던 것을 바꾸거나 전향하지 않고 계속해서 유지·보존하려고 한다면, 그것은 나쁜 승해이다. 다른 말로 하면 집념(念)이나 고집이고, 꼰대 짓이다. 이처럼 욕(희망)과 마찬가지로 승해는 선악 모두에게 작용하는 심소이다.

---

[82] 『성유식론』(T31, p.28b12-13), "故猶豫境勝解全無. 非審決心亦無勝解."

그리고 『성유식론』의 주석서인 규기스님의 『성유식론술기』에서는 승해의 심소를 일으키기 위해서는 교敎·리理·증證의 3개가 작용해야 한다고 한다.[83] 그중에 교(敎, 가르침)란 교시敎示와 언설言說을 말한다. 교시라는 것은 몸과 마음으로 설하는 것이고, 언설이란 언어에 의한 가르침을 말한다. 그리고 리理란 이치나 도리를 말한다. 일반적으로 이치나 도리란 부처님의 가르침인 사성제 등을 가리키지만, 여기서는 일체의 현상과 그 진리를 말한다. 증證이란 선정을 닦는 것, 즉 수행정진하는 것을 말한다. 그래서 승해는 대단히 중요한 심소이다.

이처럼 승해는 자기 자신이 가르침이나 도리(진리)를 명백하게 이해하고 직접 자신이 수행을 닦아 체험하고 체득할 때만이 생기하는 것이다. 그러므로 자신의 신념을 지키고 세상살이에 영합하지 않기 위해서는 현상과 진리에 대한 가르침을 듣고 그것을 실천하기 위해 끊임없이 노력(정진)하는 수밖에 없다. 그래야만 승해, 즉 확실하게 결정하여 의심이 생기지 않는 마음작용이 생기고 그런 마음이 계속해서 유지될 수 있기 때문이다.

우리가 존경하는 성현들은 승해의 마음을 잘 간직한 분이다. 왜냐하면 그런 분들은 진리나 정의에 대한 자신의 생각이나 신념을 쉽게 포기하거나 시대의 조류에 휩쓸리지 않고 온갖 고뇌를 이겨내고 오롯이 승해를 지킨 분이기 때문이다. 그래서 우리는 이런 분들을 '인류의 스승(성인)'으로 존경하는 것이다.

불교도로서 우리의 삶을 한번 되돌아보자. 우리는 너무나 쉽게 자신의 가치관을 버리거나 부처님의 가르침을 잃어버리고 시류에 편승한다. 그리고 누군가가 비판하면 "현실이 중요하지 불교가 밥 먹여주냐!" 또는

---

83) 『성유식론술기』(T43, p.429b).

"먹고살기 위해 어쩔 수 없었다."라고 하면서 자신의 행위를 정당화시킨다. 게다가 진리에 대한 확고한 승해를 가진 사람을 '현실에 적응하지 못하는 낙오자'라고 비난하기도 한다. 심지어 자식에게도 '현실에 순응하고 사는 것이 세상을 잘 사는 사람'이라고 가르친다. 물론 살기 위해 현실에 순응하는 적당한 타협도 필요하다. 그렇지만 현실의 논리에 순응하지 않고 부처님의 가르침인 승해를 잘 지킨 사람이 있었기에 불교뿐만 아니라 인류가 보다 나은 사회로 진보했다는 사실을 간과하면 안 될 것이다.

3. 염念

염念(smṛti)이란 생각 염念 자이므로 '생각'이라고 오해할 수 있는데, 여기서는 '기억'이라고 번역하는 것이 적절하다. 왜냐하면 범어 스므루띠(smṛti)는 동사 √srt(기억하다)에서 파생한 것이기 때문이다. 이것을 빨리어로는 사띠(sati)라고 하는데, 영어로는 마인드풀리스(mindfulness)라고 하며, 명상冥想이라고 번역한다. 다만 유식에서의 염은 대상을 기억하여 잊지 않는 마음작용으로서, 자신이 과거에 익힌 것(배운 것)이나 이전에 경험한 대상을 분명하게 기억하여 잊지 않으려는 마음작용을 말한다. 필자가 이렇게 정의한 그 근거를 살펴보자.

먼저 『오온론』(한역)에서는 염을 "익숙하고 익힌 것(串習事)에 대해 마음이 잊지 않고 분명히 기억하게 하는 것(不忘明記)을 본성으로 하는 것이다."[84]라고 하였으며, 범본에서는 "친숙한 것(자주 경험한 것)에 대하

---

84) 『오온론』(T31, p.848c14-15), "謂於串習事令心不忘明記爲性."

여 잊지 않는 것이고(saṃstute vastuny asaṃpramoṣa), 마음의 말(cetasa-abhilapana)이다."[85]라고 정의한다. 여기서 '마음의 말'은 기억·상기의 의미로 이해하면 될 것 같다. 그 이유는 안혜소에서 마음의 말에 대해 "기억한 것을 몇 번이고 되풀이하여 마음속에서 반복함으로써 정신이 산란해지는 것을 방지하는 효과가 있다."[86]고 주석하고 있기 때문이다. 그리고 『집론』에서도 염을 "자주 경험한 사물(대상)에 대해 마음이 잊지 않는 것이다."[87]라고 정의하여 『오온론』과 거의 동일하다. 또한 『집론』의 주석인 『잡집론』에서도 염을 "친숙한 사물인 〈특정한 대상〉에 대하여 마음이 분명하게 기억하여 잊지 않는 것(明記不忘)이다. 그리고 산란하지 않는 것을 작용으로 삼는다."[88]라고 주석한다. 즉 염의 본질적인 성질은 '자주 경험한 것을 잊지 않는 것'이고, 부수적인 작용은 '산란하지 않는 것'이라고 정의한다. 여기서 염의 작용을 〈마음이〉 산란하지 않는 것이라고 한 것은 마음이 기억을 떠올릴 때, 다른 대상으로 마음이 옮겨가지 않기 때문일 것이다.

성철스님은 『백일법문』에서 염을 "분명한 기억(明記)"[89]이라고 압축적으로 정의한 다음, 해설 부분에서 다음과 같이 법문한다.

"분명하게 기억하는 것"[90]

---

85) Li and Steinkeller(p.5, 10-11), "saṃstute vastuny asaṃpramoṣa cetasa-abhilapanatā//"
86) PSV(p.37, 12).
87) Gokhale(p.16, 3), "smṛtiḥ katamā/saṃstute vastuni cetaso 'sampramoṣaḥ/avikṣepakarmikā//"
88) 『잡집론』(T31, p.697b10-11), "念者. 於串習事令心明記不忘爲體. 不散亂爲業."
89) 성철(2014), p.316.
90) 위의 책, p.316.

이것은 감산스님의 주석 일부를 발췌한 것인데, 그러면 감산스님의 주석을 살펴보자.

"염이란 〈일찍이 경험한 것을 마음속에서〉 분명히(明) 기억하게 하는 것(記)이다. 이른바 실천할 수 있는 대상(승해로 알게 된 수행의 과정과 목적지)에 대해 마음이 분명하게 기억하여 잊지 않도록 하는 것이다."[91]

여기서 감산스님은 염이란 분명하게 기억하는 것이라고 정의하고, 승해로 알게 된 실천할 수 있는 대상(수행과정과 목적지)에 대해 분명하게 기억하는 것이라고 주석한다. 즉 염은 수행을 전제로 한 기억이라는 것이다. 참고로 필자가 '실천할 수 있는 대상' 또는 '작용할 수 있는 대상'이라고 한 것은 가작경可作境의 번역이다. 그런데 『성유식론』과 지욱스님의 『직해』에서는 과거에 "일찍이 익힌 대상(曾習境)"이라고 주석한다. 『오온론』(현장역)에서는 "익숙하고 익힌 것"(串習事, saṃstute vastuni)이라고 한역한다. 여기서 '일찍이 익힌 것'이란 과거에 경험한 것(대상)을 말한다. 감산스님은 이것을 가작경(可作境)이라고 주석하는데, 필자는 '실천할 수 있는 대상'이라고 번역하였다. 나중에 말하겠지만, 감산스님은 별경심소 중의 하나인 '혜'를 주석하면서 소작경所作境이라고 표현하는데, 필자는 이것을 '실천 대상'이라고 번역하였다.

그러면 이제 『성유식론』과 『직해』에서 염을 어떻게 주석하고 있는지 살펴보자. 먼저 『성유식론』에서는 염을 "일찍이 익힌 대상(曾習境)을 심왕(마음)에 분명히 새겨서 잊지 않는 것(明記不忘)을 본성으로 하고, 정定

---

[91] 『백법논의』(X48, p.309c3-4), "念者. 明記. 謂於可作境. 令心分明記取不忘也."

의 의지처가 되는 것을 작용으로 삼는다."⁹²⁾라고 주석한다. 그리고 지욱스님은 『성유식론』의 입장을 반영하여 다음과 같이 주석한다.

"과거에 일찍이 익힌 대상을 마음속에서 <u>분명하고 자세하게 기억하고 잊지 않는 것</u>을 본성으로 하고, 그것(염)은 정定의 의지처가 되는 것을 작용으로 삼는다."⁹³⁾

지욱스님은 『성유식론』의 명기불망明記不忘에 대해 심審(자세하게, 세세하게) 자를 추가하여 명심기불망明審記不忘이라 주석하고, '과거'라는 말을 삽입하여 의미를 보다 분명하게 밝힌다. 이렇게 보면 염의 본성은 일찍이(曾, 과거)에 익힌(習, 경험) 대상(境)을 확실하게(明) 기억(記)하여 잊지 않고(不忘) 유지하려는 마음작용이라고 할 수 있다. 이처럼 염은 오로지 일찍이 익힌 대상(曾習境)에 한정되어 작용하는 심소이다. 그리고 염의 작용은 다음에 등장하는 대상에 집중하는 마음작용인 정定의 의지처라는 것을 알 수 있다. 그러면 기억한 것(念)을 몇 번이고 되풀이하여 마음속에서 반복하여 하나의 대상에 집중하면(定) 어떤 효과가 있을까? 이것은 특히 수행 중에 마음이 산란散亂해지는 것을 방지하는 효과가 있다. 산란에 대해서는 대수번뇌를 설명할 때 자세하게 기술하겠다.

염은 선·악(불선) 모두에 작용하는데, 우리가 어떤 것에 계속해서 집착하고 기억하고자 한다면 그것은 집착하는 염, 즉 집념執念이 된다. 또 누군가를 미워하거나 원한을 품어 계속해서 잊지 않고 기억하는 것은 원념怨念이 된다. 곧 나쁜 염念이 된다. 반면 부처님의 가르침이나 진리

---

92) 『성유식론』(T31, p.28b18-19), "於曾習境令心明記不忘爲性. 定依爲業."
93) 『직해』(X55, p.342c19-20), "於過去曾習之境. 令心明審記不忘. 而爲體性. 定之所依. 而爲業用."

를 계속해서 기억하고자 하거나 부처님에게 진심으로 염불念佛하거나 염원念願하는 것은 좋은 염念이 된다. 그래서 우리도 마음이 끊임없이 선한 염으로 가도록 노력해야만 하는 것이다.

4. 정定

정定(samādhi)이란 범어 사마디(samādhi)의 번역인데, 일반적으로 삼매三昧 또는 삼마디(三摩地)로 음사한다. 아마도 '정'이라는 말보다는 삼매라는 말에 익숙한 독자가 많을 것이다. 그러면 정이란 어떤 마음작용일까? 정이란 한마디로 말하면 대상에 집중하는 마음작용이다. 구체적으로 말하면 자신에 의해 관찰된 대상(所觀境)에 대해 마음 깊이 집중하는 마음작용이다. 한자로 말하면 오로지 마음으로 한 곳에 집중한다는 전심專心·전념專念이라고 할 수도 있다. 영어로 말하면, concentration 또는 medtitaional concentration일 것이다.

그러면 성철스님은 정定을 어떻게 정의하고 있을까? 성철스님은 『백일법문』에서 정에 대해 다음과 같이 법문한다.

"전일한 것(專一)"[94]

그러면 성철스님은 무엇 때문에 정을 '전일(오로지 하나)'이라고 했을까? 그것은 감산스님의 주석(定. 專一)[95]을 인용했거나 **전주일심專注一心**

---

94) 성철(2014), p.316.
95) 『잡집론』(T31, p.697b14)에서도 "三摩地者. 於所觀事令心專一爲體. 智所依止爲業." 이라는 표현이 등장한다. 이어서 심전일心專一을 마음이 하나의 대상에 집중하여

중에서 '전일'을 발췌한 것으로 생각되기도 한다. 그렇지 않으면 필자의 단순한 추측에 불과하지만, 감산스님의 주석인 **전**주일**심**專注一心과 정**定**에 대한 또 다른 정의인 심**일**경성心一境性(citta-ekāgratā)[96]의 글자인 전專과 일一을 발췌한 것으로 볼 수도 있다. 참고로, 전주일심專注一心이란 '하나의 마음에 오로지 기울인다'는 뜻이고, 심일경성이란 '마음이 하나의 대상에 집중한다'는 뜻으로, 둘 다 '집중하다'는 의미이다. 사족이지만 현장스님은 citta-ekāgratā를『집론』과『오온론』에서는 '심일경',『잡집론』에서는 '심전일'이라고 한역한다.

그러면 이제 감산스님의 주석을 살펴보자.

"정이란 〈마음을〉 오로지 한곳에 〈집중한다는 의미이다.〉 이른바 관찰되는 대상(所觀境)에 대해 일심으로 오로지 머무는 것(집중)이다."[97]

감산스님에 의하면, 정은 마음을 오로지 한곳에 집중하는 것으로서,

흩어짐이 없는 것(不散)이라고 정의한다.
[96]『집론』(T31, p.664b2-4), "何等三摩地. 謂於所觀事令心一境爲體. 智所依止爲業."["삼마디이란 무엇인가? 관찰된 것에 대해 심일경을 본질로 삼는다. 지(혜)가 의지처로 삼는 것을 작용으로 한다."] ; Gokhale(p.16, 4-5), "samādhiḥ katamaḥ/upaparīkṣye vastuni cittasyaikāgratā/jñānasanniśrayadānakarmakaḥ//"["정이란 무엇인가? 관찰된 대상에 대해 마음이 하나의 대상에 집중하는 것(心一境性)이다. 지智(지혜)의 의지처이다."] 또한『오온론』(T31, p.848c18)에서는 "謂於所觀事令心一境不散爲性."["관찰된 대상에 대해 마음이 하나의 대상에 〈집중하여〉 산란하지 않게 하는 것을 본질로 한다."]라고 하였으며, 범본[Li and Steinkeller(6, 1-2)]에서도 "/samādhiḥ katamaḥ/upaparīkṣye vastuni cittasyaikāgratā//"["관찰된 대상(upaparīkṣya-vastu)에 대해 마음이 하나의 대상에 집중하는 것(cittasyaikāgratā)이다."]라고 하여 정을 심일경성이라고 정의하고 있다.
[97]『백법논의』(X48, p.309c4), "定. 專一. 謂於所觀境. 專注一心也."

관찰되는 대상에 대해 일심으로 오로지 머무는 것이다. 다시 말해 전일專一과 전주일심專注一心이다. 한편, 지욱스님은 법상종의 입장을 반영하여 다음과 같이 주석한다.

"이것(삼마디)은 정定이라고 번역(漢譯)한다. 관찰한 대상에 대해 마음이 오로지 기울여서 흩어지지 않게 하는 것을 본성으로 하고, 지智의 의지처이다."[98]

여기서 정심소는 "관찰된 대상(所觀境)에 대해 마음이 오로지 기울여 흩어지지 않고 집중하는 것(心專注不散)"인데, 이것은 『성유식론』의 전주불산심소專注不散心所[99]라는 구절을 인용한 것이다. 이어서 정의 부수적인 작용으로 "지智를 생기게 하는 의지처"라고 한다. 여기서 지智란 다음에 등장하는 혜慧 심소를 말하는데, 이른바 혜는 정을 기반으로 생긴다는 것이다. 또한 정은 오직 한 곳에 집중하는 마음작용으로서 산란한 마음을 방지하는 역할도 한다.

부연하면 정定은 한 곳에 집중하는 마음작용이기 때문에 선한 것에도 악(불선)한 것에도 마음을 집중할 수 있다. 다시 말해 선·악 양쪽에 작용한다. 예를 들어보자. 선한 대상에 집중하는 깊은 삼매(정)에 들 수도 있지만, 물건을 훔치기 위해 남의 집에 몰래 들어간 도둑이 주인이 깨지 않게 발소리를 내지 않으려고 집중하는 것도 정定이다. 물론 유식에서 정定은 깨달음을 얻기 위해 수행에 집중하는 것을 목표로 한 마음작용이다.

---

98) 『직해』(T48, p.342c20-22), "此翻爲定. 於所觀境. 令心專注不散. 而爲體性. 智依此生. 而爲業用."
99) 『성유식론』(T31, p.28b25-26), "於所觀境令心專注不散爲性."

5. 혜慧

혜慧란 범어 쁘라즈냐(prajña)의 번역인데, 『반야심경』에서는 쁘라즈냐의 빨리어인 빤냐(paññā)를 음사하여 반야라고 한다. 요즈음 말로는 지혜(wisdom)라고 한다. 그러나 유식에서는 반드시 지혜만을 의미하지 않는다. 그러면 유식에서의 혜(쁘라즈냐)는 어떤 마음작용일까? 간단하게 말하면, 혜란 대상을 선택하는 마음작용이다. 성철스님은 혜慧를 다음과 같이 정의한다.

"교묘한 지혜(黠慧)"[100]

여기서 힐黠은 '약다·교활하다·간교하다'는 의미인데, 성철스님은 '교묘한'으로 번역한 것 같다. 게다가 '아주 교묘한 지혜'라고 하여 '아주'라는 수식어를 첨가하여 법문하고 있다. 성철스님의 혜에 대한 법문은 감산스님의 주석 일부를 발췌한 것인데, 그러면 이제 감산스님의 주석을 살펴보자.

"혜란 교묘한(약은) 지혜이다. 이른바 실천 대상(所作境)에 대해 분명하게 이해하고서 의심하지 않는 것을 〈말한다.〉"[101]

여기서 소작경所作境이란 무슨 의미일까? 감산스님은 소작경이라고 주석하고 있지만, 다른 주석서나 『성유식론』에서는 관찰되는 대상(所觀

---

100) 성철(2014), p.316.
101) 『백법논의』(X48, p.310a2), "慧. 黠慧. 謂於所作境. 了然不疑也."

境)이라고 주석한다. 필자는 앞서 가작경可作境을 '실천할 수 있는 대상 (승해로 알게 된 수행의 과정과 목적지)을 기억하는 마음작용'이라고 정의한 바 있다. 반면 소작경은 가작경의 수동으로서 '실천 대상' 또는 '실천되는 대상'이라고 번역할 수 있다. 결국 염에 의해 기억된 실천 대상(소작경)을 분명하게 이해하고 의심하지 않는 것을 혜라고 할 수 있다. 그러면 성철스님과 감산스님은 무엇 때문에 혜를 '교묘한 지혜'라고 했을까? 이것은 지욱스님의 주석을 보면 알 수 있다.

"관찰된 대상에 대해 '간별결택'하는 것을 본성으로 삼고, 의심을 끊는 것을 작용으로 삼는다."[102]

지욱스님에 의하면, 소관경(관찰된 대상)을 간별결택하는 것이 혜이다. 『성유식론』[103]의 주석을 보면 알 수 있듯이, 지욱스님은 『성유식론』에서 주석한 간택簡擇[104]을 간별결택簡別決擇이라고 주석하는데, 간택(간별

---

102) 『직해』(T48, p.342c22), "于所觀境. 簡別決擇 而爲體性. 斷疑而爲業用."
103) 『성유식론』(T31, p.28c11), "於所觀境簡擇爲性. 斷疑爲業."
104) 『오온론』(T31, p.848c18-20), "謂即於彼擇法爲性. 或如理所引, 或不如理所引, 或俱非所引."["그것(사마디로써 관찰하고 있는 대상)이 어떤 법인가를 선별(간택)하는 것을 본질로 한다. 도리에 이끌리거나 도리에 맞지 않는 것에 이끌리거나 둘 다 아닌 것에 이끌리는 것이다."] ; Li and Steinkeller(p.6, 3-4), "prajñā katamā/tatraiva pravicayo yogāyogavihito 'nyathā ca//"["때마침 그곳에 있는 것(=정신을 집중해서 관찰하고 있는 대상)을 선별(pravicaya)하는 것이다. 도리에 이끌리거나 도리에 맞지 않는 것에 이끌리거나 둘 다 아닌 것에 이끌리는 것이다."] ; 『오온론』에 의하면 혜에 3종류(도리에 부합하는 것, 도리에 부합하지 않는 것, 그 어느 쪽도 아닌 것)가 있는데, 안혜소[PSV(p.38, 13-39)]에서는 도리에 부합하고 있는 선별(간택)의 근거로서 ① 신뢰할 수 있는 성전(부처님의 가르침)으로부터의 지식 획득, ② 바른 추론에 의한 지식의 획득, ③ 바른 직접 지각에 의한 지식의 획득을 들고 있다. 이것이 이른바 성언량聖言量·비량比量·현량現量이다. 그리고 도리에 부합하지 않는 선별의 근거로서 상키야 학파, 와이쉐시까 학파 등을 예로 들고 있다. 이들은 당시 인도에서 활동한 불교 이

결택)이란 '이것과 저것을 확실하게 판단하여 나누어 확정적으로 선택하는 마음작용'이라는 의미이다. 이처럼 혜의 본성은 간택하는 마음작용이다. 그런데 혜의 심소는 간택할 때, 다시 말해 선택하여 구별할 때 모든 것을 자기중심적으로 선택하여 구분한다. 그래서 성철스님과 감산스님이 혜를 '교묘한 지혜'라고 정의하지 않았을까 생각된다. 또한 이런 이유로 세친보살도 『유식삼십송』에서 혜의 심소를 언제나 자기중심적으로 사량하는 이기적인 마음인 제7 말나식과 함께 작용하는 18개의 심소 중의 하나로 분류한 것이다. 나아가 지욱스님은 혜를 관찰된 대상을 간별결택하기 때문에 의심을 끊게 하는 부수적 작용을 한다고 주석한다. 다만 감산스님은 다른 주석과 달리 혜를 소관경이라고 하지 않고 소작경이라고 주석하고 있다.

　지금까지 말한 염-정-혜의 관계를 보면, 정은 염을 근거로 해서 생기고, 혜는 정을 근거로 해서 생긴다. 즉 염→정→혜의 순서로 생기하는 것이다.

　이상으로 5별경심소에 대해 마쳤는데, 5별경심소는 대상이 각각 다르다. 욕의 심소는 좋아하는 대상, 승해의 심소는 결정된 대상, 염의 심소는 일찍이 경험한 대상, 정과 혜의 심소는 관찰된 대상으로서, 5별경심소는 각각 그 대상이 다르다. 그래서 5별경심소라고 하는 것이다.

　외의 유력한 학파였다. 이처럼 혜는 불교의 가르침을 전제로 하지만, 불교 이외의 사상이나 종교에도 적용되는 것이다. 즉 도리에 부합하지 않는 선별(간택)이라도 그것이 지적인 선별이라면 프라쥬냐(혜)라고 하는 것이다. 이것이 또한 불교의 뛰어난 점이기도 하다.

V. 과거·현재·미래에 걸쳐 영향을 미치는 선한 심소

다음은 6위 중에서 세 번째인 선善(kuśala) 심소에 대해 살펴보자. 먼저 선이란 무슨 의미일까? 일반적으로는 착할 선善이기 때문에 윤리 또는 도덕적으로 '선하다'는 말이다. 그러나 유식에서는 선을 단순히 선하다는 의미로만 사용하지 않는다.

제7 말나식을 설명할 때 언급했듯이, 유식에서 선이란 과거와 현재 또는 현재와 미래에 걸쳐 사람에게 이익이나 즐거움을 주는 것 또는 이 세상이나 저 세상에 이익을 주는 마음이나 행위를 말한다. 다시 말해 현세에서 재물이 많아 즐거운 삶(樂)을 살았거나 재물이 없어 고통스럽게 살았더라도(苦), 고통과 즐거움(苦樂)은 현세에서만 영향을 미친다. 반면 선악은 과거와 현재뿐만 아니라 미래의 삶에도 영향을 미친다. 그래서 성철스님도 "과거와 현재 또는 현재와 미래의 두 세상에 걸쳐서 자기와 타인을 이익되게 하는 마음작용"[105]이라고 선심소를 정의했던 것이다. 이런 이유에서 불교의 수행 목적을 수선단악修善斷惡, 즉 선을 닦아 악을 끊는 데 두는 것이다.

그런데 여기서 유의할 점이 있다. 우리는 도덕적으로 옳은 것을 선이라고 생각하지만, 유식에서 말하는 선은 물론 일상적인 윤리(도덕)도 포함하지만, 수행과 관련된 것으로서 세상의 상식과 반드시 일치하는 것은 아니다. 왜냐하면 불교의 윤리관은 상식과 반드시 합치하지 않기 때

---

[105] 성철(2014), p.330.

문이다.106) 극단적인 사례이기는 하지만,『전생담(자따까)』에는 극악한 죄를 멈추기 위한 보살(부처)의 살생도 공덕이라는 가르침도 있다.107)

그러면 선심소는 몇 개일까? 신信·참慚·괴愧·무탐無貪·무진無瞋·무치無癡·근勤·경안輕安·불방일不放逸·행사行捨·불해不害의 11개이다. 이제 선심소에 대해 자세하게 살펴보자.

1. 신信

신信(śraddhā)이란 믿을 신信 자로, 일반적으로 믿음이라고 번역한다. 그래서 부부간의 믿음, 부모와 자식 간의 믿음, 친구와의 믿음, 동료와의 믿음 등 인간관계로 이루어진 신뢰로 생각하기 쉽다. 물론 인간관계는 믿음(신뢰)이 전제되지 않으면 성립할 수 없기 때문에 믿음은 일상생활에서 매우 중요하다. 만약 우리가 서로 믿음을 갖지 못하고 불신한다면 모든 인간관계뿐만 아니라 그 사회체계가 무너지고 말 것이다.

다만 유식에서는 신信을 아주 넓은 의미로 사용한다. 먼저 신信의 범어 스라다(śraddhā)는 śrad-√dhā에서 파생한 것으로 동사어근 √dhā(~두다)+śrad(sat:진실)의 여성명사인데, '어떤 대상에 신信을 두다'라는 의미이다. 한역으로는 신信, 경신敬信, 신수信受, 정신淨信, 신념信念, 신앙信仰, 신뢰信賴, 신용信用 등으로 번역된다.

그러면 11개의 선심소 중에서 무엇 때문에 신信을 첫 번째에 배치했을까? 그 답은 감산스님의 주석에서 찾을 수 있다. 감산스님은 "세간

---

106) 김명우(2020), p.5.
107) 위의 논문, pp.4-5.

과 출세간의 업은 신을 근본으로 삼기 때문에 그것(信)을 처음에 배열했다."108)라고 하여 신의 중요성을 강조한다. 즉 신은 세속세계이든 깨달음의 세계이든 인간의 모든 행위(業)의 근본이라는 것이다. 이처럼 감산스님은 신信을 불교 공부(수행)의 근본이 되는 아주 중요한 개념으로 이해하고 있다.

그렇다면 먼저 『오온론』에서는 신을 어떻게 정의하고 있는지 살펴보자. 『오온론』(범본)에서는 "신이란 무엇인가? 〈신은〉 행위(業, karma)와 그 결과(果, phala), 〈사성제 등의〉 진리(satya), 〈불법승의〉 삼보(ratna)에 대해 완전히 일치〈하는 생각〉(abhisaṃpratyaya=符順·符合·一致·確信), 마음의 청정(cetasaḥ-prasādaḥ)을 본질로 하는 것이다."109)라고 정의한다. 다시 말해 『오온론』에서는 행위와 그 결과, 붓다의 가르침인 사성제 등의 진리, 불법승의 삼보에 한정해서 각각 부합(符順)하고, 그 결과 마음이 청정하게 되는 것을 신이라고 정의한다.110)

그런데 성철스님은 "이것은 설명할 필요가 없는 것입니다."라고 하여, 신에 대한 법문 자체를 생략한다. 또한 감산스님도 선심소 중에서 첫 번째로 배열한 이유만 설명할 뿐 신에 대해 별도로 주석하지 않는다. 따라서 이것에 대해서는 지욱스님의 『직해』를 중심으로 잠시 살펴보기로 한다.

---

108) 『백법논의』(X48, p.309c12-13), "世出世業以信爲本. 故首列之."
109) Li and Steinkeller(p.6, 5), "/śraddhā katamā/karmaphalasatyaratneṣvabhisaṃpratyayaś cetasaḥ prasādaḥ//"; 『오온론』(T31, 848c21-22), "謂於業果·諸諦·實中. 極正符順心淨爲性."
110) 『대승광오온론』(T31, 852a10-11), "云何信. 謂於業果諸諦寶等. 深正符順. 心淨爲性."["신이란 무엇인가? 업과(행위와 그 과보), 〈사성제 등의〉 모든 진리, 〈불법승의 삼〉보 등에 대해 깊고 바르게 부합하고, 마음의 청정을 본성으로 한다."]

"실實, 덕德, 능能을 깊게 인식하고(忍) 좋아하고(樂) 원하여(欲) 마음을 청정하게 하는 것을 본질로 하며, 불신을 대치하여 선법을 좋아하고(樂) 구하는 것(求)을 작용으로 삼는다."[111]

이것은 『성유식론』[112]의 주석과 거의 일치한다. 그러면 지욱스님의 주석에서 실實, 덕德, 능能이란 무슨 의미일까? 『성유식론』에 따르면, 신이란 첫째 실유신인實有信忍, 즉 진리의 실유를 믿고 아는 것이다. 둘째, 신이란 유덕신요有德信樂, 즉 삼보의 덕을 믿고 좋아하는 것(동경하고 구하는 것)이다. 셋째, 신이란 유능신욕有能信欲, 즉 자신의 능력을 믿고 의욕적으로 실행하고자 바라는 것이다.[113]

---

111) 『직해』(X48, p.343a2-4), "於實德能深忍樂欲. 心淨而爲性. 對治不信. 樂求善法而爲業用."
112) 『성유식론』(T31, p.29b19-20), "於實德能深忍樂欲心淨爲性. 對治不信樂善爲業."["신이란 실實, 덕德, 능능을 깊게 알고(忍) 좋아하고(樂) 원하여(欲) 마음의 청정을 본질로 하며, 불신에 대치되는 선을 좋아하는 것(樂)을 작용으로 삼는다."] ; 『집론』[범본 Gokhale(p.16, 7)]에서는 "/śraddhā katamā/ astitvaguṇavattvaśakyatveṣv abhisaṃpratyayaḥ/ prasādo'bhilāṣaḥ/ chanda saṃniśrayadānakarmikā//"["신이란 무엇인가? 존재하는 것(有性, astitva), 덕을 가진 것(有德性, guṇavattva), 능력이 있는 것(有能性, śakyatva)에 대해 인가(忍可, abhisaṃpratyaya=信認), 청정(清淨, prasāda), 의사(意思, abhilāṣa=希望)인 것이다. 〈또한〉 신은 욕(chanda)의 의지처를 작용으로 삼는다."] 라고 하고, 한역 『집론』(T31, 664b6-7)에서는 "何等爲信. 謂於有體有德有能忍可清淨希望爲體. 樂欲所依爲業."["무엇을 신이라고 하는가? 유체·유덕·유능에 대해 인가·청정·희망을 본질로 한다. 좋아해서 바라는 것(욕)의 의지처가 되는 것을 작용으로 삼는다."]라고 신을 정의한다. 자세한 것은 〈김명우(2020)〉를 참조하기 바란다.
113) 『성유식론』(T31, p.29b20-25), "然信差別略有三種. 一信實有. 謂於諸法實事理中深信忍故. 二信有德. 謂於三寶眞淨德中深信樂故. 三信有能. 謂於一切世出世善深信有力能得能成起希望故."["그런데 신을 구별하면 대략 3종류이다. 첫째는 실유를 믿는 것이다. 이른바 제법의 현상과 도리에 대해 깊이 믿어 아는 것이다. 둘째는 덕이 있음을 믿는 것이다. 이른바 삼보의 진실하고 청정한 것에 대해 깊이 믿어 좋아하기 때문이다. 셋째는 능력이 있음을 믿는 것이다. 이른바 일체의 세간 및 출세간의 선에 대해 힘이 있어 능히 획득할 수 있고 성취할 수 있다고 깊이 믿어 희망을 일으키기 때문이다."]

부연하면 무상·연기·사성제 등의 진리를 이성(지성)으로 아는 것이 신이고, 부처님과 그 가르침 그리고 그 가르침을 믿고 따르는 불법승의 삼보를 동경하고 구하는 것(감정)이 신이다. 그리고 지성으로 진리를 알고 불법승의 삼보를 동경하는 감정을 품고 자신도 수행할 수 있는 능력이 있으며 그것을 실천하려고 하는 것(의지)도 신이다. 이처럼 실(실유)·덕(삼보)·능(능력)을 우리가 지성(이성·합리)으로서 알고, 원하고 바라서(감정), 그것을 실행하고자 하는 것(의지)이 유식에서 말하는 신의 의미라고 할 수 있다.[114] 다시 말해 신은 지성·감성·의지의 산물로서, 지욱스님은 이를 통해 '마음이 청정하게 된다(心淨·citta-prasāda)'고 하는 것이다.

서양종교에서는 신信을 지성이나 합리성과는 거리가 먼 비합리적이고 신비적인 힘이나 신神을 맹목적으로 믿는 것으로 생각하는 경향이 있다. 그래서 독일의 종교철학자 슐라이어마허도 종교를 '절대 의존의 감정'이라고 정의한 것이다. 이것은 유식에서 말하는 유덕신요有德信樂, 즉 감정(감성)만을 신信으로 간주하는 것에 해당한다. 하지만 부처님은 신神에 대한 맹신을 강하게 비판한다. 부처님은 신神에 대한 맹신으로 인해 인간의 도덕적 본성이 손상되었다고 보았다. 기독교 문화권에서의 도덕과 종교의 갈등은 『구약성서』에서 전형적으로 나타난다. 예컨대 아브라함(Abraham)은 그의 아들을 번제燔祭하라는 신의 명령을 받았으며,[115] 사울(Saul, 이스라엘의 초대 왕)은 신에게 그의 포로들을 무자비하게 학살하도록 요구받았다.

"만군의 여호와께서 하시는 말씀이오. 아말렉 사람들이 이스라

---

[114] 김명우(2009), p.161.
[115] 『구약성서』, 「창세기」 22장, 1-2절.

엘 사람들에게 한 짓, 즉 이집트에서 올라오는 이스라엘을 공격한 그 일 때문에 나는 그들에게 벌을 내리기로 한다. 그러니 너는 당장 가서 아말렉을 치고 그 재산을 사정 보지 말고 모조리 없애라. 남자와 여자, 아이와 젖먹이, 소 떼와 양 떼, 낙타와 나귀 할 것 없이 모조리 죽여야 한다."116)

아브라함은 신의 명령에 따르려 하였고, 사울은 신의 명령에 따랐지만, 가축은 죽이지 않고 자기들의 것으로 취하였다. 그러나 부처님은 종교라는 미명 아래에 우리의 삶에 스며들어 영성의 불꽃을 거의 없애버릴 정도로 만연한 잘못된 소견들에 대해 가슴 아파했다.117) 이처럼 부처님은 신信과 맹신盲信을 분명하게 구별하여 우리에게 제시한다. 게다가 유식사상에서는 앞서 말했듯이 신信을 3가지 측면에서 분석한다. 서양의 종교와 비교하면 유식에서의 신信에 대한 정의가 얼마나 독창적이고 논리적이며 분석적인지 알 수 있다.

참고로 『집론』, 『대승광오온론』 등에서는 신을 "욕欲(chanda)의 의지처를 작용으로 삼는다."118)라고 정의하는데, 이른바 신이 욕의 원인이라는 것이다. 그러면 신이 어떻게 욕의 의지처가 되는가? 그 이유를 알려면 승해·신·욕·근(정진)의 관계를 밝혀야 한다. 우선 신의 의지처는 '승해'이다. 즉 신은 승해를 의지처로 삼아 생긴다. 앞서 말했듯이 승해란 어떤 대상이나 상태를 의심하지 않고 확신하여 자신의 마음속에 그것을 각인하고 계속해서 유지하려고 하는 것이며, 다른 조건(他緣)에 이끌

---

116) 『구약성서』, 「사무엘상」 15장, 2-3절.
117) 김명우(2009), p.162.
118) Gokhale(p.16, 1-2), "/chanda samniśrayadānakarmikā//"; 『집론』(T31, p.664b7), "樂欲所依爲業."

려 자신이 가지고 있는 생각·신념·가치관을 바꾸거나 버리지 않는 마음작용이다. 그런데 『직해』와 『성유식론』에서는 결정된 대상에 대해 '유예하는 것'은 승해가 아니라고 한다. 왜냐하면 유예한다는 것은 확신하지 못하고 '주저한다'는 뜻으로, A를 A, B를 B라고 확실하게 단정하지 못하고 '의심'하기 때문이다. 결국 의심하는 대상에는 결코 승해가 일어나지 않는다는 것이다. 그래서 승해를 신심信心·신해信解라고도 한다. 다만 유식에서의 신은 무조건 믿고 따르는 것이 아니라 이해(解)를 바탕으로 생기는 것이다. 따라서 유식의 입장에서 보면 이웃 종교에서 말하는 '무조건 믿으면 병도 낫고 천국에 간다'는 것은 진정한 신(믿음)도 아니고, 더구나 진정한 의미의 승해도 아니다. 또한 앞서 '욕의 의지처'라는 『집론』의 구절을 인용했는데, 욕은 신에 의지해서 생긴다는 것이다. 나아가 『집론』에서는 욕을 "정근(정진)의 의지처가 되는 작용을 갖는다."[119]라고 정의하는데, 이른바 욕이 '근의 의지처'라는 것이다. 나중에 설명하겠지만, 근勤이란 우리가 선을 닦고 악을 끊는 것에 노력(정진)하는 용감한 마음작용이다. 다만 근은 정진精進 또는 노력의 의미로서 노력하는 그 자체는 선악 어느 쪽도 아니다. 게다가 범어 찬다(chanda)를 현장이 욕欲이라고 한역하여 인간이 버려야 할 욕망이나 욕구로 생각하기 쉽지만, 사실 욕은 선법욕善法欲(좋은 바람)과 불선욕不善欲(나쁜 바람)의 양쪽으로 다 작용하기 때문에, 우리의 마음이 선법욕으로 작용할 수 있게 부단한 수행이 필요한 것이다. 즉 그 노력(정진)이 부처님의 가르침이나 진리 추구로 향해야 한다는 것이다. 이처럼 욕은 용맹하게 노력(정진)하는 실천 수행의 근거가 되는 중요한 심소이다.

정리하면, 대상에 대해 확실하게 이해하는 마음작용인 승해에서 신

---

[119] 『집론』(T31, p.664a29), "正勤所依爲業."

이 생기고, 그 신에는 반드시 욕(바람)이 동반한다. 그러므로 승해와 욕은 신의 원인과 결과가 된다. 즉 승해가 신의 원인이 되고, 욕은 신의 결과가 되는 것이다. 바꾸어 말하면 승해와 욕에 의해 신은 성립한다고 할 수 있다. 결국 확실하게 이해하여 단정하는 것(승해)에서 신이 생긴다는 것이다. 그리고 이렇게 생긴 신은 반드시 욕을 동반한다. 욕이 생기면 인간은 노력하고자 하는 마음작용인 근勤이 생긴다. 즉 수행을 하게 된다. 이처럼 승해·욕·정진(근)은 신과 깊은 관계가 있으며, 신은 수행할 때나 일상생활에서 중요한 역할을 하는 마음작용이라고 할 수 있다.

2. 참慚·괴愧

윤동주 시인이 〈서시〉에서 "죽는 날까지 하늘을 우러러 한 점 **부끄러움** 없기를"라고 하였듯이, 우리는 살아가면서 잘못을 했을 때 '아! 부끄럽네'라고 술회述懷한다. 다시 말해 자신의 잘못을 마음속에서 진심으로 부끄러워한다. 그런데 부끄러워하는 마음작용은 갑자기 생기거나 하늘에서 떨어진 것이 아니다. 마음속에서 무언가를 기준으로 삼아 부끄러워한다. 도대체 부끄러워하는 마음작용은 무엇을 기준으로 삼는가? 아마도 자기 자신, 즉 스스로 기준을 삼거나 또는 세상 사람들의 시선이나 평판을 기준으로 삼아 부끄러워한다. 유식에서는 전자를 참, 후자를 괴라고 한다.

참慚(hrī)과 괴愧(apatrāpya)란 부끄러워할 참慚, 부끄러워할 괴愧 자로, 둘 다 부끄러워하는 마음작용(羞恥心所)이다. 그런데 둘은 차이가 있다. 먼저 참이란 자신 또는 부처님의 가르침을 기준으로 삼고 그것에 비추어보아 자신의 행동에 대해 '스스로' 부끄러워하는 마음작용(自慚心所)이다. 영어로 말하면 self-respect, inner shame일 것이다. 반면 괴란 세상의 규범이나 '타인'의 시선에 비추어 자신의 잘못된 행동이나 악행을 부끄러워하는 마음작용(他愧心所)이다. 영어로 말하면 modesty, shame, dread of blame일 것이다. 둘을 간단하게 구별하자면 참이란 내면적이고 자율적인 부끄러움이고, 괴란 세상의 평판이나 비난, 체면에 비추어 부끄러워하는 타율적인 마음작용이라고 할 수 있다.

그래서 성철스님도 참에 대해 "스스로 부끄러워하는 것"이라고 정의하는데, 이것은 감산스님의 주석에서 자참自慚을 발췌하여 인용한 것이다. 이어서 성철스님은 참에 대해 다음과 같이 법문한다.

> "남이 있든 없든, 남이 알든 모르든, 내가 스스로 부끄러운 생각을 내는 것"[120)

이에 따라 앞서 필자도 참을 스스로 부끄러워하는 마음작용이라고 한 것이다. 반면 괴에 대해 성철스님은 "남에게 부끄러워하는 것"이라고 정의하는데, 이것은 감산스님의 괴타愧他를 발췌하여 인용한 것으로 생각된다. 성철스님은 괴에 대해 다음과 같이 법문한다.

> "다른 사람을 대할 때 그 사람을 보고 내가 이런 허물을 지었으니 부끄럽다고 생각하는 것"[121)

이에 따라 앞서 필자도 괴를 타인의 시선에 비추어 부끄러워하는 마

---

120) 성철(2014), p.317.
121) 위의 책, p.317.

음작용이라고 한 것이다. 성철스님의 법문은 감산스님의 주석 일부를 발췌한 것으로 보이는데, 그러면 이제 감산스님의 주석을 살펴보자.

"참이란 <u>스스로 부끄러워하는 것이다</u>. '나는 이와 같이 장부의 모습(形)이고, 또한 교법(불교의 가르침)을 이해했는데, 어떻게 감히 나쁜 짓을 하겠는가!'라고 말하는 것이다. 부끄러워하는 마음이 있으므로, 나쁜 행동(악행)을 스스로 멈춘다."[122]

"<u>괴는 타인을 〈의식한〉 부끄러움이다</u>. 이른바 타인의 비웃음·비난(譏呵)[123]이 두려워 악인과 친하지 않고, 나쁜 일을 하지 않는 것이다. 그래서 경전(『대반열반경』)에서 '참과 괴가 있는 자는 가히 사람'이라고 할 수 있다. 이미 신심(信心)을 갖추고 참괴를 더하면 선법은 저절로 이루어진다."[124]

감산스님에 의하면, 참이란 스스로 부끄러워하며 악행을 스스로 멈추게 하는 것이다. 즉 참이란 스스로 부끄러워하는 마음작용으로서, 그 결과 악행을 스스로 멈추게 한다는 것이다. 괴도 참과 마찬가지로 부끄러워하는 마음작용이지만, 참과 다른 점이 있다. 감산스님은 타인의 비웃음·비난이 두려워 악인과 친하지 않고 나쁜 일을 하지 않는 것, 다시 말해 타인을 의식한 부끄러움이라고 주석한다. 특히 감산스님은

---

122) 『백법논의』(X48, p.309c13-14), "慚者. 謂自慚. 云我如此丈夫之形. 又解敎法. 敢作惡耶. 有此慚心. 則惡行自止."
123) 나무랄·비웃을 기譏, 꾸짖을 가呵.
124) 『백법논의』(X48, p.309c14-17), "愧者. 愧他. 謂恐人譏呵. 故不親惡人. 不作惡事. 經云. 有慚愧者. 可名爲人. 旣具信心. 加增慚愧. 則善法自成矣."

『대반열반경』을 인용하여 '참·괴가 있는 자를 사람'이라고 주석하는데, 이 말은 결국 참·괴가 없는 자는 사람이 아니라는 아주 극단적인 표현이다. 나아가 감산스님은 참·괴를 갖추면 선은 저절로 이루어진다고 한다. 즉 자연스럽게 마음이 청정하게 된다는 것이다. 지욱스님은 참에 대해 다음과 같이 주석한다.

"자신과 법(가르침=진리)에 의지하여 존귀와 증상을 생기시켜 현인과 선인을 숭상하고 존중하므로 말미암아 수치羞恥의 과오過惡를 감히 하지 않는 것을 본질로 삼는다. 개별적으로는 무참(부끄러워하지 않음)을 대치(반대)하고 통괄적으로는 모든 악행을 멈추게 하는 것을 작용으로 삼는다."[125]

그리고 괴에 대해서는 다음과 같이 주석한다.

"세간과 타인의 꾸짖음과 싫어함의 증상(힘)에 의지하여 난폭하고 악함(暴惡)을 낮게 보고 거부함(輕拒)으로써, 이로 말미암아 수치의 과죄(잘못된 죄)를 감히 하지 않는 것을 본질로 삼는다. 개별적으로는 무괴를 대치하고 통괄적으로는 모든 악행을 멈추게 하는 것(息)을 작용(業)으로 삼는다."[126]

---

[125] 『직해』(X48, p.343a10-12), "依于自身及法. 生于崇貴增上. 由斯尊尙敬重賢善. 羞恥過惡而不敢爲. 而爲體性. 別則對治無慚. 通則息諸惡行以爲業用."
[126] 『직해』(X48, p.343a12-15), "依世間他人訶厭增上. 輕拒暴惡. 由此羞恥過罪而不敢爲. 而爲體性. 別則對治無愧. 通亦則息諸惡行. 以爲業用."

참고로 지욱스님의 주석은 『성유식론』[127]의 입장을 충실하게 계승하는데, 참은 자신과 법에 근거하여 부끄러워하고 현인을 존중하고 선법을 공경하는 것이며, 괴는 타인의 비난이나 세간의 소문 등을 걱정하여 포악함을 낮게 보고 거부하여 죄를 짓지 않는 것이라고 한다. 그 결과 참·괴의 심소는 공통적으로 악행을 제어하는 근거가 된다고 주석한다.

반복되는 감이 들지만, 『백법논의』, 『성유식론』 및 『오온론』[128]에 증상增上, 즉 자증상自增上(ātma-adhipati), 법증상法增上(dharma-adhipati), 세증상世增上(loka-adhipati)이라는 말이 등장하기에 보충 설명을 덧붙이고

---

[127] 『성유식론』(T31, p.29c16-19), "依自法力崇重賢善爲性. 對治無慚止息惡行爲業. 謂依自法尊貴增上. 崇重賢善羞恥過惡. 對治無慚息諸惡行. 依世間力輕拒暴惡爲性. 對治無愧止息惡行爲業. 謂依世間訶厭增上. 輕拒暴惡羞恥過罪. 對治無愧息諸惡業." ["참이란 자신(自)과 진리(法)의 힘에 의지하여 현인賢人과 선善을 존중하는 것을 본질로 하고, 무참(부끄러워하지 않음)을 대치(반대)하여 악행을 멈추는 것(止息)을 작용으로 삼는다. 이른바 자신과 법을 존귀하게 여기는 증상력(힘)에 의지하여 현인과 선법을 존중하고 과악(잘못과 악함)을 부끄럽게 해서 무참을 대치하여 모든 악행을 멈추게 한다. 괴愧는 세간의 힘에 의지하여 난폭하고 악함(暴惡)을 낮게 보고 거부하는 것(輕拒)을 본질로 하며, 무괴를 대치하여 악행을 멈추는 것(止息)을 작용으로 삼는다. 이른바 세간에서 꾸짖고 싫어하는 증상력에 의지해서 난폭함과 악을 낮게 보고 거부하여 과죄(잘못과 죄)를 부끄럽게 해서 무괴를 대치하여 모든 악업을 멈추게 한다."]

[128] 참에 대해 "무엇을 참이라고 하는가? 자신의 증상(自增上) 및 법의 증상(法增上)에 의해 죄 짓는 것에 대해 부끄럽게 여기는 것(수치)을 본성으로 하는 것이다." 『오온론』(T31, p.848c22-23), "云何爲慚. 謂自增上及法增上. 於所作罪羞恥爲性."]라고 하였고, 범본에서는 "⟨그것은⟩ 자신이 가진 강한 힘(自增上, ātma-adhipati) 이나 ⟨부처님의⟩ 가르침이 가진 강한 힘(法增上, dharma-adhipati)에 의해 ⟨자신이⟩ 범한 죄에 대하여 부끄러워하는 것(kṛtvā-avadyena lajjā)을 본질로 하는 것이다." [Li and Steinkeller(p.6, 7-8), "ātmānaṃ dharmaṃ vādhipatiṃ kṛtvā 'vadyena lajjā//"]라고 하였다. 괴에 대해서는 "세간의 증상(世增上)에 의해 죄 짓는 것에 대해 부끄럽게 여기는 것을 본성으로 하는 것이다." [『오온론』T31, p.848c24-25), "云何爲愧. 謂世增上. 於所作罪羞恥爲性."]라고 하였고, 범본에서는 "⟨그것은⟩ 세간의 ⟨눈⟩이라는 강한 힘(世增上, loka-adhipati)에 의해 ⟨자신이⟩ 범한 죄에 대하여 부끄러워하는 것을 본질로 하는 것이다." [Li and Steinkeller(p.6, 9-10), "apatrāpyaṃ katamat/lokam adhipati kṛtvā 'vadyena lajjanā/"]라고 하였다.

자 한다. 아비달마 문헌인 『아비달마집이문족론阿毘達磨集異門足論』에서 3종류의 '증상'에 대해 기술한 것을 살펴보고자 한다. 먼저 자증상自增上에 대해 다음과 같이 정의한다.

"자증상이란 어떤 것인가? (…) 모든 비구가 수행에 적합한 장소(아란야)나 나무 밑, 사람이 없는 조용한 장소에서 배워야 할 법을 배우면서 다음과 같이 생각해야 한다. '나는 세속을 싫어하여 바른 신심을 가지고 출가하였기 때문에 모든 악을 탐하는 원인이 되는 좋지 않은 생각을 일으켜서는 안 된다. 〈언제나 자신을 관찰하여〉 이러한 좋지 않은 생각(심사)이 일어나지 않도록 해야만 한다.' (…) 그(비구)는 〈이와 같은〉 자신이 가진 강한 힘(자증상)으로 말미암아 불선을 끊고, 선법을 닦을 수가 있다. 이러한 자신의 강한 힘의 세력(自我增上勢力)이 선의 유루도 혹은 무루도를 일으킨다. 이것을 자증상이라고 이름 붙였다."[129]

즉 자증상이란 '스스로 자신을 관찰할 수 있는 강력한 힘'이라고 정의한다. 그리고 '법증상'에 대해서는 다음과 같이 설명한다.

"법증상法增上이란 어떤 것인가? (…) 모든 비구가 수행에 적합한 장소에 머물러 있거나 혹은 나무 아래 머물러 있거나 혹은 조용한 데에 머물러 있으면서 배워야 할 법을 배우며 생각하기를, '모

---

[129] 『아비달마집이문족론』(T26, 390b27-c7), "自增上云何 (…) 有諸苾芻居阿練若. 或在樹下或住空閑. 學所學法應作是念. 我已厭俗正信出家. 不應復生不善尋伺. (…) 彼由自我增上力故. 能斷不善. 修諸善法. 如是自我增上勢力. 起善有漏或無漏道. 名自增上."

든 여래如來·응공應供·정등각正等覺께서 설하신 법은 뛰어난 가르침(善說)으로 나타나고(現見), 모든 번뇌를 여의고 순응할 때, 관찰하고 맛보게 하여 지혜 있는 이가 내증을 얻게 한다. 이러한 바른 법을 나는 이미 분명히 알고 있다. (…) 그(비구)는 바른 법(正法)의 강한 힘(增上)으로 말미암아 불선을 끊고 선법을 닦게 된다. 이러한 바른 법의 강한 힘의 작용(正法增上勢力)이 선의 유루도 혹은 무루도를 일으킨다. 이것을 법증상이라고 이름 붙였다."[130]

즉 법증상이란 모든 여래·응공·정등각이 깨달음을 얻은 후, 그 깨달음을 설한 가르침(법)의 힘이라고 정의한다. 이처럼 참이란 자신과 법(불교의 가르침)에 근거하여 자신을 평가·반성하고, 자신이 범한 죄를 부끄러워하는 것이라고 할 수 있다. 그리고 세증상은 괴와 관련하는 것이다. 세증상世增上에 대해 『아비달마집이문족론』에서는

"세증상이란 어떤 것인가? 답하기를, '지금 이 세간에는 많은 사람이 있고, 그 사람들이 모이는 장소에는 반드시 천신이 있다. 〈천신은〉 천안통·타신통을 지니고 있고, 가까이 있든 멀리 있든 모든 것을 간파할 수 있다. 마음이 뒤떨어졌는지, 뛰어났는지'를 실로 알 수 있다. 만약 내가 모든 악을 탐하는 원인이 되는 좋지 않은 생각을 일으키면 천신들은 〈이런〉 나의 생각을 간파하여, 서로에게 다음과 같이 말할 것이다. '지금 우리는 함께 선한 남자를

---

[130] 『아비달마집이문족론』(T26, p.390c7-18), "法增上云何 (…) 有諸苾芻居阿練若. 或在樹下或住空閑. 學所學法應作是念. 一切如來應供正等覺所說之法. 善說現見. 離諸熱惱隨順應時. 來觀來嘗智者內證. 如是正法我已了知. (…) 彼由正法增上力故. 能斷不善修諸善法. 如是正法增上勢力. 起善有漏或無漏道. 名法增上."

보았다. 그는 이미 세속을 싫어해서 바른 신심을 가지고 출가하였다. 어째서 다시 모든 악을 탐하는 원인이 되는 좋지 않은 생각을 일으키는 것일까?' 하였다. (…) 〈똑같이 세간에는 천안통·타심통을 지닌 부처나 불제자가 있다.〉 저(비구는) 〈이와 같은〉 세간〈의 눈〉이라는 강한 힘의 작용(증상력)으로 말미암아 불선을 끊고, 모든 선법을 닦을 수 있다. 이러한 세간의 강한 힘의 작용(世間增上勢力)이 선의 유루도 혹은 무루도를 일으킨다. 이것을 세증상이라고 이름 붙였다."131)

이처럼 세증상이란 '모든 것을 관통하는 능력을 가진 신·부처·보살, 그리고 세상 사람이 보는 힘'을 말한다. 그러므로 괴는 모든 것을 관통하는 능력을 가진 신·부처·보살 및 세상 사람이 나를 보고 있다고 생각하여, 이에 비추어 자신이 범한 죄에 대해 부끄러워하는 마음작용이라고 해석할 수 있을 것이다.

그래서 필자는 자증상을 '자신을 관찰하는 힘', 법증상을 '부처님의 가르침을 관찰하는 힘', 세증상을 '타인을 관찰하는 힘'이라고 정의하였다. 그리고 자증상과 법증상은 참에 관여하는 것이고, 세증상은 괴에 관여하고 있음을 알 수 있다.132) 이처럼 참·괴를 3가지 증상으로 주석

---

131) 『아비달마집이문족론』(T26, p.390b6-27), "世增上云何 (…) 今此世間有多眾集. 夫眾集處必有天神. 成就天眼具他心智. 若近若遠皆能觀見. 心劣心勝悉能了知. 我若發生不善尋伺. 能為諸惡耽嗜所依. 則諸天神現知見我. 既知見已互相謂言: 今應共觀此善男子. 已能厭俗正信出家. 云何復生不善尋伺. 能為諸惡耽嗜所依 (…) 彼由世間增上力故. 能斷不善.修諸善法. 如是世間增上勢力. 起善有漏或無漏道. 名世增上." 원문에 대한 전체 번역은 한글대장경(『아비달마집이문족론』, 송성수 번역)을 참조하기 바란다.

132) 『대비바사론』과 『현양성교론』(T31, p.481b26-c1) 등에서는 3가지 증상에 대해, "列舉三種增上: 自增上, 指自己之增上力, 如不起惡業, 故不墮惡趣. 世增上, 指世間

하는 것은 거의 모든 유식 논서에서 계승하고 있다.

다시 본론으로 돌아가자. 이처럼 부끄러움(참·괴)은 인간이 인간다움을 확인하는 가장 중요한 마음작용이라고 말할 수 있다. 동물에게는 부끄러움이 없다. 그래서 우리는 나쁜 짓을 한 사람에게 '짐승 같은 놈' 또는 '짐승보다 못한 놈'이라고 비난하는 것이다. 이런 이유에서 『유교경遺敎經』에서는

"부끄러워하는(慚) 〈마음은 낙엽을 모으는〉 쇠갈퀴와 같아서 능히 사람의 그릇된 법(非法)을 제압한다. 그러므로 〈수행자는〉 항상 부끄러워하여 잠시도 〈수행을〉 게을리하지 말아야 한다. 만약 부끄러워하는(慚恥) 〈마음을〉 여의면 모든 공덕을 잃어버린다. 부끄러움(愧)이 있는 사람은 선한 법을 지닐 수 있다. 만약 부끄러움이 없는 사람(無愧)이라면 금수와 다를 바가 없다."[133]

라고 한 것이다. 또한 부처님은 인간세계에 부끄러움(참·괴)이 있기 때문에 축생세계와 같은 혼란과 혼돈이 없다고 한다.

"두 가지 깨끗한 법이 있어 능히 세간을 보호한다. 어떤 것이 두 가지인가? 이른바 참·괴이다. 가령 이 세간에 이 두 가지 깨끗한 법이 없다면, 세간은 부모·형제·자매·처자·종친·사장師長(가르

之增上力, 如善業引致世間之讚歎, 惡業引致世間之譏毀. 法增上, 指正法之增上力, 如爲護持正法而不起惡業, 且不令諸世間輕毀正法."으로 정의하고 있다.
133) 『불수반열반약설교계경(佛垂般涅槃略說敎誡經)』(T12, p.1111b6-9), "慚如鐵鉤, 能制人非法. 是故常當慚恥. 無得暫替. 若離慚恥, 則失諸功德. 有愧之人, 則有善法. 若無愧者, 與諸禽獸無相異也."

치고 이끄는 사람)·존비尊卑의 순서(序)가 있음을 알지 못해서, 전도되고 혼란하게 되어 축생계와 같을 것이다. 참·괴라는 두 가지 깨끗한 법이 있기 때문에, 세간은 부모 (내지) 사장과 존비의 순서가 있음을 알게 되는 것이다. 그러므로 축생계와 같이 혼란스럽지 않는 것이다."134)

이처럼 경전에서는 인간과 동물의 차이를 참·괴가 있는가, 없는가로 구별할 정도로, 참·괴는 인간(불자)이 가져야 할 중요한 마음 수행의 덕목이기도 하다.

3. 삼선근三善根

불교에서는 수행자의 수행을 방해하는 최대 훼방꾼을 삼독三毒이라고 한다. 삼독이란 탐·진·치를 말한다. 독이 사람을 죽이는 것처럼 수행자의 수행을 방해하기 때문에 이런 이름이 붙었다. 이에 반해 무탐·무진·무치는 3가지 선한 뿌리라는 의미로 삼선근三善根이라고 한다. 즉 선한 마음작용이다. 이런 이유로 감산스님도 다음과 같이 주석한다.

"탐·진·치의 세 가지 〈심소는〉 바로 근본번뇌이다. 또는 〈이것들을〉 삼독三毒이라고 한다. 선을 행하는 사람이 이 삼독을 끊지

---

134) 『잡아함경』(T2, p.340c23-28), "有二淨法能護世間. 何等爲二. 所謂慚愧. 假使世間無此二淨法者. 世間亦不知有父母兄弟姉妹妻子宗親師長尊卑之序. 顚倒渾亂如畜生趣. 以有二種淨法所謂慚愧. 是故世間知有父母. 乃至師長尊卑之序. 則不渾亂如畜生趣."

않고서 어떻게 선하다고 할 수 있겠는가. 그러므로 그것(삼독)을 모두 없애야 한다. 만약 이 삼독이 없으면 삼선근이라고 한다."¹³⁵)

다만 감산스님은 무탐·무진·무치의 삼선근에 대해서는 구체적으로 주석하지 않고, 단지 삼독을 끊으면 삼선근이라고 할 뿐이다. 즉 삼독을 제거하면 저절로 삼선근에 이른다는 것이다. 이처럼 삼독, 즉 삼불선근三不善根과 삼선근은 제로섬 관계에 있다고 할 것이다.

1) 무탐無貪

삼선근의 첫 번째인 무탐無貪(alobha)은 a(부정어)-√lubh(탐하다·미혹하다)에서 파생한 것이다. 범어 아로바(alobha)의 한역인 무탐은 없을 무無, 탐할 탐貪 자로, '탐함이 없다'¹³⁶⁾는 뜻이다. 무탐이란 삼독 중의 하나인 탐貪의 반대말로, 요즈음 말로 하면 탐욕·욕망 등이 없는 마음작용이라고 할 수 있다. 구체적으로 말하면 무탐이란 생사 유전하는 자신과 자신이 살아가는 데 필요한 것인 재물 등에 대해 집착하지 않는 마음작용이라고 할 수 있다. 그래서 성철스님은 무탐無貪을 "탐심이 없는 것"¹³⁷⁾이라고 정의한 것 같다. 감산스님은 별도로 주석하지 않았기에 지욱스님의 주석을 살펴보자.

"삼유(삼계의 존재) 및 삼계에 존재하게 도우는 것(三有資具)에 대해

---

135) 『백법논의』(X48, p.309c17-19), "貪·瞋·癡三者. 乃根本煩惱. 亦名三毒. 作善之人. 此三不斷. 何以爲善. 故皆無之. 若無此三毒. 是爲三善根."
136) 영어로는 non-greed, absence of greed, avoidance of attachment 등일 것이다.
137) 성철(2014), p.317.

염착하지 않는 것을 본질로 하며, 개별적으로는 탐착을 대치하고 통괄적으로는 능히 많은 선을 짓는 것을 작용으로 한다."[138]

지욱스님의 주석은 『성유식론』[139]의 입장을 반영한 것인데, 여기서 삼유三有란 삼계에 존재하고 있다는 것(윤회하는 존재)을 말한다. 구체적으로는 인간세계에 존재하고 있는 '자신'을 말한다. 그리고 삼유자구三有資具란 욕계·색계·무색계의 삼계에서 존재(인간)를 살아가게 도와주는 갖가지의 부수적인 것인 세계·업·번뇌·재물 등을 말한다. 이처럼 무탐이란 자신 및 그것에 부수하는 것에 집착하지 않고 애착하지 않는 것을 말한다. 구체적으로 말하면 자신과 자신이 가지고 있는 것에 집착함이 없는 마음작용이라고 할 수 있다. 무착보살의 저작인 『집론』에서는 무탐의 부수적인 작용을 '악행을 일으키지 않는 의지처'[140]라고 하고, 『성유식론』과 『직해』에서는 무탐의 부수적인 작용은 '선을 짓게 하는 것'이라고 하여, 주석상의 차이가 나는 것처럼 보인다. 하지만 두 주석의 내용에는 차이가 없다. 왜냐하면 악행을 일으키지 않는다는 것은 곧

---

138) 『직해』(X48, p.343a15-17), "于三有及三有資具. 無所染著. 而爲體性. 別則對治貪著. 通則能作衆善. 而爲業用."
139) 『성유식론』(T31, p.30a4-5), "於有有具無著爲性. 對治貪著作善爲業."["유와 유구유구(유의 원인)에 대해서 탐착貪著하지 않는 것을 본질로 하고, 탐착을 대치해서 선을 짓는 것을 작용으로 삼는다."]
140) 『집론』(T31, p.664b9-11), "何等無貪. 謂於有有具無著爲體. 惡行不轉所依爲業."["유와 유구에 대한 무집착이며, 악행을 일으키지 않는 의지처이다."] ; 『오온론』[범본 Steinkellne(p.6,11)], "/alobhaḥ katamaḥ/lobha-pratipakṣo nirvid anāgrahaḥ//"["무탐이란 무엇인가? 탐욕을 제거하는 것(대치, lobha-pratipakṣa)이고, 심저心底에서 〈탐욕의 원인을〉 혐오하며(nirvid), 〈모든 것에〉 집착하지 않게 하는 것(anāgraha)을 본질로 하는 것이다."] ; 한역 『오온론』(T31, p.848c25), "謂貪對治, 令深厭患無著爲性."["탐욕을 대치(對治, 반대·제거)하는 것이니, 깊이 싫어하고 근심하여 집착하지 않음을 본성으로 하는 것이다."]라고 정의한다.

선한 행위를 하겠다는 것과 같은 의미이기 때문이다. 그리고 앞서 언급했듯이, 탐과 무탐은 제로섬 관계에 있다.

2) 무진無瞋

삼선근의 두 번째인 무진無瞋(adveṣa)은 a(부정어)-√dviṣ(~을 미워하다.·~~에 대해 성내다.)에서 파생한 명사이다. 한역의 무진이란 없을 무無, 성낼 진瞋 자로, '성냄이 없다'는 뜻이다.[141] 그러면 누구에게 성냄이 없는 것인가? 그것은 바로 자신의 마음에 들지 않는 타인이나 대상에게 성냄이 없다는 것이다. 결국 무진이란 나를 힘들게 하거나 괴롭게 하는 것에 대해 분노하지 않는 마음작용이라고 할 수 있다. 이것은 분노하는 마음작용인 진瞋의 반대이다. 그래서 성철스님은 무진을 타인에 대해 "성내는 것이 없다."고 법문한 것이다. 감산스님은 주석하지 않았기에 지욱스님의 주석을 중심으로 살펴보자.

> "삼계의 괴로움 및 삼계의 존재를 돕는 것에 대해 성내지 않는 것을 본질로 하고, 개별적으로 진에(성냄)를 대치하고 통괄적으로 능히 많은 선을 짓는 것을 작용으로 삼는다."[142]

이것은 『성유식론』[143]의 입장을 반영한 것인데, 여기서 삼고三苦란 삼

---

141) 영어로는 non-hatred, absence of hatred일 것이다.
142) 『직해』(X48, p.343a17-18), "於三苦及三苦資具. 無所憎恚而爲體性. 別則對治瞋恚. 通則能作衆善. 而爲業用."
143) 『성유식론』(T31, p.30a5-6), "於苦苦具無恚爲性. 對治瞋恚作善爲業."["고고와 고구고구(괴로움을 생기게 하는 원인)에 대해 성내지 않는 것을 본성으로 하고, 진에瞋恚(성냄)를 대치(반대)하여 선을 짓는 것을 작용으로 삼는다."]

계의 괴로움을 말하고, 삼고자구三苦資具란 삼계에서 괴롭게 하는 것을 돕는 것을 말한다. 따라서 무진이란 괴로움과 괴로움에 수반하는 것에 대해 분노(瞋)하지 않는 마음작용이라고 할 수 있다. 지욱스님에 의하면 그 작용은 무탐과 동일하게 '선을 짓게 하는 것'이다.

그렇다면 무진은 어떻게 생길까? 진이 나를 괴롭게 하는 것에 대해 사랑과 연민(자비)의 마음이 없어서 생긴다면, 무진은 다른 존재에 대해 사랑과 연민의 마음이 있으면 생긴다. 즉 성냄(분노)이 사라지고 무진이 생긴다는 것이다. 그래서 무진에 대해 『오온론』(한역)에서는 "분노하는 것에 대치하는 것이니, 자애로움을 본성으로 하는 것이다."[144]라고 하였고, 범본에서는 "〈무진은〉 증오(瞋)를 제거하는 것(대치)이고, 자비(maitrī)를 본질로 하는 것이다."[145]라고 해설하고 있다. 무진에 대해 『오온론』에서 '자비(maitrī)를 본질로 하는 것(以慈爲性)'이라고 해설한 것은 정말 뛰어나다고 생각한다. 왜냐하면 다른 존재에 대해 사랑과 연민의 마음이 있음으로 인해 성냄(분노)이 없기 때문이다. 그리고 『집론』에서는 "모든 중생들에 대해 혹은 괴로움에 대해 혹은 괴로움에 속한 것(법)에 대해 분노하지 않는 것이다. 악행을 일으키지 않는 의지처이다."[146]라고 정의한다. 즉 분노하지 않는 대상이 '중생', '고', '고에 속하는 것'이라고 자세하게 설명한다. 그리고 분노하는 마음작용인 진이 사라지면, 그대로 무진이기 때문에 둘은 제로섬 관계이다.

---

[144] 『오온론』(T31, p.848c26), "謂瞋對治, 以慈爲性."
[145] Li and Steinkellner(p.6, 12), "dveṣa—pratipakṣao maitrī//"
[146] Gokhale(p.16, 11–12), "adveṣḥ katamaḥ/sattveṣu duḥkhe duḥkhasthānīyeṣu ca dharmeṣv anāghātaḥ/duścaritāpravṛttisaṃniśrayadānakarmakaḥ//"["무진이란 무엇인가? 모든 중생들에 대해 혹은 괴로움에 대해 혹은 괴로움에 속한 것에 대해 분노하지 않는 것이다. 악행을 일으키지 않는 의지처이다"] ; 『집론』(T31, 664b11–12), "何等無瞋. 謂於有有具無著爲體. 惡行不轉所依爲業."

3) 무치無癡

삼선근의 세 번째인 무치無癡(amoha)는 a(부정어)-√muh(어리석다·미혹하다)에서 파생한 것이다. 범어 아모하(amoha)의 한역으로 무치란 없을 무無, 어리석을 치癡 자로, '어리석음이 없다'[147]는 뜻이다. 즉 어리석음이 없는 마음작용이다. 그래서 성철스님도 무치란 "어리석은 것이 없다."고 법문한 것이다. 그러면 무엇에 대해 어리석음이 없다는 것일까? 무치의 반대인 치癡가 업·과보·사성제 등의 진리에 대해 여실하게 알지 못하는 마음작용이라면, 무치는 업·과보·진리·삼보에 대해 바르게 알기 때문에 어리석음이 없다는 것이다.[148] 무치에 대해 감산스님은 별도로 주석하지 않았기에 지욱스님의 주석을 중심으로 살펴보자.

> "모든 진리의 도리와 모든 사실의 현상(事)에 대해 분명하게 이해하는 것을 본질로 하고, 개별적으로 우치(어리석음)를 대치하고 통괄적으로는 능히 많은 선을 짓는 것을 작용으로 삼는다."[149]

지욱스님의 주석은 『성유식론』[150]의 입장을 반영한 것인데, 여기서

---

147) 영어로는 non-ignorance, absence of delusion, freedom from ignorance, avoid of ignorance일 것이다.
148) 『오온론』(한역)에서는 "어리석음(愚)을 대치하는 것이니, 그것(사성제 등)을 여실하게 바르게 행하는 것을 본성으로 하는 것이다."[『오온론』(T31, p.848c27-28), "謂癡對治, 以其如實正行爲性."]라고 하였고, 범본에서는 "〈그것(무치)은〉 무지(치=무명)를 제거하는 것(對治)이며, 그것(=사성제, 12연기 등의 진리)을 있는 그대로(如實) 바르게 수행하는 것을 본질로 하는 것이다."[Li and Steinkellner(p.6, 13-14), "moha-pratipakṣo yathābhūta-saṃpratipattiḥ//"]라고 정의한 것이다.
149) 『직해』(X48, p.343a19-20), "于諸諦理及諸實事. 明解而爲體性. 別則對治愚癡. 通則能作衆善以爲業用."
150) 『성유식론』(T31, p.30a9-10), "云何無癡. 於諸理事明解爲性. 對治愚癡作善爲

도리란 연기·공·제행무상·사성제·삼보를 말하고, 현상이란 도리에 부합하는 사실을 말한다. 그리고 이러한 도리와 도리에 부합하는 사실을 확실하게 이해하는 것을 무치라고 하는 것이다. 그 반대의 마음작용이 근본번뇌 중의 하나인 어리석음(癡, moha)이다. 역시 무치와 치도 제로섬 관계이다.

정리하자면, 무탐·무진·무치의 삼선근이란 자신과 자신이 가진 것에 대해 집착하지 않고, 자신의 마음에 들지 않는 것에 분노하지 않으며, 진리 등의 본래 모습을 바르게 이해하는 마음작용이라고 할 수 있다. 그리고 무탐·무진·무치의 심소에 공통하는 정의는 '선善을 행하는 것' 또는 '악행을 일으키지 않는 것'을 작용으로 삼는다는 구절이다. 이것은 이른바 이 3개(三)가 선한(善) 마음의 근거(根)라는 것이다. 특히 삼선근이라는 말 중에 근根은 '선을 일으키거나 행하는 것에 가장 뛰어나기 때문에' 붙인 말이다. 그래서 감산스님도 무탐·무진·무치를 삼선근三善根이라고 주석한 것이다.

4. 근勤

근勤(vīrya=정진)이란 힘쓸 근勤 자로, '힘쓰다·노력하다'[151]는 뜻이다. 찬불가의 "정진하세, 정진하세, 우리도 부처님같이…"라는 노랫말이나 참선할 때 '용맹정진'하라는 말을 자주 듣게 되는데, 정진이란 바로 '근' 을 말한다. 근의 동의어로는 정진精進, 정려精勵, 책근策勤(마음을 격려하여

業."["무치란 무엇인가? 모든 이치(理)와 현상(事)에 대해서 명백하게 이해하는 것을 본질로 하고, 우치愚癡에 대치(반대)하여 선을 행하는 것을 작용으로 삼는다."]
151) 영어로는 vigor, diligence, effort 등으로 번역한다.

노력하게 하다), 책려策勵(sampragraha) 등이 있다.

부처님께서 마지막 유언으로 "모든 것은 무상하다. 게으르지 말고 열심히 정진하라.[諸行無常. 不放逸精進.]"고 하셨고, 팔정도 중의 정정진(正精進)과 6바라밀 중의 정진바라밀이라는 가르침이 있듯이, 정진(근)은 불교의 핵심 가르침 중의 하나이다.

그러면 근(정진)은 무엇에 힘쓰는 것일까? 선한 행위(수행)를 하고자 열심히 노력한다는 것이다. 다시 말해 근이란 선한 행위를 하고자 노력하는 용감한 마음작용(勇猛心)이다.

앞서 언급했듯이 근은 정진精進과 동의어로, 요즈음 말로 하면 노력이라는 할 수 있다. 그러나 노력이라는 말로 근(정진)의 의미를 다 담아낼 수는 없다. 지금부터 그 이유를 알아보자. 먼저 성철스님은 근에 대해 "부지런히 정진하는 것"[152]이라고 정의한다. 여기서 성철스님은 '부지런히'라는 수식어를 붙였지만, 근이란 곧 정진이다. 정진에서 정精이란 순일純一, 즉 오로지 순수하며 청정하다는 뜻이고, 진進은 용감하게 '나아간다'는 의미이다. 그래서 성철스님도 근을 '부지런히 정진하는 것'이라고 법문한 것으로 생각된다. 그러면 성철스님이 근에 대해 이렇게 법문한 이유는 무엇일까? 감산스님의 주석을 살펴보면 그 이유를 알 수 있다.

> "근[153]이란 정진이다. 〈근은〉 이미 삼독을 끊고 선심이 순일(다른 것이 전혀 섞이지 않은 것)하면, 반드시 용맹한 정진이 더해져 선행이 증가할 것이다. 이것은 〈선법을 닦고 악을 방지하는 것에〉 게으른

---

152) 성철(2014), p.317.
153) 『백법논의』에는 선심소의 순서가 '신·정진·참·괴 (…)'로 되어 있는데, 감산스님은 정진(근)을 다섯 번째에 배열했다. 아마도 『유식삼십송』의 순서에 따른 것 같다.

(懈怠)¹⁵⁴) 병을 고치는 것이다. 세상에 순수하고 선한 사람이 있어도 〈전쟁에 나가는 장군처럼 용맹하게〉 노력하는 힘(精進力)이 없으면, 부드러워서(軟暖) 낡은 인습을 버리지 못하기 때문에 평생(終身) 동안 성취하는 것이 없게 된다."¹⁵⁵)

---

154) 『오온론』(범본)에서는 "해태를 제거하는 것이며, 마음이 선을 닦는 것에 대해 용맹〈하게 노력하는 것〉(abhyutsāha)을 본성으로 하는 것이다."라고 정의한다. 『구사론』에서는 단순히 '마음을 용맹하게 닦는 것(cetasa-abhyutsāha)'이라고 하였지만, 『오온론』에서는 대수번뇌에 등장하는 선을 닦고 악을 끊는 것에 게으른 해태와 반대이며, '오직 선(善)'을 닦는 것에 용맹한 것이라고 하여, 선한 마음(善心)에 한정하고 있다. 『집론』(범본)에서도 『오온론』의 입장과 동일하게 "근이란 무엇인가? 선에 대해 마음이 용맹한 것이다."[Gokhale(p.16, 12), "vīryaṃ katamat/kuśale cetaso 'bhyutsāhaḥ/"]라고 정의한다. 이어서 5종류의 정진을 열거(피갑·가행·무하·무퇴·무족)한다. 정진의 종류에 대해서는 논서마다 명칭에 대한 약간의 차이가 있다. 먼저 『대승광오온론』(T31, p.852b5-6) "謂若被甲. 若加行. 若無怯弱. 若不退轉. 若無喜足."라고 하는데, 설명을 덧붙이자면 ① 병사가 갑옷을 입고(被甲, sannāha) 전장에서 싸우는 것처럼 정진하는 것 ② 자신을 격려하면서 포기하지 않고 계속해서 줄기차게 정진하는 것(prayoga) ③ 자신을 비하하지 않고 정진하는 것(alīnatva) ④ 어려움을 만나도 물러나지 않고(불퇴전) 정진하는 것(avyāvṛtti) ⑤ 소에 멍에를 씌우면 옆길로 빠지지 않듯이, 수행자가 마치 선의 멍에를 버리지 않고(不捨善軛, anikṣipta-dhura) 꾸준하게 정진하는 것, 즉 도중에 만족하지 않고 정진하는 것(asaṃtuṣṭi)의 5가지 나누어 설명한다. 또한 『성유식론』(T31, p.30a27-28)에서는 "此相差別略有五種. 所謂被甲. 加行. 無下. 無退. 無足."의 5종류, 『잡집론』(T31, p.749c6-7)에서는 "被甲精進. 方便精進. 饒益有情精進."의 4종류로 구분한다. 그리고 『성유식론술기』(T43, p.437c2-15)에서는 『유가사지론』(T30, p.801c)을 인용하여 정진의 종류에 대해 자세하게 주석한다. "最初發起猛利樂欲名被甲. 經名有勢. 如著鉀入陣即無所畏有大威勢. 次起堅固勇悍方便名加行. 經名有勤. 堅固其心自策勤也. 次為證得不自輕蔑亦無怯懼名無下. 經名有勇. 不自卑下更增勇銳. 次能忍受寒熱等苦. 於劣等善不生厭足. 欣求後後勝ası功德等名無退. 經名堅猛. 遭苦不屈. 堅猛其志. 次後乃至漸次入八諦觀等後後勝道名無足. 經名不捨善軛. 軛謂車軛. 以軛牛者令牛不出能有所往. 善法亦爾. 軛修行者不越善品. 往涅槃宮修曾不足. 從喻爲稱." 번역은 〈김윤수 편역(2006), p.530〉을 참조하기 바란다.
155) 『백법논의』(X48, p.309c19-21), "勤者. 精進也. 既斷三毒. 純一善心. 必加精進勇猛. 善行方增. 此治懈怠之病. 世有淳善之人. 無精進力. 軟暖因循. 故終身無成."

감산스님은 근을 정진精進이라고 한다. 앞서 언급했듯이 정진이란 청정하게 용감하게 나아간다는 의미이다. 그러나 참선 수행자가 자신의 수행을 방해하는 최대 훼방꾼인 삼독을 이미 끊고 순수하고 청정하더라도 용맹·용감하게 정진하지 않으면 선은 증가하지 않는다고 한다. 나아가 근은 악을 끊고 선을 닦는 것에 게으른 마음작용인 해태懈怠(적극적으로 선을 행하고 악을 방지하는 것에 게으른 것)의 병을 고치게 한다고 하는데, 정진이 더해지면 자연스럽게 해태(게으름)가 제거된다는 것이다. 그러므로 해태와 정진은 제로섬 관계이다.

우리는 열심히 정진하거나 선을 닦는다고 하면 순수하고 깨끗하며, 부드럽고 유순하다고 생각한다. 그러나 정진은 아주 강하고 용맹함을 요구한다. 즉 전쟁에 나가는 병사와 같은 단호한 각오로 용맹하게 정진하라는 것이다. 그래서 감산스님도 "세상에 순수하고 선한 사람이 있어도 전쟁에 나가는 병사처럼 용맹하게 정진하지 않으면 연약하여 낡은 인습을 버리지 못하기 때문에 평생 동안 아무것도 이룰 수 없다."라고 주석한 것이다. 그래서 참선 수행자는 반드시 용맹(용감)하게 정진하라는 뜻에서 용맹정진을 강조하는데, 지금도 그 전통이 선가에서 이어지고 있다. 계속해서 지욱스님의 주석을 살펴보자.

> "악을 끊고 선을 닦는 것에 용맹하고 강하고 굳세게 하는 것(勇猛強悍)을 본질(體性)로 하고, 해태(게으름)를 대치(반대)하고 선한 것을 만족하게 성립시키는 것을 작용으로 삼는다."[156]

---

156) 『직해』(X48, p.343a8-9), "于斷惡修善事中. 勇猛強悍而爲體性. 對治懈怠. 成滿善事而爲業用."

지욱스님은 『성유식론』157)의 입장을 충실하게 계승하는데, 지욱스님의 주석에 따르면, 정진은 악을 끊고 선을 닦는 것(斷惡修善)에 용맹하게 노력하는 마음작용으로서 모든 선한 수행을 완전하게 완성시키는 기능을 가진 마음작용이다. 여기서 용맹강한勇猛强悍이란 '용맹하고 날래며, 사납다'라는 뜻인데, 필자는 '용맹하고 굳셈(단호)'으로 번역하였다. 『성유식론』에 따르면 "용맹勇猛이란 뛰어나게 나아가는 것을 나타내며, 온갖 오염된 것(번뇌)을 가려낸다는 의미이다. 굳셈(强悍)이란 청정하고 순수한 것을 나타내며, 청정한 무기(무부무기)를 가려낸다는 의미이다. 그런즉 정진은 오직 선한 성품만을 포함한다는 것을 나타낸다."158)고 하여, 정진이란 불선한 성품을 배제하고, 오직 선한 성품만을 포함하는 것이라고 한다. 이른바 게으름을 피우거나 나쁜 짓(불선)을 열심히 하는 자도 있다는 것이다. 그래서 게으름을 피우거나 불선을 열심히 행하는 것은 정진이 아니다.159) 이에 따라 필자도 정진을 군인이 전쟁터에서 용맹하게 싸우는 것처럼, 참선 수행자가 악을 끊고 오직 선을 행하고자 용맹·용감하게 노력하는 마음작용이라고 정의한다.

---

157) 『성유식론』(T31, p.30a23-24), "勤謂精進. 於善惡品修斷事中勇悍爲性. 對治懈怠滿善爲業."["근이란 정진이다. 선을 닦고 악을 끊는 것에 용감하고 굳세게 하는 것(勇悍)을 본성으로 하며, 해태懈怠를 대치하여 선을 만족시키는 것(선한 일을 지어 원만하게 마침)을 작용으로 삼는다."]
158) 『성유식론』(T31, p.30a26-27), "勇表勝進. 簡諸染法. 悍表精純. 簡淨無記. 即顯精進唯善性攝."
159) 참고로 『대승백법명문론해』(T44, p.48b7-11)에서도 "言精進者. 於善惡品修斷事中勇捍爲性. 對治懈怠. 滿善爲業. 謂善品修. 惡品斷. 勇表勝進. 簡諸染法. 捍表精純. 簡淨無記. 又云勇而無怯. 捍而無懼. (…)"라고 하여, 『성유식론』과 동일하게 주석하고 있다.

5. 경안輕安

경안輕安(praśrabdhi)이란 가벼울 경輕, 편안할 안安 자로, '가볍고 편안하다'는 뜻이다. 그래서 영어로 lightness, serenity, tranquility, agility, activity(freedom) from dullness 등으로 번역한다. 『유식삼십송』(한역)에서는 오언사구五言四句의 운율을 맞추기 위해 경안을 줄여서 안安이라고도 한다. 그러면 누가 그리고 무엇이 가볍고 편안한 것일까? 참선 수행자의 몸과 마음이 편안하고 경쾌하다는 것이다. 구체적으로 말하면, 경이란 번뇌의 거칠고 무거움을 멀리 벗어나서(離麤重) 심신이 가볍다는 뜻이고, 안이란 심신이 평안한 상태(調暢·平穩)이다. 이것은 참선 수행자가 선정에 들어갔을 때 느끼는 기분이다.

성철스님은 경안을 단순히 "편안한 것"이라고 법문하는데, 필자의 추측으로는 몸과 마음이 편안한 상태를 줄여서 편안한 것이라고 표현한 것 같다. 성철스님의 법문은 감산스님의 주석 일부를 발췌하여 인용한 것으로 생각된다. 그러면 감산스님의 주석을 살펴보자.

> "경안이란 삼독(탐·진·치)의 거침과 무거움(麤重), 어둠과 어리석음(昏憒)에서 벗어나는 것을〈말한다. 참선 수행자가 삼독의 추중과 혼몽에서 벗어나면〉마치 무거운 짐을 내려놓는 것과 같아 몸과 마음이 경쾌하고 편안하여(身心輕快安隱) 선행을 감임할 수 있게 된다.[160]"

---

[160] 『백법논의』(X48, p.309c22-23), "輕安者. 謂離三毒麤重昏憒. 如釋重負. 則身心輕快安隱. 堪任善行也."

감산스님에 의하면, 경안은 참선 수행자가 삼독의 추중과 혼몽에서 벗어나는 것이다. 추중麤重에서 추麤는 '결이 거친 것·조잡' 등의 의미이고, 중重은 '무겁다'는 의미이다. 따라서 추중이란 마음이 얽매여 무거워져서 자유롭게 활동할 수 없는 상태, 즉 번뇌를 말한다. 다시 말해 번뇌가 작용할 때는 마음도 몸도 거칠고 무겁게 된다는 것이다. 그리고 필자는 혼몽昏懵을 어둠과 어리석음이라고 번역했는데, 이 말은 감산스님의 주석에만 등장하는 용어이다. 아무튼 감산스님은 추중과 혼몽에서 벗어나면 자연스럽게 무거운 짐을 내려놓는 것처럼 심신이 경쾌하고 편안하여(身心輕快安隱) 선행善行을 감임堪任할 수 있게 된다고 주석한다. 그래서 필자도 감산스님의 주석에 따라 경안을 참선 수행자의 몸과 마음을 경쾌하고 편안하게 하는 마음작용이라고 정의한 것이다. 지욱스님은 『직해』에서 경안을 다음과 같이 주석한다.

"추중의 잡염법(잡염종자)을 멀리하고, 심신을 가볍고 편안하게 하여(調暢) 선법에 대해 감인堪任하고 수지修持하는 것을 본성으로 하며, 혼침을 제거하여 더럽고 혼탁한 심신心身을 전사轉捨하고 청정한 심신을 전득轉得하는 것을 작용으로 삼는다."[161]

이것은 『성유식론』[162]의 입장을 반영한 것인데, 여기서 경안이란 심신을 구속하는 잠재적인 힘인 잡염종자·번뇌종자·추중을 제거하여 현

---

[161] 『직해』(X48, 343a22-23), "遠離麤重雜染法品. 調暢身心. 於善法中堪任修持. 而爲體性. 對治惛沉. 轉捨染濁身心. 轉得淸淨身心. 而爲業用."
[162] 『성유식론』(T31, 30b5-7), "安謂輕安. 遠離麤重調暢身心堪任爲性. 對治惛沈轉依爲業."["안은 경안이라는 말이다. 추중麤重을 멀리하고 심신心身을 경쾌하고 편안(調暢)하게 하여, 경쾌하게 활동할 수 있게 하는 것(堪任)을 본성으로 하며, 혼침을 제거하여 전의 轉依하는 것을 작용으로 삼는다."]

재 활동하고 있는 심신이 경쾌하게 활동할 수 있게 하는(감임) 마음작용을 말한다. 참고로 추중이 곧 신심을 괴롭히는 번뇌의 씨앗이기 때문에 지욱스님도 추중을 모든 잡염법의 종자(잡염종자, 번뇌종자)라고 해석한 것 같다. 다음으로 조창調暢이란 조율하여 고르게 펴는 것, 즉 몸과 마음이 구애됨 없이 가볍고 평안한 상태를 말한다. 그리고 감임堪任이란 주어진 임무를 수행할 수 있는 '능력이 있다'(주어진 일을 잘 해낼 수 있다)는 뜻이다. 『오온론』(현장역)에서는 감임을 감능(堪能=karmaṇyatā)[163]이라고 한역하는데, 감능堪能이란 주어진 임무를 견뎌낼 수 있는 능력이 있다(감당하다)는 뜻으로서, 감임과 같은 말이다. 유식의 용어로 풀이하면 대수번뇌 중의 혼침을 제거한 상태, 즉 몸과 마음이 소기의 목적을 향하여 아무 속박 없이 자유롭게 활동할 수 있는 상태로서, 이른바 수행에 적응한 심신의 상태라고 할 수 있다. 그러므로 심신이 편안한 상태인 조창과 수행에 적응한 심신의 상태인 감임은 같은 의미라고 할 수 있다. 실제로 현장스님은 두 용어를 혼용해서 사용하고 있다. 또한 『성유식론』에서 주석한 감임堪任에 대해 지욱스님이 수지修持를 첨가하여

---

[163] 『오온론』(T31, p.848c29), "身心調暢堪能爲性."; Li and Steinkeller(p.7, 3-4), "auṣṭbulya-pratipakṣa kāya-citta-karmaṇyatā//"["〈그것은 심신의〉 거칠고 무거운 것(dauṣṭbulya·麤重)을 제거하는 것이고, 심신이 자유롭게 활동할 수 있게 된 것(堪能=karmaṇyatā)을 본성으로 하는 것이다."]라고 한다. 또한 『집론』(범본)에서도 "무엇을 경안이라고 하는가? 심신의 추중(kāya-citta-dauṣṭhulya)을 제거하고, 심신을 경쾌하게 활동할 수 있게 하는 것(karmaṇyatā, 堪任·堪能)을 본성으로 삼는다. 일체의 장애를 없애는 것을 작용으로 한다."[Gokhale(p. 16, 14-15), " praśrabdhiḥ katamā/kāya-citta-dauṣṭhulyānāṃ pratipraśrabdheḥ kāya-citta-karmaṇyatā/ sarvāvaraṇaniṣkarṣaṇakarmikā//"]라고 하는데, 한역본에서는 "심신의 추중을 멈추게 하고, 심신의 조창(調暢)을 본성으로 한다. 일체의 장애를 남김없이 제거하는 것을 작용으로 한다."『집론』(T31, p.664b15-17), "何等爲安. 謂止息身心麤重身心調暢爲體. 除遣一切障礙爲業."]라고 하여, 범본의 '경쾌하게 활동할 수 있게 하는 것'(karmaṇyatā, 감임성)을 조창으로 한역하고 있다. 본문에서도 언급했지만, 현장스님은 karmaṇyatā를 조창, 감임, 감능을 혼용해서 한역하고 있다.

감임수지堪任修持라고 한 것은 매우 적절하다고 생각된다. 왜냐하면 심신의 구속(추중)을 멀리하여 심신을 편안하고 경쾌하게 활동하는 상태(堪任)로 유지하는 것(修持)이 바로 경안이기 때문이다. 반면 감산스님은 조창을 경쾌안온輕快安穩으로 주석하고 있는데, 지욱스님보다 감산스님의 주석이 이해하기 쉽다고 생각한다.

지욱스님의 주석을 정리하면, 경안은 몸과 마음의 번뇌인 추중을 제거하여 몸과 마음을 평안·경쾌하게 유지하는 것(修持)으로서 이른바 수행의 결과에 해당한다. 그리고 그 반대가 혼침昏沈이다. 왜냐하면 경안은 대수번뇌 중의 하나인 혼침(지나치게 마음이 가라앉은 상태)을 제거하여 마음을 '더러운 상태'에서 '청정한 상태'로 변화시키는 역할(轉依)을 하는 마음작용이기 때문이다. 그래서 『성유식론』에서 전의轉依(aśraya-parāvṛtti)라고 주석한 것이다. 전의란 인간존재를 지탱하고 있는 의지처나 근거가 변화하는 것(전변)을 말하는데, 이른바 자기 존재 또는 마음이 미혹의 상태에서 청정한 깨달음의 상태로 변화한다는 말이다. 그래서 『직해』에서도 "혼침을 제거하여 오염되고 혼탁한 심신心身을 전사轉捨하고 청정한 심신을 전득轉得하는 것을 작용으로 삼는다."라고 주석한 것이다. 여기서 전사轉捨란 마음을 변화(전변)시켜 버린다는 뜻으로, 마음의 더러운 상태인 변계소집성을 버리는 것이다. 그리고 전득轉得이란 '마음을 변화(전변)시켜 증득한다'는 뜻으로, 마음의 청정한 상태인 원성실성을 증득한다는 말이다.

이처럼 경안은 몸과 마음에 구애됨이 없는 가볍고 상쾌한 상태를 말한다. 그런데 여기서 유의할 것이 있다. 예컨대 다른 10개의 선한 심소는 일상생활이나 참선 중에 알아차릴 수 있을 뿐만 아니라 모두 함께 작용하지만, 이 경안의 심소는 삼매(定)를 체험할 때만 알아차릴 수 있고, 작용한다는 것이다.

6. 불방일不放逸

먼저 불방일의 반대 의미인 방일부터 살펴보자. 방일放逸(pramāda)이란 선을 닦고 악을 끊는 것에 나태하고 게으른 심소를 말한다. 방일이란 놓을 방放, 달아날 일逸 자로, 반드시 해야 할 일을 놓아버리고 하지 않는 것으로, 이른바 게으름 피우는 것을 말한다. 방종放縱, 방기放棄와 동의어이다. 불방일不放逸(apramāda)은 방일의 반대 의미이므로, 불방일이란 선을 닦고 악을 끊는 것에 나태하지 않고 게으르지 않은 선한 마음작용이다.[164] 특히 불방일이란 구체적으로 정진·무탐·무진·무치를 수행하여 악을 끊고 선을 닦는 마음작용이다. 그래서 성철스님도 불방일을 "정진해서 모든 악을 막는 공능(精進防修功能)"[165]이라고 한 것이다.

필자는 앞서 언급한 성철스님의 법문에서 방수지공능防修之功能을 '불선(악)을 방지(防)하여 선을 닦게(修) 하는 힘(功能)'이라고 해석하였다. 여기서 공능功能(śakti)을 '힘'이라고 했는데, 물리적인 힘이 아니라 정신적인 에너지(힘)를 말한다. 불방일에 대한 성철스님의 법문은 감산스님의 주석 일부를 발췌한 것으로 생각되는데, 그러면 이제 감산스님의 주석을 살펴보자.

"불방일이란 어떤 심소인가? 〈먼저〉 탐·진·치를 방치하여 정진의 마음이 없는 것을 방일이라고 한다. 반면 불방일은 삼선근(무탐·무진·무치)과 정진의 4가지 법에 대해 〈불선을〉 방지하여 〈선을〉

---

164) A·엥글(Engle)은 불방일을 번뇌에 물들지 않게 언제나 의식을 알아차린다는 의미인 마인드풀니스(mindfulness)로 영역(英譯)한다.[A·Engle(2009), p.233] 그렇지만 일반적으로는 불방일을 carefulness, diligence로 영역한다.
165) 성철(2014), p.317.

닦게 하는 힘(功能, 효과를 갖는 작용)이다."[166]

감산스님에 의하면, 방일放逸이란 탐·진·치를 방치하여 정진의 마음이 없는 것이다. 반면 불방일이란 무탐·무진·무치·정진의 4가지 법에 의해 악을 방지하여 선을 닦게 하는 힘(功能)이다.[167] 그래서 필자도 감산스님의 주석에 따라 불방일을 '악을 방지하여 선을 닦는 것에 나태하지 않고 게으르지 않은 선한 마음작용'이라고 정의한 것이다. 계속해서 지욱스님의 주석을 살펴보자.

"정진 및 무탐·무진·무치의 3종류의 삼선근이 악을 끊게 하여

---

[166] 『백법논의』(X48, p.309c22-23), "不放逸者. 以縱貪·瞋·癡. 無精進心. 是爲放逸. 此不放逸. 乃三根·精進四法上防修之功能也."
[167] 『오온론』(한역)에서도 "방일을 대치하는 것으로, 즉 무탐 내지 정진에 이르기까지 이것에 의지하기 때문에, 선하지 않은 법을 버리고 곧 저것(방일)을 대치하는 선한 법을 닦는 것이다."[『오온론』(T31, pp.848c30-849a1), "謂放逸對治, 即是無貪乃至精進依止此故, 捨不善法, 及即修彼對治善法."]라고 하였고, 범본에서는 "〈불방일은〉 방일을 제거하는 것이고, 무탐에서 정려(정진)에 이르기까지의 〈심소=무탐·무진·무치·정진〉이 이것을 의지처로 삼는 것에 의하여, 선하지 않은 심소(탐·진·치·해태)를 버리고, 그것들을 제거한 선심소(=무탐·무진·무치·정진)를 수행할 수가 있는 것이다."[Li and Steinkellener(p.7, 5-7), "pramāda-pratipakṣo 'loba yāvad vīryam, yān niśrityākuśalān-dharmān-prajahāti tatpratipakṣāṃś ca kuśalān dharmān bhāvayati//"] 라고 설명한다. 『오온론』에 의하면, 우선 불방일은 방일의 반대이고, 선법을 무탐·무진·무치·정진으로 한정하여 주석한다. 다시 말해 불방일은 단순히 게으르지 않다는 것이 아니라 탐·진·치와 해태를 무탐·무진·무치·정진의 선심소에 의해 끊임없이 제거한다는 것이다. 게다가 『집론』(범본)에서도 불방일에 대해 "정진·무탐·무진·무치에 의거하여 모든 선법을 수습(수행)하는 것이고, 모든 유루(번뇌)으로부터 마음을 지키고 보호하는 것(cittārakṣā, 防護)이다. 그리고 그것(불방일)은 세간과 출세간의 복(saṃpatti, 福=成就=善事)을 원만하게 완성시키는 것을 작용으로 한다."[Gokhale(p.16, 15-17), "savīryakān alobhādveṣāmohān niśritya yā kuśalānāṃ dharmāṇāṃ bhāvanā sāsravebhyaś ca dharmebhyaś cittā 'rakṣā/sa ca laukikalokottara-saṃpatti-paripūraṇa-niṣpādana-karmakaḥ//"]라고 정의한다.

생기지 않도록 방지하고, 선을 닦게 하여 수행을 증장시키는 것을 본성으로 하며, 방일을 대치하여 일체 세간과 출세간의 선한 일을 이루어 만족하게 하는 것을 작용으로 한다."[168]

이것은 『성유식론』[169]의 입장을 반영한 것인데, 다만 지욱스님은 악을 방지하고 선을 닦게 하여 '수행을 증장시킨다'는 말을 추가하여, 불방일이 수행과 관련된다는 것을 밝히고 있다.

그런데 지욱스님의 주석에서는 정진과 불방일의 구분이 애매하다. 그러면 둘은 어떤 차이가 있는가? 정진은 적극적으로 선을 닦아 악을 끊는 것이고, 불방일은 악을 방지하여 선을 닦는 것이다. 이렇게 보면 정진과 불방일은 악의 끊음(斷)과 방지(防)라는 접근상의 차이가 있다고 할 수 있다. 그래서 성철스님도 "근(정진)과 불방일은 같지만, 근은 적극적인 면에서 하는 말이고, 불방일은 소극적인 면에서 하는 말"[170]이라고 한 것 같다. 다시 말해 근은 악을 끊고 선을 닦는 것을 적극적으로 노력하는 마음작용이고, 불방일은 4가지 심소(삼선근·정진)가 잘 작용하도록 도와주는 마음작용이라는 것이다.

참고로 불방일은 구체적인 심소가 있는 것이 아니라 정진·무탐·무진·무치에 힘쓰는 것이다. 그래서 『성유식론』에서는 "네 가지 법(정진·무탐·무진·무치)을 끊고 닦아야 할 것에 대해 능히 막고 닦는 것을 불방일

---

168) 『직해』(X48, p.343a23-b2), "即精進及無貪無瞋無癡三種善根. 於所斷惡. 防令不生. 於所修善. 修令增長. 而爲體性. 對治放逸. 成滿一切世出世間善事而爲業."
169) 『성유식론』(T31, p.30b7-8), "不放逸者精進三根. 於所斷修防修爲性. 對治放逸成滿一切世出世間善事爲業."["정진과 삼선근이 끊고 닦아야 할 것에 대해서 막고 닦는 것을 본성으로 하며, 방일을 대치하여 일체 세간과 출세간의 선한 일을 이루어 만족하게 하는 것을 작용으로 한다."]
170) 성철(2014), p.317.

이라고 이름한다. 그것은 별도로 자체가 있는 것이 아니다. 다른 양상이 없기 때문이고, 악한 일을 막고 선한 일을 닦는 가운데 네 가지 공능을 떠난 별도의 작용이 없기 때문이다."[171]라고 한 것이다. 이처럼 불방일과 같이 독자적인 활동이 없이 근(정진)이나 삼선근의 결합으로 이루어진 심소를 가법심소假法心所라고 한다. 반대로 신이나 무탐 등과 같이 단독으로 작용하는 심소를 실법심소實法心所 내지 실심소實心所라고 한다. 다음에 등장하는 행사와 불해도 가법심소에 속한다.

7. 행사行捨

먼저 행사行捨(upekṣā)라는 글자의 의미부터 살펴보자. 이 심소를 그냥 사捨라고 하지 않고 행行을 첨가하여 행사行捨라고 한 것은 감수작용(受)의 고수도 아니고 낙수도 아닌 사捨와 구별하기 위해서다. 결국 행行은 의미가 없는 글자이다.

그러면 행사란 어떤 작용을 하는 심소일까? 행사란 정진과 삼선근(무탐·무치·무진)으로 도거와 혼침을 제거하여 마음을 평등平等, 정직正直, 무공용無功用하게 하는 마음작용이다.[172] 행사에 대해 성철스님은 다음

---

171) 『성유식론』(T31, p.30b9-10), "謂卽四法於斷修事皆能防修名不放逸. 非別有體. 無異相故. 於防惡事修善事中. 離四功能無別用故."
172) 『집론』[범본 Gokhale(p.16, 17-19)]에서는 "행사란 무엇인가? 정근·무탐·무진·무치에 의지하여 잡염에 머무는 것과 상위한 마음의 평등성平等性(마음이 언제나 같은 상태), 마음의 정직성正直性, 마음의 무공용無功用에 머무는 성품을 본질로 한다. 잡염을 허용하지 않는 것에 의지하는 것을 작용으로 한다."[upekṣā katamā/ savīryakān alobhādveṣāmohān niśrity yā saṃkliṣṭaviharavairodhikī citta-samatā citta-praśaṭhatā ; citta-anābhogāvasthitatā/] ; 또한 『집론』(T31, p.664b19-22)에서도 "何等爲捨. 謂依止正勤無貪無瞋無癡. 與雜染住相違. 心平等性. 心正直性. 心無功用

과 같이 대수번뇌인 '도거와 혼침을 버리는 것'이라고 한다.

"행사는 혼침昏沈과 도거掉擧를 버리는 것입니다. 보통 공부할 때 방해되는 것은 번뇌 망상인 도거 아니면 혼침해서 조는 것 아니겠습니까. 그 혼침과 도거를 버리는 것을 행사라 합니다."[173]

그러면 성철스님은 무엇 때문에 행사를 "도거와 혼침을 버리는 것"이라고 했을까? 필자의 추측으로는 아마도 참선 수행자가 수행할 때, 가장 자주 나타나 수행을 방해하는 심소이기 때문일 것이다. 행사에 대한 성철스님의 법문도 감산스님의 주석 일부를 발췌한 것인데, 그러면 이제 감산스님의 주석을 살펴보자.

"① 〈행사란 어떤 심소인가?〉 행사란 정진의 힘으로 말미암아 탐·진·치에서 벗어나서 곧 마음을 평등·정직하게 하여 저절로(任運) 깨달음(道)에 들어가게 하는 〈마음작용이다.〉

② 생각생각(생각마다) 내려놓는 자리가 곧 생각생각(생각마다) 깨달음에 들어가는 자리이다. 〈예를 들면〉 마치 사람이 길을 걸을 때 앞걸음을 버리지 않으면 뒷걸음이 나아가지 못하는 것과 같다. 그래서 행사라고 한다.

③ 이 행사行捨가 있으므로 마음이 〈지나치게〉 가라앉거나 〈지

住性爲體. 不容雜染所依爲業."["행사란 무엇인가? 정근·무탐·무진·무치에 의지하여 잡염에 머무는 것과 상위한 마음의 평등성(平等性), 마음의 정직성(正直性), 마음의 무공용(無功用)에 머무는 성품을 본질로 한다. 잡염을 허용하지 않는 것에 의지하는 것을 작용으로 한다."]라고 주석한다.

[173] 성철(2014), p.317.

나치게〉 요동치지 않아(沉掉) '평등'하게 된다. 행온의 내려놓음(행사)이라고 말하는 이유는 무엇인가? 행온으로 생각생각(생각마다) 변천하여 흐르는 그것이 바로 삼독의 습기가 훈습하여 일으키는 망상인데, 이것이 부지불각 중에 마음을 도거(지나치게 들뜨게 함)와 혼침(지나치게 가라앉힘)에 빠지게 하기 때문이다.

④ 만약 이 행사行捨가 없으면 혼침과 도거뿐만 아니라 장차 〈삼독·해태 등의〉 현행(작용)이 일어난다. 만약 생각마다 그것을 버릴 수 있다면 곧 혼침과 도거를 둘 다 버리게 된다. 〈그러면〉 자연스럽게 마음이 '평등'·'정직'하게 된다.

⑤ 처음 행사行捨에 힘을 쓰면, 공용功用[174]이 있게 된다.[175] 만약 〈공용을〉 버려서(捨)[176] 한순간의 생각도 생기지 않는 〈경지에〉 이르면(만약 행사의 실천이 한 생각도 생기지 않는 데 이르면), 곧 저절로(任運) '무공용'이 된다. 그러면 자연스럽게(自然) 깨달음(道)에 부합하게 되는 것이다.

⑥ 그래서 나는(감산) 참선 수행자에게 참선을 공부하는 중에 망상이 일어날 때는 함께 상대도 하지 말고, 끊으려고도 하지 말고, 따르지도 말라고 가르친다. 단지 제쳐 두고 신경 쓰지 않으면 자연스럽게 마음은 편안하게 된다. 대체로 제쳐 두는 것이 바로 버리는 것이기 때문이다."[177]

---

[174] 의도적인 마음의 활동.
[175] 애써 노력하는 수행을 유공용有功用이라고 한다.
[176] 공용을 버리는 것이 아니라 유공용을 통해 애써 버리는 실천을 함으로써 자동으로 버려지는 단계로 나아간다는 뜻이다.
[177] 『백법논의』(X48, pp.427c13-428a5), "① 行捨者. 由精進力. 捨貪·瞋·癡. 則令心平等·正直. 任運入道. ② 以念念捨處. 即念念入處. 如人行路. 不捨前步. 則後步不進. 故名行捨. ③ 以有此捨. 令心不沉掉. 故平等耳. 言行蘊中捨者. 以行陰念念遷

감산스님도 참선 수행자가 자신의 마음을 평등·정직·무공용하게 하는 것이 무엇보다 중요하다고 생각한 것 같다. 또한 여기에서도 감산스님은 마음의 평등·정직·무공용을 수행의 단계로 주석하고 있다.

감산스님의 주석에 의하면, 행사란 용감(용맹)하게 정진하여 삼독(탐·치·진)의 근본 번뇌를 제어하여 대수번뇌인 혼침과 도거에서 벗어나 마음을 평등, 정직하게 하는 것이다. 그렇게 하면 뭔가를 하고자 하는 의도가 사라지게 되어, 즉 무공용無功用 하게 되어 자연스럽게 깨달음에 들어간다는 것이다.

나아가 감산스님은 참선 수행자에게 참선 중에 망상이 일어나면 "상대도 하지 말고, 끊으려고도 하지 말고, 따르지도 말라. 그 망상을 단지 제쳐 두고 신경 쓰지 않으면 자연스럽게 마음은 편안하게 된다."라고 조언한다. 이처럼 감산스님은 행사를 수행의 단계, 즉 수행과 관련이 있음을 분명하게 밝히고 있다. 계속해서 지욱스님의 주석을 살펴보자.

"또한 정진 및 삼선근이 능히 그 마음을 평등·정직·무공용하게 머물게 하는 것을 본성으로 하고, 마음이 흥분하여 소란스러운 상태(도거)를 제거(대치)하여 적정하게 머물게 하는 것을 작용으로 삼는다. 이것(행사)은 오수 중의 '사수'와 같은 의미가 아니다."[178]

流者. 乃三毒習氣熏發妄想. 不覺令心昏沉·掉擧. ④ 若無此捨. 不但昏掉將發現行. 若能念念捨之. 則昏掉兩捨. 自然令心平等·正直矣. ⑤ 初用力捨. 名有功用. 若捨至一念不生. 則任運無功. 自然合道矣. ⑥ 故子教人參禪做工夫. 但妄想起時. 莫與作對. 亦不要斷. 亦不可隨. 但撤去不顧. 自然心安. 蓋撤即捨耳."
[178] 『직해』(X48, p.343b2-5), "亦卽精進及三善根. 能令其心平等正直無功用住. 而爲體性. 對治掉擧寂靜而住. 以爲業用. 此與五受中之捨受不同."

여기서도 지욱스님은 『성유식론』179)의 입장을 반영하여 주석하고 있다. 그리고 감산스님의 『백법논의』와 지욱스님의 『직해』에서는 무엇이 마음을 평등·정직·무공용하게 하는가에 대한 답을 하고 있는데, 이른바 정진과 삼선근이 그 역할을 하여 도거와 혼침을 제거한다고 한다. 앞서 말했듯이, 그래서 성철스님도 행사를 도거와 혼침을 버리는 것이라고 하여, 감산스님의 주석 중에서 핵심만 뽑아서 법문한 것 같다.

정리하자면, 평등이란 마음이 언제나 같은 상태(마음이 조용히 선정에 몰입하는 것)를 말한다. 평소에 우리는 자기의 잘못이 남에게 알려지거나 남이 자기 원하는 대로 해 주지 않으면 두려워하거나 분노한다. 그래서 마음 상태가 언제나 불안하고 평정심을 가질 수 없다. 행사는 이처럼 두려워하고 분노하는 마음을 평등하게 해 주는 기능을 하는 것이다. 그리고 정직은 그 무엇도 섞인 것이 없는 똑바른 것(마음이 있는 그대로 작용하는 것)이다. 또한 무공용이란 평등하고 정직한 것이 몸에 배어 어떤 의도적인 마음작용이 없는 것이다. 그래서 행사는 '마음을 불안하게 하는 도거悼擧와 혼침昏沈'에 반대되는 마음작용이며, 평등하고 정직하여 마음을 석정하게 하는 마음작용(한쪽으로 기울지 않는 마음), 즉 참선 수행자의 마음을 언제나 기복 없이 지속되도록 하는 마음작용이라고 한 것이다.

8. 불해不害

불해不害(ahiṃsā, 불살생)란 아니 불不, 해할 해害 자로, '해치지 않는

---

179) 『성유식론』(T31, p.30b21-22), "精進三根令心平等正直無功用住爲性. 對治掉擧靜住爲業."["정진과 삼선근이 마음을 평등·정직·무공용에 머물게 하는 것을 본성으로 하고, 도거를 제거해서 고요히 머물게 하는 것을 작용으로 삼는다."]

다'180)는 의미이다. 그러면 무엇을 해치지 않는다는 것인가? 다른 존재(타인)를 해치지 않는다는 것이다. 결국 불해란 다른 것에 위해危害를 가하지 않는 마음작용이라고 할 수 있다. 한역의 불해는 범어 아힘사(ahiṃsā)의 번역이다. 필자가 불해를 다른 것에 위해危害를 가하지 않는 마음작용이라고 정의한 근거를 살펴보자. 먼저 성철스님은 불해를 "중생을 자비롭게 여겨 손해를 끼치지 않고 괴롭게 하지 않는 것"181)이라고 정의한다. 나아가 성철스님은 불해에 대해 '자비를 달리 표현한 것'이라고 추가적으로 설명하는데, 이것은 감산스님의 주석에 따른 것으로 생각된다. 그러면 감산스님의 주석을 살펴보자.

"〈불해란 어떤 심소인가?〉 불해란 중생을 사랑하고 연민하여(慈愍), 손해를 끼치거나 괴롭히지(損惱) 않는 〈마음작용이다.〉 이것(불해)은 오로지 분노를 다스린다. 분노하지 않으면 밖으로 생물을 해치지 않으며, 안으로는 지혜로운 생명(지혜와 수행이 뛰어난 수행자)을 온전하게 〈보호한다.〉 그래서 지극한 선이 된다. 마치 유학의 인仁처럼."182)

감산스님에 의하면, 불해란 중생을 사랑하고 연민하여(불쌍하게 여겨) 손해를 끼치거나 괴롭히지 않는 것이다.183) 나아가 감산스님은 분노(瞋)

---

180) 영어로 말하면 non-vioence, harmlessness 등일 것이다.
181) 성철(2014), p.317, "慈愍衆生. 不爲損惱."
182) 『백법논의』(X48, p.310a12-13), "不害者. 謂慈愍衆生. 不爲損惱. 此專治瞋. 不瞋則外不傷生. 內全慧命. 故爲至善. 如儒之仁."
183) 『오온론』(T31, p.849a5)에서도 "謂害對治, 以悲爲性."["해(害, vihiṃsā)를 제거하는 것으로, 자비를 본성으로 하는 것이다."]라고 한다. 다시 말해 타인과 생물에 대한 연민, 즉 비悲(karuṇā)에서 불해不害(avihiṃsā)의 마음작용이 생긴다고 한다. 또한

를 다스려 밖으로 다른 생물을 해치지 않고 안으로 지혜로운 생명을 온전하게 보호하여 지극한 선이 되는 것이라고도 하는데, 이것은 불해가 중생을 사랑하고 연민하는 자비의 마음을 생기게 하여 분노의 마음이 사라지게 하는 역할을 하는 마음작용이라는 것이다. 그 결과 밖으로는 산 생명을 해치지 않게 하고, 안으로 참선 수행자를 온전하게 보호하게 한다는 것이다.

그러면 감산스님의 주석에서 "마치 유학의 인仁처럼"이란 무슨 의미일까? 이것은 『대학』에서 "대학의 길이 지극한 선에 머무는 일[大學之道 在明明德 在親民 在止於至善]"로 공자의 핵심 가르침인 인仁과 같다는 의미이다. 인仁이란 애인愛人, 즉 타인을 자신과 같이 아끼고 사랑하는 것을 말한다. 공자의 제자인 증자(증삼)의 해석에 따르면, 인이란 충서忠恕인데, 충忠이란 내면적으로 자신에게 최선을 다하고, 서恕란 타인을 대할 때 자신과 같이 아끼고 사랑한다[184]는 뜻이다. 이렇게 보면 인仁이란 "밖으로 생물(타인)을 해치지 않으며, 안으로는 지혜로운 생명(지혜와 수행이 뛰어난 자신)을 온전하게 보호한다."라는 불해에 대한 감산스님의 수석과 공자의 인仁은 일맥상통한다. 계속해서 지욱스님의 주석을 살펴보자.

"모든 유정에 대해서 손해를 끼치거나 괴롭게 핍박하지 않는 무진을 본성으로 하고, 해를 능히 제거하여 〈중생의〉 상처(아픔)를 함

『집론』(범본)에서도 "불해는 무진無瞋(adveṣa)의 일부이고, 연민(karuṇatā)이다. 해치지 않는 것을 작용으로 삼는다."[Gokhale(p.16, 19), "adveṣāikāṃśikā karuṇatā/ aviheṭhanakarmikā//"]라고 했으며, 한역[『집론』(T31, p.664b22-23)]에서도 "何等不害. 謂無瞋善根一分心悲愍爲體. 不損惱爲業."라고 한다.

184) 『논어』, 리인편, "子曰: 吾道一以貫之. 曾子曰. 唯. 子出. 門人問曰: 何謂也? 曾子曰: 夫子之道, 忠恕而已矣."

께 슬퍼하고 불쌍하게 여겨 연민하는 것(悲傷憐愍)을 작용으로 한다."185)

지욱스님의 주석은 『성유식론』186)의 입장을 반영한 것인데, 여기서 무진을 자慈, 불해를 비悲라고 주석한 것은 불교의 중요한 가치인 자비가 무진과 불해의 마음작용에 의한 것임을 밝힌 것이다. 그러면 무진과 불해는 어떻게 다른가? 『성유식론』에서는 "무진이란 사물의 생명을 단절시키는 분노(瞋)의 반대(翻對)이고, 불해란 사물에 손해를 끼치고 괴롭히는 해害의 반대(正違)이다."라고 한다. 또한 "무진은 〈다른 존재에게 화내지 않고 자애로운 마음으로 대하기 때문에, 다른 존재에게〉 즐거움을 주고(與樂), 불해는 〈다른 존재를 괴롭히고 해를 가하지 않기 때문에, 다른 존재의〉 괴로움을 없애 준다(拔苦)."187)라고 주석한다. 더불어 무진은 실법의 심소이고, 불해는 가법의 심소라고 하는데,188) 이것은 부파불교, 특히 설일체유부에서 '불해'를 실법의 심소라고 주장한 것을 논파하고자 하는 의도로 생각된다.

이처럼 유식에서는 불해(아힘사)를 '무진(분노하지 않음)'을 바탕으로 타인을 해치지 않는 것'이라고 하는데, 이른바 불해는 자비(사랑과 연민)를 전제로 생긴다는 것이다. 그래서 성철스님도 불해에 대해 "자비를 다르게

---

185) 『직해』(X48, p.343b5-6), "於諸有情. 不爲侵損逼惱. 即以無瞋而爲體性. 能對治害. 悲傷憐愍以爲業用."
186) 『성유식론』(T31, p.30b28-29), "於諸有情不爲損惱無瞋爲性. 能對治害悲愍爲業."["모든 유정에 대해서 손해를 끼치거나 괴롭히지(損惱) 않는 무진無瞋을 본성으로 하고, 해害를 능히 제거하여 〈타인의 슬픔을 함께〉 슬퍼하고 불쌍히 여기는 것(悲愍)을 작용으로 한다."]
187) 『성유식론』(T31, p.30c2-3), "無瞋翻對斷物命瞋. 不害正違損惱物害. 無瞋與樂. 不害拔苦."
188) 『성유식론』(T31, p.30c4).

표현한 것"이라고 법문한 것으로 생각된다. 우리가 수행을 하는 이유는 무엇인가? 지혜와 자비를 기르기 위한 것이다. 이 두 가지는 불교도라면 반드시 갖추어야 할 요건이다. 그러므로 진정한 불교도라면 열심히 수행하여 마음속에 무진과 불해를 가득 채워 타인에게 자비를 실천하는 것이 무엇보다 시급한 책무라고 할 수 있는 것이다.

VI. 마음을 어지럽히고 괴롭게 하는 근본번뇌

1. 번뇌란

먼저 번뇌란 어떤 의미인지 살펴보자. 번뇌煩惱(kleśa)란 범어의 동사원형 √kliś(물들이다·스며들다)에서 파생한 명사이다. 범어 끌레샤(kleśa)의 한역인 번뇌에서 번이란 '괴롭다'는 의미이고, 뇌도 '괴롭다'는 뜻이다. 구체적으로 말하면 번뇌란 자신의 마음을 번거롭고(煩), 시끄럽고(소란), 귀찮게 하며, 괴롭게 하고(惱), 혼란스럽게(어지럽다) 하는 마음작용이라고 할 수 있다. 또한 범어 끌레샤(kleśa)의 의미를 살려서 번뇌를 유루有漏라고도 한다. 유루란 있을 유有, 샐 루漏 자로, '새다·스며들어 물들이다'는 뜻이다. 그러면 무엇이 스며들어 물들일까? 예를 들어 보자. 중학생 때 화학 시간의 실험을 떠올려 보자. 하얀 리트머스 시험지에 물이 서서히 스며들어 리트머스 시험지를 온통 적시는 실험을 한 적이 있을 것이다. 이처럼 유루는 나도 모르게 내 마음에 서서히 스며들어 나를 괴롭히기 때문에 비유적으로 이름 붙인 것이다.

유식에서는 이 번뇌를 크게 근본번뇌와 수번뇌로 나눈다. 성철스님은 번뇌(근본번뇌)에 대해 다음과 같이 6종류의 근본번뇌의 명칭만을 언급하고 마무리한다.

"근본번뇌는 악惡한 면입니다. 악을 행하는 데에 근본이 되는 것이 여섯 가지라는 것입니다. 첫 번째는 탐심貪心이고, 그 다음에 진심瞋心과 치심痴心입니다. 탐·진·치 삼독이 중생이 악행하는 근본번뇌입니다. 그리고 아만·의심疑心·부정견不正見을 더하여 모두 여섯 가지이니, 이를 근본번뇌라고 말합니다."

이에 대해 감산스님은 다음과 같이 주석한다.

"번煩이란 '시끄럽다'는 〈뜻이며〉, 뇌惱란 '어지럽다'는 〈뜻이다.〉 〈왜냐하면 번뇌〉심소는 자신의 마음을 시끄럽고 어지럽게 하는 것이 있기 〈때문이다.〉 그러나 본래 청정한 마음에는 이런 것(번뇌)이 없다. 〈예를 들면〉 마치 청정하고 서늘한 물에 모래흙을 던지는 것과 같다. 그런즉 흙의 〈성질은〉 없어지지만, 남아서 〈깨끗한 물을〉 장애하게 된다.(흐리게 한다) 〈그리하여〉 물은 청결함을 잃고 자연히 혼탁하게 〈되기 때문에〉, 번뇌탁煩惱濁이라고 이름한다. 그러므로 오늘날 수행하는 사람은 오로지 이 번뇌를 끊는 것이 가장 중요하다. 그래야 진정한 수행이라고 할 수 있다."[189]

감산스님의 주석에 의하면, 근본번뇌는 청정한 물에 모래나 흙을 던져 넣으면 혼탁해지듯이 본래 청정한 우리의 마음에 스며들어 시끄럽고 어지럽게 하는 것(번뇌탁)이다. 그리고 이 번뇌를 끊어야 진정한 수행이라고 한다.

---

[189] 『백법논의』(X48, p.310c4-7), "名煩惱. 煩者擾也. 惱者亂也. 有此心所. 擾亂自心. 然清淨心中本無此事. 如清冷水投 以沙土. 則土失留礙. 水亡清潔. 自然渾濁. 名煩惱濁. 今修行人專要斷此煩惱. 方爲眞修."

그러면 일상생활에서 번뇌(漏·漏泄)를 일으키는 원인으로는 어떤 것이 있을까? 첫째, 자신이 의지하는 것으로부터 생기는 번뇌(由所依)이다. 그러나 부처님의 바른 법에 의지하면 번뇌는 일어나지 않는다. 둘째는 대상으로부터 생기는 번뇌(由所緣)이다. 다시 말해 자신이 보고 듣고 하는 대상인 재물 등에 의해 생기는 번뇌이다. 셋째는 가까운 것에서 생기는 번뇌(由親近)이다. 즉 가까운 가족이나 친구 등 또는 늘 입는 옷, 음식 등에서 말미암아 생기는 번뇌이다. 넷째는 생활 습관에서 생기는 번뇌(由數習)이다. 그래서 평소에 좋은 습관을 몸에 익히는 것이 중요하다. 다섯째는 집중하거나 의도하는 것에서 생기는 번뇌(由作意)이다. 여섯째는 사악하고 그릇된 가르침에 의해 생기는 번뇌(由邪敎)이다. 이제 구체적으로 근본번뇌심소는 어떤 작용을 하는지 살펴보자.

2. 삼독

먼저 삼독인 탐·진·치부터 살펴보자. 탐·진·치의 세 가지 번뇌는 가장 근원적인 번뇌로서, 무탐·무진·무치의 삼선근三善根(tri-kuśala-mūla)과 반대이기 때문에 선하지 않는 3가지 근원(뿌리)라는 의미로 삼불선근三不善根(tri-akuśala-mūla) 또는 불선근不善根(akuśala-mūla)이라고도 한다. 또한 마치 독이 사람을 해치듯이, 우리가 깨달음을 얻는데 가장 해로운 방해꾼인 3가지 번뇌를 독에 비유하여 삼독三毒이라고도 한다. 삼독에 대해 감산스님은 다음과 같이 주석한다.

"법신(진리)을 상해하고, 지혜로운 생명(지혜와 수행이 뛰어난 수행자)을 단절시키는 것은 오직 이것(삼독)이 가장 심하다. 그래서 그것(삼독)을 처음에(首) 배치했다."190)

상기 주석에서 '법신을 상해하다'는 부처님의 가르침인 진리(법신)를 파괴한다는 의미이다. 그리고 '지혜로운 생명을 단절시킨다'는 것은 지혜로운 생명인 수행자의 수행을 방해한다는 의미이다. 이처럼 삼독은 수행자의 수행을 방해하는 최대 훼방꾼이다. 그래서 감산스님은 근본번뇌 중에서도 처음에 배열한다고 주석한다.

그런데 앞서 말했듯이 성철스님은 근본번뇌에 대해 법문하면서 6개의 근본번뇌에 대해서는 구체적으로 설명하지 않는다. 감산스님 역시 근본번뇌와 삼독에 대해 한정해서 주석할 뿐이다. 그래서 탐·진·치의 삼독에 대해서는 지욱스님의 주석을 중심으로 살펴보고자 한다.

탐·진·치의 삼독을 각각 설명하기 전에 한 가지 부언하자면, 탐은 감각적 욕망인 까마(kāma)나 쾌락을 추구하는 만족·충족을 모르는 마음작용이다. 진은 감각적 욕망이나 쾌락에 대한 좌절로부터 발생하는 분노(성냄)의 마음작용이다. 치는 세상의 도리나 부처님의 가르침인 사성제, 연기, 삼법인 등을 모르는 무지 또는 무명의 마음작용이다. 그러므로 탐·진·치의 삼독은 하나의 마음작용이라고 할 수 있다. 그래서 성철스님은 51가지 심소를 일념一念이라고 했던 것으로 생각된다. 그리고 탐·진·치의 삼독 중에서 가장 근원적인 것은 치이다. 이에 대해서는 치를 설명할 때 다시 설명하겠다.

---

190) 『백법논의』(X48, p.310a16-17), "三毒. 傷害法身. 斷慧命者. 唯此爲甚. 故首標之."

1) 탐貪

먼저 탐이란 탐할 탐貪 자로, 탐욕貪慾, 즉 탐하고 욕심을 낸다는 의미이다. 탐貪은 범어 라가(rāga)[191]의 한역인데, 라가는 동사원형 √raj(채색하다·물들다)에서 파생한 명사로 일반적으로는 욕망이나 탐욕으로 번역한다. 그래서 영어로는 greed, lust, craving, attachment, desire 등으로 번역한다. 이 중에 라가(rāga)와 가장 가까운 의미는 desire가 아닐까 생각한다.

성철스님은 탐을 '탐욕의 마음'이라는 뜻의 탐심貪心이라고 법문하고, 감산스님은 별도로 언급하지 않기에 지욱스님의 주석을 중심으로 살펴보고자 한다. 지욱스님은 탐에 대해『성유식론』의 입장을 반영하여 다음과 같이 주석한다.

> "유(존재)와 유구(존재하게 하는 원인)에 대해 염착하는 것을 본질로 하고, 능히 무탐선근을 장애하여 괴로움을 생기게 하는 것을 작용으로 한다."[192]

『성유식론』에서는 "유와 유구에 염착染著하는 것을 본질로 하고, 능히 무탐을 장애하며 괴로움(오취온)을 생기시키는 것을 작용으로 한다. 애착의 힘으로 말미암아 오취온이 생겨나기 때문이다."[193]라고 주석하

---

191) 안옥선(2010), p.253. 탐貪을 의미하는 또 다른 용어로는 'lobha'가 있다. lobha는 √bubbhati(탐욕스럽다, 갈망하다, 욕망하다)에서 파생한 것으로 탐욕·갈망·욕망 등으로 번역된다. 이 말은 '불만족하여 더 욕구하는 것'이라는 뜻으로 감각적 욕망(kāma), 갈애(tṛṣṇā·taṅhā)의 다른 의미이다.
192)『직해』(X48, p.343b10-11), "於有有具染著爲性. 能障無貪善根. 生苦爲業."
193)『성유식론』(T31, p.31b19-20), "於有有具染著爲性. 能障無貪生苦爲業. 謂由愛力取蘊生故."

는데, 지욱스님의 주석과 거의 일치한다. 지욱스님의 『직해』와 『성유식론』의 주석에서 '유'란 자기의 존재를 말한다. 그리고 '구'란 자기를 존재시켜 주는 원인, 즉 중유·기세간 등의 자연계뿐만 아니라 번뇌나 업 등을 말한다. 우리는 매일 살아가면서 본능적인 욕망인 수면욕·식욕·성욕 등을 일으키고, 후천적으로 재산욕·출세욕·명예욕 등을 일으킨다. 그러면 왜 우리에게 이런 욕망이 생겨나는 것일까? 유식에서는 이런 욕망을 일으키는 근원적인 마음이 우리의 심층에 존재한다고 한다. 그것이 바로 탐이다. 이처럼 탐이란 선천적인 것과 후천적인 것에 대한 인간의 끝없는 집착이며, 이 집착이 탐욕(貪)으로 나타난 것이다.

경전에서는 탐욕을 원숭이를 잡는 덫에 비유한다. 옛날 인도에서 원숭이를 잡을 때, 원숭이가 지나가는 길목의 커다란 나무에 구멍을 뚫어 송진을 담아 두었다고 한다. 그러면 호기심 많은 원숭이가 오른손을 넣었다가 손이 빠지지 않으면 왼손을 집어넣는다고 한다. 양손이 빠지지 않으면 이번에는 오른발과 왼발을 차례로 집어넣는다. 마지막에는 입을 집어넣어 결국 꼼짝하지 못하게 되어 원숭이 사냥꾼에게 잡힌다고 한다. 이처럼 탐욕은 미세하게 시작해서 점점 커져 제어하기 힘든 상태가 되는데, 원숭이처럼 우리를 파멸의 길로 이끄는 번뇌이다.

또 다른 예를 소개하겠다. 1951년에 개봉한 비비안 리(Vivien Leigh)와 마론 브란도(Marlon Brando) 주연의 '욕망이라는 이름의 전차(A streetcar named desire)'라는 영화가 있다. 이 영화는 원래 1947년 브로드웨이에서 초연한 테네시 윌리엄스(Tennessee Williams)의 연극을 모티브로 한 것이다. 필자는 이 영화를 볼 때마다 영화 제목을 너무 잘 지었다고 생각한다. 예컨대 전차는 처음에 서서히 움직이기 시작해서 점점 속도를 올리는데, 우리의 욕망도 이러한 전차의 움직임과 같다는 것이다. 즉 처음에는 아주 서서히 움직이지만, 나중에는 고속으로 질주하는 전차처럼 우리의 욕망도 처음에는 미세하지만, 점점 극대화되어 조절하기조차 힘든 속성을 가지고 있다는 것이다. 그래서 제목을 욕망이라는 이름의 전차라고 한 것 같다. 이처럼 욕망(탐욕)은 아주 천천히 시작하지만 결국 욕망이라는 속도와 덫에 걸려 헤어나지 못하는 전차나 원숭이처럼 우리를 파멸의 길로 이끄는 것이다. 그래서 삼독 중에서 첫 번째로 등장한 것은 아닐까!

  탐(탐욕·욕망)의 또 다른 특징을 말하자면, 탐욕은 만족(충족)되지 않는 욕망(desire)이나 쾌락에 집착하여 추구하는 마음작용이다. 우리는 원하는 것이 항상 충족되고 지속되기를 바란다. 그렇지만 그 욕망이나 쾌락은 절대로 만족시켜 주지도 않을 뿐 아니라 지속되지도 않는다.

  예를 들어보자. 요즈음 거의 모든 사람들이 휴대폰을 소지하고 다닌다. 심지어 스마트 폰까지 등장한 시대이다. 그런데 휴대폰이 망가져 못 쓰게 되어 구매하는 사람이 과연 몇 명이나 될까! 다시 말해 휴대폰의 사용가치가 다 되어 바꾸는 사람이 몇 명이나 되겠는가? 왜 이런 현상이 벌어질까? 휴대폰을 바꾸라는 끊임없는 자극이 외부에서 들어온다. 바로 대중매체를 통한 상업광고이다. 상업광고는 우리들의 욕망을 끊임없이 자극한다. 아마도 남자들은 예쁜 여자 배우들이 등장하여 끊임없이 광고하는 새 휴대폰을 보면, 멀쩡한 휴대폰을 처분하고 새로운 휴대폰을 구매한다. 정말 새로운 휴대폰을 구매하지 않고 버티기는 힘들다. 여자들도 마찬가지이다. 대한민국 최고의 남자배우들이 광고하는 휴대폰을 보면 새로운 제품을 구입하지 않고서는 못 견딘다. 게다가 새로운 휴대폰을 구매하지 않으면 사회적으로 낙오한 사람으로 취급받기 때문에 멀쩡한 휴대폰을 폐기 처분하고 어쩔 수 없이 새로운 휴대폰을 구매한다. 남녀노소를 불문하고 이런 행위를 끊임없이 반복한다.

  이처럼 우리는 만족감이나 행복감을 느끼지 못한 채 끊임없이 새로운 욕망을 갈구하면서 살아간다. 그렇지만 절대로 만족감을 느끼지 못하고 살아간다. 게다가 자본주의는 이런 인간의 욕망을 자극해서 이윤을 남겨서 유지되는 시스템이다. 그야말로 인간의 '욕망을 확대 재생산하는 시스템'으로 유지되는 것이 자본주의 사회이다. 그래서 프랑스의 현대 철학자 자크 라캉Jacques Lacan(1901-1981)이 "자본주의는 인간의 욕망을 먹고 사는 괴물이다."라고 한 것 같다. 이런 자본주의 사회에서 우리는 어떻게 살아야 할까! 자크 라캉의 말처럼 우리는 마치 욕망을 먹고 사는 괴물처럼 살아야 할까? 죽을 때까지 만족감이나 행복감을 느끼지 못한 채 욕망에 충실한 꼭두각시로 살아야 할까, 아니면 주체성을 가진 존재로 살아야 할까! 어떻게 살 것인가는 나의 결단과 의지에 달린 문제이다.

2) 진瞋

진瞋(dveṣa)이란 동사 어원형 √dviṣ(~을 미워하다)에서 파생한 것이다. 범어 드웨샤(dveṣa)의 한역인 진瞋은 성낼 진瞋 자로, '분노하다, 성내다'라는 뜻이다. 그래서 필자는 분노하는 마음작용 또는 성난 마음작용 등으로 번역한다. 그러면 무엇에 대해 분노하는가? 괴로움과 괴로움을 일으키는 원인에 대한 분노이다. 다시 말해 선한 일이든 나쁜 일이든 상대가 자신의 마음에 들지 않는 것에 분노하는 마음작용이 진이다. 특히 진은 자신이 원하는 욕망, 쾌락 등이 좌절되었을 때 발생하는 분노(성냄)이다.

진에 대해 성철스님은 분노하는 마음라는 뜻의 진심瞋心이라고 법문하는데, 감산스님은 특별히 주석하지 않아서 지욱스님의 주석을 중심으로 살펴보자.

"고(괴로움)와 고구(괴로움의 원인)에 대해 증에하는 것을 본질로 하고, 능히 무진선근을 장애하여 불안을 은폐하는 성질과 악행의 의지처가 되는 것을 작용으로 삼는다."[194]

지욱스님의 주석에 의하면, 진은 괴로움과 괴로움을 일으키는 원인에 대해 분노(憎恚, 성내고 미워함)하는 것이며, 성내지 않음(無瞋)을 장애하여 불안을 숨기고 악행의 의지처가 되는 것이다. 지욱스님의 주석은 『성유식론』의 입장을 반영한 것인데, 『성유식론』에서는 진에 대해 "고(괴로움)와 고구(괴로움을 일으키는 원인)를 증에憎恚하는 것을 본성으로 하고, 능히 무진을 장애하여 불안을 은폐하는 성질과 악행의 의지처가 되는 것을 작용(업)으로 한다. 이른바 진은 반드시 신심을 몹시 괴롭혀 모든 악업을 일으키게 하는 불선의 성품이기 때문이다."[195]라고 하여, 지욱스님의 주석과 거의 일치한다.

우리는 자신의 마음에 드는 것을 원하고 집착하며 탐낸다. 그러나 그것이 충족되지 않으면 괴로움에 빠진다. 그래서 그 괴로움과 괴로움을 일으키는 원인에 대해 분노하게 되고, 그 분노는 결국 자신의 마음을 우울하고 불안하게 만들어 번뇌에 빠지게 한다. 따라서 분노하는 마음(瞋)은 신심을 몹시 괴롭혀서 모든 악업을 일으키게 하는 기능을 가진 마음작용이 되는 것이다. 그리고 이런 이유로 지욱스님도 진을 '악행을 일으키는 원인(의지처)'이라고 주석한 것이다. 그러면 성내고 미워하는 이유는 무엇일까? 그것은 상대에게 자비(maitrī), 즉 사랑과 연민의 마음이

---

194) 『직해』(X48, p.343b11-13), "於苦苦具憎恚爲性. 能障無瞋善根. 不安隱性. 惡行所依爲業."
195) 『성유식론』(T31, p.31b21-22), "於苦苦具憎恚爲性. 能障無瞋不安隱性惡行所依爲業. 謂瞋必令身心熱惱起諸惡業. 不善性故."

없기 때문이다. 상대에 대한 자비심이 없기 때문에 상대에게 분노하게 되며, 이어서 거칠고 폭력적으로 대하는 이른바 소수번뇌인 해害의 심소가 일어나는 것이다.

정리하자면 탐(탐욕)은 좋아하고 이끌리는 것, 즉 쾌락에 집착하여 그것에 만족하면서 그것이 지속되기를 바라는 마음작용이다. 그리고 진은 원하는 것이 이루어지지 않았을 때, 그것에 대해 미워하고 싫어하며, 성내는 마음작용이다. 그래서 탐은 집착으로 나타나며, 진은 거부, 싫어함, 혐오, 분노 등으로 나타난다. 이처럼 둘은 다른 모습으로 나타나지만, 본질적으로 욕망이나 쾌락(즐거움, 원함)에 대해 집착하며, 괴로움을 싫어하고 거부하는 측면에서 보면 한 가지 마음작용이라고 할 수 있다.

3) 치癡

치癡(moha)란 어리석을 치癡 자로, 어리석은 마음작용이라고 할 수 있다. 그러면 무엇에 대해 어리석다는 것일까? 치란 단순한 어리석음이 아니라 번뇌·업·윤회나 부처님의 가르침인 연기·사성제 등의 진리에 대한 어리석음을 말한다. 치의 동의어로는 우치愚癡·혼매惛昧·무지無智·무명無明 등이 있다. 영어로는 ignorance일 것이다.

치에 대해 성철스님은 어리석은 마음이라는 뜻의 '치심癡心'이라고 법문한다. 감산스님은 별도로 주석하지 않아서 지욱스님의 주석을 중심으로 살펴보자.

"모든 도리(진리)와 사실에 대해 미혹하고 어두운 것(迷闇)을 본질로 하며, 능히 무치선근을 장애하여 일체 잡염〈법〉의 의지처가 되는 것을 작용으로 삼는다."[196]

지욱스님의 주석은 『성유식론』의 입장을 반영한 것으로, 『성유식론』에서는 "도리(진리)와 사실에 대해 미혹하고 어두운 것을 본질로 하며, 능히 무치를 장애하여 일체 잡염(유루법)의 의지처(원인)가 되는 것을 작용으로 삼는다."[197]라고 하여 지욱스님의 주석과 거의 일치한다.

참고로 여기서 도리(理)란 진여·법성·본질·진리를 말하며, 사실(事)이란 현상을 말한다. 구체적으로 말하면 업보의 섭리나 연기·사성제 등의 진리, 불법승의 삼보에 대해 이해하지 못하는 것(미혹되고 어두운 것)을 말한다. 그래서 지욱스님도 치를 유루법(잡염법), 즉 '번뇌를 일으키는 원인(의지처)'이라고 주석한 것이다. 『성유식론』에서도 "무명(치)[198]으로 말미암아 의疑, 사견, 탐 등의 근본번뇌와 수번뇌가 일어난다."[199]고 하여, 치를 모든 번뇌의 근원이라고 주석하고 있다.

이것을 좁은 의미로 해석하면, 탐·진·치의 삼독 중에서 치가 가장 근원적인 것이다. 왜냐하면 치는 언제나 탐과 진을 수반한다. 다시 말해 탐과 진에는 항상 치가 수반된다는 것이다. 즉 탐·진·치의 삼독은 분리된 것이 아니라 하나의 작용이다. 욕망을 갈망하는 탐과 욕망을 추

---

196) 『직해』(X48, p.343b14-16), "於諸理事迷闇爲性. 能障無癡善根. 一切雜染所依爲業."
197) 『성유식론』(T31, p.31b23-24), "於諸理事迷闇爲性. 能障無癡一切雜染所依爲業."
198) 『오온론』(한역)에서도 "무엇을 무명無明(avidyā)이라고 하는가? 업과業果 및 진리(諦)와 보배(三寶)에 대해 지혜가 없는 것을 본성으로 하는 것이다. 이것에 다시 두 종류가 있는데, 이른바 구생俱生으로 일어난 것과 분별分別로 일어난 것이다. 또한 욕계에 매인 탐과 진, 그리고 욕계에 매인 무명을 세 가지 불선근不善根이라고 이름한다. 이른바 탐불선근貪不善根·진불선근瞋不善根·치불선근癡不善根을 말한다."[『오온론』(T31, p.849a19-22), "云何無明. 謂於業果及諦·寶中無智爲性. 此復二種, 所謂俱生分別所起. 又欲纏貪·瞋及欲纏無明, 名三不善根. 謂貪不善根, 瞋不善根, 癡不善根."]라고 하여 치(moha)를 무명(avidyā)으로 대체하고 있다.
199) 『성유식론』(T31, p.31b25-26), "謂由無明起疑邪見貪等煩惱隨煩惱業."

구하는 과정에서 좌절하여 그것에 분노하는 진은 치를 전제하는 마음 작용이기 때문이다. 좀 더 자세하게 말하자면, 치로 인하여 욕망이나 쾌락에 집착하고 그 반대인 것에 분노하는 것(성냄)이다. 이처럼 탐·진·치의 삼독은 서로 수반되는 하나의 작용이지만, 그중에서도 가장 근원적인 것은 치이다. 그러므로 치가 사라지면 탐과 진도 일어날 수 없다.[200] 부언하자면, 앞서 『성유식론』이나 『집론』에서 치=무명이라고 했으므로 악(불선)의 근원인 무명(치)을 제거함으로써 모든 불선이나 번뇌도 제거할 수 있다.

3. 만慢

만慢(māna)이란 거만할 만慢 자로, '잘난 체한다'는 뜻이다. 그러면 누구에게 또는 무엇에 대해 잘난 체하는 것일까? 타인과 비교하여 자신을 높이고 타인을 낮추어 보는 것이다. 다시 말해 만이란 늘 상대와 비교하여 자신이 잘났다고 생각하는 마음작용이다. 그래서 필자는 '만'을 만심慢心이라고 번역하였다.

만에 대해 성철스님은 '자신을 높인다'는 뜻의 '아만'이라고만 법문하고, 감산스님도 '아만은 무아를 장애한다(慢障無我)'고만 주석한다. 따라서 여기서도 지욱스님의 주석을 중심으로 만에 대해 살펴보자.

"자기에게 의지하여 나아가 타인과 유정에게 고거(타인보다 자신이 뛰어나다고 자랑하는 것)하는 마음을 생기게 하는 것을 본질로 하

---

[200] 안옥선(2010), p.254.

고, 능히 불만不慢을 장애하여 괴로움을 생기게 하는 것을 작용으로 삼는다."201)

이것에 의하면, 만이란 상대보다 자신이 잘났다고 생각하는 고거심 高擧心을 생기게 하는 것이다. 지욱스님이 그 주석의 근거로 삼은 『성유식론』에서는 만에 대해서 "〈집착된〉 자신에게 의지하여 타인에게 고거 高擧하는 것을 본질로 하고, 불만不慢을 장애하여 괴로움을 생기시키는 것을 작용으로 삼는다. (…) 이 만의 차별은 7종류, 9종류가 있다."202)고 주석한다. 또한 안혜보살의 『유식삼십송』 주석서인 『유식삼십송석』203)과 규기스님의 『성유식론』에 대한 주석서인 『성유식론술기』204)에서는 만慢을 7종류로 나누어 자세하게 기술한다. 그 내용을 요약하자면 다음과 같다.

첫 번째, 만慢이란 가정·능력·재산 등이 자신보다 열등한 자에 대해 자신이 뛰어나다고 생각하거나, 가정·능력·재산 등이 동등한 자에 대해 자신이 그와 동등하다고 생각하는 마음작용이다. 다시 말해 만이란 자기보다 못한 자와 자기를 비교하여 자기가 뛰어나다고 생각하고, 자기와 동일한 수준의 사람과 비교하여 자기와 동일하다고 판단하는 것이다. 이처럼 유식에서는 사실을 있는 그대로 생각하고 판단하는 마음을 번뇌라고 규정한다. 그러면 어째서 이런 마음을 번뇌라고 보는 것일까? 이것은 단순하게 말하면 유식의 경우 자신과 상대를 비교하는 것

---

201) 『직해』(X48, p.343b13-14), "恃己所長, 於他有情心生高擧爲性. 能障不慢. 生苦爲業."
202) 『성유식론』(T31, p.31b26-29), "恃己於他高擧爲性. 能障不慢生苦爲業. (…) 此慢差別有七九種."
203) TV(p.28, 28-p.29, 17).
204) 『성유식론술기』(T43, p.444c1-12).

자체를 번뇌라고 규정하고 있기 때문이다. 나는 저 사람보다 뛰어나다든지 저 사람과 동일하다고 생각하는 것, 즉 상대를 의식하는 것 그 자체가 만심을 일으키는 근원이라는 것이다.

두 번째, 과만過慢이란 가정·능력·재산 등이 동등한 자에 대해 희사喜捨·계율·용기 등에 있어서는 자기가 뛰어나다고 생각하거나, 또는 가정·학문 등이 나보다 뛰어난 사람에 대해 자신은 능력·재산 등의 면에서는 동등하다고 생각하는 것이다.

세 번째, 만과만慢過慢은 만심이 점차 높아져 가정·능력·재산 등이 자기보다 뛰어난 사람에 대해 내심으로 자신이 뛰어나다고 은밀히 생각하는 것이다.

네 번째, 비만卑慢이란 상대의 가정·능력·재산 등이 자신보다 훨씬 뛰어나지만, 그 차이는 조금뿐이라고 생각하는 것이다.

다섯 번째, 아만我慢은 자신의 덕이 아직 뛰어나지 않음에도 스스로 자신을 높이고 상대를 낮추는 마음작용이다. 특히 자존심, 자랑 등이 고만으로 변질되면 상대를 낮추어 보는 아만으로 발전하기 쉽다.[205]

여섯 번째, 증상만增上慢은 아직 얻지 못한 것을 이미 얻은 것처럼 상대를 속이는 것이다. 다시 말해 자신의 덕이 상대보다 조금 뛰어남에도 마치 자신의 덕이 상대보다 훨씬 뛰어나다고 생각하는 번뇌이다. 증상만은 참선이나 수행할 때 가장 잘 드러나는 번뇌이다. 예를 들면 아직 화두를 깨치지 못했음에도 화두를 깨쳤다고 공언한다든지, 아니면 수행 도중 깨닫지 못했으면서 깨달음을 얻었다고 생각하는 것이다. 이처럼 증상만은 수행 중에 나타나는 일종의 허영심이라고 할 수 있다.

---

[205] 太田久紀(1994), p.256 ; 김윤수(2006), p.552.

일곱 번째, 사만邪慢은 자신에게 덕이나 수행력 등이 전혀 없으면서 자신은 보시도 잘 하고 계율도 잘 지켜 덕이 뛰어나다고 생각하는 만심이다. 사만도 증상만처럼 수행 중에 나타나는 허영심의 일종이다. 이처럼 두 주석서에서는 만심(慢)을 7종류로 구분한다.[206]

그런데 이 만심(慢)은 우리가 좀처럼 자각하기 어려운 번뇌이다. 왜냐하면 만심이 있음에도 불구하고 만심이 없다고 착각하기 쉽기 때문이다. 게다가 만심이 있다는 것을 알아차리고 수행을 통하여 만심을 없애면 이번에는 만심을 제거했다는 또 다른 만심이 생기한다. 이처럼 만심이 없어지더라도 또 다른 만심이 끊임없이 기다리는 것이다. 그래서 만심은 제거하기 힘든 번뇌라고 한다.

4. 의疑

의疑(vicikitsā)란 둘로 나누다라는 접두사 위(vi)+'알다'라는 동사원형 √cit에서 파생한 여성명사로 '구별하여 알려고 하다, 의심하다, ~에 대해 확정하지 못하다'는 뜻이다. 한역의 의疑는 의심할 의疑 자로, '의심하다(doubt)'는 뜻이다. 우리가 어떤 것에 대해 확정하지 못하는 것은 의심하기 때문이므로 둘은 같은 의미이다. 결국 의란 의심하는 마음작용이라고 할 수 있다. 그러면 의란 무엇을 의심하는 마음작용일까? 모든 것에 그 도리를 분명히 판별하지 못하고 의심하는 마음작용이다. 그래서 우리가 일상에서 '남을 의심한다'고 할 때의 의심과는 다르다. 구체적으로 말하면, 단순한 의심이 아니라 부처님의 가르침인 연기·사성제

---

206) 김명우·구자상(2023), pp.255-256.

등의 진리(satya)를 의심하는 마음작용이다.[207]

의에 대해 성철스님은 의심하는 마음이라는 뜻의 의심疑心이라고 법문하고, 감산스님은 '바른 믿음을 장애한다'고만 주석하기 때문에, 여기서도 지욱스님의 주석을 중심으로 살펴보자.

"모든 진리(諦)와 도리(理)에 대해 유예猶豫하는 것을 본질로 하고, 능히 불의不疑 및 모든 선품(여러 가지의 수행)을 장애하는 것을 작용으로 삼는다."[208]

지욱스님이 주석의 근거로 삼은 『성유식론』에서는 의에 대해 "모든 진리(諦)와 도리(理)에 대해 유예猶豫함을 본질로 하고, 능히 불의선품을 장애하는 것을 작용으로 삼는다."[209]라고 한다. 그러면 두 주석에 등장하는 유예猶豫란 어떤 의미일까? 유예란 주저한다(vimati)는 말이다. 다시 말해 이것인지 저것인지 판단을 할 수 없다, 즉 의심한다(mati)는 것이다. 그러나 여기서 의疑란 단순한 의심이 아니라 사성제 등의 진리에 대한 의심을 말한다. 왜냐하면 부처님의 가르침인 진리를 의심하면 수행을 할 수 없기 때문이다. 그리고 제諦(satya)란 사성제四聖諦 등 부처님의 가르침을 말하고, 리理란 이것에 의해 나타난 진리를 말한다. 결국

---

207) Li and Steinkellner(p.10, 9), "/satyādiṣu yā vimatiḥ//["〈의혹은 사성제 등의〉 진리 등에 대해 의심하는 것(猶豫)을 본질로 하는 것이다."]라고 하고, 『집론』[범본 Gokhale(p.16, 23-24)]에서도 "satyādiṣu vimatiḥ/kuśalapakṣāpravṛttisanniśrayadānkarmikā//" ["진리(satya)에 대해 의심(유예)하는 것이다. 선품을 생기지 않게 하는 의지처의 작용을 한다."]라고 하며, 한역 『집론』(T31, p.664b29-c1)에서도 "何等爲疑. 謂於諦猶豫爲體. 善品不生所依爲業."라고 하였다.
208) 『직해』, (X48, p.343b14-15), "於諸諦理猶豫爲性. 能障不疑及諸善品爲業."
209) 『성유식론』(T31, p.31c2-3), "於諸諦理猶豫爲性. 能障不疑善品爲業."

부처님의 가르침인 연기·공의 진리에 대해 의심하는 것을 의(의혹)라고 정의할 수 있다.

참고로 『유식삼십송』에 대한 안혜보살의 주석인 『유식삼십송석』에서는 "이것(의심)은 지혜(慧)와는 전혀 다른 종류이다."[210]라고 주석하는데, 이른바 의심이란 '업·진리·삼보를 의심하는 것'이며 '별경심소 중의 혜의 심소와는 전혀 다르다'는 것이다. 왜냐하면 혜의 심소는 간택(선택)하는 것이지만, 의疑는 의심하여 선택하지 못하기 때문이다.

우리는 일상생활에서뿐만 아니라 진리 탐구를 위해 의심하기도 하고 그 의심이나 의혹을 풀기 위해 질문하기도 한다. 이런 태도는 좋은 삶의 방식이다. 그러나 여기서 말하는 번뇌의 의疑는 단순한 의혹이나 의심이 아니라 부처님의 가르침인 진리 자체를 의심하는 것이다. 진리 자체에 대해 믿음이 없으면 모든 것을 의심하게 되어 긍정적인 사고를 할 수 없다. 물론 맹목적인 믿음은 경계해야 하지만 합리적인 사고를 동반한 믿음은 수행을 증진시킬 뿐만 아니라 우리의 삶을 선한 방향으로 나아가게 한다.

5. 악견惡見(부정견不正見)

견見(dṛṣṭi)이란 '견해'를 말하는데, 한역에서는 악견惡見, 즉 잘못된 견해(wrong view)라고 한다. 그러면 무엇에 대한 잘못된 견해일까? 진리(satya)에 대한 잘못된 견해이다. 이것은 바른 견해를 장애하여 그 결과로 고(괴로움)를 초래하는 마음작용이다. 성철스님은 별도로 언급이 없

---

210) TV(p.29, 25), "prajñātaś ceyaṃ jātyantaram evoktā//"

고, 감산스님도 "부정견(악견)은 바른 앎의 견해(正知見)를 장애한다."고만 주석하기 때문에, 이것 역시 지욱스님의 주석을 중심으로 살펴보자.

또한 악견이라도 한다. 모든 진리와 도리에 대해 전도되게 추구하는 염혜를 본성으로 하고, 능히 선견善見을 장애하여 괴로움을 초래하는 것을 작용으로 삼는다. 이것(악견)은 또한 5종류가 있다."[211]

지욱스님이 주석의 근거로 삼은 『성유식론』에서는 "무엇을 악견이라고 하는가? 모든 진리와 도리에 대해서 전도顚倒되게 추구推求하는 염혜染慧를 본질로 하며, 능히 선견善見을 장애하고 고苦를 초래하는 것을 작용으로 삼는다."[212]라고 하는데, 지욱스님의 주석과 거의 일치한다.

부연하면 '진리에 대해 전도되게 추구한다'란 진리(satya)를 거꾸로 본다(전도)는 뜻으로 『반야심경』에 등장하는 전도몽상과 같은 의미이다. 참고로 본래 전도(viparya)란 '사물을 거꾸로 본다'는 뜻으로 마치 실재하지 않는 사물을 존재하는 것처럼 보는 것을 말한다. 즉 잘못된 앎(견해)이다. 전도의 대표적인 사례는 상락아정常樂我淨이다. 불교에서는 모든 존재는 무상無常·고苦·무아無我·부정不淨이라고 한다. 그럼에도 우리는 상락아정이라고 잘못 생각(견해)한다는 것이다. 이것을 4전도라고 한다. 구체적으로 말하면, 상常이란 존재하는 모든 것은 무상함에도 불구하고 영원하다는 잘못된 생각이다. 낙樂이란 인간은 괴로운 존재임에도

---

[211] 『직해』(X48, p.343b17-18), "亦名惡見. 於諸諦理顚倒推求. 染慧爲性. 能障善見. 招苦爲業. 復有五種."
[212] 『성유식론』(T31, p.31c11-12), "云何惡見. 於諸諦理顚倒推求度染慧爲性. 能障善見 招苦爲業."

불구하고 즐겁다는 잘못된 생각이다. 아我란 존재하는 모든 것은 자기의 본질이 없음(무아)에도 불구하고 자아가 있다고 집착하는 잘못된 생각이다. 정淨이란 부정不淨과 정淨은 불이不二임에도 불구하고 청정에 집착하고 더러움(부정)에 집착하는 잘못된 생각이다. 이 상락아정을 전도라고 한다. 이 상락아정 때문에 괴로움이 생겨 우리의 삶은 괴롭다는 것이다. 『반야심경』에서는 이러한 전도몽상에서 벗어날 것을 강조하는데, 여기서 몽상夢想이란 '꿈속의 생각'이라는 뜻으로 없는 것을 있다고 생각하는 미혹이다. 요즈음 말로 하면 환각이나 착각을 말한다. 유식의 용어로 말하면 변계소집성이다. 다시 본론으로 돌아오자. 그리고 진리에 대해 전도되게 추구한 결과 더러운 지혜(염혜)가 생긴다는 것이다. 그래서 악견과 혜는 제로섬 관계이다.

지욱스님의 주석에 따르면 악견은 5종류(살가야견·변집견·사견·견취견·계금취견)이다. 먼저 살가야견이란 오온(인간)에 대해 상주불변한다고 생각하는 자아가 존재한다거나 자신이 소유한 것에 집착하는 견해이다. 살가야견은 범어 사뜨–까야–드리스띠(sat-kāya-dṛṣṭi)의 음사로, 유신견有身見·신견身見·아견我見 등으로 한역한다. 지욱스님은 "오온에 대해 아我와 아소我所(나의 것)라고 집착하고 일체 견해의 의지처가 되는 것을 작용으로 삼는다."[213]라고 하고, 『성유식론』에서는 "오취온에 대해서 나(我)와 아소我所라고 집착하는 것을 말한다. 모든 견해의 의지처가 되는 것을 작용으로 한다."[214]라고 하여 두 주석은 거의 일치한다.

변집견辺執見(antagrāha-dṛṣṭi)이란 가장자리 변辺, 잡을 집執, 볼 견見 자로, 극단적인 견해를 말한다. 예를 들면 미래세에 인간(오온)이 죽으면

---

213) 『직해』(X48, p.343b19-20), "謂於五蘊執我我所. 一切見趣所依爲業."
214) 『성유식론』(T31, p.31c13-14), "謂於五取蘊執我我所. 一切見趣所依爲業."

모든 것은 사라진다(斷滅論)고 생각하거나 미래세에 항상 불변하는 자아가 영원히 실재한다(常住論)고 하는 등의 극단적인 것에 집착하는 견해이다. 지욱스님은 변집견에 대해 다음과 같이 주석한다.

"신견(유신견)에 대해 관찰(隨)하여 단멸하거나 상주한다고 집착하며, 〈중도의〉 출리와 행을 장애하는 것을 작용으로 삼는다."[215]

『성유식론』에서는 "그것(유신견)에 대해서 단멸하거나 상주한다고 집착하는 것을 말한다. 중도의 행行과 출리出離를 장애하는 것을 작용으로 한다."[216]라고 주석한다. 부연하면 변취견이란 오취온에 대해 나와 나의 것이라고 파악된 것을 단멸 또는 상주하는 것으로 보는 것(악견)이다. 다시 말해 집착된 오온에 대해 단멸하거나 상주한다고 집착하는 것이다. 그리고 그 결과 중도(非斷非常)의 행(도제)과 출리(멸제)를 증득하는 것을 장애하는 것이다. 두 주석에서 언급한 '중도'란 단멸도 상주도 아니다(非斷非常)는 뜻이며, '행'이란 사성제 중에서 괴로움을 멸하는 방법에 관한 성스러운 진리라는 뜻의 고멸도성제를 말하고, '출리'는 괴로움을 멸한 성스러운 진리라는 뜻의 고멸성제를 말한다.

사견邪見(mithyā-dṛṣṭi)이란 그릇된 견해 또는 바르지 못한 견해를 말한다. 그러면 무엇에 대한 그릇된 견해일까? 인과(원인과 결과)의 도리나 연기의 도리를 부정하는 모든 그릇된 견해이다. 이에 대해 지욱스님은 다음과 같이 주석한다.

---

215) 『직해』(X48, p.343b20-21), "謂即於身見隨執斷常. 障出離行爲業."
216) 『성유식론』(T31, p.31c16-17), "謂即於彼隨執斷常. 障處中行出離爲業."

"인과는 없다고 비난하고, 작용이 없다고 비방하고, 진리와 도리는 없다고 비방하는 것 및 앞의 4가지 악견(유신견·변집견·견취견·계금취견)에 포섭되지 않는 모든 나머지 그릇된 집착이다. 모든 것은 이 사견에 포섭된다."[217)

또한 『성유식론』에서는 "인과의 도리, 작용, 진리와 사실(實事)을 비방하는 것 및 4가지 악견이 아닌 모든 나머지 삿된 집착을 말한다."[218)라고 주석한다. 두 주석을 종합하면 사견은 모든 견해 중에서 가장 악한 것, 다시 말해 악견惡見 중에서도 가장 나쁜 것이다. 왜냐하면 부처님의 핵심 가르침인 연기와 인과의 도리를 믿지 않고 비방하기 때문이다.

견취견見取見(dṛṣṭiparāmarśa-dṛṣṭi)이란 정법(부처님 가르침) 이외의 견해를 올바르다고 생각하는 견해로서, 잘못된 견해를 바르다고 간주하여 그것에 집착하는 견해이다. 견취견에 대해 지욱스님은 다음과 같이 주석한다.

"모든 견해 중에서 하나의 견해에 집착하여 수순하는 것 및 오온에 의지하여 가장 뛰어나고 청정함을 얻을 수 있다고 집착하는 것이다. 모든 투쟁의 의지처를 작용으로 삼는다."[219)

또한 『성유식론』에서는 "모든 견해 및 의지처인 오온에 대하여 가장

---

217) 『직해』(X48, p.343c1-2), "謂謗無因果. 謗無作用. 謗無實事. 及非前四所攝諸餘邪執. 皆此邪見所攝."
218) 『성유식론』(T31, p.31c20-21), "謂謗因果作用實事. 及非四見諸餘邪執."
219) 『직해』(X48, p.343b21-23), "謂於諸見之中. 隨執一見及所依蘊. 執爲最勝能得淸淨. 一切鬪諍所依爲業."

뛰어나다고 집착해서 능히 청정함이나 해탈을 얻을 수 있다고 하는 것이다. 모든 투쟁鬪諍의 의지처를 작용으로 삼는다."[220]라고 주석한다. 부연하면 잘못된 견해를 옳다고 믿고, 게다가 그 견해를 최고라고 생각하면 결국 타인과 대립하여 투쟁(싸움)으로 발전하게 된다. 결국 모든 싸움은 견취견에서 비롯되는 것이다. 그래서 지욱스님은 견취견을 '모든 투쟁의 의지처'라고 주석한 것이다.

계금취견戒禁取見(śīlavarta-parāmarśa-dṛṣṭidṛṣṭi)이란 잘못된 견해에 기초하여 잘못된 계율을 뛰어난 계율이라고 생각하고, 그것에 따라 살아가는 방식을 정당하다고 여기며, 그것에 의해 해탈에 도달할 수 있다고 집착하는 견해를 말한다. 계금취견에 대해 지욱스님은 다음과 같이 주석한다.

"모든 견해에 수순하는 계금(금지된 계율) 및 의지처인 오온에 대해 가장 뛰어나고 능히 청정을 얻을 수 있다고 집착하는 것이며, 무익한 고행을 권장하는 것을 의지처로 삼는 것을 작용으로 한다."[221]

또한 『성유식론』에서는 "여러 견해에 수순하는 계율과 금욕 및 의지처인 오온에 대하여 가장 뛰어나다고 집착해서 능히 청정(깨달음)과 해탈을 얻을 수 있다고 하는 것이다. 이로움이 없는 근고勤苦(고행을 권장하

---

[220] 『성유식론』(T31, p.31c26-27), "謂於諸見及所依蘊. 執爲最勝能得淸淨. 一切鬪諍所依爲業."
[221] 『직해』(X48, p.343b23-c1), "謂於隨順諸見之戒禁及所依蘊. 執爲最勝. 能得淸淨. 無利勤苦所依爲業."

는 것)의 의지처(무익한 고행의 의지처)가 되는 것을 작용으로 한다."²²²)라고 하는데, 지욱스님의 주석과 거의 일치한다.

끝으로 만·의·부정견의 3가지 근본번뇌에 대해 감산스님은 다음과 같이 주석한다.

"이 3가지 법(만·의·부정견)은 깨달음(道)을 장애하는 근본이다. 아만은 무아를 장애하고, 의혹은 바른 믿음을 장애하고, 부정견은 바른 앎의 견해(正知見)를 장애한다. 3승(성문승·연각승·보살승)은 삼독(탐·진·치)을 끊을 수 있지만, 이 세 가지 법(만·의·부정견)은 끊을 수 없다. 이 3가지 중에 외도는 사견에 집착하는 것이 가장 심하다. 〈수행자가〉 수행하여도 바른 행(正行)에 들어가기 어려운 것은 이 세 가지 번뇌(만·의·부정견)의 잘못이다."²²³)

감산스님의 주석에 의하면, 만·의·부정견은 깨달음(道)을 장애하는 근본이고, 아만(만)은 무아를 장애하고, 의심(의)은 바른 믿음을 장애하고, 악견(부정견)은 바른 앎의 견해(正知見)를 장애하는 것이다. 결국 수행자의 바른 수행을 방해하는 것이 만·의·부정견이라는 것이다.

이상으로 5가지 악견을 요약하면, ① 오취온을 관찰하여 '이것은 나다', '이것은 나의 것이다'라고 생각하는 것(유신견·살가야견), ② 영혼은 영원하다고 생각하거나 반대로 사후는 완전히 소멸한다고(윤회 전생하지

---

222) 『성유식론』(T31, pp.31c28-32a1), "謂於隨順諸見戒禁及所依蘊. 執爲最勝能得淸淨. 無利勤苦所依爲業."
223) 『백법논의』(X48, p.310a18-21), "此三法障道之本. 慢障無我. 疑障正信. 不正見障正知見. 三乘能斷三毒. 而不能斷此三法. 外道之執. 邪見更甚. 所以修行難入正行者. 此三煩惱之過也."

않는다고) 생각하는 양극단의 생각(변집견), ③ 인과의 도리나 해탈자의 존재를 부정하는 견해(사견), ④ 위의 세 가지를 최상이라고 생각하는 것(견취견), ⑤ 불교 이외의 계율이나 규율을 해탈의 방법이라고 생각하는 것(계급취견)이다.

Ⅶ. 근본번뇌에서 파생한 수번뇌

번뇌심소는 근본번뇌根本煩惱(kleśa)와 부차적인 번뇌인 수번뇌隨煩惱(upakleśa)로 크게 나눈다. 수번뇌는 다시 소수번뇌·중수번뇌·대수번뇌의 3종류로 나누는데, 그중에 소수번뇌는 분·한·뇌·복·광·첨·교·해·질·간의 10종류이며, 중수번뇌는 무참·무괴의 2종류이며, 대수번뇌는 불신·해태·방일·혼침·도거·실념·부정지·산란의 8종류로서, 수번뇌는 전부 20종류이다. 그러면 3가지 수번뇌는 어떤 차이점이 있을까? 감산스님은 『백법논의』에서 다음과 같이 주석한다.

"소·중·대라고 말하는 것은 수번뇌에는 3가지 의미가 있다는 것이다. 〈첫째는〉 이른바 자류와 함께 생기한다(自類俱起)[224]는 것이다. 〈둘째는〉 두루 두 가지 성질(선·불선)을 더럽힌다는 것(遍染二性), 즉 불선으로 덮혀 있다는 것이다. 셋째는 두루 모든 더러운 마음에 〈미친다(遍諸染心)는 〈3가지 의미〉이다. 〈이 중에서〉 3가지를 모두 갖추었으면 대수번뇌라고 한다. 〈이 중에〉 하나를 갖추었으면 중수번뇌라고 한다. 대수번뇌와 소수번뇌는 함께 일어나기 때문에 행상(작용)이 거칠고 맹렬해서(麤猛), 각자 자신의 주인(주체)이 된다. 그래서 소수번뇌라고 한다. 〈소수번뇌인〉 분忿(폭발적인 분

---

[224] 자신과 동일한 종류의 성질(비슷한 성질)을 가진 번뇌와 함께 작용한다는 것이다. 예를 들면 불선(악)에 공통으로 작용하는 번뇌(중수번뇌) 또는 염심(염오)에 공통으로 작용하는 번뇌(대수번뇌)끼리 함께 일어난다는 뜻이다.

노) 등의 열 가지 법은 '각자 별도로 생기하기 때문이다.' 무참·무괴는 일체의 '불선한 마음을 갖추어' 대수번뇌와 소수번뇌와 함께 일어나기 때문에 중수번뇌라고 이름한다.[225] 〈왜냐하면 모두 불선에 통하기 때문이다.〉 참·괴가 없음으로 말미암아 혼침, 도거, 불신 등은 〈소수번뇌, 중수번뇌 12가지와〉 '일제히 함께 일어나기' 때문에[226] 대수번뇌라고 이름한다."[227]

이것에 의하면, 대수번뇌는 첫째, 같은 성질(自類)과 일제히 함께 생기한다. 둘째, 두루 두 가지 성질을 더럽힌다는 것, 즉 불선으로 덮혀 있다. 셋째, 모든 더러운 마음(染心)에 두루 미친다. 다시 말해 대수번뇌는 비슷한 성질을 가진 번뇌끼리 함께 작용하고, 불선(악)과 염심을 공통적으로 모두 갖춘 마음작용이다. 반면 소수번뇌는 독자적인 성질이 강해 각자 별도로 작용하는 번뇌이다. 그리고 중수번뇌는 불선한 마음만을 갖춘 것이다. 이처럼 3종류의 수번뇌로 구분하는 것은 대·중·소의 심소가 미치는 범위에 따라서 구분한 것이다. 그런데 『성유식론』에서는 수번뇌 및 소수번뇌·중수번뇌·대수번뇌에 대해 간명하게 정의하고 있기에 인용해 본다.

---

[225] 『성유식론』(T31, p.35a4-5)에서는 "중수번뇌 2가지는 일체의 '불선의 마음과 함께 하기 때문에' 상응하는 것에 따라 모두 소수번뇌, 대수번뇌와 함께 일어난다."["中二一切不善心俱. 隨應皆得小大俱起."]라고 주석한다.
[226] 『성유식론』(T31, p.35a5-6)에서는 "논서에서 대수번뇌 8가지는 '모든 잡염에 두루한다'고 설하였으므로 전전하여 소수번뇌, 중수번뇌와 모두 함께 일어나는 것이 인정(容)된다."["論說大八遍諸染心. 展轉小中皆容俱起."]라고 주석한다.
[227] 『백법논의』(X48, p.310b3-9), "言小中大者. 以隨有三義. 謂自類俱起. 遍染二性. 謂不善有覆. 遍諸染心. 具三名大. 具一名中. 大小俱起故. 行相麤猛. 各自爲主. 故名小隨. 以忿等十法. 各別而起故. 其無慚無愧. 則一切不善心俱. 大小俱起. 名中. 由無慚愧則昏掉不信等. 一齊俱起. 故名爲大."

"오직 번뇌의 분위分位의 차별이고 등류하는 성질이기 때문에 수번뇌라고 한다. 이 20종류〈의 수번뇌는〉 별도로 3개가 있다. 이른바 분 등의 〈10종류는〉 '각각 별도로 일어나기 때문에' 소수번뇌라고 한다. 무참 등의 둘은 '불선에 두루 하기 때문에' 중수번뇌라고 한다. 도거 등의 8종류는 '염심에 두루 하기 때문에' 대수번뇌라고 한다."[228]

상기의 내용에 따르면, 소수번뇌는 '각각 별도로 일어나기 때문에' 붙여진 명칭이고, 중수번뇌는 '불선에 두루 작용하기 때문'이라고 한다. 그리고 대수번뇌는 '염심에 두루하기 때문'이라고 한다. 여기서 염심은 불선과 유부무기를 말한다. 그래서 대수번뇌는 제6 의식뿐만 아니라 제7 말나식과도 함께 작용할 수 있다는 것이다. 왜냐하면 제7 말나식의 특징은 '염심'이기 때문이다.[229] 이제 수번뇌 중에서 독자적인 성질이 강한 소수번뇌부터 살펴보자.

---

[228] 『성유식론』(T31, p.33b6-8), "唯是煩惱分位差別. 等流性故名隨煩惱. 此二十種類別有三. 謂忿等十各別起故名小隨煩惱. 無慚等二遍不善故名中隨煩惱. 掉擧等八遍染心故名大隨煩惱."

[229] 이처럼 『성유식론』에서는 대수번뇌의 특징은 염심이라고 하지만, 『유가사지론』(T30, p.604b)에서는 "어떤 자의 주장(有義)으로 어떤 곳에서는 6가지 심소만이 잡염심에 두루 한다고 한다. 혼침과 도거가 증성할 때에는 함께 일어나지 않기 때문이다."라고 하고, 『잡집론』(T31, p.723a28-29)에서는 "어떤 곳에서는 5가지(혼침·도거·불신·해태·방일)만을 일체의 염오품染汚品에 언제나 함께 상응한다."["惛沈掉擧不信懈怠放逸. 於一切染汚品中恒共相應."]라는 주장을 제시하고 있기 때문에, 『성유식론』(호법)과 다른 입장이 있다는 것을 인정하고 있다.

1. 독자적인 성질이 강한 소수번뇌

소수번뇌小隨煩惱(upakleśa)는 분忿·한恨·복覆·뇌惱·광誑·첨諂·교憍·질嫉·간慳·해害로 모두 10개이다. 이들은 모두 근본번뇌에서 파생한 것으로, 탐의 일부가 복·간·광·첨·교이다. 진의 일부는 분·한·뇌·질·해이다. 치의 일부는 복·광·첨이다. 이 중에 복·광·첨은 탐과 치에 걸쳐서 작용한다.

그러면 앞서 언급한 10가지 번뇌를 무엇 때문에 소수번뇌라고 할까? 수번뇌 중에서도 소소라는 글자가 붙었기 때문에 소수번뇌를 약한 번뇌로 생각하기 쉽다. 하지만 작을 소소는 '약하다'는 뜻이 아니라 다른 번뇌와 공통점이 '적다'는 의미이다. 결국 소수번뇌는 독자적인 성격이 아주 강한 수번뇌라고 할 수 있다. 그래서 『성유식론』에서도 "소수번뇌인 분忿 등의 열 가지 법은 〈공통적으로 작용하는 성질이 적고〉 각자 별도로 생기기 때문이다."230)라고 주석한 것이다. 특히 소수번뇌는 수행 중에도 나타나는 것이지만, 우리의 일상에서도 자주 나타나는 것이기 때문에 누구나 쉽게 알아차릴 수 있는 마음작용이다. 이제 각각의 소수번뇌에 대해 살펴보자. 소수번뇌의 첫 번째는 분이다.

1) 분忿

분忿(krodha)이란 동사원형 √krudh(~에 대해 화내다)에서 파생한 남성명사이다. 범어 끄로다(krodha)의 한역인 분忿은 성낼 분忿 자로, 성냄·

---

230) 『백법논의』(X48, p.310b7), "以忿等十法. 各別而起故."

분노憤怒 등의 뜻이다.[231] 그리고 참고로 말하면 한자 분忿과 분憤은 같은 의미이다. 일상에서 사용하는 성냄·분노는 유식에서 말하는 분忿(krodha)과 의미가 상통한다. 그리고 분은 근본번뇌 중의 하나인 진瞋에서 파생한 마음작용으로서 진의 일부이다.

그런데 분노나 성냄은 스스로 일어나는 것이 아니다. 반드시 상대나 대상이 존재한다. 특히 분은 자기 눈앞에서 상대가 마음에 들지 않거나 자신에게 손해가 일어났을 때, 때린다든지 찬다든지 성질이 나서 비명을 지른다든지 칼이나 지팡이를 휘두른다든지 하는 폭발적인 분노(āghāta)이다.[232] 그래서 성철스님도 "분심忿心을 내는 것"이라고 한 것이다. 그런데 성철스님이 분을 '분심'이라고 하지 않고 분심을 '내는 것'이라고 했을까? 성철스님이 분을 '분심을 내는 것'이라고 법문한 근거를 살펴보자. 또한 앞서 필자가 분을 폭발적인 분노라고 정의한 근거도 함께 제시해 보자. 이에 대해 감산스님은 별도로 주석하지 않아서 지욱스님의 주석을 중심으로 이에 대한 근거를 살펴보자.

"눈앞에 싫어하는 대상에 의지하여 분노를 발하는 것을 본질로 하고, 능히 분노하지 않음을 장애하고 지팡이를 잡는 것을 작용으

---

231) 영어로는 anger, irritation 등으로 번역한다.
232) 『집론』[범본 Gokhale(p.17, 14-15)]에서도 "분이란 무엇인가? 눈앞의 불요익(불이익)을 〈만났을 때〉 마음에서 분노하는 것이며, 진瞋의 일부이다. 칼을 잡거나 봉을 잡는 등의 화를 일으키는 의지처의 작용을 한다."["pratyupasthite 'pakāranimitte pra〈tighām〉 śikaś cetasa āghātaḥ/śastrādānadaṇḍādānādissaṃrambhasanniśrayadānakarmakaḥ//"]라고 하였고, 한역 『집론』(T31, p.665a3-4)에서도 "何等爲忿. 謂於現前不饒益相. 瞋之一分. 心怒爲體. 執杖憤發所依爲業."라고 한다. 그런데 cetasa-āghāta를 『구사론』에서는 심분발心憤發, 『집론』에서는 심노心怒, 『오온론』에서는 심손뇌心損惱라고 각각 한역한다.

로 삼는다. 이것은 진에(진)의 일부임을 본성으로 한다."233)

상기의 주석에서 '눈앞에 거슬리는 대상(現前逆境)에 의지하여 분노를 발하다'란 자신의 눈앞에 싫어하거나 마음에 들지 않는 상대나 대상에 의해 화를 낸다는 뜻이다. 그리고 '지팡이를 잡는다'란 분노하게 한 대상에 대해 화가 나서 지팡이로 때리려고 생각할 만큼 성낸다는 뜻이다. 그래서 앞서 필자도 분을 폭발적인 분노라고 한 것이다. 또한 '진에의 일부'란 근본번뇌인 진瞋에서 파생했다는 뜻이다. 여기서 진에瞋恚와 진瞋은 같은 의미이다.

지욱스님은 주석의 근거를 『성유식론』에 두고 있는데, 지욱스님은 역경逆境(거슬리는 대상)이라고 하고, 『성유식론』에서는 '불요익의 대상'이라고 한 차이뿐이다. 그러면 『성유식론』을 살펴보자. 『성유식론』에서는 "현전現前의 불요익不饒益의 대상에 의해 분노가 발하는 것을 본질로 하고, 분노하지 않음(不忿)을 능히 장애하여 지팡이를 잡는 것을 작용으로 삼는다. 왜냐하면 분노를 품은 자는 포악한 신체의 표업을 수없이 일으키기 때문이다. 이것은 진에(진)의 일부로서 자체로 한다. 진(성냄)을 떠나 별도로 분노의 양상과 작용이 없기 때문이다."234)라고 주석한다. 상기의 주석에서 현전現前의 불요익不饒益의 대상이란 지욱스님이 주석하듯이 현재 자신의 눈앞(現前)에서 이익(饒益)이 되지 않는(不) 대상(境)을 말한다. 그리하여 분노를 품은 자는 지팡이로 타인을 구타하고자 하는 등의 포악한 신체적 행위(표업)를 일으키게 되는 것이다. 그리고 지욱스

---

233) 『직해』(X48, p.343c8-10), "依對現前逆境. 憤發爲性. 能障不忿. 執仗爲業. 此卽瞋恚一分爲體."
234) 『성유식론』(T31, p.33b8-11), "依對現前不饒益境憤發爲性. 能障不忿執仗爲業. 謂懷忿者多發暴惡身表業故. 此卽瞋恚一分爲體. 離瞋無別忿相用故."

님의 주석에는 없지만, 표업이란 삼업(신업·구업·의업) 중에서 신업身業과 구업口業을 말한다.

　우리는 일상생활에서 내가 원하는 대로 상대(남편·아내·자식·상사·부하직원 등)가 움직여 주기를 바란다. 그러나 내가 원하는 대로 상대는 해주지 않는다. 그래서 분노하며 살아갈 수밖에 없다. 특히 부모들은 자식에 대한 기대치를 포기하지 못하기 때문에, 자신이 요구한 기대에 못 미치면 자식에게 분노하게 된다. 하지만 내가 원하는 대로 해주지 않는 자식에게 아무리 화가 나더라도 폭발적인 분노의 표출은 절대 삼가야 한다. 자식에게 신체적 행위를 동반한 폭발적인 분노를 발산한다면 부모와 자식 간의 관계는 회복 불가능하게 되며, 서로가 서로에게 상처를 남겨 결국 둘 다 괴로움과 고통에 빠져 허우적거리게 된다. 다시 말해 자식에 대한 욕망(탐욕)을 버려야 분노하는 마음을 제거할 수 있다는 것이다. 그리고 이런 탐욕을 버리기 위해 우리는 열심히 수행하는 것이다. 다만 참선한답시고 선방을 열심히 들락거리면서 선방에서 하는 행동과 집에 돌아와 자식에게 하는 행동이 다르다면 참선은 아무런 소용이 없다. '자식은 나의 소유물이 아니다!' 그래서 부처님도 "나에게는 자식이 있다. 나에게는 재산이 있다고 하며 어리석은 사람은 그것들에 의해 고통을 받고 있다. 실로 자식은 자기의 것이 아니다. 어째서 자식이 내 것이고, 어째서 재산이 내 것인가!"(『법구경』, 62)라는 가르침을 우리에게 준 것은 아닐까!

2) 한恨

　'여자가 한을 품으면 오뉴월에도 서리가 내린다' 또는 '천추千秋에 한을 품다'는 말이 있듯이, 국어사전에서는 한恨(upanāha)을 '몹시 원망스럽고 억울하거나 안타깝고 슬퍼 응어리진 마음'이라고 정의한다. 간단하게 말하면 한이란 원한怨恨을 품는 마음작용이다.235) 그래서 성철스님도 한恨을 '원한'이라고 법문한 것 같다.

그러면 한은 무엇 때문에 일어나는가? 분忿의 결과로 일어난다. 왜냐하면 분은 일시적으로 일어나는 폭발적인 분노이지만, 한은 싫어하고 미워하는 기분이 한 번이나 두 번 정도 일어나는 것이 아니라 장시간 계속해서 유지되는 마음작용이기 때문이다. 그 결과 억울하다든지 원통하다고 생각하여 잊어버리지 않는 것이다. 이처럼 지속적으로 원통하다거나 원망하여 원한을 품어 잊어버리지 않으면, 결국 인내심을 잃어버리게 되어 자신이 받은 손해나 억울함을 상대에게 똑같이 되갚아 주겠다고 기회를 엿보게 되는 것이다. 이처럼 가슴에 칼을 갈면서 복수의 기회를 엿보고 있는 그런 사람에게 마음의 평정은 있을 수 없다. 그래서 번뇌가 되는 것이다.

앞에서 성철스님이 한을 '원한'이라고 법문한 근거를 살펴보자. 먼저 『오온론』(한역)에서는 "원한을 품어(結) 버리지 못하는 것을 본성으로 하는 것이다."236)라고 하고, 범본에서는 "〈마음에〉 한을 품고서 버리지 않는 것이다.237)"라고 한다. 즉 마음에 원한을 품고서 그것을 버리지 않는 것을 '한'이라고 한다. 그리고 『집론』에서는 "한이란 무엇인가? 그것(忿)보다 이후에, 원한을 품고서 버리지 않는 것이며 진瞋의 일부이다. 참지 못하는 것(不忍)을 의지처로 작용한다."238)라고 한다. 여기서 '그것(忿)

---

235) 영어로는 enmity, rancor, malice, resentment로 번역한다.
236) 『오온론』(T31, p.849b7), "謂結怨不捨爲性."
237) Li and Steinkellner(p.11, 1), "vairānubandha/"
238) Gokhale(p.17, 15–16), "upanāhaḥ katamaḥ/tata ūrdhvaṃ pratighāṃśika eva vairāśayasyā 'nutsargaḥ/akṣāntisanniśrayadānakarmakaḥ//"; 『집론』(T31, p.665a4–6), "何等爲恨. 謂此已後即瞋一分懷怨不捨爲體. 不忍所依爲業."

보다 이후에'란 분(폭발적인 분노)이 거듭되어, 그로 말미암아 '한'이 생긴 다는 뜻이다. 그리고 회원懷怨은 품을 회懷, 원망할 원怨 자로, '원한을 품다'라고 필자는 번역했다. '진의 일부'란 한은 분노에서 생기기 때문에 진에서 파생했다는 것이다. '불인의 의지처'란 한은 참지 못하게 하는 원인이라는 말이다.

감산스님은 별도로 언급하지 않았기에 지욱스님의 주석을 중심으로 살펴보자.

"폭발적인 분노(忿)가 먼저 있음으로 말미암아 악(원망)을 품고 버리지 않고 원한과 결합하는 것을 본질로 하며, 능히 원한을 품지 않는 것을 장애하여 엄청난(熱) 고뇌를 작용으로 삼는다. 이것은 진에의 일부를 본체로 삼는다."[239]

상기의 주석에서 '폭발적인 분노(忿)가 먼저 있음으로 말미암아'라는 것은 앞서 말했듯이 한(원한)은 분(분노)으로 말미암아 생긴다는 뜻이다. 그리고 그 분忿을 계속해서 품어서 잊지 않기 때문에 원한이 생기는 것이다. 그리고 이로 인해 엄청난 괴로움과 고통도 생긴다. 지욱스님에 의하면 분도 진에(진)에서 파생한 것이다.

지욱스님은 『성유식론』의 입장을 반영하여 주석하였기에, 계속해서 『성유식론』의 입장을 살펴보자. 『성유식론』에서는 한을 "폭발적인 분노(忿)가 먼저 있음에 의해 원망을 품어 버리지 않고 원한과 결합하는 것을 본질로 하며, 원한을 갖지 않음을 능히 장애하여 몹시 고뇌함을 작

---

[239] 『직해』(X48, p.343c10-11), "由忿爲先. 懷惡不捨. 結怨爲性. 能障不恨. 熱惱爲業. 此亦瞋恚一分爲體."

용으로 한다. 원한을 품은 자는 참을 수 없어서 항상 몹시 고뇌하기 때문이다. 진에(진)의 일부를 본체로 삼는다. 진에를 떠나서는 별도로 원한의 양상과 작용이 없기 때문이다."240)라고 주석한다. 부연하면 『성유식론』에서 "원한을 품은 자는 참을 수 없어서 항상 몹시 고뇌하기 때문이다."라고 주석하는데, 이른바 원한을 품은 자는 자신의 손해를 받아들이지 못하고 '참지 못하기' 때문에 복수를 하고자 한다는 말이다. 그래서 항상 엄청난 괴로움에 시달린다. 즉 번뇌에서 빠져나오지 못한다는 것이다.

그러면 불자가 한이 많으면, 왜 나쁜가? 한이 많다는 것은 가슴에 응어리가 많다는 것이다. 그리고 가슴의 응어리는 남에 대한 원망이나 원한으로 나타난다. 그리고 남에게 원한이나 원망을 품으면 남을 믿지 않게 되어 자기중심적으로 모든 것을 생각하게 된다. 이처럼 남을 믿지 않고 자기중심적으로 생각하면, 사랑과 연민(자비)을 바탕으로 하는 믿음(신앙)도 이기적인 기복신앙으로 전락하게 된다. 이런 현상은 현재 한국불교에서 극명하게 잘 드러나고 있다. 오로지 우리(자기) 신자, 우리(자기) 절, 우리(자기) 스님, 내 가족, 내 자식만이 소중하게 된다. 게다가 자기가 다니고 있는 절의 스님이 아무리 나쁜 짓을 해도 감싸 주고 무조건 신뢰하는 집단적인 이기심이 되어, 아무런 자기반성이나 참회도 없다. 이런 사람들은 부처님의 가르침을 실천하는 진정한 불교도라고 할 수 없다. 다시 말해 한이 많은 사람은 부처님의 가르침대로 살 수 없는 것이다.

---

240) 『성유식론』(T31, p.33b12-15), "由忿爲先懷惡不捨結怨爲性. 能障不恨熱惱爲業. 謂結恨者不能含忍恒熱惱故. 此亦瞋恚一分爲體. 離瞋無別恨相用故."

3) 뇌惱

뇌惱(pradāśa)란 동사원형 pra-√daṃś(~을 쏘다)에서 파생한 남성명사 쁘라다사(pradāśa)의 한역이다. 범어 쁘라다사는 '공격하다·쏘다·쏟아내다'는 의미이다. 다시 말해 쁘라다사는 '거친 말로 상대를 공격하다'는 말로, 마치 벌이나 지네가 상대를 쏘는 것처럼 '상대에게 거친 말을 쏟아내다'는 뜻이다. 결국 뇌(쁘라다사)란 폭언하는 마음작용이라고 할 수 있다. 그러면 쁘라다사를 한역에서는 왜 '번뇌하다·괴롭다'는 의미인 뇌惱라고 했을까? 그것은 화(폭발적인 분노)를 내고 상대에게 계속해서 원망(恨)한 결과, 비위가 뒤틀려 거친 말을 마치 지네처럼 쏟아내기 때문이다. 즉 폭언하게 되는 것이다. 이처럼 뇌는 분忿이나 한恨의 결과로 생기하는 것이다. 그 결과 후회하게 되고 괴로움에 빠지게 된다. 그래서 성철스님도 뇌를 괴롭고 어지럽다는 의미인 뇌란惱亂이라고 법문한 것 같다.

이에 대해 감산스님은 별도로 주석하지 않았기에 지욱스님의 주석을 중심으로 살펴보자.

"분과 한이 먼저 있어, 〈마음이 과거의〉 생각을 쫓고 악으로 향하게 하여 현재 싫어하는 대상과 접촉하여 몹시 포악하고(暴熱) 사나운 것(狠戾)을 본질로 하며, 능히 불뇌不惱를 장애하여 흉악하고 비루한 거친 말을 타인에게 〈지네처럼〉 쏘는 것(蜇螫)을 작용으로 삼는다. 이것도 진에(진)의 일부를 본체로 한다."[241]

---

[241] 『직해』(X48, p.343c11-14), "忿恨爲先. 追念往惡. 觸現逆境. 暴熱狠戾爲性. 能障不惱. 多發凶鄙麤言蜇螫於他爲業. 此亦瞋恚一分爲體."

지욱스님의 주석에 의하면, 뇌는 분노하고(忿) 원한(恨)을 품은 결과 생긴 것으로, 마음이 과거의 생각을 쫓아 악으로 향하게 하여, 눈앞의 싫어하는 대상과 접촉하면 몹시 포악하고 사납게 하는 역할을 하는 마음작용이다. 그리하여 싫어하는 대상에게 흉악하고 비루한 거친 말을 마치 지네처럼 쏟아낸다는 것이다. 그리고 지욱스님에 의하면, 뇌는 근본번뇌인 진에(분노)에서 파생한 수번뇌이다. 지욱스님의 주석은 『성유식론』의 입장을 반영한 것인 만큼, 이제 『성유식론』의 주석을 살펴보자.

『성유식론』에서는 "분노와 원망이 먼저 있어 (과거의 악을) 쫓고 (현재의 거스르는 대상에) 부딪쳐서 (마음이 문득 다투고 난폭하여) 몹시 사납게 다투고 난폭한 것을 본질로 한다. 고뇌하지 않음을 능히 장애하여 <u>지네처럼 쏘는 것</u>을 작용으로 한다. 과거의 악을 쫓고 현재의 거스르는 조건(연)에 부딪쳐서, 마음이 문득 다투고 난폭하여 시끄럽고 사나우며 흉하고 비루하며 거친 말을 많이 하여, 타인을 지네처럼 쏘기 때문이다. 이것도 역시 진에(진)의 일부를 자체로 한다. 성냄에서 떠나서는 별도의 고뇌의 양상과 작용이 없기 때문이다."[242]라고 하는데, 지욱스님의 주석과 거의 일치한다.

앞서 지욱스님의 주석에서 철석蜇螫을 필자는 '지네처럼 쏘는 것(蜇螫)'이라고 번역했는데, 어려운 말이라 약간 부연하고자 한다. 『오온론』(한역)에서는 "포악한 말을 내뱉어 지네처럼 쏘는 것(尤蛆)을 본성으로 하는 것이다."[243]라고 하고, 범본에서는 "〈뇌는〉 더러운 말(거친 말)을 내

---

[242] 『성유식론』(T31, p.33b22-26), "忿恨爲先追觸暴熱佷戾爲性. 能障不惱蜇螫爲業. 謂追往惡觸現違緣心便佷戾. 多發囂暴凶鄙麁言蜇螫他故. 此亦瞋恚一分爲體. 離瞋無別惱相用故."
[243] 『오온론』(T31, p.849b8-9), "謂發暴惡言尤蛆爲性."

뱉는 것이다."²⁴⁴)라고 한다. 참고로, 『오온론』(한역)의 우저尤蛆란 '입으로 씹다(내뱉다)', 즉 입으로 공격하는 것을 말한다. 그래서 필자도 '입으로 내뱉다'를 '지네처럼 쏘다'라고 해석한 것이다. 또한 『대승광오온론』²⁴⁵)의 능범陵犯은 '업신여기거나 무시하다'라는 뜻인데, 남을 무시하고 업신여기는 것은 결국 상대에게 상처를 주게 된다. 따라서 능범은 '상처를 주다'라는 뜻이지만, 말로써 상대를 공격한다(dāśitā)는 말과 통하는 것이다. 그래서 『오온론』(범본)과 『유식삼십송석』에서는 뇌를 급소(marman)를 때리는 "격렬한 말(극도로 거친 말)로 공격하는 것"(caṇḍavacodāśitā)²⁴⁶)이라고 주석한 것이다. 반면 한역인 『직해』에서는 다시따(dāśitā)를 철석蜇螫, 『성유식론』에서는 저석蛆螫이라고 주석한다. 이런 이유에서 필자는 철석蜇螫·저석蛆螫을 '지네처럼 쏘다'라고 해석한 것이다.

이처럼 마음에 들지 않는 상대에게 화를 내고, 상대를 늘 원망하고, 상대에게 거친 말(폭언)로 공격하여 다투게 되면 자신은 늘 불안하게 살아갈 수밖에 없다. 그리고 그렇게 되면 그 사람은 다른 사람과 사회생활을 함께하기 힘들게 된다. 그 결과 자신의 삶은 힘들고 괴로울 수밖에 없으며, 행복한 삶을 영위할 수 없게 될 것(非福)이다. 그래서 뇌惱는 나를 괴롭히는 번뇌로 발전하는 것이다.

일상생활에서 우리는 자주 '뇌'를 경험하게 된다. 잠을 자기 위해 누웠는데, 낮에 직장에서 일어난 일을 생각하면 성질이 나서 잠이 오지 않는다. 그래서 낮에 나를 괴롭혔던 상대에게 혼자서 온갖 폭언을 한다. 그러나 잘 생각해 보면 자기 혼자 흥분해서 폭언을 하고 있을 뿐이

---

244) Li and Steinkellner(p.11, 3), "caṇḍavacodāśitā//"
245) 『대승광오온론』(T31, p.853b15-16), "云何惱. 謂發暴惡言. 陵犯爲性. 忿恨爲先. 心起損害."
246) TV(p.30, 15).

다. 다시 말해 자기가 만든 허상에 사로잡혀 자신이 흥분하고 있음을 알 수 있다. 게다가 상대에게 한 그 폭언은 상대가 듣고 있는 것이 아니라 자신만이 듣고 있다. 그 폭언은 고스란히 나의 것이며, 그것은 나를 죽이는 독이 된다.

또 다른 예를 들어보자. 운전자라면 알 수 있는 것인데, 어떤 차가 깜박이를 켜지 않고 갑자기 끼어들면 대부분의 운전자는 급브레이크를 밟으면서 폭언을 쏟아낸다. 그런데 그 폭언을 듣는 사람은 상대 운전자가 아니라 나와 내 차에 동승한 자식이나 아내일 뿐이다. 아내나 자식 앞에서 아무런 주저함도 없이 쌍스러운 욕설과 폭언을 거침없이 쏟아내는 남편 또는 아버지를 아내와 자식은 어떻게 생각할까? 과연 존경할까! 게다가 그 폭언은 고스란히 나, 아내, 자식의 것이 된다.

4) 복覆

필자는 복覆(mrakṣa)이라고 읽지만, 여기서는 덮을 부覆의 의미로 해석하는 것이 타당할 것 같다. 필자는 일단 '복'이라고 읽겠다. 그러면 무엇을 덮고자 하는가? 자신의 과오나 잘못이다. 그러면 무엇을 위해 자신의 과오를 숨기자고 할까? 자신의 과오나 허물이 상대에게 알려지면 자신의 명예나 이익을 잃기 때문이다. 그래서 성철스님도 다음과 같이 법문한 것이다.

> "부覆는 자기 허물을 덮는 것이니, 허물이 있을 때 남이 알까 싶어서 덮어 숨겨 버린다는 말입니다."[247]

---

[247] 성철(2014), p.319.

성철스님이 복을 '허물을 덮어 숨긴다'[248]라고 정의한 근거를 살펴보자. 먼저 『오온론』(한역)에서는 "자신의 죄를 숨기고 감추는 것(隱藏)을 본성으로 하는 것이다."[249]라고 하고, 범본에서는 "〈복은〉 스스로의 과실(avadya)을 숨기는 것(pracchādanā)이다."[250]라고 한다. 이것에 의하면 복이란 자신의 과실을 숨기는 것이다.

그리고 『집론』에서는 "복이란 무엇인가? 치의 일부이며, 바르게 지적한 것에 대해 부끄러운 행위를 숨기는 것이다. 회悔와 불안주의 의지처를 작용으로 한다."[251]라고 한다. 그런데 숨기면(覆), 무엇 때문에 후회하고(悔), 편안하게 안주할 수 없는 것(不安住)인가? 한역 문헌을 살펴보면 그 이유를 알 수 있다. 감산스님은 별도로 주석하지 않았기에 지욱스님의 주석을 중심으로 살펴보자.

"스스로 지은 죄로 인하여 〈자신의〉 이익이나 명예를 잃어버리는 것이 두려워 숨기고 감추는 것을 본질로 하며, 능히 은폐하지 않음을 장애하여 후회하고 괴로워하는 것을 작용으로 삼는다. 죄를 은폐하는 것은 나중에 반드시 <u>후회하고 괴로워하고 불안을 감추기 때문에</u>, 이것은 탐과 치의 일부를 본체로 삼는다. 현재의 이익을 잃는 것을 두려워하는 것은 탐 〈때문이며〉, 당연히 찾아올 괴로움의 결과를 두려워하지 않는 것은 치(어리석음) 때문이다."[252]

---

248) 영어로는 hypocrisy, concealment, dissenbling 등일 것이다.
249) 『오온론』(T31, p.849b7-8), "謂於自罪覆藏爲性."
250) Li and Steinkellner(p.11, 2), "ātmano 'vadya-pracchādanā/"
251) Gokhale(p.17, 16-17), "mrakṣaḥ katamaḥ/samyakcoditasya mohāṃśikā avadyapracchādanā/kaukṛtyāspśavihārasanniśrayadānakarmakaḥ//　；『집론』 (T31, p.665a6-7), "何等爲覆. 謂於所作罪他正擧時. 癡之一分隱藏爲體. 悔不安住所依爲業."
252) 『직해』(X48, p.343c14-17), "於自作罪. 恐失利養名譽. 隱藏爲性. 能障不覆. 悔惱爲

지욱스님의 주석에 의하면, 복이란 스스로 지은 과오過誤로 인하여 자신의 지위나 재산, 명예 등을 잃어버릴 수 있기 때문에 자신이 범한 과오를 은폐하고자 하는 마음작용이다. 이렇게 자기의 과오를 은폐하고자 하는 마음이 일어나는 것은 자기에 대한 탐욕(貪) 때문이다. 그래서 복은 근본번뇌인 탐욕에서 파생한다. 그리고 자신의 과오를 은폐하고 숨기는 것은 남들이 알 수 없게 된다는 어리석음(癡)에서 생긴다. 그래서 복은 탐욕과 어리석음(癡)의 일부이다. 이처럼 어리석음과 탐욕에서 유래한 숨긴다든지 은폐한다든지 하는 행위의 심층에는 숨기면 알 수 없다고 하는 어리석음(癡)과 탐욕이 잠재하고 있다. 그리하여 자신의 과오를 은폐하고 숨긴 그 결과로 후회하게 되고(悔), 괴로워하여 늘 불안한 삶을 영위하기(不安住) 때문에 번뇌가 되는 것이다.

지욱스님의 주석은 『성유식론』의 입장을 반영한 것이기에, 이제 『성유식론』의 주석을 살펴보자. 『성유식론』에서는 "자신이 만든 죄에 의해 스스로의 이익이나 명예를 잃어버리는 것이 두려워 숨기는 것이다."라고 하고, "덮지 않음을 능히 장애하여 후회하고 괴로워하는 것을 작용으로 한다."253)라고 하여 두 주석은 거의 일치하지만, 지욱스님은 자신의 과오를 숨기는 이유에 대해 설명하고 있다.

그러면 자신의 허물이나 잘못을 숨기거나 은폐한다고 해서 그 허물이나 잘못이 없어질까? "하늘이 알고 땅이 알고 내고 알고 있는데"라는 말이 있듯이, 허물이나 거짓말은 결국 알려지게 된다. 그래서 부처님도 "하늘에 있어도 바다에 있어도 산속에 있어도 세상의 죄업으로부터 벗어날 곳은 없다."라고 한 것이다.

業. 謂覆罪者. 後必悔惱不安隱故. 此以貪癡一分爲體. 恐失現在利譽. 是貪. 不懼當來苦果. 是癡也."
253) 『성유식론』(T31, p.33b15-16), "於自作罪恐失利譽隱藏爲性. 能障不覆悔惱爲業."

5) 광証

광証(māyā)의 범어 마야는 일반적으로 환영幻影이라고 번역되는 여성 명사이지만, 여기서는 기만(cheating·illusion·deceitfulness)의 의미이다. 마야(māyā)의 한역인 광証은 속일 광証 자로, '속이다·기만하다'는 뜻이다. '속인다'는 것은 누군가를 속이는 것이기 때문에 반드시 상대가 있기 마련이다. 그래서 광이란 상대를 속이는 마음작용이라고 할 수 있다.

그러면 어떻게 상대를 속일까? 자신은 도덕적인 인간이 아님에도 불구하고 마치 도덕적인 인간인 것처럼 속이는 것이다. 그러면 무엇을 위해 속이는 것일까? 자신의 명예와 이익을 위해 타인의 눈을 속이는 것이다. 이와 같이 살아감에 따라 자신의 삶의 방식마저도 결국 '왜곡'되어 가는 것이다.

성철스님은 광을 '거짓'이라고 법문하는데, 남을 속이는 것은 결국 거짓이기 때문일 것이다. 그 근거를 살펴보자. 먼저 『집론』에서는 "광이란 무엇인가? 〈자기의〉 이익과 명성에 집착한 자가 진실하지 않은 덕을 나타내는 것이다. 탐과 진의 일부이다. 그릇된 생활의 의지처의 작용을 한다."[254]라고 하는데, 자신의 이익과 명예를 지키기 위해 도덕적인 척한다는 것이다. 그리고 광은 그릇된 생활의 원인(의지처)이라고 한다.

다음으로 한역 문헌을 살펴보자. 감산스님은 별도로 주석하지 않았기에 지욱스님의 주석을 중심으로 살펴보자.

"이익과 명예를 획득하기 위해서 덕이 있는 것처럼 나타내어

---

254) Gokhale(p.17, 21~23), "māyā katamā/lābhasatkārādhyavasitasya rāgamohāṃśikā 'bhūtaguṇasaṃdarśanā/mithyājīvasanniśrayadānakarmakā//"; 『집론』(T31, p.665a13~14), "何等爲誑. 謂耽著利養貪癡一分. 詐現不實功德爲體. 邪命所依爲業."

(現), 교묘하게 속이는 것(詭詐)을 본성으로 하며, 능히 속이지 않음을 장애하여 그릇되게 살아가는 것을 작용으로 삼는다. 이것도 탐과 치의 일부를 본체로 한다."255)

지욱스님의 주석에서 '이익과 명예를 획득하기 위해서 덕이 있는 것처럼'이란 자신의 명예나 이익을 위해 마치 도덕적인 인간인 양 상대에게 드러낸다는 뜻이다. 또는 자기의 수행력(덕)이 미천함에도 수행력이 높은 척하며, 그것을 드러낸다고도 할 수 있다. 그리고 궤사詭詐란 속일 궤詭, 속일 사詐 자로 간사스러운 거짓말로 교묘하게 남을 속인다는 뜻으로, 필자는 '교묘하게 속인다'로 번역했는데, 그로 인해 그릇된 삶(邪命)을 살게 되기 때문이다.

또한 『성유식론』에서는 "이익과 명예를 얻기 위해서 현재 덕이 있는 것처럼 교묘하게 나타내어 속이는 것을 본성으로 하며, 속이지 않음을 장애하여 그릇되게 살아가는 것을 업으로 한다."256)라고 하여, 두 주석의 내용은 거의 일치한다.

두 주석의 내용을 정리하면, 광이란 자신의 명예나 이익 등을 위해서 마치 도덕적인 사람인 양 타인을 교묘하게 속이며 잘못된 삶을 살게 하는 마음작용이다. 그리고 『성유식론』에서는 언급하지 않았지만, 지욱스님의 주석에서 광은 근본번뇌인 탐貪과 치癡에서 파생한 것이다. 왜냐하면 자신의 이익을 위한 탐욕과 남을 교묘하게 속이면 들키지 않는다는 어리석음이 내재해 있기 때문이다.

---

255) 『직해』(X48, p.343c17-18), "爲獲利譽. 矯現有德. 詭詐爲性. 能障不誑. 邪命爲業. 此亦貪癡一分爲體."
256) 『성유식론』(T31, p.33c5-6), "爲獲利譽矯現有德詭詐爲性. 能障不誑邪命爲業."

우리는 자신을 포장하지 않고 있는 그대로 살고 싶다고 생각하지만, 자기도 모르게 부처님이나 성철스님처럼 자기를 포장하여 흉내를 내기도 한다. 그리고 일상생활에서도 예쁘게 치장하거나 명품 옷을 입고 자신을 과대 포장하여 살아가기도 한다. 이런 현상을 있게 만드는 것이 광이라는 마음작용 때문이 아닐까?

6) 첨諂

첨諂(śāṭhya)이란 아첨할 첨諂 자로, 곧 아첨하는 마음작용이다. 그래서 성철스님도 첨을 '아첨'이라고 법문한 것이다. 그러면 어떻게 아첨하는 것일까? 아첨(dissimulation·guile)이나 아부는 부정적인 측면이 강한 말이지만 긍정적인 측면이 전혀 없는 것은 아니다. 왜냐하면 직장 상사에게 일정한 아부는 일상생활에서 윤활유 역할도 하기 때문이다. 그러나 유식에서 말하는 아첨은 일상생활에서 행하는 단순한 아첨이 아니라 자신의 삶의 방식을 '왜곡시키면서까지' 상대에게 아첨하는 것을 말한다. 자신의 삶을 왜곡시키면서까지 아부하거나 아첨하고 나면 어떤 생각이 들까? 자신의 삶의 방식에 대한 회의懷疑와 후회가 파도처럼 밀려올 것이다. 그것이 결국 고뇌가 되어 번뇌로 발전하게 되는 것이다.

성철스님이 첨을 '아첨'이라고 법문하고, 필자가 첨을 자신의 삶의 방식까지 '왜곡'시키면서까지 상대에게 아첨하는 것이라고 정의한 근거는 다음과 같다. 먼저 『오온론』(한역)에서는 "자신의 잘못(과오)을 덮어 감추려고 방편에 포섭되는 것으로, 왜곡된 마음을 본성으로 하는 것이다."[257)]라고 하고, 범본에서는 "자신의 과오(doṣa)를 감추려고 하는 방편

---

257) 『오온론』(T31, p.849b11-12), "謂覆藏自過方便所攝, 心曲爲性."

(upāya)에 포함되는 것이며, 마음이 뒤틀려 있는 것(曲)이다."258)라고 한다. 여기서 '자신의 과오를 감추려고 하는 방편(upāya)'이란 자신의 이익과 명예를 위해 잘못을 은폐하고자 타인을 혼란스럽게 하는 활동을 말한다. '마음이 뒤틀려 있는 것'이란 마음이 왜곡되었다는 것이다. 이처럼 첨을 '마음의 왜곡(心曲)'이라고 하는데, 이것을 지욱스님의 주석을 통해 구체적으로 살펴보자.

"타인을 속이기 위해 교묘하게 다른 행동을 시설하여 <u>음흉하게 왜곡하는 것</u>을 본성으로 하며, 능히 아첨하지 않음을 장애하여 스승과 친구의 진정한 가르침을 따르지 않는 것을 작용으로 삼는다. 이것도 탐과 치의 일부를 본체로 한다."259)

지욱스님의 주석에 의하면, 첨이란 상대를 속일 목적으로 아주 교묘하게 행동하여 남의 마음을 사로잡거나 혹은 자기의 허물을 감추는 것이다. 그리하여 자신의 마음이 왜곡된다는 것이다. 특히 마음이 왜곡되어 스승의 바른 가르침이나 친구의 올바른 행동을 따르지 않게 되기 때문에 첨은 바른 가르침인 진리의 체득을 방해하는 마음작용이 된다. 지욱스님에 의하면 첨은 탐貪과 어리석음(癡)에서 파생한 것이다.

지욱스님의 주석은 『성유식론』의 입장을 반영한 것인 만큼, 계속해서 『성유식론』의 주석을 살펴보자. 『성유식론』에서는 첨을 "남을 끌어들이기 위해 교묘하게 다른 행동을 시설하여 진실하지 않게 굽히는 것을

---

258) Li and Steinkellenr(p.11, 8-9), "svadoṣa-pracchādana-upāya-saḍgrahītam cetasaḥ kauṭilyam//"
259) 『직해』(X48, p.343c19-20), "爲罔他故. 矯設異儀. 險曲爲性. 能障不諂. 不任師友眞正敎誨爲業. 此亦貪癡一分爲體."

본성으로 하며, 아첨하지 않음과 가르침(敎誨)을 능히 장애하는 것을 작용으로 한다."260)라고 하여, 지욱스님의 주석과 거의 일치한다. 다만 지욱스님은 첨의 부수적인 작용으로 '스승과 친구의 진정한 가르침을 따르지 않는 것'이라는 구절을 첨가하고 있다. 또한 지욱스님은 첨의 본성을 험곡險曲, 즉 '마음을 음흉하게 왜곡시킨다'라고 하여, 첨의 특징을 아주 잘 묘사하고 있다. 그래서 필자도 이에 따라 첨을 자신의 마음을 '왜곡'시키면서까지 아첨하는 것이라고 정의한 것이다.

7) 교憍

교憍(mada)란 교만할 憍 자로, 곧 교만한 마음작용을 뜻한다.261) 그래서 성철스님도 교를 '교만'이라고 법문한 것 같다. 그러면 무엇을 기반으로 교만할까? 타인보다 자신의 재능·능력·젊음을 기반으로, 즉 자신의 번영(自盛事, svasaṃpatti)을 기반으로 교만한 것이다. 다시 말해 자신의 뛰어남을 자랑하는 것이 교이다. 그래서 『오온론』(한역)에서도 교에 대해 "자신의 번영(自盛事)에 대해 염착하여 거만倨慢한 마음으로 (스스로를) 믿는 것(恃)을 본성으로 하는 것이다."262)라고 하고, 범본에서는 "자신이 좋은 상태에 있는 것(自盛事, svasaṃpatti)에 대해서 집착하여, 거만하게 자부自負하는 것이다."263)라고 한 것이다. 결국 교란 자신의 뛰어남에 대해 집착하여 거만하게 스스로 잘났다고 생각하는 것(自負)이다.

---

260) 『성유식론』(T31, p.33c8-9), "爲網他故矯設異儀險曲爲性. 能障不諂敎誨爲業."
261) 영어로는 arrogance, self-satisfaction, mischievous exuberance, conceit 등일 것이다.
262) 『오온론』(T31, p.849b12-13), "謂於自盛事染著倨傲心恃爲性."
263) Li and Steikellner(p.11, 10-11), "svasaṃpattau rakhtasya-uddharśaś cetasaḥ paryādānam//"

그런데 성철스님은 교를 '교만'이라고 법문하지만, 사실 교憍와 만慢은 구별할 필요가 있다. 교와 만은 아주 흡사하지만, 둘은 미묘한 차이가 있다. 만은 반드시 자신과 타인을 '비교'하여 자신의 우월함(自盛事)을 과시하는 마음작용인 반면, 교는 그다지 타인을 의식하지 않고 '혼자' 내적으로 자신의 우월함(自盛事)을 뽐내거나 자랑하는 마음작용이다.

이에 대해 감산스님은 주석하지 않아서 지욱스님의 주석을 살펴보자.

"자신이 번영한 것(自盛事)에 대하여 깊이 염착함을 생기게 하여 오만한 것(醉傲)을 본성으로 하며, 교하지 않음을 능히 장애해서 잡염이 생장生長하는 것을 작용으로 삼는다. 이것도 탐애(貪)의 일부를 본체로 한다."264)

지욱스님의 주석에서 자신의 번영(自盛事, svasaṃpatti)이란 자신의 집안·무병·젊음·세력·용모·권력·지혜·지력의 뛰어남을 말한다. 그리고 자신의 뛰어남을 통해 희열을 느끼고 마음이 오만하게 된다. 지욱스님은 마음의 오만함을 취오醉傲라고 주석하는데, 취오란 취할 취醉, 거만할 오傲 자로 '거만함에 빠져 있다'는 뜻이다. 그리고 '잡염을 생장시킨다'란 모든 번뇌와 수번뇌가 교에 의지해서 생길 뿐 아니라 확장시킨다는 말이다. 즉 교는 모든 번뇌의 의지처라는 것이다. 그리고 교는 '탐의 일부'란 삼독 중의 첫 번째인 탐욕(貪)에서 파생했다는 뜻이다.

지욱스님이 주석의 근거로 삼은 『성유식론』에서는 "자신의 번영에 대

---

264) 『직해』(X48, p.343c21-22), "於自盛事深生染著. 醉傲爲性. 能障不憍. 生長雜染爲業. 此以貪愛一分爲體."

하여 물들어 탐착함을 깊이 일으키고 취하여 오만한 것을 본성으로 한다. 교만하지 않음을 능히 장애해서 잡염의 의지처가 되는 것을 작용으로 삼는다."[265])라고 하는데, 지욱스님의 주석과 거의 일치한다.

참고로, 우리는 자신의 재능·능력·젊음·건강·용모·권력·지혜 등이 조금이라도 타인보다 뛰어나길 바란다. 그리고 남들보다 뛰어난 점이 발견되면 오만하게 된다. 그래서 모든 번뇌는 교憍와 만慢에서 생기는 것이다. 그리고 만의 설명에서 말했듯이, 교만은 가장 제거하기 어려운 번뇌이다. 왜냐하면 수행을 통해 교와 만을 제거하고 나면, 이번에는 교와 만을 제거했다는 또 다른 교와 만이 생기기 때문이다.

우리는 남들보다 건강하면 건강을 자랑하며, 남들보다 젊게 보이면 젊음을 자랑한다. 게다가 자신의 출신을 자랑하거나 재산을 자랑하면서, 집안이 미천하거나 가난한 자를 무시하기도 한다. 또는 오래 사는 것을 자랑하면서 젊은 사람에 대해 '젊은 놈이 뭘 알아', '젊은 놈은 고생을 몰라' 하면서 무시하는 경우도 있다. 심지어 어떤 사람은 섹스가 강하다고 자랑하는 사람도 있다. 특히 필자의 주변에는 불교에 대한 박학다식을 자랑하는 사람이 많다. 그런데 "벼는 익을수록 고개를 숙인다."는 속담이 있듯이, 불교공부나 수행이 깊어지면 깊어질수록 고개를 숙여야 하는데, 도리어 고개를 쳐드는 사람이 많다. 이런 마음작용이 바로 교에서 나오는 것은 아닐까?

8) 해害

해害(vihiṃsā)란 해칠 해害 자로, 남을 해치고자 하는 마음작용이

---

265) 『성유식론』(T31, p.33c16-18), "於自盛事深生染著醉傲爲性. 能障不憍染依爲業."

다.[266] 선한 마음인 불해不害와는 반대이다. 필자가 해를 이렇게 정의한 근거는 다음과 같다. 먼저 『오온론』(범본)에서는 해를 "살아 있는 모든 것(諸有情)을 해치는 것(vihethanā)이다."[267]라고 정의하는데, 이른바 살생, 결박, 구타, 위협 등으로 중생을 해치는 것이다. 그래서 성철스님도 해를 '남을 해치는 것'이라고 한 것이다. 그러면 왜 남을 해치고자 할까? 이것에 대해서는 다음 질문에 답하는 것으로 대신하고자 한다. 우리는 무엇을 위해 남을 해치고자 할까? 자신의 이익을 위해서 타인을 해치고자 하는 것이다. 즉 자신의 이익이나 생존을 위해 생물을 살상殺傷·결박·구타하는 것이다.

그러면 남을 해치고자 하는 마음작용이 생기는 이유는 무엇일까? 그것은 남을 동정하거나 자애(자비)하는 마음이 없기 때문이다. 조금 어려운 말로 표현하면 모든 존재에 대해 무정無情, 무비無悲, 무민無愍하기 때문이다.[268] 이제 이것을 지욱스님의 주석을 통해 살펴보자.

"모든 유정에 대해 마음으로 비민悲愍하는 것이 없어 손뇌하는 것을 본성으로 하며, 불해를 능히 장애해서 핍박하고 괴롭히는 것을 작용으로 삼는다. 이것도 진에의 일부를 본체로 한다."[269]

---

266) 영어로는 harmfulness, violence, attitude of harming 등으로 번역한다.
267) Li and Steinkellner(p.11, 12), "sattva-vihethanā//"
268) Gokhale(p.17, 26-27), "vihiṃsā katamā/prati⟨ghāṃśi⟩kā nirghṛṇatā niṣkaruṇatā nirda⟨yatā⟩/vihethanakarmikā//"["해란 무엇인가? 진의 일부이다. ⟨타인에 대해⟩ 무정無情, 무비無悲, 무민無愍이다. ⟨유정을⟩ 해치는 것을 작용으로 한다."] ; 『집론』(T31, p.665a19-20), "何等爲害. 謂瞋之一分. 無哀無悲無愍爲體. 損惱有情爲業."
269) 『직해』(X48, p.343c22-24), "於諸有情心無悲愍. 損惱爲性. 能障不害. 逼惱爲業. 此亦瞋恚一分爲體."

지욱스님의 주석에서, 비민悲愍이란 모든 존재(일체중생)에 대해 '자비롭고 불쌍히 여긴다'는 뜻이다. 그리고 손뇌損惱란 모든 존재에 대해 '손상시키고 괴롭힌다'는 의미이다. 손뇌를 간단하게 말하면 중생을 해치고자 하는 것(sattva-vihethanā)이다. 지욱스님은 해가 분노(瞋)에서 파생했다고 주석한다. 왜냐하면 마음에 들지 않는 상대에게 분노함으로써 해치고자 하는 '해'가 생기기 때문이다.

지욱스님이 주석의 근거로 삼은 『성유식론』에서는 해를 "모든 유정에 대해 마음으로 비민함이 없이 손뇌하는 것을 본성으로 하며, 불해를 능히 장애해서 핍박하고 괴롭히는 것을 작용으로 한다."[270]라고 하여, 지욱스님의 주석과 일맥상통한다.

9) 질嫉

질嫉(īrṣyā)이란 시기할 질嫉 자로, '시기하고 미워한다'는 뜻이다. 그래서 성철스님도 질을 질투(envy·jealousy)라고 법문한 것 같다. 아마도 성철스님은 시기와 질투를 같은 의미로 본 듯하다. 그러면 성철스님이 질을 '질투'라고 간단하게 법문한 이유는 무엇일까? 그 답을 하기 전에 우선 다음의 질문으로 그 대답을 대신하고자 한다. 우리는 무엇 때문에 질투하며, 질투의 대상은 누구일까? 질투의 대상은 타인이다. 질투하는 이유는 타인이 자신보다 뛰어나기 때문이다. 즉 다른 사람이 자신보다 뛰어난 것에 대해 시기하고 질투하는 것이다. 다시 말해 타인의 성공·명예·가문·지계·학문 등의 번영(他盛事)을 마음으로 시샘하는 것(cetaso-vyārośa)이다. 그래서 『집론』에서도 질에 대해 "〈자신의〉 이익과

---

[270] 『성유식론』(T31, p.33c13-14), "於諸有情心無悲愍損惱爲性. 能障不害逼惱爲業."

명성에 집착하여 타인의 번영에 대해 참을 수 없는 마음의 시샘이다. 진이 일부이다."[271]라고 정의한 것이다.

그러면 타인의 성공에 대해 시샘하거나 질투하면 자신은 어떻게 될까? 다시 말해 자신의 성공·명예·재산·학식 등의 세속적인 영화榮華나 뛰어난 수행력·덕성·공덕·깨달음 등의 출세간적 영화를 구한 나머지 자신보다 타인이 명예·재산·좋은 가정 및 뛰어난 수행·덕성·공덕·깨달음을 가진 것에 대해 기쁘게 봐줄 수 없다면 어떻게 될까? 타인의 번영을 시기하고 질투하면 자신이 우울하게 되어 결국에는 스스로 괴로워하여 자기의 삶이 불행하게 될 것이다. 그러면 성철스님이 질을 '질투'라고 정의한 근거를 살펴보자. 먼저 지욱스님은 질에 대해 다음과 같이 주석한다.

"자신의 명리를 구하여 타인의 영예를 참지 못하고 시기하는 것을 본질로 하며, 능히 질투하지 않음(不嫉)을 장애하여 우울하게 하는 것을 작용으로 한다."[272]

이것에 의하면, 질투란 자신의 명예와 이익을 구한 나머지 다른 사람의 명예나 이익을 참지 못하고 시기하는 것이다. 이처럼 다른 사람의 명예 등을 시기하고 질투한 결과, 자신의 삶은 우울하고 불행하게 된다는 것이다.

---

[271] Gokhale(p.17, 19-20), "(…)/lābhasatkārādhyavaisitasya parasaṃpattiviśeṣe dveṣāṃśiko 〈marṣa〉kṛtaś cetaso vyāroṣaḥ/(…)"; 『집론』(T31, p.665a10-11), "(…) 謂耽著利養不耐他榮. 瞋之一分. 心妬爲體. (…)"
[272] 『직해』(X48, pp.343c24-344a1), "殉自名利. 不耐他榮. 妬忌爲性. 能障不嫉. 憂慼爲業. 此亦瞋恚一分爲體."

지욱스님의 주석은 『성유식론』의 입장을 반영한 만큼 이제 『성유식론』의 주석을 살펴보자. 『성유식론』에서는 질에 대해 "자신의 명리를 구하면서 다른 사람의 영예를 참지 못하고 시기하는 것을 본질로 하며, 질투하지 않음(不嫉)을 장애하고 우울하게 하는 것을 작용으로 한다."273)라고 하는데, 두 주석의 내용은 거의 일치한다. 참고로 두 주석에서는 언급하지 않지만, 질은 분노(瞋)에서 파생한 것이다. 왜냐하면 타인의 성공을 시기하거나 질투하여 참지 못하는 것은 분노에서 시작하기 때문이다.

여러분은 질투하면 무엇이 떠오르나요? 필자는 셰익스피어의 4대 비극 중의 하나인 『오셀로』라는 작품이 생각난다. 『오셀로』는 이탈리아 베네치아를 배경으로 흑인 장군인 오셀로의 비극을 다룬 작품이다. 작품 속의 주인공인 오셀로는 부하(아이고)의 간교한 속임수에 빠져 사랑하는 아내(데스데모나)를 침대 위에서 목 졸라 살해하고, 자신도 슬픔과 회한으로 자살한다는 비극적 내용을 담고 있다. 그런데 오셀로가 그토록 사랑한 아내를 어떻게 목을 졸라 죽였을까? 그것은 바로 오셀로의 질투심 때문이다. 오셀로의 부하는 오셀로의 질투심을 이용한 것이다. 이처럼 질투심이 우리 인간에게 얼마만큼 영향을 미치며, 우리의 삶을 불행하게 만드는지 셰익스피어는 문학 작품을 통해 우리에게 잘 알려주고 있다.

10) 간慳

간慳(mātsarya)이란 아낄 간慳 자로, 타인에게 인색한 것(吝嗇·āgraha)을

---

273) 『성유식론』(T31, p.33b26-27), "徇自名利不耐他榮妬忌爲性. 能障不嫉憂慼爲業."

말한다.[274] 이것은 보시布施(dāna)의 반대말로 마음의 소유욕이다. 왜냐하면 보시란 공양을 하고 싶거나 타인을 제도하고 싶은 불자가 타인이 구하든 구하지 않든 가르침이나 재물 등을 타인에게 주는 것이기 때문이다.

그러면 우리는 무엇 때문에 보시에 인색할까? 자신의 물건(재보시)이나 지식·수행력(법보시) 등이 아까운 나머지 타인에게 베풀 수 없기 때문이다. 우리는 재물을 모으면 모을수록 그것에 집착심이 강해진다. 다시 말해 자기 스스로 노력하여 뛰어난 기술을 습득하면 그 기술을 남에게 전수하기 싫어하며, 고생해서 모은 자기 재산을 마음으로 아끼고 집착하여 타인에게 베푸는 것에 인색하게 된다. 그래서 성철스님도 간을 '아껴서 너무 인색한 것'이라고 법문한 것이다. 성철스님이 간을 아끼고 인색한 것이라고 정의한 근거를 살펴보자.

먼저 간(인색)에 대해 『오온론』(한역)에서는 "보시布施와 다른 것(相違)으로, 마음이 인색한 것을 본성으로 하는 것이다."[275]라고 하고, 범본에서는 "보시(dāna)와 모순(반대)되는 것으로, 마음으로 물건을 아끼는 것이다."[276]라고 정의한다. 또한 『집론』에서는 "간이란 무엇인가? 이익과 명예에 집착된 자가 살아가는 데 도움을 주는 것(資生具)에 대해 마음이 인색한 것(āgraha)이다. 탐의 일부이다. 〈살아가는 데 도움을 주는 것〉을 버리지 않는 것을 의지처로 한다."[277]라고 정의한다. 간慳에 대한 지욱

---

274) 영어로는 stinginess, avarice, miserliness, selfishness 등으로 번역한다.
275) 『오온론』(T31, p.849b9-10), "謂施相違心悋爲性."
276) Li and Steinkellner(p.11, 5), "dāna-virodhī cetasa āgrahaḥ//"
277) Gokhale(p.17, 20-21), "mātsaryaṃ katamat/lābhasatkārādhyavaisitasya parikṣāreṣu rāgāṃśikaś cetasa āgrahaḥ/asaṃlekhasanniśrayadānakarmakam//"; 『집론』(T31, p.665a11-13), "何等爲慳. 謂耽著利養於資生具. 貪之一分. 心悋爲體. 不捨所依爲業."

스님의 주석을 통해 살펴보자.

"재산과 법(가르침)에 집착하여 취하지도 버리지도(慧捨) 못하고 인색(秘吝)한 것을 본질로 삼고, 능히 인색하지 않음을 장애하여 〈재산과 가르침을〉 비열하고 천하게 축적하는 것(鄙澁畜積)을 작용으로 삼는다. 이것도 탐애貪愛의 일부를 본체로 삼는다. 이 10개는 각자 별도로 일어나기 때문에 소수번뇌라고 이름한다."[278]

지욱스님의 주석에서 비삽축적鄙澁畜積을 필자는 '비열하고 천하게 축적하는 것'이라고 번역했는데, 간단하게 말하면 필요 이상으로 지나치게 재산을 축적하는 것을 말한다. 또한 지욱스님에 의하면, 간慳도 탐욕에서 파생한 것이다. 왜냐하면 자신이 가진 것을 타인에게 베푸는 것에 인색한 것은 결국 자신의 탐욕으로 생긴 것이기 때문이다. 지욱스님의 주석은 『성유식론』과 거의 일치한다. 그러면 『성유식론』의 주석을 살펴보자. 『성유식론』에서는 간에 대해 "재물과 법에 집착하여 베풀지 못하고 간직하며 비린秘悋을 본질로 삼고, 불간을 장애하여 비축鄙畜을 작용으로 삼는다."[279]라고 주석한다. 여기서 비린秘悋이란 재물과 가르침(진리)을 숨겨두고(秘) 타인에게 베푸는 것에 인색한 것(悋)을 말한다. 그리고 비축鄙畜이란 재산이나 물건을 '지나치게 많이 모으는 것'을 말하는데, 만일의 경우를 대비하여 모아두었다는 비축備蓄과는 다른 의미이다. 앞서 말했듯이, 지욱스님은 비축鄙畜을 비삽축적鄙澁畜積으로 주석한다.

---

[278] 『직해』(X48, p.344a2-4), "耽著財法. 不能慧捨. 秘吝爲性. 能障不慳. 鄙澁畜積爲業. 此亦貪愛一分爲體. 此十各別起故. 名爲小隨煩惱."
[279] 『성유식론』(T31, p.33c1-2), "耽著財法不能慧捨秘悋爲性. 能障不慳鄙畜爲業."

그러면 비삽축적에서 특히 진리에 인색하다는 것은 무슨 의미일까? 즉 부처님의 가르침인 진리를 타인에게 알려주는 것에 인색하다는 것이다. 그러면 부처님의 가르침인 진리를 타인에게 알려주는 것에 왜 인색할까? 진리를 혼자 알고 있으면 자신에게 권위가 생겨 잘나 보이게 된다고 생각하기 때문일 것이다. 옛날에는 '글' 즉 한자를 안다는 것은 권력과 권위의 상징이었다. 그래서 글은 양반층만 읽게 하고 노비가 글 읽는 것을 금지했는데, 그로 인해 조선의 양반들은 권력을 독점하거나 자신의 권위를 유지할 수 있었다.

지욱스님은 마지막 구절에서 "이 10개는 각자 별도로 일어나기 때문에 소수번뇌라고 이름한다."[280]라고 하여 소수번뇌의 특색을 밝히고 있다.

2. 불선과 함께 작용하는 중수번뇌

중수번뇌란 불선과 관련 있는 수번뇌인데, 무참·무괴의 2종류가 있다. 그러면 무참·무괴를 무엇 때문에 중수번뇌라고 할까? 그 이유를 『성유식론』에서는 "무참 등의 둘은 불선에 두루하기 때문에 중수번뇌라고 한다."라고 한다. 즉 중수번뇌는 불선을 동반하는 번뇌라는 것이다. 성철스님도 "많은 수번뇌 가운데 다만 불선의 마음과 상응하여 일어나는 번뇌"[281]라고 정의한 것이다.

---

[280] 『직해』(X48, p.344a), "此十各別起故. 名爲小隨煩惱."
[281] 성철(2014), p.331.

1) 무참無慚

　무참無慚(āhrīkya)이란 없을 무無, 부끄러워할 참慚 자로 부끄러움이 없다는 뜻이다. 그러면 무엇에 대해 부끄러움이 없다는 것일까? 무참은 스스로 부끄러워하는 마음작용인 '참'의 반대이므로, 스스로 부끄럽게 여기지 않는 마음작용이라고 할 수 있다. 구체적으로 말하면, 무참이란 스스로 이런 부끄러운 행위를 해서는 안 된다고 생각하면서도 그 행위에 대해 끝까지 스스로 부끄럽게 생각하지 않는 마음작용이라고 할 수 있다. 영어로 표현하면 lack of self-respect가 될 것이다. 그래서 성철스님도 무참을 부끄러운 마음이 없다는 의미인 '참심慚心이 없다'[282]라고 한 것이다. 성철스님이 무참을 '참심慚心이 없다'라고 법문한 근거와 필자가 자신의 잘못에 대해 스스로 부끄러워하지 않는 마음작용이라고 정의한 근거는 다음과 같다. 먼저 『집론』에서는 다음과 같이 자신의 과오를 '스스로' 부끄러워하지 않는 것을 무참이라고 하고, 이것은 탐·진·치에서 파생한 수번뇌이며, 모든 번뇌(근본번뇌와 수번뇌)의 원인이라고 한다.

　　"무참이란 무엇인가? 탐·진·치의 일부이다. <u>스스로 죄지은 것을 부끄러워하지 않는 것</u>이다. 모든 번뇌와 수번뇌를 함께 돕는 것

---

[282] 『오온론』(한역)에서는 "무엇을 무참이라고 하는가? 지은 죄(所作罪)에 대해 <u>스스로 부끄럽게 여기지 않음</u>을 본성으로 하는 것이다."[『오온론』(T31, p.849b15-16), "云何無慚. 謂於所作罪不自羞恥爲性. 云何無愧. 謂於所作罪不羞恥他爲性."]라고 하였다. 범본에서는 "어떤 것을 무참이라고 하는가? 〈그것은〉 지은 죄에 대해 <u>자신이 〈반성하고〉 부끄럽다고 생각하지 않는 것</u>이다."[Gokhale(p.12, 1-2), "āhrīkhyaṃ katamat/ svayam-avadyen-alajjā//"]라고 설명하고 있다. 다만 『집론』과 동일하게, 『오온론』 안혜소에서도 '무참과 무괴는 번뇌·수번뇌 전부를 조장助長하는 것이며, 탐·진·치에서 파생한 것이 부수적인 작용이라고 주석하고 있다.

을 작용으로 삼는다.283)

그리고 지욱스님의 『직해』에서는 무참을 다음과 같이 주석한다.

"자신과 법(가르침)을 돌보지 않고 현인과 선법을 가볍게 보고 거부하는 것을 본질로 하며, 능히 참을 장애하여 악행을 일으키고 증장하는 것을 작용으로 삼는다."284)

또한 『성유식론』에서는 무참을 다음과 같이 주석하는데, 지욱스님의 주석은 이것을 반영한 것이다.

"자신과 법을 돌아보지 않고 현인과 선법을 가볍게 보고 거부하는 것을 본질로 한다. 능히 참을 장애해서 악행을 증장하는 것을 작용으로 삼는다."285)

그러면 두 주석에서 무참이 '악행을 일으키고 증장시킨다'는 것은 무슨 의미일까? 『집론』에서도 설명하고 있듯이, 무참뿐 아니라 다음에 등장하는 무괴는 모든 악행(근본번뇌와 수번뇌)을 도와 증장(증대)시키는 역할을 한다는 뜻이다. 그리고 무참은 참慚과 제로섬 관계이다.

---

283) Gokhale(p.17, 27), "āhrīḥ katamat/rāgadveṣamohāṃśikā svayamavadenā 'lajjanā/sarvakleśopakleśasāhāyakarmakam//" ; 『집론』(T31, p.665a20-22), "何等無慚. 謂貪瞋癡分. 於諸過惡不自羞爲體. 一切煩惱及隨煩惱助伴爲業."
284) 『직해』(X48, p.3344a4-5), "不顧自法. 輕拒賢善爲性. 能障礙慚. 生長惡行爲業."
285) 『성유식론』(T31, p.33c21-22), "不顧自法輕拒賢善爲性. 能障礙慚生長惡行爲業."

2) 무괴無愧

무괴無愧(anapatrāpya)란 없을 무無, 부끄러워할 괴愧 자로 '부끄러움이 없다'는 의미이다. 그러면 누구에게 부끄러움이 없다는 것인가? 무괴는 부끄러워하는 마음작용인 '괴'의 반대 의미이기 때문에, 자신의 잘못에 대해 '타인'에게 부끄러워하지 않는다는 것이다. 구체적으로 말하면, 무괴란 자신의 행위가 도덕적으로 잘못된 것임을 스스로 알고 있음에도 불구하고, 그러한 악행에 대해 타인에게 부끄럽게 생각하지 않는 것이다. 영어로 표현하면 lack of modesty이라고 할 수 있다. 그래서 성철스님도 무괴를 부끄러워하는 마음이 없다는 뜻인 '괴심愧心이 없다'라고 한 것이다. 성철스님이 무괴를 '괴심이 없다'라고 법문한 근거와 필자가 자신의 잘못에 대해 '타인'에게 부끄러워하지 않는다고 정의한 근거는 다음과 같다. 먼저 『집론』에서는 다음과 같이 자신의 과오를 타인에게 부끄러워하지 않는 것을 무괴라고 정의하고, 이것은 탐·진·치에서 파생한 수번뇌이며, 모든 번뇌(근본번뇌와 수번뇌)의 원인이라고 한다.

"무괴를 무엇인가? 탐·진·치의 일부이다. <u>죄지은 것을 타인에게 부끄러워하지 않는 것이다</u>. 모든 번뇌와 수번뇌를 돕는 것을 작용으로 삼는다."[286]

계속해서 지욱스님의 주석을 살펴보자. 지욱스님은 무괴에 대해 다음과 같이 주석한다.

---

[286] Gokhale(p.17, 29-30), "/anapatrāpyaṃ katamat/rāgadveṣamohāṃśikā parato 'vadenā'lajjanā/sarvakleśopakleśasāhāyyakarmakam//"; 『집론』(T31, p.665a23-24), "何等無愧. 謂貪瞋癡分. 於諸過惡不羞他爲體. 一切煩惱及隨煩惱助伴爲業."

"세간을 돌아보지 아니하고 포악을 존중하는 것을 본질로 하며, 능히 괴를 장애하여 악행을 일으키고 증장하는 것을 작용으로 한다. 이 둘은 불선에 두루 〈작용하기 때문에〉 중수번뇌라고 한다."[287]

또한 『성유식론』에서는 무괴를 다음과 같이 주석한다.

"세간을 돌아보지 아니하고 포악함을 존중하는 것을 본질로 하며, 괴의 심소를 장애하여 악행을 일으키고 증장하는 것을 작용으로 한다."[288]

앞서 말했듯이, 지욱스님의 주석은 『성유식론』의 입장을 반영한 것이다. 참고로 무참을 설명할 때, 이미 말했듯이 무괴도 모든 악행을 도와 증장시키는 역할을 한다. 그리고 무괴는 괴愧와 제로섬 관계이다.

3. 불선과 염심에 의해 생긴 대수번뇌

대수번뇌는 불신·해태·방일·혼침·도거·실념·부정지·산란의 8종류이다. 그러면 8종류의 번뇌를 무엇 때문에 대수번뇌라고 할까? 대수번뇌는 염심染心(akuśala-citta)에 두루 존재하기 때문이다. 염심이란 선심善心의 반대말이다. 유식에서는 마음 그 자체(心自性)는 본래 청정하지만,

---

[287] 『직해』(X48, p.344a5-7), "不顧世間. 崇重暴惡爲性. 能障礙愧. 生長惡行爲業. 此二遍不善故. 名爲中隨煩惱."
[288] 『성유식론』(T31, p.33c224-25), "不顧世間崇重暴惡爲性. 能障礙愧生長惡行爲業."

탐·진·치의 번뇌에 의해 마음이 더럽혀진 것을 염심이라고 한다. 결국 염심이란 번뇌에 의해 더럽혀진 마음이다. 특히 유식에서는 불선과 4성(선·불선·유부무기·무부무기) 중에서 유부무기만을 합쳐서 염심이라고도 한다. 여기서 유부무기는 유부(더러움에 덮혀 있는 것)이지만 무기(선도 불선도 아닌 것)이다. 즉 대수번뇌는 불선과 같은 확실한 성질뿐만 아니라 더럽고(染汚) 아주 세밀한 마음의 상태이다. 그래서 대수번뇌는 제6 의식과 함께 작용할 뿐만 아니라 집요하게 자아에 집착하는 제7 말나식과도 함께 작용하는 심소이기도 하다.[289] 대수번뇌는 우리의 일상에서도 알아차릴 수 있는 마음작용이지만, 특히 도거·혼침·해태·산란 등은 수행 중에 너무나 자주 나타나는 마음작용이기에 참선이나 명상 수행을 하는 독자는 관심을 가지고 읽어주었으면 한다.

다만 대수번뇌에 대해 성철스님은 "일체의 오염심에 널리 상응하여 발생한다."[290]라고 법문하고 있지만, 단지 명칭만 언급하고 있을 뿐이며, 감산스님도 별도로 주석하지 않아서 지욱스님의 주석을 중심으로 살펴볼 것이다.

1) 불신不信

불신不信(ācraddhya)이란 아니 불不, 믿을 신信 자로, '믿음이 없다'는 뜻이다. 불신(lack of faith)은 신信(faith)과는 반대 의미이므로, 믿지 않는 마음작용이라고 할 수 있다. 그러나 유식에서는 단순히 믿지 않는 것을 불신이라고 하지 않는다. 그러면 구체적으로 무엇을 믿지 못하는 것을

---

[289] 김명우(2019), p.226.
[290] 성철(2014), p.331.

불신이라고 하는가? 유식에서는 불법승의 삼보와 연기·사성제 등의 가르침(진리)을 믿지 못하는 것을 불신이라고 한다.[291] 이제 필자가 불신을 '부처님의 가르침인 진리를 믿지 못하는 마음작용'이라고 정의한 근거를 살펴보자. 먼저 지욱스님은 다음과 같이 주석한다.

"실·덕·능력에 대해 알지(忍) 못하고 좋아(樂)하지도 않으며 바라(欲)지도 않아 마음을 더럽히는 것을 본성으로 하며, 능히 청정한 믿음을 장애하여 해태(懈怠)의 의지처가 되는 것을 작용으로 한다."[292]

또한 『성유식론』에서는 다음과 같이 주석한다.

"실·덕·능력에 대해 알지 못하고 좋아하지도 않으며 바라지도 않아 마음을 더럽히는 것을 본성으로 한다. 청정한 믿음을 장애하여 게으름(惰)의 의지처가 되는 것을 작용으로 한다."[293]

지욱스님의 주석은 이러한 『성유식론』의 입장을 그대로 계승한 것이다. 두 주석에서 주목할 것은 '마음을 더럽히는 것을 본성으로 한다(心穢爲性)', 즉 염심(染心)이 불신의 본성이라는 구절이다. 이처럼 불신은 '염

---

[291] Li and Steinkellner(p.12, 5-6), "āśraddhyam katamat/karma-phala-satya-ratneṣv-anabhisampratyayaś cetaso 'prasādaḥ śraddhāvipakṣaḥ//"["어떤 것을 불신이라고 하는가? 〈그것은 선 심소 중의 하나인〉 신심(信心)에 의해 제거되는 것(반대)이며, 행위와 결과(업과), 사성제, 삼보 〈등을〉 바르게 믿지 않아 마음이 청정하지 않은 것이다."] ; 『오온론』(T31, p.849b18), "謂信所對治, 於業果等不正信順, 心不淸淨爲性."
[292] 『직해』(X48, p.344a7-8), "於實德能不忍樂欲. 心穢爲性. 能障淨信. 懈怠所依爲業."
[293] 『성유식론』(T31, p.34b4-6), "於實德能不忍樂欲心穢爲性. 能障淨信惰依爲業."

심'이기 때문에 제7 말나식과 함께 작용하는 것이다.

　또한 불신은 실천 수행을 하고자 하는 바람(의욕)을 생기지 못하게 하고, 청정한 믿음을 장애하기 때문에 '게으름(해태)의 근거(의지처)가 된다'고 하는데, 그러면 불신이 게으름의 의지처가 되는 것은 무슨 이유일까? 불신, 즉 진리 자체에 대한 믿음이 없으면, 당연히 진리에 대한 수행을 게을리할 수밖에 없다. 다시 말해 수행을 게을리하면, 자연히 후회하게 되고, 그 후회는 결국 번뇌로 발전하게 되는 것이다.

　그러면 불신이 일상생활에서 어떻게 우리를 괴롭히는지 그 메커니즘을 살펴보자. 불신이라는 마음작용은 인간과 인간 사이의 관계를 단절시킨다. 인간관계에서 어떤 일을 계기로 한 번 믿음이 상실되면 그것을 되돌리기 어렵다. 한 번 불신감을 가지면 모든 관계가 붕괴해 버리며, 그 사람의 모든 행위를 전부 신용할 수 없게 되어 버린다. 그래서 불신은 무서운 것이다. 비록 불신은 직접적으로 타인에게 상처를 입히거나 때리지는 않지만, 아주 미세하게 작용하여 믿음이라는 연결고리를 끊어버리기 때문에 그 자신은 차갑고 고독한 외로움에 빠지게 된다. 이런 상태에서는 긍정적이고 창조적인 마음의 움직임(작용)도 없게 되는 것이다. 그리하여 모든 것에 대한 불신에 빠져 내 삶은 괴로울 뿐이다. 그러면 불신은 어떻게 제거할 수 있는가? 간단히 말하면 촛불을 켜면 어둠이 자연스럽게 사라지듯이, 불신의 반대 심소인 신(信) 심소를 향상시키면 불신은 자연스럽게 사라진다. 이처럼 신(信)과 불신(不信)은 제로섬 관계이다.

　그러면 불신은 어떤 근본번뇌에서 파생한 것인가? 『잡집론』에서는 "우치의 일부이다. 모든 선법에 대해 마음이 참지 못하며, 마음으로 청정하게 〈여기지〉 못하며, 마음으로 바라지 않는 것을 본성으로 한다. 해태의 의지처가 되는 것을 작용으로 한다. 해태의 의지처가 된다는 것은 불신으로 말미암아 좋아하고 바라는 가행(실천)의 방편이 없는 것이다."294)라고 하여 치에서 파생한 것임을 분명히 하고 있다. 반면 『유식삼십송석』에서는 다음과 같이 치의 일부라는 구체적인 언급이 없다.

"불신이란 업, 과보, 사성제, 삼보를 믿지 않는 것이다. 신信을 반대한다. (…) 해태의 의지처가 되는 것을 작용으로 한다. 믿음이 없는 자는 가행(加行=prayoga, 수행·실천하는 것)하고자 하는 바람(chanda)이 없기 때문에 해태의 의지처가 되는 것을 작용으로 삼는다는 것이다."295)

그러나 "믿음이 없는 자는 가행하고자 하는 바람(의욕)이 없기 때문에 해태의 의지처가 되는 것을 작용으로 삼는다."라고 하여, 『잡집론』과 거의 일치한다. 또한 수행이라는 말 대신 가행(加行=prayoga)이라는 용어를 사용하고, 불신은 수행(가행)하려는 바람(의욕)이 없기 때문에 해태의 의지처가 된다고 한다.296)

2) 해태懈怠

해태懈怠(kausīdya)란 게으를 해懈, 게으를 태怠 자로, '게으르다'는 뜻이다. 그러므로 해태(idleness·laziness)란 게으른 마음작용인데, 전쟁터에

---

294) 『잡집론』(T31, p.699b3-6), "不信者. 謂愚癡分. 於諸善法心不忍可. 心不清淨. 心不悕望爲體. 懈怠所依爲業. 懈怠所依者. 由不信故無有方便加行樂欲."
295) TV(p.31, 28-31), "aśraddhyaṃ karma-phala-satya-ratneṣv-anabhisampratyayaḥ śraddhāvipakṣaḥ/(…) kausīdyasaṃniśrayadānakarmakam/aśraddhānasya prayogacchandābhāvāt kausīdyasaṃniśrayadānakarmakatvam//"
296) 김명우(2019), pp.231-234.

나아가는 병사처럼 용감(용맹)하게 노력하는 마음작용인 정진(勤)과는 반대라고 할 수 있다.

그러면 무엇에 게으른 것일까? 이것은 단순히 게으른 것이 아니라 선을 적극적으로 행하고 악을 방지하는 것에 게으른 마음작용이다. 그래서 『오온론』(범본)에서는 해태를 "선을 닦는 것에 마음이 용맹하지 않은 것(kuśalo cetaso anabhyutsāha)"[297]이라고 한 것이다. 필자가 해태를 '선을 행하고 악을 방지하는 것에 게으른 마음작용'이라고 한 근거를 지욱스님의 『직해』를 통해 살펴보자. 지욱스님은 해태에 대해 다음과 같이 주석한다.

"악을 끊고 선을 닦는 것에 대해 게으름(懶惰)을 본성으로 하며, 능히 정진을 장애하여 더러움을 증장하는 것을 작용으로 삼는다. 가령 염사(더러운 것)에 대해 열심히 정진하는 것(策勤)도 해태이다. 〈왜냐하면〉 선법을 퇴전시키기 때문이다."[298]

지욱스님의 주석에 의하면, 악을 끊고 선을 닦는 것에 대해 게으른 것(懶惰)이 해태의 본질적인 성질이다. 그리고 해태는 용맹하게 수행 정진하는 것을 장애하여 더러움을 증장시키는 부수적인 성질이기 때문에 수행자가 수행하려는 마음의 의지를 생기지 않게 하여 세속적인 안락에 빠지도록 만든다. 게다가 지욱스님은 해태를 '염사染事에 열심히 정진하는 해태'와 '악에 열심히 정진하는 해태'의 2종류로 나누는데, 선에 대하여 열심히 정진하지 않는 것만 아니라 악에 대해서 열심히 정진하

---

297) 『오온론』(T31, p.849b21), "謂精進所治, 於諸善品心不勇猛爲性."
298) 『직해』(X48, p.344a9-11), "於斷惡修善事中. 懶惰爲性. 能障精進. 增染爲業. 設於染事而策勤者. 亦名懈怠. 退善法故."

는 것도 해태이며, 더러움에 열심히 노력하는 것도 해태의 마음작용이라는 것이다. 왜냐하면 해태는 '선법'과 '청정함'을 퇴전시키기 때문이다. 그리고 염사(더러움)에 대해 노력(策勤)하는 것이기 때문에 제7 말나식과 함께 작용한다고 한다.

그런데 지욱스님은 게으름(해태)을 나타懶惰, 정진을 책근策勤이라고 주석하는데, 나타는 게으를 나懶, 게으를 타惰 자로 해태와 동일한 의미이다. 그리고 책근策勤은 '마음을 격려하여 노력하게 한다'는 의미인데, 여기에는 좋은 의미와 나쁜 의미가 있다. 좋은 의미로는 열심히 노력하여(策勤) 혼침과 도거의 2가지 대수번뇌의 과실을 끊는 것이고, 나쁜 의미로는 모든 더러운 것(染事)에 대해 노력하는 것(策勤)이다. 그래서 지욱스님은 2가지 모두를 해태라고 주석한 것으로 생각된다.

지욱스님이 주석의 근거로 삼은 『성유식론』에서는 "선악품을 닦고 끊는 것에 게으른 것(懶惰)을 본성으로 하고, 능히 정진을 장애해서 잡념을 증장하는 것을 작용으로 한다. 〈왜냐하면〉 게으름(해태)은 잡염법을 증장하기 때문이다."라고 주석한다. 계속해서 "모든 염사染事(불선·유부무기)를 열심히 정진하는 것(策勤)도 해태이다. 왜냐하면 선을 퇴전시키기 때문이다."[299]라고 하는데, 지욱스님의 주석은 『성유식론』의 입장을 그대로 계승한 것임을 알 수 있다.

그러면 해태는 어떤 근본번뇌에서 파생한 것일까? 어리석음에서 파생한 수번뇌이다. 그러면 해태가 왜 번뇌일까? 수행자가 선을 닦고 악을 끊는 것에 노력하지 않는다는 것은 다른 의미로 '가행정진·용맹정진' 하지 않는다'는 것이다. 만약 수행자가 용맹정진을 하지 않는다면 어떻

---

[299] 『성유식론』(T31, p.34b11-14), "於善惡品修斷事中懶惰爲性. 能障精進增染爲業. 於諸染事而策勤者亦名懈怠. 退善法故."

게 되겠는가? 용맹정진하지 않고 게으름을 피운 결과, 그것에 대해 후회하게 되고 결국 번뇌가 되는 것이다.

3) 방일放逸

방일放逸(pramāda)이란 놓을 방放, 달아날 일逸 자인데, 국어사전에서는 '제멋대로 거리낌 없이 방탕放蕩하게 놂'이라고 정의하고 있다. 여기서 '방탕하게 논다'는 것은 '게으르다'는 말이다. 즉 방일은 게으른 마음작용으로 선심소 중의 하나인 불방일의 반대이다. 그래서 non-diligence, indolence, carelessness, lack of mindfulness 등으로 영역한다.

그러면 방일은 무엇에 게으른 것인가? 방일이란 더러운 성품(染品)을 방지하고 청정한 성품(靜品)을 수행하는 것에 게으른 마음작용이다. 구체적으로 말하면, 방일이란 해태와 삼독인 탐·진·치에 의해 더러워진 성품을 막을 수 없고, 청정한 성품을 닦을 수 없는 마음작용이다. 필자가 이렇게 정의한 이유를 지욱스님의 주석을 통해 살펴보자. 지욱스님은 방일에 대해 다음과 같이 주석한다.

> "더러움을 방지하지 못하고 깨끗함을 닦지 못하여 사종肆縱하고 방탕한 것(流蕩)을 본성으로 하며, 능히 불방일不放逸을 장애하여 악을 증장하고 선을 줄어들게 하는 것(손감)의 의지처가 되는 것을 작용으로 한다. 해태 및 탐·진·치의 4가지 법을 본체로 삼는다."[300]

---

300) 『직해』(X48, p.344a11-13), "於染不防. 於淨不修. 肆縱流蕩爲性. 障不放逸. 增惡損善所依爲業. 卽以懈怠及貪瞋癡四法爲體."

여기서 지욱스님은 마음이 사종유탕肆縱流蕩한 것을 방일이라고 정의한다. 사종이란 하고 싶은 대로 하는 것이라는 뜻이다. 그리고 유탕이란 마음이 안정되지 않고 혼란스럽게 움직이는 것을 의미하는데, 방종방탕放縱放蕩과 같은 의미이다. 왜냐하면 방종이란 '제멋대로 함부로 행동한다'는 뜻이고, 방탕이란 '마음이 들떠 걷잡을 수 없다'는 의미이기 때문이다. 이것을 『성유식론』에서는 줄여서 종탕縱蕩이라고 한다. 다음으로 방일은 '불방일을 장애하여 악을 증장하고 선을 줄어들게 하는' 부수적인 작용을 한다는 것이다. 그리고 게으름을 피우는 이유는 해태와 탐·진·치 때문이라고 한다.

지욱스님은 『성유식론』을 기반으로 주석하고 있기에, 이제 『성유식론』의 주석을 살펴보자. 『성유식론』에서는 "잡념품(더러운 성품)을 막지 못하고 청정품(청정한 성품)을 닦지 못하여 <u>방종하고 방탕한 것을 본성으로 한다.</u> 능히 불방일을 장애하여 악을 증장하고 선법을 손감하는 것의 의지처가 되는 것을 작용으로 한다. 이른바 해태 및 탐·진·치에 의해 잡염품의 법을 막을 수 없고 청정품의 법을 닦을 수 없는 것을 총체적으로 방일이라고 한다. 별로도 자체가 있는 것이 아니다."[301)라고 하듯이, 지욱스님의 주석은 『성유식론』과 거의 일치한다. 참고로 여기서 '별로도 자체가 있는 것이 아니다'란, 방일은 구체적인 작용이 있는 심소가 있는 것이 아니라는 말이다. 이런 심소를 가심소假心所라고 한다. 다시 말해 방일은 경안처럼 실심소實心所가 아니라 불방일처럼 가심소라는 것이다. 게다가 방일은 더러운 성품(染品)이기 때문에 제7 말나식과 함께 작용한다.

---

301) 『성유식론』(T31, p.34b17~20), "於染淨品不能防修縱蕩爲性. 障不放逸增惡損善所依爲業. 謂由懈怠及貪瞋癡不能防修染淨品法. 總名放逸. 非別有體."

참고로 지욱스님은 해태에 대해 선을 닦고 악을 방지하는 것에 게으른 마음작용이며, 또한 모든 더러운 것(染事)에 대해 노력하는 것(策勤)이라고 하는데, 이처럼 '모든 더러운 것에 대해 노력하는 것'이 해태라면, '더러운 성품을 방지하고 청정한 성품에 게으른 마음작용'인 방일과 무슨 차이가 있는가? 단정할 수는 없지만, 그 차이는 아마도 '제법(모든 것)'과 '해태와 삼독인 탐·진·치'이라는 수식의 차이일 것이다. 즉 방일은 '모든 더러운 것'이 아니라 '해태와 삼독인 탐·진·치'에 한정된 더러움이기 때문이다.

그런데 『오온론』(한역)에서는 "탐·진·치·해태로부터 말미암은 까닭에, 모든 번뇌에 대해 <u>마음을 방호防護하지 못하고</u>, 모든 선품善品을 능히 닦지 못하는 것을 본성으로 하는 것이다."[302]라고 한다. 밑줄 친 부분을 보면 알 수 있듯이, 방일의 본성은 『성유식론』과 달리 '마음을 방호하지 못하는 것'이라고 정의한다. 또한 『잡집론』에서도 "해태 및 탐·진·치에 의지하여 선법을 닦지 않는 것이다. 유루법(번뇌)으로부터 <u>마음을 방호(방어하고 지키는 것)하지 못하는 것</u>을 본성으로 하고, 악을 증장하고 선을 손감시키는 것의 의지처가 되는 것을 작용으로 한다."[303]라고 하여, 번뇌(유루)로부터 마음을 지키지 못하는 것(방호)을 본성으로 한다고 주석한다. 필자의 추측이지만, 『오온론』과 『집론』의 'cittam na rakṣati(<u>心不防護</u>)'를 『성유식론』에서는 종탕縱蕩, 『직해』에서는 사종유탕肆縱流蕩이라고 한역한 것 같다.

---

302) 『오온론』(T31, p.849b21-22), "謂即由貪瞋癡懈怠故, 於諸煩惱心不防護, 於諸善品不能修習爲性."
303) 『잡집론』(T31, p.699b8-10), "依止懈怠及貪瞋癡不修善染法. 於有漏法心不防護爲體. 增惡損善所依爲業."

4) 혼침惛沈

혼침惛沈(styāna)이란 흐릴 혼惛, 가라앉을 혼沈 자로, '마음이 어둡고 가라앉다'[304]는 의미이다. 다시 말해 마음이 지나치게 가라앉은 상태를 말한다. 그래서 혼침은 지나치게 들뜬 마음작용인 도거와는 반대이다. 만약 우리의 마음이 지나치게 가라앉아 마음의 활동이 저하되면 사리판단을 제대로 할 수 없을 뿐만 아니라 대상을 바르게 인식할 수 없게 되어 일상생활을 편안하게 영위할 수 없게 된다. 이처럼 마음이 혼침에 빠져 지나치게 가라앉으면 매사에 자신감을 잃게 만들어 바른 판단을 할 수 없게 된다. 그리하여 그 잘못된 판단으로 인해 생긴 결과에 대해 후회하게 된다. 이처럼 후회와 자책이 깊어지면 혼침은 번뇌로 발전하여 나를 괴롭게 만든다.

게다가 수행 중에 마음이 지나치게 가라앉아 의기소침한 상태에서는 경안과 위빠사나(毘鉢舍耶·관찰)가 약하게 된다. 그렇게 되면 수행을 제대로 할 수가 없다. 그리하여 수행의 동력을 상실하게 만든다. 그러면 필자가 혼침을 마음이 지나치게 가라앉은 상태라고 정의한 근거를 살펴보자. 먼저 지욱스님은 다음과 같이 주석한다.

"마음으로 하여금 대상에 대해 감임(아무 속박 없이 자유롭게 활동할 수 있는 것)하지 못하게 하는 것을 본질로 하고, 능히 경안과 관찰(위빠사나)을 장애하는 것을 작용으로 삼는다."[305]

---

304) 영어로는 torpidity, inertia, mental fogginess 등으로 번역한다.
305) 『직해』(X48, p.344a13-14), "令心於境無堪任爲性. 能障輕安. 毗鉢舍那爲業."

감임에 대해서는 선심소 중의 하나인 경안을 설명할 때 이미 했기에 생략한다. 지욱스님은 혼침에 대해 마음의 경쾌한 상태인 경안의 반대임을 밝힌다. 또한 『성유식론』에서는 혼침에 대해 "마음으로 하여금 경계(대상)에 대해서 감임하지 못하게 하는 것을 본성으로 하고, 경안과 관찰을 장애하는 하는 것을 작용으로 한다."306)라고 하는데, 지욱스님의 주석은 『성유식론』의 입장을 그대로 계승하고 있는 것이다.

그러면 혼침은 어떤 근본번뇌에서 파생한 것일까? 『잡집론』에서는 "혼침은 우치(어리석음)의 일부이다. 감임하지 못하는 것을 본성으로 하고, 위빠사나(毘鉢舍那)를 장애하는 것을 작용으로 한다."307)라고 하고, 『유식삼십송석』에서는 "혼침이란 마음이 감임하지 못한 것이며, 몽매한 것이다. (…) 〈혼침은〉 치에서 시설된 것이기 때문에 치의 일부이며, 별도로 있는 것이 아니다."308)라고 하여 두 주석 모두 치의 일부임을 분명히 하고 있다.309)

부연하면, 보통 어리석으면(우치) 수행자뿐만 아니라 우리는 혼침에 빠지기 쉽다. 그래서 둘(어리석음과 혼침)은 공통점이 있다. 아무래도 어리석으면 마음이 어둡고 지나치게 가라앉아 있기 때문에 어떤 상황이나 일에 대해 잘 파악할 수 없다. 그리하여 어리석음은 아무래도 혼침을 깊어지게 하고 증대시킨다. 이처럼 어리석음에는 혼침의 성질을 포함하고 있다.310)

그런데 어느 주석에서도 혼침이 염심染心과 관계한다는 표현은 없다.

---

306) 『성유식론』(T31, p.34a7-8), "令心於境無堪任爲性. 能障輕安毘鉢舍那爲業."
307) 『잡집론』(T31, p.699a27-28), "謂愚癡分心無堪任爲體. 障毘鉢舍那爲業."
308) TV(p.32, 28-29), "/styānaṃ cittasyākarmaṇyatā staimityam/(…)/mohāṃśe prajñaptatvāc ca mohāṃśikam eva na pṛthag vidyate/"
309) 김명우(2019), p.230.
310) 위의 책, p.231.

만약 혼침이 염심이 아니라면, 제7 말나식과 함께 작용할 수 없다. 그렇지만 『성유식론』에서 대수번뇌는 '염심에 두루하기 때문이다'라는 표현이 있으므로 제7 말나식과 함께 작용하는 번뇌라고 할 수 있을 것이다.

5) 도거掉擧

도거掉擧(auddhatya)란 흔들 도掉, 들 거擧 자로, 마음이 들떠 있는 것을 말한다. 다시 말해 마음이 들떠 있어 고요하지 못한 상태를 말한다.[311] 구체적으로 말하면 도거란 과거에 경험했던 즐거움·놀이·도박 등을 떠올려 마음이 적정(고요)하지 않은 것을 말한다. 필자가 도거를 마음이 들떠 있어 고요하지 못한 상태라고 정의한 근거는 무착보살의 저작인 『집론』의 주석인 안혜보살의 『잡집론』에 따른 것이다. 그러면 이제 『잡집론』의 주석을 살펴보자. 『잡집론』에서는 도거를 다음과 같이 주석한다.

"탐욕의 일부이다. 청정한 모습의 생각(念淨相))에 따라 마음이 적정하지 않은 것을 본성로 하고, 사마타를 장애하는 것을 작용으로 한다. 청정한 모습의 생각에 따른다는 것(隨念淨相)이란 탐욕에 따라(수순) 과거의 〈즐겁게 경험했던〉 놀이(도박), 즐거움 등을 추억하는 까닭에 마음이 적정하지 않은 것이다."[312]

---

[311] 영어로는 restlessness, excitedness(lack of calmness in the mind) 등으로 번역이 가능하다.
[312] 『잡집론』(T1, p.699a29-b2), "掉擧者. 謂貪欲分. 隨念淨相. 心不寂靜爲體. 障奢摩他爲業. 隨念淨相者. 謂追憶往昔隨順貪欲戱笑等故心不寂靜."

그러면 상기 주석에서 수념정상隨念淨相이란 무슨 의미일까? 필자는 염정상念淨相을 '청정한 모습의 생각'이라고 번역했지만, 그 의미가 통하지 않는다. 그런데 이어서 염정상을 '과거의 즐겁게 경험했던 놀이(도박), 즐거움 등을 추억하는 것'이라고 주석하고 있다. 게다가 『잡집론』(범본)에서는 정상淨相을 śubha-nimitta, 즉 '즐거움의 원인'이라고 주석한다.[313] 그러면 '즐거움의 원인'이란 무슨 의미일까? 탐욕에 따라(수순) 과거 즐거움의 원인이었던 놀이·도박 등을 떠올리는 것이다. 그리하여 마음의 적정한 상태인 사마타(삼매)를 장애한다. 그래서 마음이 적정(안정)하지 못하고 들뜨게 되는 것(도거)이다. 그리고 반복해서 설명하지만, '탐욕의 일부'란 도거는 탐욕에서 파생한 것이라는 의미이다. 또한 『직해』에서 지욱스님은 도거를 다음과 같이 주석한다.

"마음으로 하여금 대상에 대해서 적정하지 못하게 하는 것을 본성으로 하며, 능히 행사와 사마타를 장애하여 작용으로 삼는다."[314]

지욱스님의 주석에서 마음이 '적정(vyupaśama)하지 못하다(不寂靜)'란 지(止=śamatha)의 반대 의미로 이해하면 될 것 같다. 그리고 앞에서 언급했듯이, 행사란 선심소 중의 하나로 마음의 평등平等·정직正直·무공용無功用하게 하는 마음작용을 말한다. 이 행사에 의해 마음의 도거와 혼침이 제거된다. 그 반대가 되면 행사를 장애하는 도거가 되는 것이다. 특히 도거는 혼침·산란과 더불어 참선이나 명상 중에 가장 자주 나타나 수행자를 괴롭히는 대표적인 마음작용 중의 하나이다.

---

313) 竹村牧男(1995), p.286.
314) 『직해』(X48, p.344a14-15) "令心於境不寂靜爲性. 能障行捨奢摩他爲業."

한편, 『성유식론』에서는 "마음으로 하여금 대상에 대해서 적정하지 못하게 하는 것을 본성으로 한다. 능히 행사行捨와 사마타(śamatha)를 장애하는 것을 작용으로 한다."[315]라고 하는데, 지욱스님의 주석은 이러한 『성유식론』의 입장을 그대로 반영한 것이다. 그런데 필자가 앞에서 도거를 마음이 들떠 있어 고요하지 못한 상태라고 했는데, 그렇다면 '마음이 들떠 산만한 상태'인 산란과는 어떤 차이가 있는가? 둘의 차이에 대해서는 산란을 설명할 때, 다시 언급하겠다.

그런데 마음이 들뜬 것(도거)이 어떻게 번뇌가 되는가? 도거의 심소는 분忿(폭발적인 분노)의 심소처럼 직접 타인에게 해를 주는 것은 아니며, 잘 드러나지 않는 심소이다. 왜냐하면 그 작용이 아주 미세하고 강한 움직임은 아니기 때문이다. 게다가 우리들의 내면이 냉정하지 못하고 들뜨거나 흥분상태에 있다면, 수행을 제대로 할 수 없을 뿐만 아니라 어떤 사태가 일어났을 때 사실을 사실대로, 즉 그 진실한 모습을 볼 수 없게 된다. 다시 말해 탐욕에 따라 과거에 즐겁게 경험했던 놀이, 도박 등을 떠올려 마음이 들뜬 상태가 지속되면 사리 판단이 흐려져 매사에 바른 판단을 할 수 없게 된다. 그러면 판단을 잘못한 것에 대해 후회하게 되고, 그것은 결국 번뇌가 되어 나를 괴롭게 한다.

6) 실념失念

실념失念(muṣitā)이란 잃을 실失, 생각 염念 자로, '생각을 잃다'는 뜻이다. 다시 말해 실념이란 '기억을 못 한다'[316]는 뜻이며, 기억을 못 한다

---

[315] 『성유식론』(T31, p.34a7-8), "令心於境不寂靜爲性. 能障行捨奢摩他爲業."
[316] 영어로는 loss of mindfulness, confused memory, absence of memory, clouded recollection 등으로 번역한다.

는 말은 과거에 배운 것이나 경험을 기억하지 못한다는 것이다. 결국 실념이란 과거에 경험한 것을 확실하게 기억할 수 없는(不能明記) 마음작용으로, 별경의 심소 중의 하나인 과거에 경험한 것을 분명하게 기억하는 염念(기억)과 반대되는 마음작용이다. 그러면 구체적으로 무엇을 기억하지 못하는가? 특히 과거에 배운 선善 또는 바른 가르침(정법)에 대하여 분명하게 기억(明記)하지 못한다는 것이다.

앞서 필자가 실념을 '과거에 경험한 것을 분명하게 기억하지 못하는 마음작용'이라고 정의한 근거를 지욱스님의 주석을 통해 살펴보자. 지욱스님은 실념에 대해 다음과 같이 주석한다.

> "모든 대상(所緣)에 대해 명기明記할 수 없음을 본성으로 하며, 능히 정념을 장애하여 산란의 의지처가 되는 것을 작용으로 한다. 염念 및 치癡의 일부를 본체로 한다."[317]

여기서 지욱스님은 "모든 대상(所緣)에 대해 명기明記할 수 없음을 본성으로 한다."라고 하여, '모든 대상'이라고 했지만, 필자는 선 또는 바른 가르침(정법)이라고 앞서 말했다. 이것은 『오온론』(범본)[318]에 따른 것이다. '정념(바른 기억)을 장애한다'란 더러운(번뇌) 기억(생각)에 둘러싸여 있기 때문에 선에 대해 정념正念을 장애한다는 의미이다. 그러므로 실념과 염은 제로섬 관계이다. 그리고 실념은 번뇌와 상응하는 오염된 기억이기 때문에 '염'의 일부이자 어리석음에서 파생한 것이다. 그러므로

---

317) 『직해』(X48, p.344a16-17), "於諸所緣不能明記爲性. 能障正念. 散亂所依爲業. 即以念及癡各一分爲體."
318) Li and Steinkellner(p.12, 12), "/kuśalasya-anabhilapanatā/"

실념은 번뇌에 오염된 기억(염)이기 때문에 산란한 마음의 의지처가 되는 것이다. 게다가 실념은 오염(염심)의 기억이기 때문에 제7 말나식과 함께 작용하는 심소이다.

앞서 언급한 지욱스님의 주석은 『성유식론』의 입장을 반영한 것인데, 『성유식론』에서는 "모든 대상에 대해 명기할 수 없는 것(不能明記)을 본성으로 하며, 능히 염念을 장애하여 산란의 의지처가 되는 것을 작용으로 한다. 〈왜냐하면〉 실념은 마음을 산란하게 하기 때문이다."[319]라고 하여 두 주석의 내용은 거의 일치한다. 다만 『직해』에서는 실념을 '염과 치의 일부'라는 구절을 추가하여 주석한 차이가 있을 뿐이다.

그런데 주석의 내용을 살펴보면 한 가지 의문점이 생긴다. '과거에 경험한 것을 분명하게 기억하지 못하는 것'이 번뇌라고 한다면, 나이가 들어 기억하지 못하고 자주 잊어버리는 노인은 어떻게 되는가? 그들은 번뇌가 많은 존재인가? 이와 같이 실념이란 단순히 나이가 들어 과거의 경험을 잊어버리는 것이 아니라 정법 또는 진리(부처님의 가르침)를 기억하지 못하는 것이다. 그래서 필자는 '정법을 기억하지 못하는 것'을 실념이라고 정의한 것이다. 여기에 또 다른 의문점이 생긴다. 진리를 기억하지 못하는 것이 어떻게 번뇌가 되는가? 만약에 수행자(우리 자신)가 부처님의 가르침인 진리를 기억하지 못하고 잊어버려 진리에 부합하는 삶을 살지 않는다면 자신의 행동에 대해 후회하게 되고, 결국 괴롭게 되어 번뇌가 되기 때문이다.

---

[319] 『성유식론』(T31, p.34b22-24), "於諸所緣不能明記爲性. 能障正念散亂所依爲業. 謂失念者心散亂故."

7) 부정지不正知

부정지不正知(asaṃprajanya)란 아닐 부不, 바를 정正, 알 지知 자로 '바른 지식(지혜)이 아니다'는 뜻이다. 다시 말해 대상에 대한 바르지 못한(不正), 즉 잘못된 앎(지식)[320]을 말한다. 그렇다면 '바르지 못한 대상'이란 구체적으로 무엇을 말하는가? 그 대상이란 『오온론』[321]에 따르면, 현재 자신이 행하는 신업·구업·의업의 삼업이 바르지 못한 것을 말한다. 그러면 필자가 부정지를 '대상에 대한 바르지 못한 앎'이라고 정의한 근거를 지욱스님의 주석을 통해 알아보자. 지욱스님은 부정지에 대해 다음과 같이 주석한다.

 "관찰된 대상(所觀境)에 대해 잘못되게 이해하는 것을 본질로 하며, 능히 바른 지식을 장애하여 훼손하고 범하는 것을 작용으로 한다. 이것은 혜 및 치의 일부를 본체로 한다."[322]

지욱스님의 주석에서 관찰된 대상(所觀境)이란 별경심소에서 이미 등장한 용어로 자신의 행위(삼업)에 대해 자신에 의해 관찰된 대상을 말한다. 또한 부정지는 바른 혜(지혜)를 장해하고 훼손하는 것이 부수적인 성질로서, 별경심소 중의 혜와 근본번뇌 중의 하나인 어리석음에서 파생한다.

---

320) 영어로는 thoughtlessness, indiscretion, inattention, lack of recognition, lack of vigilance 등으로 번역한다.
321) Li and Steinkellner(p.13, 3-4), "/kleśasamprayukta prajñā kāya-vāg-manaḥ pracāreṣv-asaṃviditavihāritā//"
322) 『직해』(X48, p.344a18-19), "於所觀境謬解爲性. 能障正知. 多所毀犯爲業. 此以慧及癡各一分爲體."

지욱스님의 주석은 『성유식론』의 입장을 반영한 것인데, 『성유식론』에서는 "관찰된 대상에 대해 그릇되게 이해하는 것을 본질로 하고, 바른 지식을 능히 장애하여 훼손하고 범하는 것을 작용으로 한다."[323]라고 주석한다. 그리고 부정지가 '혜 및 치의 일부'라는 것에 대해 '어떤 자의 주장'이라고 하면서 "부정지는 혜 심소의 일부에 포함된다. 이것은 번뇌와 상응하는 지혜라고 설하기 때문이다. (…) 부정지는 치의 일부에 포함된다. 『유가사지론』에서 이것은 치의 분위라고 설하기 때문이다. 앎을 바르지 않게 하는 것을 부정지라고 한다."라고 주석한다. 또한 "부정지는 2가지(혜와 치)의 일부에 포섭된다. (…) 논서에서 다시 이것이 잡염심에 두루하다고 설하기 때문이다."라고 하는데, 『성유식론』에서는 제3의 입장(부정지는 혜와 치의 일부에 포섭된다)을 정설로 받아들이고 있다. 지욱스님의 주석에서 "이것(부정지)은 혜 및 치의 일부를 본체로 한다."라는 표현은 『성유식론』에 따른 입장이라고 생각된다.

그러면 부정지란 구체적으로 무엇에 대한 그릇된 앎인가? 그것은 연기·무상뿐만 아니라 자신이 공空한 존재임을 바르게 알지 못한다는 것이다. 왜냐하면 바른 지혜가 없으면, 공과 무상을 바로 보는 지혜와 바른 견해(正見)가 생기지 않기 때문이다. 게다가 내 자신에 대해 공한 존재임을 모르는 어리석음(癡) 때문이다. 그래서 부정지는 어리석음에서 파생한 것이다. 그러면 부정지를 없애고 바른 지혜나 바른 견해를 얻으려면 어떻게 해야 할까? 바른 지혜와 바른 견해는 수행을 통해 얻을 수 있다. 그래서 유식이나 선문에서는 용맹정진을 강조하는 것이다.

그러면 부정지는 무엇 때문에 번뇌일까? 바른 지식이나 지혜를 바탕 없이 행한 모든 행위는 나를 힘들게 만든다. 그리하여 결국 고통(괴로움

---

[323] 『성유식론』(T31, p.34c15-16), "於所觀境謬解爲性. 能障正知毀犯爲業."

과 슬픔)에 빠지게 되면 번뇌가 되기 때문이다.

8) 산란散亂

산란散亂(vikṣepa)이란 흩을 산散, 어지러울 난亂 자로 '흩어져 어지럽다'는 뜻이다. 즉 산란이란 마음이 안정되지 않고 산만한 상태이다.[324] 참선이나 명상을 해 본 경험이 있는 독자라면 잘 알고 있겠지만, 산란은 수행 중에 가장 자주 나타나는 마음작용이다. 그러면 마음이 무엇에 대해 안정되지 않고 산만할까? 또한 무엇이 마음을 산만하게 만들까? 즉 모든 대상에 대해 삼독인 탐·진·치가 마음을 산만하게 만든다. 필자가 산란을 '마음이 안정되지 않고 산만한 상태'라고 정의한 근거는 다음과 같다. 먼저 지욱스님은 산란에 대해 다음과 같이 주석한다.

"모든 대상(所緣)에 대해서 마음을 방탕하게 흐르게 하는 것(流蕩)을 본성으로 하며, 바른 정定을 장애하여 악혜惡慧의 의지처가 되는 것을 작용으로 삼는다."[325]

여기서 '마음을 방탕하게 흐르게 하는 것(流蕩)'이란 마음을 흩어지게 하여 하나의 대상에 집중하지 못하게 한다는 말이다. 즉 마음이 하나의 대상에 집중하는 것이 아니라 여러 대상에 집중한다는 것이다. 그래서 정(삼매)을 방해하는 것이다. 그리고 악혜란 나쁜 지혜 또는 오염(더러운)된 지혜를 말한다. 이처럼 악혜는 마음이 산란할 때 생기는 것[326]이

---

324) 영어로는 distraction, eccentricity, distractedness일 것이다.
325) 『직해』(X48, p.344a19-20), "於諸所緣令 心流蕩爲性. 能障正定. 惡慧所依爲業."
326) 『성유식론』(T31, p.34c1), "散亂者發惡慧故."

기 때문에 산란은 악혜의 원인(의지처)이라고 하는 것이다.

지욱스님의 주석은 『성유식론』의 입장을 반영한 것인데, 『성유식론』에서는 "모든 대상(소연)에 대해서 마음을 방탕하게 흐르게 하는 것(流蕩)을 본성으로 하고, 바른 정定을 장애하여 악혜惡慧의 의지처가 되는 것을 작용으로 삼는다. 이른바 산란은 악혜를 일으키기 때문이다."[327] 라고 하여 두 주석의 내용은 거의 일치한다.

그런데 산란은 도거와 아주 비슷한 작용을 하는 것이다. 그러면 둘의 차이는 무엇일까? 우선 도거는 대상이 정해져 있다. 예컨대 몸이 안 좋아 MRA를 찍었다고 하자. 며칠 후에 결과를 보기 위해서 대학병원의 방사선과 앞에서 기다릴 때 어떤 결과가 나올지 불안하고 초조하다. 이처럼 도거는 대상이 정해져 있지만 '마음 자체가 들떠서 고요하지 못한 상태'를 말한다. 반면 산란은 '모든 대상(所緣)에 대해서 마음이 방탕하다'고 주석하고 있듯이, 도거와는 달리 구체적인 대상이 정해져 있지 않다. 다시 말해 마음의 방향이 정해지지 않고 단순히 갈팡질팡하고 있는 것이다. 논리학 용어로 말하면 애매曖昧(ambiguous)와 모호模糊(vague) 의 차이라고 할 수 있지 않을까!

부연하면, 도거는 '대상이 정해져 있고', 산란은 '구체적인 대상이 정해지지 않는다'는 것을 『성유식론』에서는 "저것(도거)은 이해를 쉽게 바뀌게 하는 것이고, 이것(산란)은 연(대상)을 쉽게 바뀌게 하는 것이다."[328] 라고 주석한다. 다시 말해 도거는 대상은 하나이지만, 함께 작용하는 심과 심소로 하여금 이해를 자주 바뀌게 한다는 것이다. 즉 하나의 대상에 대해 많은 이해를 하는 것이다. 반면 산란이란 마음으로 하여금

---

327) 『성유식론』(T31, p.34b28-c1), "於諸所緣令心流蕩爲性. 能障正定惡慧所依爲業. 謂散亂者發惡慧故."
328) 『성유식론』(T31, p.34c10-11), "彼令易解. 此令易緣."

조건을 바꾸어 대상을 달리하게 한다. 즉 하나의 마음에서 여러 대상을 바꾸게 하는 것³²⁹⁾이다. 그래서 둘 다 마음이 적정(평안)하지 못한 것이다. 그리고 둘 다 수행 중에 가장 자주 나타나는 번뇌이다.

그런데 '대상에 대해 마음을 방탕하게 한다'는 어떤 의미일까? 두 주석으로는 그 의미를 정확하게 파악할 수 없지만, 『오온론』을 보면 분명하게 알 수 있다. 『오온론』(한역)에서는 "탐·진·치가 마음을 방탕하게 흐르도록 하는 것(流蕩)을 본성으로 하는 것이다."³³⁰⁾라고 하였고, 범본에서는 산란은 "탐·진·치가 마음을 확산(擴散=流蕩·visāra)해 버리는 것이다."³³¹⁾라고 설명한다. 즉 '〈모든 대상에 대해〉 탐·진·치가 마음을 방탕하게 흐르게 한다'는 것을 산란이라고 하는 것이다. 그러므로 산란은 구체적인 작용을 하는 독립적인 심소가 아니라는 것이다. 또한 『유식삼십송석』에서는 "산란이란 탐·진·치의 일부로 마음이 흩어지는 것(확산되는 것)이다. 이것으로 인해 마음이 갖가지로 던져지는 것을 산란이라고 한다. 탐·진·치에 의해 마음이 사마디(삼매)의 소연(인식대상)의 바깥으로 던져져서, 이것들(탐·진·치)에 의해 각각의 산란이 시설된다. 그리고 이것은 탐을 여의는 것(벗어나는 것)을 장애하는 것을 작용으로 삼는다."³³²⁾라고 한다. 이처럼 『유식삼십송석』에서는 산란의 작용은 '탐에서 벗어나는 것을 장애한다'고 주석하여, 다른 주석서와는 다르게 설명한다. 그

---

329) 김윤수(2006), p.601.
330) 『오온론』(T31, p.849b23), "謂貪瞋癡令心流蕩爲性."
331) Li and Steinkellner(p.13, 1-2), "vikṣepaḥ katamaḥ/rāgadveṣamohaṁśiko yaścetaso visāraḥ//"
332) TV(p.32, 7-10), "vikṣepo rāga-dveṣa-mohaṁśikaś-cetaso visāraḥ/ vividhaṁ kṣipyate 'nena cittam iti vikṣepaḥ/ yair-rāga-dveṣa-mohaiścittaṁ samādhyālambanād bahiḥ kṣipyate teṣu yathāsaṁbhavaṁ vikṣepaḥ prajpyate/ eṣa ca vairāgyaparipanthikarmakaḥ//"

리고 『잡집론』에서는 "산란이란 탐·진·치의 일부이다. 마음이 흩어지는 것(流散)을 본체(본질)로 한다."[333]라고 하여 삼독(탐·진·치)의 일부로 해석한다. 그리고 산란은 6종류[334]가 있다고 주석한다. 이처럼 『유식삼십송석』과 『잡집론』에서는 『오온론』보다 자세하게 산란은 독립된 심소(실심소)가 아니라는 것(가심소)을 밝히고 있다.[335]

대수번뇌에 대해 성철스님과 감산스님은 그 명칭만을 언급하여 지금까지 지욱스님의 『직해』와 『성유식론』의 주석을 비교하며 고찰했는데, 지욱스님의 주석은 『성유식론』을 바탕으로 이루어진 것이다. 다시 말해 법상종의 입장을 충실하게 반영한 것이다. 다만 지욱스님은 주석 곳곳에서 새로운 용어를 첨가하여 자신의 입장을 드러내기도 한다.

이상으로 수번뇌에 대한 기술을 마쳤는데, 내용을 약간 덧붙이고자 한다. 먼저 감산스님의 다음과 같은 주석처럼 선심소와 번뇌심소는 서로 대비된다.

---

[333] 『잡집론』(T31, p.699b15), "謂貪瞋癡分心流散爲體."
[334] 『잡집론』(T31, p.699b15-17), "此復六種. 謂自性散亂, 外散亂, 內散亂, 相散亂, 麁重散亂, 作意散亂."
[335] 『성유식론』(T31, p.34c3-5)에서는 "어떤 자의 의견(有義)으로 '산란은 치(어리석음)의 일부'"["有義散亂癡一分攝. 瑜伽說此是癡分故."]라는 『유가사지론』의 입장, "산란은 탐·진·치의 심소에 포함된다. 치의 일부라고 말하는 것은 잡염심에 두루 하기 때문이다. 이른바 탐·진·치의 심소가 심왕을 방탕하게 흐르게 하는 것이 다른 법보다 뛰어나기 때문에 산란이라고 한다."["有義散亂貪瞋癡攝. 集論等說是三分故. 說癡分者遍染心故. 謂貪瞋癡令心流蕩勝餘法故說爲散亂."]라는 『집론』의 입장, "산란은 별도로 자성이 있다."["有義散亂別有自體."]라는 3가지 입장이 있다고 주석하고 있다. 그리고 『성유식론』에서는 세 번째 입장을 채용한다. 그런데 두 번째의 '어떤 자'의 의견이라고 할 때의 어떤 자는 누구일까? 『유식삼십송석』과 『잡집론』의 주석 내용을 비교해 보면, 어떤 자는 아마도 안혜보살인 것으로 추측된다. 왜냐하면 안혜보살의 주석인 『잡집론』, 『유식삼십송석』은 거의 동일하지만, 호법보살의 저작인 『성유식론』의 주석과는 다르기 때문이다.

"대개 무참, 무괴(중수번뇌) 및 불신(대수번뇌) 등은 앞에서 〈설명한〉 선 〈심소〉법과는 상반된다. 〈선심소와 번뇌심소는〉 의미적으로 서로 대조됨을 알 수 있다."[336]

앞에서 반복적으로 말했듯이 신信은 불신不信, 탐·진·치는 무탐·무진·무치, 참·괴는 무참과 무괴와 대비된다. 특히 대수번뇌는 선심소와 별경심소와도 대비시킬 수 있다. 예를 들어 도거는 행사, 혼침은 경안, 해태는 근(정진), 방일은 불방일, 불신은 신, 불해는 해, 실념은 염, 산란은 정定(사마타), 부정지는 정지正知로 대비시킬 수 있다. 이 말은 결국 빛을 비추면 어둠이 사라지듯이, 선한 마음을 일으키면 번뇌(대수번뇌)가 자연스럽게 사라진다는 뜻이다. 다시 말해 용맹정진(가행정진)하면 혼침 등의 번뇌는 자연스럽게 사라지고 선한 마음인 경안 등이 드러나게 된다는 것이다. 그래서 불교(유식)에서는 수행을 통해 이런 번뇌를 제거하는 것을 목적으로 삼는다. 다만 번뇌(소수번뇌·중수번뇌·대수번뇌)에 대해 명확하게 이해하지 않고서는 번뇌를 제거하는 것은 불가능하다. 그래서 선방에서 참선을 하든 명상을 하든 유식공부는 필수적이다. 만약 유식에서 말하는 51심소의 작용을 모른 채 참선이나 명상을 한다면, 감산스님의 가르침대로 맹목적인 수행이나 명상이 될 것이다.

끝으로 대수번뇌의 순서는 모든 논서에서 거의 비슷하지만, 천친(세친)보살의 『대승백법명문론』이나 감산스님의 『백법논의』에서는 '불신'을 가장 먼저 제시한다. 앞서 언급했듯이 감산스님은 "세간과 출세간의 업은 신(믿음)을 근본으로 삼기 때문에 그것(신)을 처음에 배열했다."라고 하듯이, '신과 불신'을 대비시키기 위해 대수번뇌 중에서 '불신'을 가장

---

[336] 『백법논의』(X48, p.310b9-10), "蓋無慚愧及不信等. 與上善法相返. 義相對照可知."

먼저 제시한 것 같다.

　참고로 『백법논의』에서 대수번뇌의 순서는 불신·해태·방일·혼침·도거·실정념·부정지·산란이다. 한편, 『유식삼십송』에서는 『대승백법명문론』과는 달리 도거·혼침·불신·해태·방일·실념·산란·부정지의 순서로 배열하고 있다. 『유식삼십송』과 『대승백법명문론』은 둘 다 세친(천친)보살의 저작이다. 게다가 세친보살의 또 다른 저작인 『오온론』에서는 혼침·도거·불신·해태·방일·실념(망념)·산란·부정지의 순서이다. 상식적으로 보면, 가장 중요하고 기본이 되는 것을 첫 번째로 배치하는 것이 자연스럽다. 아무튼 세친보살이 대수번뇌의 배열 순서를 자신의 저작마다 다르게 배치한 이유를 현재로서는 알 수가 없다.[337] 필자의 추측에 불과하지만, 『유식삼십송』에서 세친보살이 도거·혼침을 가장 먼저 제시한 것은 우리가 수행 중에 가장 자주 나타나는 번뇌이기 때문일 것으로 생각한다.

---

337) 김명우(2019), pp. 226-227.

Ⅷ. 선에도 불선에도 작용하여 정해지지 않은 부정심소

1. 회悔(악작惡作)

회悔(kaukṛtya)란 뉘우칠 회悔 자로, 자신의 행위에 대해 후회後悔한다는 뜻이다. 즉 회란 후회하는 마음작용이다. 그런데 후회하는 것에는 악을 행한 것에 대해 후회하는 것도 있지만, '그 친구에게 좀 더 잘 주었으면 좋았을 것을' 또는 '부모님께 좀 더 효도했으면…' 등과 같이 선을 행한 후에도 후회하는 경우도 있다. 이처럼 회란 '선·불선을 행한 후에 후회하는 것'이다. 특히 나쁜 짓을 한 후에 후회하는 것은 마음이 안정되는 것을 방해한다. 이처럼 회는 선·불선 어느 쪽으로 작용하는지 정해지지 않았기 때문에 부정심소不定心所이다.

그리고 회를 '악작惡作'이라고도 하는데, 여기서 악惡이란 '미워하다'라는 의미이고, 작作이란 '어떤 것을 이미 한 것에 대한 후회와 이전에 하지 않은 것에 대한 후회'를 말한다. 그래서 성철스님은 악작(회)을 다음과 같이 법문한 것 같다.

"뉘우쳐서 나쁜 짓을 하지 않는 것"[338]

즉 회란 선이든 불선이든 이전에 행한 행위에 대해 뉘우쳐서 더 이상

---

338) 성철(2014), p.319.

그런 행위를 하지 않게 하는 것이라고 한다. 지욱스님의 회悔에 대한 주석도 마찬가지이다.

"추회追悔(지난 일을 뉘우치는 것)를 본질로 하며, 적정을 장애하는 것을 작용으로 한다."[339]

이처럼 이전에 한 것과 하지 않은 것에 대해 뉘우치고 후회하게 되면 마음의 평안(적정)을 방해한다고 한다. 또한 『성유식론』에서는 "후회의 심소는 악작을 말한다. 지은 업을 미워하여(惡) 뉘우치는 것을 본성으로 한다. 적정(止)을 장애하는 것을 작용으로 한다."[340]라고 하듯이, 지욱스님과 거의 일치한다.

부연하면, 회는 지극히 일상적인 후회나 회오悔誤도 포함하지만, 이것이 종교적인 깊은 반성(懺悔)으로 이어지면 인간을 완전히 바꿀 수 있는 회심이나 성찰의 계기가 되게 하는 아주 중요한 심소이다. 그래서 서양이나 가까운 일본에는 종교인이 참회록이라는 제목으로 출판한 책이 많다. 성급한 일반화의 오류일지는 모르지만, 반면 우리나라에는 지금까지 참회록이라는 형태로 출판된 책을 거의 본 적이 없는 것 같다. 그렇다면 서양 사람이나 일본인은 참회할 것이 많고, 우리는 참회할 것이 없다는 것인가? 그렇지 않을 것이다. 참다운 불교도라면 부처님의 가르침에 의지하여 끊임없이 자신의 생각이나 행위에 대해 성찰(悔)해야 하지 않을까!

---

339) 『직해』(X48, p.344a24-b1), "追悔爲性. 障止爲業."
340) 『성유식론』(T31, p.34c9-10), "悔謂惡作. 惡所作業追悔爲性. 障止爲業."

2. 면眠(수면睡眠)

수면睡眠(middha)이란 졸음 수睡, 잘 면眠 자로, 졸음이나 잠을 자는 것을 말한다. 우리가 법문을 듣다가 졸게 되면 어떻게 되는가? 우리의 마음이 혼미하고 흐리멍텅하게 되어 전혀 법문의 내용을 알 수 없게 된다. 그러면 수면은 왜 번뇌가 될까? 수면 상태에 있으면 몸이 자유롭게 활동할 수 없을 뿐 아니라 마음도 극히 어둡고 혼미해지기 때문이다. 일반적으로 졸음이 오면 우리의 의식은 자연스럽게 몽롱하게 된다. 자연스러운 신체적인 졸음 그 자체는 번뇌가 아니다. 잠을 자야 할 때 자는 것은 좋은 수면이다. 그러나 잠을 자서는 안 되는 경우, 예를 들면 선정 중의 졸음은 나쁜 수면이 된다. 이처럼 수면은 선·불선 양쪽으로 작용하기 때문에 정해지지 않았다는 의미로 부정심소에 속한다. 그리고 성철스님의 수면에 대한 다음 법문은 아마도 자면서 꿈을 꾸는 것은 선도 불선도 아니기 때문에 이렇게 말한 것으로 추측된다.

"자면서 꿈꾸는 것"[341]

다음으로 지욱스님은 수면을 어떻게 정의하고 있는지 살펴보자. 지욱스님은 면眠에 대해 다음과 같이 주석한다.

"몸이 자재하지 못하고, 마음이 극히 어둡고 혼미한(暗昧) 대상을 조건으로 삼는 것을 본성으로 하며, 관찰을 장애하는 것을 작

---

[341] 성철(2014), p.319.

용으로 삼는다."³⁴²⁾

또한 『성유식론』에서는 "면이란 수면을 말한다. 몸이 자재하지 못하고 어두운 것을 본성으로 하며, 관찰(觀)을 장애하는 것을 작용으로 삼는다."³⁴³⁾라고 하는데, 지욱스님의 주석과 일치한다.

3. 심尋과 사伺

심尋(vitarka)이란 찾을 심尋 자로, '찾다·탐구하다·생각(사색)하다'는 뜻인데, 여기서는 '생각(사색)하다'는 의미이다. 성철스님은 심에 대해 다음과 같이 법문한다.

"무엇을 찾아서 구하는 것"³⁴⁴⁾

다시 말하겠지만, 이것은 『성유식론』이나 『직해』의 '찾아 구하는 것(尋求)'이라는 구절을 참조한 것 같다. 그리고 사伺(vicāra)는 '엿보다, 찾다, 살피다'는 뜻인데, 여기서는 '살피다'는 뜻이다. 그래서 성철스님은 사를 다음과 같이 법문한 것이다.

"살피는 것"³⁴⁵⁾

---

342) 『직해』(X48, p.344a24-b1), "令身不自在. 心極暗昧. 略緣境界爲性. 障觀爲業."
343) 『성유식론』(T31, p.35c12-13), "眠謂睡眠. 令身不自在昧略爲性. 障觀爲業."
344) 성철(2014), p.319.
345) 위의 책, p.319.

이렇게 보면 심과 사의 뜻은 비슷한데, 그러면 둘의 차이는 무엇일까? 심은 대략적으로 찾아 사색하는 것이고, 사는 자세하게 살펴서 사색하는 것이다. 다시 말해 심은 대상을 얕게 관찰하는 것이고, 사는 대상을 깊게 관찰하는(伺察·pratyavekṣa) 것이다. 필자가 심을 '얕은 관찰', 사를 '깊은 관찰'이라고 정의한 근거를 지욱스님의 주석을 통해 살펴보자. 지욱스님은 심과 사에 대해 다음과 같이 주석한다.

"심구尋求란 마음으로 하여금 바쁘고(忽務) 급하게(急遽) 의언(마음의 중얼거림)의 대상에 대해 거칠게 전전하는 것을 본성으로 하는 것이다. 사찰伺察이란 마음으로 하여금 바쁘고 급하게 의언의 대상에 대하여 미세하게 전전하는 것을 본성으로 한다. 이 두 가지(심과 사)는 함께 편안하거나 편안하지 않지 않게 머무는 신심身心의 분위의 의지처가 되는 것을 작용으로 한다. 더불어 사思의 심소와 혜慧의 심소의 일부를 본체로 한다. 사는 바른 혜를 도와 깊게 헤아리지 않기 때문에 그것을 심尋이라고 한다. 혜는 바른 사思를 도와 능히 깊게 헤아리기 때문에 그것을 사伺라고 한다."346)

또한 『성유식론』에서는 다음과 같이 주석한다.

"심은 찾아 구하는 것(尋求)을 말한다. 마음으로 하여금 바쁘고 급하게 의언(의식)의 대상에 대해 '거칠게' 전전하게 하는 것을 본성

---

346) 『직해』(X48, p.344b2-6), "三尋求者. 令心忽務急遽. 於意言境麤轉爲性. 四伺察者. 令心忽務急遽. 於意言境細轉爲性. 此二俱以安不安住身心分位所依爲業. 並用思及慧之各一分爲體. 思正慧助. 不深推度. 名之爲尋. 慧正思助. 能深推度. 名之爲伺."

으로 한다."[347]

라고 하였고,

"사는 자세히 살피는 것을 말한다. 마음으로 하여금 바쁘고 급하게 의언의 대상에 대해 '미세하게' 전전하게 하는 것을 본성으로 한다."[348]

라고 주석한다. 그리고 심과 사의 심소는

"이 두 가지(심과 사)는 모두 편안하거나 편안하지 않지 않게 머무는 신심身心의 분위의 의지처가 되는 것을 작용으로 한다."[349]

라고 주석한다. 두 주석에 의하면, 심과 사는 같은 마음의 상태이지만 심은 사보다 두드러지고(거칠다), 사는 심보다 미세(섬세)하다. 이처럼 둘은 '두드러지다'와 '미세하다'의 차이점은 있지만, 선·불선(악) 그 어느 쪽도 아니다. 그래서 둘은 부정심소이다.

예를 들어보자. 심이란 하늘을 나는 무언가를 보고 그 순간 '그것은 무엇일까'라고 추구하는 마음이다. 반면 사란 하늘을 나는 새를 보고 '저것은 무슨 새일까'라며 깊고 세심하게 추구하는 마음이다. 이처럼 심(찾아 구하는 것)과 사(자세히 살피는 것)는 의식이나 언어에 의해 여러 가지로 추론하는 마음이라고 할 수 있다. 그리고 심과 사는 변행의 사思와

---

[347] 『성유식론』(T31, p.35c28-29), "尋謂尋求. 令心忽遽於意言境麁轉爲性."
[348] 『성유식론』(T31, pp.35c29-36a1), "伺謂伺察. 令心忽遽於意言境細轉爲性."
[349] 『성유식론』(T31, p.36a1-2), "此二俱以安不安住身心分位所依爲業."

별경의 혜慧에서 파생한 것이다. 왜냐하면 심과 사는 살피고자 하는 의지작용(思)과 추구하고 판별하고자 하는 혜를 바탕으로 이루어지기 때문이다.

그러면 거칠게 살피고(심) 자세하게 살피는 것(사)이 무엇 때문에 부정심소일까? 아마도 그것은 거칠게 살피고 자세하게 살펴서 추론할 때, 그것이 선으로도 불선으로도 갈 수 있기 때문일 것이다.

끝으로 성철스님은 6위 51심소에 대해 다음과 같이 법문한다.

"중생은 선이 아니면 악인데, 여기에서 선은 열한 가지가 되고, 악인 번뇌에 속한 것은 스물여섯 가지입니다. 언제나 악이 많기 때문에 중생이 선한 행동은 하기가 어렵고, 악행을 하는 쪽이 많다는 것입니다. 이것은 유식에서 근본적으로 주장하는 것입니다. 중생이 결국 죄를 많이 짓고 선을 적게 하게 되는 것은 우리 심리상태의 근본조직이 선한 심리활동이 적고 악한 면이 배가 넘으니, 자연히 많은 쪽으로 기울어진다는 것입니다."[350]

여기서 성철스님은 우리의 마음작용이 불선(악)으로 기울기 쉽다고 하는데, 그래서 불자라면 늘 수선단악修善斷惡의 마음으로 살아야만 하는 것이다.

이상으로 마음작용인 6위 51심소에 대한 설명을 마쳤다. 마지막으로 한마디 덧붙이자면, 51심소는 제6 의식과 함께 활동을 시작하는 마음작용이다. 그러므로 참선이나 명상(Meditation), 위빠사나 수행을 할 때뿐

---

[350] 성철(2014), p.319.

만 아니라 일상생활에서도 누구나 쉽게 알아차릴 수 있는 것이다. 요즈음 명상이 유행하고 있는데, 특히 여러분 중에 명상 수행을 하고 있는 분이 있다면, 제3장을 꼭 읽어보기를 권한다. 아마도 마음을 '알아차림' 하는 데 많은 도움이 될 것이다.

나오는 말

『법구경』에 이런 부처님의 가르침이 있다.

> 모든 악을 짓지 말고
> 많은 선을 받들어 행하며
> 스스로 그 마음(意)을 청정하게 하라
> 이것이 모든 부처님의 가르침이다.
> 諸惡莫作, 衆善奉行, 自淨其意, 是諸佛敎.

이 가르침은 불교의 핵심을 말하고 있는 것으로 독자들께서도 잘 알고 있는 그 유명한 칠불통계七佛通戒라는 노래(게송)이다. 이처럼 부처님의 핵심 가르침은 악을 끊고 선을 닦아서(斷惡修善) '마음'을 청정하게 하는 것이다.

출처는 정확하게 알 수 없지만, 해인사의 어느 법회에서 젊은 스님이 성철스님에게 "큰스님! 팔만대장경을 한마디로 말하면 무엇입니까?"라는 질문을 했다고 한다. 다시 말해 "부처님의 가르침을 한마디로 말하면 무엇입니까?"라는 아주 당돌한 질문이었다. 이에 성철스님께서는 "너는 그것도 모르냐!"라고 야단을 치시면서 '심心'이라고 대답하셨다고 한다. 이처럼 부처님과 성철스님께서는 마음, 즉 마음공부를 중시하셨다.

필자도 누군가 "불교(부처님의 가르침)를 한마디로 말하면 무엇인가요?"라고 묻는다면 심心, 즉 '마음공부'라고 대답할 것이다. 왜냐하면 자기의 마음(心=識)을 잘 살펴 수행을 통해 깨달음을 얻는 것이 불교의 근본 목적이고, 깨달음이란 바로 better being(보다 나은 삶)이며, 또한 better being은 바로 행복의 다른 말이기 때문이다. 이처럼 마음, 즉 마음공부는 행복의 지름길을 찾는 확실한 방법이다.

그런데 우리의 마음은 어떻게 해야 청정하게 되는가? 다시 말해 우리는 마음공부를 어떻게 시작해야 하는가? 이 물음에 대해 유식의 입장에서 답하자면, 먼저 신信(śraddhā)=신해信解를 가져야 한다. 앞서 설명한 바가 있지만, 여기서 신信은 단순한 믿음이나 신뢰 또는 절대자를 무조건 믿고 따르는 신앙이 아니다. 게다가 절대자를 맹목적으로 믿고 따르는 맹신은 더더욱 아니다. 유식에서 신信이란, 연기緣起·사성제四聖諦 등의 진리(부처님의 가르침)를 지성으로 이해하고서 믿는 것이고, 부처님과 그 가르침을 이해하고서 믿고 따르는 불·법·승 삼보를 동경하고 구하는 것(감성)이며, 그리고 지성(이성)으로 진리를 이해하고서 불·법·승 삼보를 동경하는 감정을 품고 자신도 과거의 선지식처럼 수행할 수 있는 능력이 있으며 그것을 실천하려고 하려는 의지이다. 다시 말해 우리가 지성(이성)으로 알고, 원하고 바라서(감성), 그것을 실행하고자 하는 것(의지)이 신信의 의미이다. 즉 신信은 지성·감성·의지(知·情·意)의 산물이다. 그래서 유식에서는 신信을 통해 마음이 청청하게 된다(心淨·citta-prasāda)고 한다. 즉 마음공부의 시작은 신信이며, 그 결과로 마음의 청정함을 얻게 된다고 한다.

지금까지 독자들께서는 마음공부, 즉 저와 함께 유식을 공부했다. 특히 성철스님의 『백일법문』에 나타난 8가지 식과 51가지의 심소에 대해 감산스님의 『팔식규구통설』·『백법논의』 및 지욱스님의 『팔식규구직해』·『백법명문론직해』와의 비교를 통해 살펴보았다. 앞서 살펴보았듯이 성철스님은 『백일법문』에서 감산스님의 주석을 압축하거나 핵심 용어를 선택하여 아주 명료하게 법문하는 것이 특색이다. 이것은 결국 성철스님이 감산스님의 주석을 충실하게 계승하면서도 독자적인 입장을 개진한 것이라고 할 수 있다. 게다가 성철스님은 감산스님의 『팔식규구통설』과 『백법논의』를 인용할 때 취사선택하거나 생략한 경우가 있을 뿐만 아니라 골자만을 선택하여 기술하거나 문장의 맥락을 수정하는 방식을 취한다. 이것은 성철스님이 감산스님의 『팔식규구통설』과 『백법논의』를 그대로 답습만 한 것이 아니라 자신의 논거를 강화하기 위한 목적으로 감산스님의 주석을 채용한 것으로 생각된다. 또한 이것은 이른바 『백일법문』이 사부대중을 위한 법문으로 가능한 한 감산스님의 주석을 압축하고 알기 쉬운 용어로 풀어서 설명하고자 했기 때문이기도 하다.

그런데 이러한 성철스님의 인용 방식에 대해 학문적 엄밀성이 부족하다는 비판도 있지만, 인용문에 개입하여 자기화하는 일은 중국의 전통적 글쓰기나 선사들의 설법에 드물지 않게 발견되는 특징이고, 특히 선문에서 언어문자의 표현에 묶이지 않으면서 조사의 마음과 하나로 통하고 있음을 스스로 확인하는 증거였다는 점에서 성철스님에게 이 설명방식은 일상적인 일이었다고 할 수 있다. 다시 말해 학문적 엄밀성을 따지는 학자의 관점으로만 성철스님의 법문을 보면, 나무는 보되 숲을 보지 못하는 누를 범할 수도 있다.

필자가 조사한 바에 따르면, 성철스님의 『백일법문』에 나타난 8가지 식과 51가지 심소를 중심으로 고찰한 연구는 국내 학계에서 전무하다. 게다가 이 책은 현장스님의 『팔식규구』에 대한 주석인 감산스님의 『팔식규구통설』과 세친보살의 저작인 『대승백법명문론』에 대한 감산스님의 주석인 『백법논의』 및 이에 대한 또 다른 주석인 지욱스님의 『팔식규구직해』・『백법명문론직해』, 진가스님의 『팔식규구송해』, 명욱스님의 『팔식규구보주증의』, 그리고 『오온론』(범본・한역본), 『집론』(범본・한역본), 『잡집론』(범본·한역본), 『성유식론』(한역본) 등의 다른 주석서를 비교·고찰하였기에, 8가지 식과 51가지의 심소에 대한 성철스님의 유식 법문뿐만 아니라 각 주석서의 해석 차이를 알 수 있는 의미 있는 작업이라고 생각한다.

끝으로 백련불교문화재단 이사장이신 원택스님과 인연을 맺고서 『백일법문』의 유식 법문을 중심으로 공부하기 시작하여 그동안 꾸준히 논문을 발표했다. 이 책은 성철스님의 유식사상에 대한 그간의 연구 성과를 마무리하는 의미가 담겨 있다. 그런 탓인지 원고를 완성하고 보니, 원택스님이 그동안 베풀어주신 은혜에 대한 마음의 빚을 갚았다는 홀가분함과 함께 행복감이 밀려온다.

아무쪼록 성철스님의 유식 법문을 알고자 하는 분들에게 이 글이 조금이나마 도움이 되었기를 간절히 소망한다.

감사합니다(namaste).

약호와 참고문헌

□ 약호

대정신수대장경大正新脩大藏經=T
만신찬대일본속장경卍新纂大日本續藏經=X
『대승아비달마집론大乘阿毗達磨集論』=『집론』
『대승아비달마잡집론大乘阿毗達磨雜集論』=『잡집론』
『백법명문론논의百法明門論論議』=『백법논의』
『백법명문론직해百法明門論直解』=『직해』
『대승오온론大乘五蘊論』=『오온론』
Abhidharmasamuccaya =AS
Vijñaptimātrāsiddhi(Triṃśikā)=TV
Pañcaskandhaka, critically edited by Li Xuezhu and Ernst Steinkeller=Li and Steinkeller
Pañcaskandhakavibhāṣā,=PSV

□ 1차 문헌

增壹阿含經(2), 東晉 瞿曇僧伽提婆譯.
雜阿含經(2), 劉宋 求那跋陀羅譯.
佛垂般涅槃略說教誡經(T12), 姚秦 鳩摩羅什譯.
阿毘達磨集異門足論(T26), 尊者舍利子說, 三藏法師 玄奘 奉 詔譯.
阿毘達磨俱舍論(T29), 世親菩薩造, 三藏法師 玄奘 奉 詔譯.
瑜伽師地論(T30), 彌勒菩薩造, 三藏法師 玄奘 奉 詔譯.
顯揚聖教論(T31), 無著菩薩造, 三藏法師 玄奘 奉 詔譯.
唯識三十頌(T31), 世親菩薩造, 大唐 三藏法師 玄奘 奉 詔譯.
大乘五蘊論(T31), 世親菩薩造, 三藏法師 玄奘 奉 詔譯.
大乘廣五蘊論(T31), 安慧菩薩造, 唐 地婆訶羅譯.

成唯識論(T31), 護法等菩薩造, 三藏法師 玄奘 奉 詔譯.
大乘阿毘達磨集論(T31), 無著菩薩造, 三藏法師 玄奘 奉 詔譯.
大乘阿毘達磨雜集論(T31), 安慧菩薩糅, 大唐三藏法師 玄奘 奉 詔譯.
成唯識論述記(T43), 沙門基 撰.
成唯識論掌中樞要(T43), 唐 窺基 撰.
大乘起信論義記(T44), 唐 法藏 撰.
百法明門論論義(X48), 天親菩薩造, 唐 三藏法師 玄奘 奉 詔譯, 明 憨山沙門 德清 述.
百法明門論直解(X48), 三藏法師 玄奘 作, 蕅益沙門 智旭 解.
八識規矩通說(X55), 明 德清 述.
八識規矩直解(X55), 明 智旭 解.
八識規矩頌解(X55), 明 眞可 述.
八識規矩補註證義(X55), 明 明昱證義.
八識規矩纂釋(X55), 明 廣益纂釋.
八識規矩頌注(X55), 清 行舟註.
八識規矩論義(X55), 清 性起論釋 善漳等錄.

Li Xuezhu and Ernst Steinkeller(2008), *Vasubandhu's Pañcaskandhaka*, Beijing: China Tibetology Publishing House/Vienna Austrian Academy of Sciences Press.

Jowita Kramer(2014), *Sthiramati's Pañcaskandhakavibhāṣā*, Part1·2: Diplomati Edition, Beijing: China Tibetology House/Vienna Austrian Academy of Sciences Press.

P. Pradhan(1967), *ABHIDHARMAKOSHABHĀṢYA*, K. P. JAYASWAL RESEARCH INSTITUTE, PATNA.

S. Lévi, Sthiramati(1925), Vijñaptimātrāsiddhi(Viṃśatikā, Triṃśikā), Paris.

Tatia(1976), *Abhidharmasamuccayabhāṣya*, ed. by N. Tatia, Tibetan Sanskrit Works Serires 17, Patna: kashi Prasad Jayaswal Research Institute.

V. V. Gokhale(1947), *"Fragments from the Abhidharmasamuccaya of Asanga"*, Journal of the Royal Asiatic Society of Great Britain and Ireland Bombay Branch, N, S, Vol.23.

□ **2차 문헌**

단행본

가마다 시게오 저, 정순일 역(1985), 『중국불교사』, 서울: 경서원.
각성 講解著(2000), 『唯識論』, 부산: 統和총서간행회.
감산덕청 지음, 대성 옮김(2015), 『감산자전』, 서울: 탐구사.
강경구(2020), 『평설 육조단경』, 서울: 세창출판사.
강경구(2022), 『정독 선문정로』, 서울: 장경각.
구보타 료온 지음, 최준식 옮김(1994), 『중국유불도 삼교의 만남』, 서울: 민족사.
김묘주(2000), 『성유식론』, 서울: 동국역경원.
김명우·구자상(2022), 『감산의 백법논의·팔식규구통설 연구와 유식불교』, 서울: 예문서원.
김명우(2008), 『유식의 삼성설 연구』, 파주: 한국학술정보.
김명우(2009), 『유식삼십송과 유식불교』, 서울: 예문서원.
김명우(2011), 『마음공부 첫걸음』, 서울: 민족사.
김명우(2023), 『49재와 136지옥』, 서울: 운주사.
김명우(2024), 『도표로 읽는 반야심경』, 서울: 민족사.
김윤수 편역(2006), 『주석 성유식론』, 서울: 한산암.
김윤수 역주(2024), 『보광의 구사론기에 의한 아비달마구사론』, 서울: 한산암.
라다크리슈난 지음, 이거룡 옮김(1997), 『인도철학사』, 서울: 한길사.
모로 시게키 지음, 허암(김명우) 옮김(2018), 『오온과 유식』, 서울: 민족사.
성철(2006), 『옛 거울을 부수고 오너라(선문정로)』(개정판), 서울: 장경각.
성철(2014), 『백일법문』, 상권(개정증보판), 서울: 장경각.
성철(2014), 『백일법문』, 중권(개정증보판), 서울: 장경각.
요코야마 고이츠 지음, 허암(김명우) 옮김(2013), 『마음의 비밀』, 서울: 민족사.
요코야마 코이츠 지음, 허암(김명우) 옮김(2016), 『유식으로 읽는 반야심경』, 서울: 민족사.
이복재(2017), 「동아시아 法相宗의 四分說 연구」, 동국대학교 박사학위.
이종철(2015), 『구사론 연구 계품·근품·파아품』, 서울: 한국학중앙연구원출판부.
회당조심 엮음, 벽해원택 감역(2015), 『명추회요』, 서울: 장경각.
효도 가즈오, 김명우 옮김(2013), 『유식불교, 유식이십론을 읽다』, 서울: 예문서원.
월간 『고경』, 제79호-84호, 서울: 성철사상연구원.

월간『고경』, 제76호–105호, 서울: 성철사상연구원.

萩原雲來(1975), 『梵和大辭典』, 東京: 講談社.

太田久紀(1994), 『唯識三十頌要講』, 東京: 中山書房佛書林.

太田久紀(1999–2000), 『成唯識論要講』第1·2·3·4卷, 東京: 中山書房佛書林.

齊藤明 外(2011), 『俱舍論を中心した五位七十法の定義的用例集』, 東京: 山喜房佛書林.

齊藤明 外(2014), 『瑜伽行派の五位百法―佛教用語の現代基準譯語集および定義的用例集―バウッダコーシャII』, Bibliotheca Indologica et Buddhologica 16, 東京: 山喜房佛書林.

竹村牧男(1995), 『唯識の探究』, 東京: 春秋社.

中村元(1981), 『佛敎語大辭典』, 東京: 東京書籍.

仲野良俊(1995), 『佛敎における意識と心理』, 京都: 法藏館.

舟橋尙哉(1976), 『初期唯識思想の 硏究』, 京都: 國書刊行會.

松長有慶 外(1980), 『望月佛敎大辭典』, 東京: 世界聖典刊行協會.

橫山紘一(2001), 『唯識わが心の構造』, 東京: 春秋社.

橫山紘一(2010), 『唯識 佛敎辭典』, 東京: 春秋社.

A.B. Engle(2009), *The Inner Science of Buddhist Practice:* Vasubandhu's Summary of the Five Heaps with Commentra by Sthiramati, New York: Snow Lion Publications.

Leo M. Pruden(1988), *Abhidharmakośabhāṣyam* by Louis de La Vallée Poussin, Volume1, English Translation by Leo M. Pruden, ASIAN HUMANTIES PRESS, Berkely California.

Monier Williams(1956), *A Sanskrit-English Dictionary*, The University of Oxford Press.

N. Tatia(1996), *Sanskrit Word-Index to the Abhidharmasamuccyabhāṣyam* edited by N. Tatia with the Corrigenda, Hidenori Sakuma, The Sankibo Press, Tokyo.

Stefan Anacker(1984), *Seven Works of Vasubandhu: The Buddhist psychological Doctor*, Delhi: Motilal.

V. S. Apte(1992), *THE PRACTICAL SANSKRIT-ENGLISH DICTIONARY*, RISEN BOOK COMPANY, Kyoto.

논문

강경구(2013), 「『禪門正路』 문장인용의 특징에 관한 고찰(2)」, 『동아시아불교문화』 21집, 동아시아불교문화학회.

강경구(2021), 「성철선의 이해와 실천을 위한 시론」, 『퇴옹학보』 18집, 성철사상연구원.

김명우(2019), 「말나식과 함께 작용하는 심소법 고찰―대수번뇌를 중심으로―」, 『동아시아불교문화』 39집, 동아시아불교문화학회.

김명우(2020a), 「유식논서에 나타난 信심소에 관한 고찰」, 『동아시아불교문화』 41집, 동아시아불교문화학회.

김명우(2020b), 「유식논서에 나타난 선심소 연구(1)―참괴를 중심으로―」, 『동아시아불교문화』 43집, 동아시아불교문화학회.

김명우(2021), 「『백일법문』에 나타난 퇴옹 성철의 유식사상―심소법(변행·별경)을 중심으로―」, 『퇴옹학보』 17집, 성철사상연구원.

김명우(2023), 「감산의『팔식규구통설』에 나타난 말나식 고찰-지욱의『팔식규구직해』·성철의『백일법문』과의 비교를 중심으로」, 『프라쥬냐』 창간호, (사)반야불교문화연구원.

김명우(2024), 「선심소(정진·경안)에 관한 고찰(1)-감산의『백법논의』를 중심으로-」, 『동아시아불교문화』 62집, 동아시아불교문화학회.

김명우(2024), 「퇴옹 성철의『백일법문』에 나타난 아뢰야식 고찰」, 『프라쥬냐』 2집, (사)반야불교문화연구원.

김명우(2024), 「퇴옹 성철의『백일법문』에 나타난 전오식 고찰」, 『불교학밀교학연구』 6집, 한국밀교학회.

김명우(2025), 「퇴옹 성철의『백일법문』에 나타난 제6 의식 고찰」, 『불교학밀교학연구』 7집, 한국밀교학회.

박인성(2009), 「의식의 솔이심에 대한 규기의 해석」, 『불교학보』 51집, 동국대 불교문화연구원.

박인성(2012), 「『삼장가타』에 대한 규기의 해석」, 『인도철학』 36호, 인도철학회.

서재영(2017), 「근·현대불교에서 퇴옹 성철의 역할과『백일법문』의 위치」, 『선학』 48집, 한국선학회.

안옥선(2010), 「불교윤리덕윤리에서 부정적 성향의 제거」, 『불교학연구』 제26호, 한국불교학회.

정성헌(2022), 「만심(慢心, māna)의 의미에 관한 고찰」, 『인도철학』 제64집, 인도철학회.

최원섭(2015), 「百日法門에 보이는 성철 스님의 불교인식과 근대 불교학 활용」, 『한국불교학』75집, 한국불교학회.

池田練太郎(1980), 「『大乘百法明門論』の諸問題」, 『日本印度學佛敎學研究』29-1, 日本印度學佛敎學會.

神子上惠生(1974), 「インド佛敎における信(śraddhā/saddhā)の硏究」, ―Ov: 『眞宗連合學會研究紀要』19_.

高橋晃一(2014), 「śraddhā/saddhāの譯語をめぐって」(「瑜伽行派文献のśraddhā」), 『佛教文化研究論集』17號.

西村実則(2000), 「五位七十五法と五位百法-心・心所法に対する世親の立場-」, 『アビダル佛敎とインド思想』, 春秋社.

室寺義仁(2015), 「信(śraddhā)と無明(āvidya)」, 『日本印度學佛敎學研究』135-1, 日本印度學佛敎學會.

望月海慧(2008), 「Sthiramatiの著作における遍行・別境心所」, 『日本印度學佛敎學研究』45-1, 日本印度學佛敎學會.

吉元信行(1984), 「心理的諸概念の大乘アビダルマ的分析―善心所」, 『佛敎學セミナー』39號, 大谷大學佛教學會編.

吉元信行(1985), 「心理的諸概念アビダルマ的分析―遍行・別境心所」, 『中村瑞隆博士古稀記念論集』, 春秋社.

웹사이트(Website)

대정신수대장경 텍스트 데이터베이스
(The SAT Daizokyo Text Database): http//21dzk.l.u-tokyo.ac.jp/SAT/)
CBETA 中華電子佛典協會(https://www.cbeta.org/)
佛光大辭典(https://www.fgs.org.tw/fgs_book/fgs_drser.aspx)
한글대장경(https://abc.dongguk.edu/ebti/)
wikipedia japan(https://ja.wikipedia.org/wiki/)
불교신문(http://www.ibulgyo.com/)

찾아보기

□ **서명**

『구사론기俱舍論記』 42
『구사론』 24
『금강경결의』 117
『금강반야바라밀다경金剛般若波羅蜜多經』 80
『남전대장경』(니카야) 72
『노자해老子解』 117
『논어해』 117
『능가경직해』 117
『능가경』 84
『능엄경통의』 117
『능엄경현경』 117
『대반열반경』 374
『대승광오온론』 369
『대승기신론의기大乘起信論義記』 211
『대승기신론직해』 117
『대승백법명문론』 307
『대승백법명문론해大乘百法明門論解』 307
『대승성업론大乘成業論』 40
『대승아비달마경』 25
『대승아비달마집론』 25
『대승오온론大乘五蘊論』 40
『대승입능가경』 209
『대승장엄경론석大乘莊嚴經論釋』 40
『대승장엄경론』 40
『대지도론』 82

『대학결의』 117
『대학』 404
『묘법연화경강의』 117
『묘법연화경통의』 117
『바가바드기따』 44
『바수반두법사전婆藪槃豆法師傳』 38
『반야심경』 249
『백법논의』 31
『법구경』 497
『법법성분별론法法性分別論』 80
『변중변론석辨中邊論釋』 40
『변중변론』 40
『삼성론三性論』 40
『석궤론釋軌論(Vyākhyāyukti)』 40
『선문정로』 72
『섭대승론석攝大乘論釋』 40
『섭대승론攝大乘論』 25, 80
『성유식론술기』 91
『성유식론요의등成唯識論了義燈』 56
『성유식론장중추요成唯識論掌中樞要』 56
『성유식론』 52
『수능엄경』 266
『순중론順中論』 80
『승의칠십론』 42
『아비달마구사론阿毘達磨俱舍論』 24
『아비달마집이문족론阿毘達磨集異門足論』 376

『오셀로』 457
『오온과 유식-대승오온론 역주』 41
『오온론』 443
『요가수뜨라(Yoga-sūtra)』 44
『우빠니샤드』 44
『원각경직해』 117
『유가사지론瑜伽師地論』 80
『유교경遺敎經』 379
『유식불교, 유식이십론을 읽다』 41
『유식삼십송과 유식불교』 41
『유식삼십송석』 37
『유식삼십송唯識三十頌』 31, 40
『유식이십론唯識二十論』 40
『육조단경』 115
『잡집론』 467
『장자내편주莊子內篇註』 117
『조론약주』 118
『조론肇論』 118
『中道思想及びその發達』 83
『중론』 80
『중용·직지中庸直指』 117
『증도가』 84
『춘추좌씨심법』 117
『팔식규구논의八識規矩論義』 147
『팔식규구보주증의』 131
『팔식규구송주』 150
『팔식규구송해』 180
『팔식규구약설』 150
『팔식규구찬석』 157
『팔식규구통설』 106
『팔식규구』 105
『해심밀경소』 94

『해심밀경』 33
『현관장엄경론現觀莊嚴經論』 80
『현양성교론顯揚聖敎論』 80
『화엄경강요』 117
『화엄일승교의분제장』 65

□ 인명·용어

가법심소假法心所 398
가상분假相分 204
가유假有 100
가작경可作境 356
가지假智 244
가행(加行=prayoga) 468
가행위 66
가행정진 470
가훈可熏 276
각성스님 135
간慳(mātsarya) 457
간별결택簡別決擇 362
간택簡擇 362, 423
감능(堪能=karmaṇyatā) 393
감산덕청憨山德淸(1546-1623) 115
감임堪任 392
감임수지堪任修持 394
객진번뇌 79
견見(dṛṣṭi) 423
견도見道 243
견분見分 52
견성성불 322
견인업牽引業 261
견취견見取見(dṛṣṭiparāmarśa-dṛṣṭi) 427
결정사決定思 340

결집結集 45
경각警覺 326
경상境相 332
경안輕安(praśrabdhi) 391
경쾌안온輕快安穩 394
계금취견戒禁取見(śīlavarta-paramarśa-
　dṛṣṭidṛṣṭi) 428
계탁計度 130
계탁분별計度分別 127
고거 418
고사古師 와수반두(vṛddhācārya-
　Vasubandhu) 42
고수苦受 333
공교空教 95
공능功能(śakti) 277, 395
공능차별 277
과만過慢 420
과상果上 302
과상원果上圓 158
과상전果上轉 158
과성果性 273
과시무기果是無記 77
관진세觀塵世 150
관찰된 대상(所觀境) 358
광과천廣果天 199
광誑(māyā) 447
광대무애廣大無涯 272
광익廣益스님 187
괴愧(apatrāpya) 371
괴심愧心 463
괴타愧他 372
교慠(mada) 451

교상판석教相判釋 97
구경각 322
구경도究竟道 243
구경위 66
구마라집鳩摩羅什(Kumārajīva, 344-413)
　스님 41
구생법집 284
궤사詭詐 448
규기窺基(632-682)스님 41
근고勤苦 428
근勤(vīrya=정진) 347, 386
근본무명 74
근본무분별지 244
근본번뇌根本煩惱(kleśa) 431
근본불각 114
근본식(mūla-vijñāna) 162
근본지根本智 154
근의처根依處 278
기만(cheating·illusion·deceitfulness) 447
기별記別 207
기세간器世間(bhājana-loka) 278
까마(kāma) 410
나타懶惰 470
낙수樂受 333
남방불교南方佛敎 25
뇌惱(pradāśa) 441
뇌란惱亂 441
능장能藏 270
다문제일多聞第一 45
단식段食 134
담거개澹居鎧 113
대수번뇌 464

대원경지大圓鏡智 115
대질경帶質境 59
대화신 159
도거掉擧(auddhatya) 476
도무都無 100
독두의식獨頭意識 127, 166
독산의식 166
독영경獨影境 61
돈오견성 72
동발사動發思 340
동산양개洞山良价(807-869) 스님 74
동시의식 126
동의정색근同依淨色根 141
두타제일頭陀第一 45
등각等覺 322
라가(rāga) 411
마나스(manas) 89
마노 위즈냐나(mano-viijñāna) 89
마음의 말(cetasa-abhilapana) 355
마음의 왜곡(心曲) 450
마인드풀리스(mindfulness) 354
마하가섭摩訶迦葉(Mahākāśpa) 존자 45
마하트마 간디(Mohandas Karamchand Gandhi, 1869-1946) 250
만과만慢過慢 420
만慢(māna) 418
만법유식萬法唯識 308
만업滿業 186, 260
멸수상정滅受想定 242
멸진정滅盡定(nirodhasamāpatti) 198, 242
명근命根(jīvita-indriya) 282
명기明記 479

명기불망明記不忘 357
명료의明了依 167
명료의식 127
명심기불망明審記不忘 357
명언名言 129
명언종자 282
명욱明昱스님 131
몽상夢想 169
몽중의식 166
묘각妙覺 286
묘관찰지妙觀察智 115
무공용無功用 199, 398
무괴無愧(anapatrāpya) 463
무구백정식無垢白淨識 289
무구식無垢識 288
무구정식無垢淨識 289
무루無漏 153
무루지無漏智 189
무명각無明殼 141
무명불각無明不覺 141
무몰식無沒識 74
무민無愍 454
무부무기無覆無記 205
무분별지 244
무비無悲 454
무상정無想定 194, 198
무상천無想天 198
무성無性 102
무심이정 200
무의식無意識(unconsciousness) 252
무정無情 454
무주탁심無籌度心 130

무진無瞋(adveṣa) 383
무질독영경 61
무착無着(Asaṅga, 395-470)보살 37
무참無慚(āhrīkya) 461
무치無癡(amoha) 385
무탐無貪(alobha) 381
무학과無學果 241
미륵彌勒(Maitreya, 350-430)보살 37
미세유주微細流注 255
미야모토 쇼손 83
민절 200
밀의 266
발동심發動心 326
발오發悟 326
방일放逸(pramāda) 471
방종방탕放縱放蕩 472
방편(upāya) 450
방호防護 473
백법百法 307
백정식白淨識 288
번뇌煩惱(kleśa) 407
번뇌장 284
번뇌탁煩惱濁 408
법공관法空觀 192, 235
법무아法無我(dharma-nirātmya) 308, 311
법상法相 81
법상종 93
법성法性 81
법증상法增上(dharma-adhipati) 375
변계소집성遍計所執性 62
변역생사變易生死 297

변이이숙變異而熟 77
변집견邊執見(antagrāha-dṛṣṭi) 425
변행遍行(sarvatragā)심소 320
별경別境(viniyata) 343
별보別報 261
보광普光스님 42
보특가라무아補特伽羅無我 311
복류수伏流水 251
복覆(mrakṣa) 444
본각 114
부동연의식不同緣意識 166
부정견(악견) 424
부정심소不定心所 489
부정지不正知(asaṃprajanya) 481
부진근扶塵根 139
부톤(Buton) 38
분단생사 192
분별법집 189, 190
분별사식 184
분별아집 189, 190
분별지 244
분忿(krodha) 434
분심忿心 435
불가개전不可改轉 352
불가인전不可引轉 352
불가지不可知(asaṃviditaka) 296
불가지집수처不可知執受處 296
불각 114
불과위佛果位 238
불구의식不俱意識 166
불기자심不欺自心 231
불방일不放逸(apramāda) 395

불선욕不善欲 347
불신不信(ācraddhya) 465
불요익不饒益 436
불해不害(ahiṃsā) 402
불환과不還果 241
불환향不還向 241
비공비무중도非空非無中道 95
비량比量 124, 172
비량非量 124, 172
비린秘悋 459
비만卑慢 420
비민悲愍 454
비삽축적鄙澁畜積 459
비선비악非善非惡 77
비유비무 83
비축鄙畜 459
비항비심非恒非審 226
빠딴잘리(Patañjali) 44
쁘라즈냐(prajñā) 361
사捨 398
사思(cetanā) 338
사伺(vicāra) 492
사견邪見(mithyā-dṛṣṭi) 426
사대질경似帶質境 60
사띠(sati) 354
사량분별 90
사량사량思量 89
사만邪慢 421
4번뇌 228
사분설四分說 54
사수捨受 179
사심사관四尋伺觀 66

사유似有 102
사자상승師資相承 44
사자상전師資相傳 44
사종유탕肆縱流蕩 472
「사지송四智頌」 113
사찰伺察 493
사향사과四向四果 241
산란散亂(vikṣepa) 483
살가야견薩迦耶見 228
삼계구지三界九地 320
삼고三苦 383
삼고자구三苦資具 384
삼능변三能變 196
삼독三毒 380
삼량三量 99, 125
삼류경三類境 99
삼류분신 159
삼류화신 160
삼륜전법설三輪傳法說 94
삼불선근三不善根 381
삼선근三善根 380
삼성각성중도三性各性中道 65
삼성대망중도三性待望中道 65
삼성三性 125, 320
삼성설三性說 100
삼성중도三性中道 65
삼세·육추 309
삼수三受 179
삼승무학과三乘無學果 241
삼시교판三時敎判 94
삼유三有 382
삼유자구三有資具 382

삼장가타三藏伽陀 56
삼장三藏 269
삼현위三賢位 191
삼화三和(trika-samnipāta) 331
상견동종생설 56
상견별종생설 56
상견혹동혹이생설 56
상근相近 147
상기띠(saṃgīti) 46
상락아정常樂我淨 188
상련相連 182
상분相分 52
상相 244
상상(saṃjñā) 335
상위相違 147
상종 113
상즉상입相卽相入 97
색경色境 164
생공관生空觀(=我空無漏觀) 191
선법욕善法欲 347
선善(kuśala) 심소 364
선심善心 464
선열禪悅 134
섭론종 258
성경性境 57
성기性起스님 147
성性 244
성소작지成所作智 115
성언량聖言量 349
성종 113
세속제世俗諦 66
세속지 244

세증상世增上(loka-adhipati) 375
세친 2인설 41
세친世親(Vasubandhu, 400-480)보살 24, 37
소수번뇌小隨煩惱(upakleśa) 434
소연사부동所緣事不同 343
소요경所樂境 346
소의처所依處 233
소작경所作境 356
소장所藏 270
소화신 159
속제 96
속지俗智 244
손감損減의 전도 169
수념분별隨念分別 127
수념정상隨念淨相 477
수도修道 67, 243
수류화신 159
수면睡眠(middha) 491
수번뇌隨煩惱(upakleśa) 431
수선단악修善斷惡 208, 364
수소생소계隨所生所繫 214
수소생처필연隨所生處必緣 214
수壽(āyus) 282
수受(vedanā) 332
수순유가욕隨順瑜伽欲 348
수습위 66
수승한 지해(勝解) 349
수연隨緣 102, 214
수지修持 392
수집자량욕修集資糧欲 348
수훈受熏 276

수훈의受熏義 271
숙면위 200
순결택분順決擇分 67
순일純一 387
순해탈분順解脫分 66
슈미트하우젠(L.Schmithausen) 42
슐라이어마허 368
습기習氣 27
습기종자 265
승의근 143
승의제勝義諦 66
승조僧肇스님 118
승해勝解(adhimokṣa) 343, 349
식전변識轉變(vijñānapariṇāma) 31
신견身見 425
신사新師 와수반두 42
신信(śraddhā) 365
신심信心 369
신해信解 352, 369
실념失念(muṣitā) 478
실법심소實法心所 398
실상분實相分 204
실심소實心所 398
실유신인實有信忍 367
실유實有 100
심구尋求 493
심려사審慮思 340
심로心路 315
심소心所(caitta) 51, 314
심수心數 314
심心(心王) 51
심心(citta) 314

심尋(vitarka) 492
심의식心意識 78
심이비항審而非恒 226
심일경성心一境性(citta-ekāgratā) 359
심적心迹 314
심층심 6
10대 논사 106
쌍견쌍리雙見雙離 83
쌍민쌍존雙泯雙存 83
쌍비쌍역雙非雙亦 83
쌍차쌍조雙遮雙照 83
아견我見(ātmadṛṣṭi) 228, 425
아난阿難(Ānanda) 존자 45
아다나(ādāna) 86
아라한과阿羅漢果 241
아라한향阿羅漢向 241
아마라식阿摩羅識 291
아만我慢(ātmamān) 229, 420
아말라식(amala-vijñāna) 258
아말라식阿末羅識 291
아비다르마(abhidharma) 24
아사나(āsaṇa=동작) 250
아애我愛(ātmasneha) 230
아애집장我愛執藏 271
아첨(dissimulation·guile) 449
아치我癡(ātmamoha) 228
아타나미세식陀那微細識 264
아타나식(ādāna) 85
아타나阿陀那 86
아탐我貪 230
아힘사(ahiṃsā=불해·비폭력) 248, 250
악견惡見 423

악작惡作 489
악혜惡慧 484
안근眼根 164
안식眼識 164
안혜보살 37
알라야식(ālaya-vijñāna) 74
애인愛人 404
야쇼미뜨라(Yaśomitra) 42
업용業用 327
여량지如量智 244
여시아문如是我聞 45
역경逆境 436
역항역심亦恒亦審 226
연관(相連) 181
연대連帶 181
연려緣慮 156
염념(smṛti) 343, 354
염사染事 469
염심染心(akuśala-citta) 432, 464
염오의染汚意 224
염정상念淨相 477
염혜染慧 424
영가스님 90
영납領納 335
영단멸永斷滅 242
예류과預流果 241
예류향預流向 241
오교五教 97
5교敎 10리理 266
오구의식五俱意識 165
오근五根 139
오동연의식五同緣意識 165

오매일여 91
5변행심소 318
5별경심소 318
오색근五色根 278
오성각별설 94
오수五受 179
오시팔교五時八敎 97
오식송五識頌 121
오식수연현五識隨緣現 163
오신통 142
오온개공五蘊皆空 83
오위무심五位無心 199
5위백법 314
오진五塵 150
오진삼세五塵三世 150
오취잡거지五趣雜居地 133
오후의식五後意識 166
요가(yoga) 248
요별경식了別境識 197
요의교了義敎 33
욕리欲離 335
욕망이라는 이름의 전차(A streetcar named desire) 412
욕불합불리欲不合不離 335
욕欲(chanda) 343, 345
욕합欲合 335
용맹강한勇猛強悍 390
용맹정진 386
우빠다나(upādāna) 86
우수憂受 333
우이 하쿠주우(宇井伯壽) 79
우파리優波離(Upāli) 존자 45

찾아보기 · 515

원만업圓滿業 261
원성실성圓成實性 62
원융무애圓融無礙 97
원측圓測(613-696)스님 93
원행지遠行地 194
웨단따(Vedānta)학파 43
위빠까(vipāka) 76
위빠사나(毘鉢舍耶·관찰) 474
위산스님 312
위즈냐나(vijñāna) 51
위즈냐쁘띠(vijñapti) 51
유교有敎 95
유근신有根身 278
유능신욕有能信欲 367
유덕신요有德信樂 367
유도(發悟, ābhoga) 326
유루有漏 407
유부무기有覆無記 205
유식무경唯識無境 30
유식성 35
유식소변唯識所變 30
유식학파唯識學派 30
유신견[sat(유)-kāya(신)-dṛṣṭi(견)] 229
유신견有身見 425
유예猶豫 422
유위법 144
유일정명唯一精明 258
유정세간(sattva-loka) 278
유질독영경 61
유희遊戱 168
6위 51六位五十一 315
6위심소六位心所 99

육전六轉 233
의疑(vicikitsā) 421
의타기성依他起性 62
이류이숙異類而熟 77
이무理無 102
이문(진여문·생멸문) 114
이생희락지離生喜樂地 133
이숙공異熟空 286
이숙생異熟生 261
이숙식異熟識 76
이시이숙異時而熟 77
이제설二諦說 66
이처이숙異處而熟 76
인仁 404
인가印可 351
인무아人無我 308, 311
인색한 것(吝嗇·āgraha) 457
인성因性 273
인시선악因是善惡 77
인업因業 186, 260
인중因中 302
인지印持 351
일념一念 410
일래과一來果 241
일래향一來向 241
일수사견一水四見 34
일심一心 114
일찍이 익힌 대상(曾習境) 356
일체불리식一切不離識 30
일체종자식 85
일체중생실유불성一切衆生悉有佛性 36
자량위 66

자비(maitrī) 415
자성분별 126
자성청정 288
자신의 번영(自盛事, svasaṃpatti) 452
자증분(자체분) 52
자증상自增上(ātma-adhipati) 375
자참自慚 372
자크 라캉Jacques Lacan(1901-1981) 414
작의作意(manaskāra) 323
잠복멸暫伏滅 243
장식藏識 75
장육금신丈六金身 160
저석蛆螫 443
저장 73
전념專念 358
전도顚倒 424
전득轉得 392
전변轉變(pariṇāma) 31
전사轉捨 392
전송傳送 210
전송식傳送識 209
전식득지轉識得智 299
전식성지轉識成智 299
전심專心 358
전육식轉六識 222
전의轉依(aśraya-parāvṛtti) 394
전주불산심소專注不散心所 360
전주일심專注一心 359
전칠식前七識 233
정定(samādhi) 358
정근正根 140
정념正念 479

정려精勵 386
정명精明 258
정상淨相 477
정색근淨色根 139
정유情有 102
정중의식 127, 166
정직正直 398
정진精進 386, 387
정진해서 모든 악을 막는 공능(精進防修功能) 395
정체무분별지 244
정체지正體智 244
제로(0=空=śūnya) 248
제법무아諸法無我 32
제3 능변 197
제2 능변 197
제8 마계 74
조동종 74
조창調暢 393
종자種子(bīja) 189, 252, 270
종자생종자種子生種子 277
종자생현행種子生現行 75, 277
종자식種子識 75
종탕縱蕩 472
주굉袾宏(1536-1615) 116
주탁籌度 130
중간상분 60
중간식中間識 209
중도교中道敎 95
중동분 282
중수번뇌 460
중음신中陰身 142

증득욕證得欲 347
증상增上 375
증상만增上慢 420
증익增益 169
증자(증삼) 404
증자증분 52
지(止=śamatha) 477
지말불각 114
지식상止息想 242
지심持心 326
지욱智旭(1596-1655) 116
지율제일持律第一 45
지종의持種義 270
지주 93
지통智通 115
진瞋(dveṣa) 414
진가眞可(1543-1603) 116
진공묘유 97
진대질경眞帶質境 60
진망眞妄 73
진망화합眞妄和合 258
진세塵世 150
진식(여래장식·암말라식) 184
진에瞋恚 436
진여眞如 156
진여본성 322
진여정식眞如淨識 289
진이숙眞異熟 261
진제眞諦(Paramārtha, 499-569)스님 38
진지眞智 244
질투妬(īrṣyā) 455
질투(envy·jealousy) 455

집수執受 295
집아의執我義 271
집지執持 86
집지식執持識 85
집취執取 86
참심慚心 461
참慚(hrī) 371
책근策勤 386
처處 295
천안통 141
천장노사나신千丈盧舍那身 160
천친天親보살 38
철석蚚螫 442
첨諂(śāṭhya) 449
청문욕請問欲 348
청정진여淸淨眞如 289
체성體性 327
초능변 197
초인업招引業 261
초지初地 235
촉觸(sparśa) 328
총보總報 261
추중麤重 392
출세도出世道 241
충서忠恕 404
취상取相 337
취오醉傲 452
치癡(moha) 416
치심癡心 416
칠불통계게七佛通戒偈 319
칠전식七轉識 233
캐논(Cannon) 79

타수용신他受用身 238
탁량度量 130
탐貪 411
택식宅識 253
테라와다(theravāda·장로파) 25
통달위 66
팔식설 5
평등平等 398
평등성지平等性智 115
표상작용(perception) 336
표층심 6
프라우발너(E. Frauwallner) 교수 41
프로이트(Freud) 79
한恨(upanāha) 437
함수경상含受境相 332
합삼이이합三離二 149
합송合誦 46
합유역합糅譯 93
항상전변개이恒常轉變改易 180
항심사량 226
항심사량심恒審思量心 223
항이비심恒而非審 226
항전이恒轉易 179
해害(vihiṃsā) 453
해태懈怠(kausīdya) 468
행사行捨(upekṣā) 398
행상 175
험곡險曲 451
현량現量 124, 172
현량경現量境 58
현수(643-712)스님 210
현식(제8 아뢰야식) 184

현장玄奘(602-664)스님 41
현행現行 189
현행훈종자現行熏種子 276
혈맥상승血脈相承 44
혜慧 343, 361
혜능대사 113
혜소慧沼 56
호상린(好相隣) 146
호호탕탕浩浩蕩蕩 269
혹구혹불구或俱或不俱 162
혼몽昏懵 392
혼침惛沈(styāna) 474
화신 160
화합和合 328
확산(擴散=流蕩·visāra) 485
환영幻影 447
환희지(초지) 193
회悔(kaukṛtya) 489
후득지後得智 154
후득차별지 244
훈습熏習 27
흑암黑闇 258
흥복사興福寺 34
희구기망希求冀望 347
희망希望 346
희수喜受 333

백련불학총서 ③

성철스님의 『백일법문』과 유식
- 『팔식규구통설』· 『백법논의』와의 비교를 중심으로 -

초판 1쇄 인쇄　2025년 10월 1일
초판 1쇄 발행　2025년 10월 10일

지은이	허암 김명우
발행인	원택(여무의)
발행처	도서출판 장경각
등록번호	합천 제1호
등록일자	1987년 11월 30일
본사	경상남도 합천군 가야면 해인사길 118-116, 해인사 백련암
서울사무소	서울시 종로구 삼봉로 81(수송동, 두산위브파빌리온) 1232호
전화	(02)2198-5372
팩스	(050)5116-5374
홈페이지	www.sungchol.org
편집·제작	선연

ⓒ 2025, 허암 김명우

ISBN 979-11-91868-60-9 (94220)
ISBN 979-11-91868-50-0 (세트)

값 30,000원

※이 책에 실린 내용은 무단으로 복제하거나 전재할 수 없습니다.
※잘못된 책은 교환해 드립니다.